관광
자원론
TOURISM RESOURCES

Preface

관광활동은 삶을 살아가는데 중요한 요소 중 하나로 자리를 잡고 있으며 관광산업은 하루가 다르게 변화·성장하고 있다. 관광산업에서 수요와 공급은 관광객의 유치와 새로운 활동을 하고 있으며 관광산업체에서도 항상 새롭게 인식하고 적용하려고 하고 있다.

관광현상은 일반적으로 누가(who), 언제(when), 왜(why), 어디에서(where), 무엇을(what), 어떻게(how)라는 상황들이 상호 복합적으로 작용하면서 관광객들에게 재미(fun), 즐거움(pleasure), 흥미(exciting) 등을 제공한다. 관광에서 가장 필수적인 요소는 이동과 정보이며 이는 국가에서 관광정책적으로 시행되기전부터 가장 중요하게 생각한 요소이다. 관광구조는 관광활동을 위한 수요발생과 관광산업을 통한 공급의 결합과정이기 때문에 관광주체, 관광매체, 관광객체간에 유기적인 관계로 이루어진다.

관광은 살아있는 유기체와 같이 항상 역동성 있게 움직인다. 하루가 다르게 변화하는 현대사회는 관광객은 언제나 새로운 요구와 욕구가 있다. 현대관광의 대표적인 형태로 볼 수 있는 Mass Tourism은 경제, 사회·문화, 환경에 대하여 영향을 받으며 성장발전을 거듭왔다. 관광은 언제나 관광객의 요구와 욕구에 부흥하고자 노력하였으며 부정적인 영향에 대한 논의도 많아졌다.

관광 목적지의 활성화를 위해선 관광자원에 대한 논의는 필수적이다. 가장 우선적으로 생각한 것은 관광자원의 지속적인 이용과 발전가능성에 대한 논의, 우수한 관광자원이나 잠재적 관광자원 혹은 높은 관광자원들을 어떻게 하면 관광 목적지의 관광자원을 합리적으로 관광자원 개발을 할 것인가? 그리고 관광자원의 효율적이며 합리적인 이용을 위해서는 Mass Tourism에 대한 반성과 대안을 제시해 주어야 한다. 현재 시장에서 나타나고 있는 원리도 관광에서 그대로 작용되고 있다. 언제나 역동적으로 경쟁력 있는 고유한 관광자원을 어떻게 할 것인가? 관광객의 수요와 요구에 대해 어떻게 관광자원을 활성화 시킬 것인가에 대하여 다시 한번 고민을 할 필요가 있다.

이같은 고민을 해결하기 위해 그 본질인 관광자원에 대한 배경지식과 적용하고자 하였으며 관광자원에 대해서 이해하고자 하는 종합적인 측면에서 수정하면서 시기에 맞게 적용하고자 노력했다.

끝으로 이 책을 마무리하면서 마음만 앞서고 글이 따라가지 못해 회를 거듭할수록 많은 아쉬움이 있다. 관광은 살아있는 유기체처럼 매년 변화하고 있으며, 언제나 관광객 행동 변화에 맞추어 미진한 부분에 대해 수정 · 보완하고자 한다. 이 책이 출판하기 위해 많은 부분에서 어려운점이 있으나 흔쾌히 도움을 주신 많은 분들게 감사드립니다. 더욱이 출판업계가 어려운 가운데 출판을 허락해주신 한올출판사 임순재 사장님과 편집실 최혜숙 실장님 이하 관계자 여러분께 감사드립니다.

저자일동

Contents

관광자원론 Tourism Natural Resource Economics

Contents

관광자원론 Tourism Natural Resource Economics

CHAPTER 05 문화 관광자원 _ 268

Contents

관광자원론 Tourism Natural Resource Economics

Chapter

01

Tourism Natural Resource Economics

관광 개념과 특성

Chapter 01

관광 개념과 특성

1. 관광의 개념과 의의

1. 관광의 개념

관광은 즐거움을 준다는 목적으로(Travelling for Pleasure) 전제로 할 때, 사회적 행동이다. 좁은 의미로는 거주지를 떠나 다시 돌아올 예정으로 이동하여 풍물 등을 감상하는 것이고, 넓은 의미로는 앞서 이야기 한 행위에 의해서 생긴 사회현상이다.

관광의 어원은 중국 주나라(B.C.12~A.D.3)에서 편찬된 역경(易經)의 64번째인 풍지관(風之觀)에 「관국지광 이용빈우왕(觀國之光 利用賓宇王)」의 구절에서 유래한 것이다. 이는 나라의 빛을 살펴보는 것은 임금의 손님 노릇하기에 이롭다는 뜻으로 풀이 될 수 있다. 결국 관국지광(觀國之光)은 다른 나라의 풍광, 문물을 관찰한다는 의미이며, 특히 시찰(視察)의 뜻이 강조되었다. 최치원은 계원필경(桂苑筆耕)의 '관광육년(觀光六年)'에서 중국의 체류 6년을 이야기하고 있다. 관광(觀光)에서 관(觀)은 보러간다를 의미하며 광(光)은 나라의 풍속, 관습, 문물제도를 의미하고 있다. 볼 때나 혹은 보여줄 때 긍정적인 생각으로 좋은 것과 깨끗한 것을 상세히 보거나 보여주는 것을 것은 관광명(觀光明)으로 긍정적인 효과를 표현할 수 있으며 부정적인 생각, 좋지않은 것, 깨끗하지 않은 것, 대충대충 보여주는 것 등은 관광음(觀光陰)으로 부정적인 효과로 볼 수 있다.

관광은 Tourism은 라틴어의 Tornare(돌다, 순회하다)에서 파생된 것이고, 이 의미는 중앙 또는 축을 이동한다는 의미다. 독일어의 Fremden Verkehr는 여행자의 이동을 의미한다. Travel(여행)은 유럽에서 여행이 위험하고 어려웠던 시기인 6세기 이후에 생겨난 것으로 Travail(수고)이라는 말에 근원을 두고 있다. 관광객인 Tourist는 1800년대 여행자인 Traveller를 대신하여 새로운 용어로 사용하였으며 Tourism은 1911년 영국 Sport Magazine에 용어가 사용되기 시작하면서 현재까지 일반적으로 사용되고 있다.

관광이라는 용어에서 보듯이 동양에서는 관광대상에 초점을 두고 감상하는 정(靜)적인 의미인 반면, 서양에는 돌아다니는 행위인 동(動)적인 의미가 강하다.

조선 태조 5년(1396년) 도읍을 대경에서 한양으로 도읍을 정할 때 지금의 동(洞)과 같은 10개의 방(坊)의 한 곳을 관광방(觀光坊)이라고 하였다. 성종 3년(1473년) 성현(成俔)이 중국을 다녀온 후 관광록(觀光錄)이라는 북방견문록을 남기고 있다.

우리나라에서 '관광'이라는 용어가 최초로 사용된 기록은 고려사절요(1115년, 예종 11년)에서 찾아볼 수 있으며, 당시에 상국인 중국에 조공하며 문물제도를 시찰한다는 뜻으로 쓰였다. 오늘날에는 관광이라는 말이 일상적인 용어로 쓰이고 있으며 Tourism은 국제공용어가 되었다.

일본은 안정 2년(1855년) 도꾸까와 막부가 네덜란드 국왕 윌리엄 3세가 기증한 군함을 관광호로 명명한 것이 관광의 용어를 최초로 사용한 것으로 볼 수 있다. 이것이 일본 해군의 작전용어로서 일본의 광화를 과시한다는 의미를 지녔다. 명치 26년(1893년) 선빈회(善賓會)라는 외국손님을 접대하는 기관을 동경(東京) 상공회의소 내 설립하였다.

관광행동은 인간의 이동목적에 따라 이주(Migrant)와 여행(Tour)으로 대별된다. 즉, 관광시스템으로 볼 때 즐거움을 목적으로 하는 여행과 관광은 관계되는 사건과 기타 활동을 종합적으로 판단하여 이해해야 한다. 여행은 인간이 공간적으로 이동하는 것이지만 타국이나 다른 장소에 이동하여 거기에 정착하는 이민이나 이주는 여행이라 부르지 않으며, 정착지 또는 일상생활권으로부터 일시적으로 떠나서 다시 돌아올 것을 전제로 떠나는 것을 여행이라 한다.

관광이 이동을 전제로 하기는 하지만 정착지 혹은 일상생활권인가의 구분에 대한 의문성이 생길 수가 있으나 개인마다 사정에 따르는 차이가 발생할 수 있으므로 명확한 정의를 내리기는 힘들다. 교통수단, 생활권역의 범위에 따라서 다양하게 정의를 내리고 있는데 이는 물리적인 거리, 시간적인 거리, 심리적인 거리 등이 변화되기 때문이다. 여행은 단지 거리의 문제가 아니라 일상적으로 가지 않는 장소의 일시적 이동이라고 하는 개념이 중요하고, 이것은 시대에 따라 혹은 개개인마다 생각하는 기준이 다를 수 있다.

심리적으로 즐거움(Pleasure)이나 재미(Fun)는 사람에 따라 차이가 있어 마음 느긋하게 쉬는 것을 즐거움 혹은 재미로 삼는 사람이 있는가 하면, 스포츠 등으로 몸을 움직이는 것을 즐거움이나 재미로 하는 사람도 있고, 음주·흡연 등을 즐거움이나 재미를 삼는 경우도 있다. 또한 상호간의 대화 및 자연탐방과 미지의 대자연과의

※ 그림 1-1 _ 재미에 대한 의미

만남을 즐기는 경우도 있을 것이다. 지인들과 담소를 나누는 것도 재미를 삼는 경우도 있다. 결과적으로 즐거움이나 재미는 각 개인차에 의해 다양하게 나타나고 있다. 하지만 취미에 맞는 스스로의 즐거움이라는 공통점이 있다. 이런 관점으로 보면 관광은 스스로 좋아서 여행하는 것이라고 해도 좋다.

스스로 좋아하는 여행을 하기 위해서는 각자가 자기의 의지에 의한 자유시간을 가질 수 있어야 하는데, 이것을 우리는 여가시간이라고 한다. 여가활동은 다양하게 표현할 수 있으며, 대표적인 활동이 여행을 수반하는 관광이다.

관광활동에 있어 재미는 주관적인 성향이 강하며 다음과 같은 대표적인 특징이 있다고 볼 수 있다.

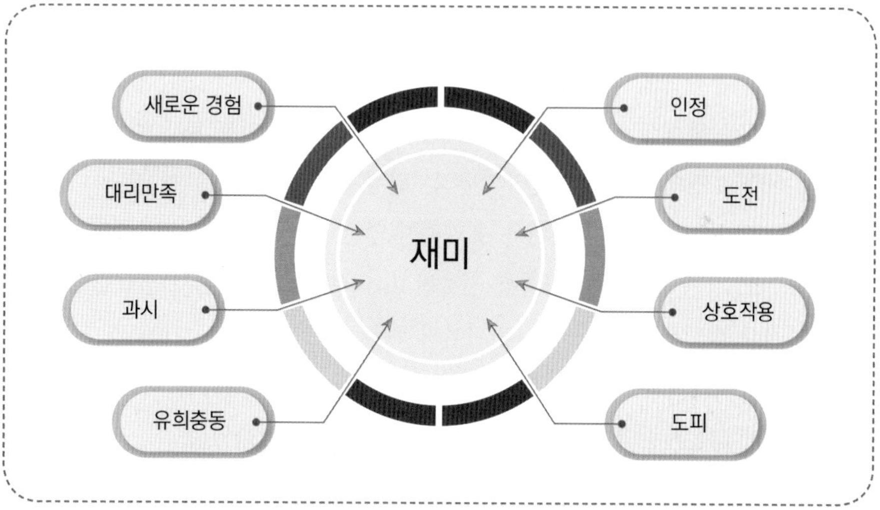

그림 1-2 _ 재미의 특징

관광이란 무엇인가? 라는 물음은 19세기 말 관광의 역사에서 중요한 위치를 차지하고 있다. 이는 다양한 관광의 구조가 변화되어 왔기 때문이고, 특히 복합성이 높은 현상이므로 여러 연구자의 보는 관점이 다양하여 견해도 다르다. 관광연구자가 그 대상을 어떻게 인식하느냐 어떠한 연구방법을 채택하는가에 따라 개념 규정의 방향에 큰 차이가 있다. 예를 들면, 외화 획득을 목적으로 하는 관광사업의 진흥을 연구목적으로 하는 경우에는 외국인 여행자의 왕래에 전적으로 관심이 집중되고, 개인여행자의 여행목적을 명백히 하는 것은 제2차적인 문제라고 할 수 있다. 또한, 관광연구가 경제학적인 것인지, 사회학적인 것인지 또는 심리학적인 것인지에 따라서 문제의식이 달라지며 관광의 개념 그 자체도 각각의 연구목적에 부합되도록 조작하기 쉬운 것으로 규정될 수 있다.

관광의 정의는 학자 및 기관에 따라서 다르게 정의를 내리고 있다.

볼만(Bormann)은 여행은 보양·유람·관람·상용·직업 등의 목적을 가진 것이며, 특수한 모임이나 사정에 의하여 전주지로부터 일시적으로 떠난 여행까지도 포괄하여 관광이라고 규정한다. 그러나 직업상의 이동 가운데 근무지에서 정기적으로 통근하는 것은 포함시키지 않았다. 그뤽스만(Glucksmann)은 "관광은 일시적 체재에 있어서 외래자와 토착 주민 사이에서 일어나는 제반관계에 의한 현상의 총체이다."라고 하였고, 관광학의 확립자인 훈지커(Hunziker)와 크라프(Krapf)는 "영리와 결부되지 않는 일시적 체재로 여행과 외래자의 체재에 의해서 생기는 모든 관계와 총체적인 현상"이라고 정의하였다. 오길비(Oglive)는 관광통계의 기준으로서 관광객을 비이주자·비내주자와 구별한 후, 1년을 초과하지 않는 일정기간 동안, 집을 떠나 있는 것 그리고 그 기간 중에 여행경비를 지출하고, 비용은 여행지에서 취득한 것이 아닌 것"이라고 정의하고 있다. 다나카기이찌(田中善一)는 "자유의 동기에 기초하여 일시 정주지를 떠나서 여행하는 것, 체재지에서 위락적 소비생활을 하는 것"이라는 두 가지 관점에서 관광의 본질적 특징이 있는 것으로 주장하였다.

김상훈은 "자유시간 내에서 감상·지식·체험활동·참가·정신의 고무 등 생활의 변화를 추구하려는 인간의 기본적인 욕구를 위한 행위 중 일상생활권을 떠나서 미지의 자연이나 문화 등의 환경을 배경으로 관광대상을 감상 또는 감상하려는 일련의 행위"로, 윤대순은 "인간이 자기집을 떠나 생활개선, 충성, 효, 견문확대, 인격도야, 건강, 친교, 즐거움을 목적으로 여행하여 진선미를 추구하는 체험의 과정"이라고 주장하였다. 마지막으로 한국관광공사에서는 자신의 거주지를 떠나 16km 이상(시, 군, 동 행정구역)을 여행하는 것이며 목적이 여행의 이용(위락, 휴가, 건강, 연구, 건강, 신앙, 스포츠 등), 사업관계, 업무수행, 회합 등에 대한 행위임을 알 수 있다.

관광에 대한 정의는 관점에 따라서 조금씩 달라질 수 있으나 종합적으로 분석하면 다음과 같이 정의를 내릴 수가 있다.

- 일탈성이다. 관광은 거주지나 일상생활권을 벗어난 일탈적 이동이 있어야한다. 즉, 타지역으로 출퇴근 및 가사 등을 위한 이동은 일상생활권이므로 관광으로 볼 수 없다.
- 목적성이다. 견문, 위락, 휴양, 사용, 종교 등 여행목적이 뚜렷해야 하며 단순 떠돌이는 관광으로 볼 수 없다.
- 체제성이다. 관광은 타지역 또는 타국에서 체제를 해야한다. 만약 타지역 또는 타국에서 체제하지 않고 교통수단에 의하여 단지 스쳐간다면 그것은 관광이 아니다.
- 소비성이다. 관광은 항상 소비가 수반되어야 하며 그 소비는 관광지에서 취득한 돈이 아니어야 한다. 타지역이나 체류를 통한 타국에서 돈을 버는 행위는 취업이지 관광이 아니라는 것이다.
- 한시성이다. 관광은 일정기간 또는 1년 이내와 같이 기간이 한시적이어야한다. 즉, 장기간 또는 돌아올 이유가 없으면 이주가 된다.

종합적으로 관광은 일상생활권을 벗어나 여행의 목적이 견문·위락·휴양·상용·친지방문·종교 등 뚜렷하고 여행지에서 체제하면서 그 기간동안에는 숙박·음식·교통·관람·체험·쇼핑 등의 소비를 한 후 다시 거주지로 돌아오는 현상이다.

관광진흥법에서는 관광활동을 운송, 숙박, 음식, 운동, 오락, 휴양 또는 용역을 제공하거나 그 밖에 관광에 딸린 시설을 갖추어 이를 이용하는 업이라고 명시되어 있다. 결과적으로 관광객에게 관광에 수반되는 재화나 서비스를 제공하는 여러 가지 영업의 총체로 표현할 수 있으며 다양하고 포괄적인 정의의 관광은 특정상품이나 서비스 판매가 아닌 방문객의 일시적인 체류 동안 이루어진 소비활동이라는 복합적인 활동임을 알 수 있다.

관광은 사람이 휴양·교양·위락·스포츠 등을 목적으로 일상생활권을 떠나서 일시적으로 이동하는 것과 광의의 레크리에이션 활동의 한 형태로서 타당하고, 본질적으로는 레크리에이션을 위한 사람들의 장소적 이동을 강조하는 개념이 통용되고 있다.

관광이 이동을 전제로 하기 때문에 교통의 개념 및 이해가 중요하며, 이에 관련한 제반요소와의 상호관련을 명확하게 하는 것이 중요하다. 관광을 하는 사람들은 관광객(경제대상으로 본 경우)이고, 관광객에게 재화나 서비스를 공급하는 산업이 관광산업이며, 주로 관광대상물인 관광자원이 소재하는 장소에 입지하여 관광지가 형성되며, 관광수요의 발생은 관광시장에서 시작된다.

현대관광은 국민관광(National Tourism), 복지관광(Social Tourism), 대중관광 혹은 대량관광(Mass Tourism)의 성격으로 규정되고 있다. 전 국민이 대량으로 이동하여 참여하는 생활양식의 기본이 되고 있기 때문에 국민복지 향상이라는 관점으로 해석되고 있다. 그러나 대량관광의 부정적인 영향이 증가하고 관광객의 요구변화에 따라 다양한 형태의 관광이 제시되고 있다.

2. 관광의 의의

사람들의 장소적 이동을 전제로 하는 관광은 여행의 하나로서 여행이 상용·출장·귀성 등은 직접 레크리에이션과 관계되지 않는 동기로 행하는 것도, 여행 중에 레크리에이션 활동이 수반되면 이것을 겸목적 관광으로써 광의의 관광으로 포함시키는 것이 경제적 입장에서는 중요하다. 따라서 겸목적인 관광을 어떻게 인정할 것이냐에 대한 논의를 고찰하는 것이 혼란을 피할 수 있다는 점에서 필요할 것이다.

관광에 대한 의미는 시대에 따라서 많은 의미가 달라지고 있다. 동서양을 불문하고 고대의 여행은 상인의 교역, 즉 경제적 여행이 주요한 목적이었고, 또한 정치적·군사적 여행도 행해지고, 중세부터 근세동안에는 사찰참배·순례 등의 종교적 여행이 성황을 이루었다. 이후에 시민사회가 형성되고 개인의 자유의사에 기초한

Chapter 01. 관광 개념과 특성

Ch 02 관광콘텐츠와 스토리텔링

Ch 03 관광개발

Ch 04 지역 관광자원

Ch 05 문화 관광자원

Ch 06 북한 관광자원

Ch 07 위락 관광자원

레크리에이션적 성격이 부각되어 오늘날과 같은 관광여행이 성립된 것은 자연경관이 관광대상으로 취급되는 것이 계기가 된다. 그러나 로마시대의 관광은 대부분 독일의 바덴바덴이나 프랑스의 바이시이 등 오늘날에도 온천여행지로서 발전할 수 있는 기초로 만들었으며, 16세기 이후 봉건영주나 귀족계급이 많이 이용했던 탕치장이 요양지로서 정비된 것으로 보아 더불어 관광은 그들의 보양·사교의 장으로서 중요한 의의를 가졌다. 독일의 지리학자 크리스탈러(Christaller)는 현대관광의 발전과정을 관광지의 형성과 관련하여 다섯 시기로 분류했다.

일본에서 여행은 명치(明治) 이전까지 사사(社寺)참배가 그 중심을 이루었고, 그것이 레크리에이션적 기능을 더하게 된 것은 에도(江戸)시대 이후이다. 고대의 원격지 사사참배는 귀족계급의 경제적 기반과 당시의 신앙 및 위락적 생활을 배경으로, 고봉산·금봉산·웅야산 참배 등이 행해지고, 중세에는 이세참궁(伊勢參宮)이 유행하였다.

✖ 표 1-1 _ 현대관광의 발전과정

시 기	내 용
제1기 (1790~1840)	• 18세기 말부터 19세기 중엽에 걸쳐 프랑스혁명에 의한 시민계급의 형성으로부터 증기선·철도 등에 의한 대량수송수단의 확립까지 소수의 특권계급에 의한 탕치장이나 경승지의 관광여행이 행해진다.
제2기 (1840~1870)	• 휴가여행을 시작한 시기로, 숙박형태는 농가의 겸업적 민박경영이 중심을 이루고 있다.
제3기 (1870~1900)	• 여행이 중간계급의 시민에까지 확대되고 관광객 전용 관광호텔이 산지에도 출현하고, 산철도의 등장으로 관광산업이 성립된다.
제4기 (1900~1930)	• 스위스에서 일찍이 보였던 대중여행의 이동시기로, 이시기에는 자연에 관심이 높고, 온다이 호게르운동, 청년의 집 건설에 의해서 스포츠활동이 왕성하고, 특히 동계 스포츠나 등산의 보급으로 산지의 관광지화가 급속하게 추진된다.
제5기 (1930년 이후)	• 관광이 국민의 모든 계층에 보급된 시기로, 자동차 여행이 일반화되고, 또 여행자에 대한 대절버스, 특별열차에 의한 단체여행도 활발해지고 관광지의 도시화가 진행되는 한편, 저렴하고 건전한 휴가촌 캠프장 등의 이용이 증대하는 등 미개발지역의 개발이 이루어진다.

근대에는 동시에 일본 각지
의 온천이 탕치장(湯治場)으로서
확립되는 시기이고, 무사계급
의 이용도 있었고, 과거 근린농
민의 요양 및 레크리에이션 장
소으로서 이용이 많았다. 일본
의 관광은 사사(社寺)참배와 온
천을 중심으로 발달하였고, 자

연공원 이용이라는 새로운 요소가 추가된 것은, 소화(昭和) 초기의 국립공원지정
(1934년) 이후부터다. 제2차 세계대전 이후 관광목적이 종래의 명소유적순례·온천
보양과 같은 정적이고 고정적인 것으로부터, 스포츠·드라이브 등 보다 활동적인
것으로 다양화되었다. 현대는 대량화·대중화된 관광은 국민의 일상생활의 일환
으로 자리잡았다. 따라서 관광형태는 관광기업의 주도권과 더불어 관광이 곧 즐
거움이라는 규칙이 성립이 되고 있다. 그러나 관광이 즐거움으로 이어지기 위해
선 관광객 본인들의 관광객 주체성의 확립과 더불어 자유선택적인 관광을 행하는
단계까지는 도달하지는 못한 실정이다. 관광이 발전되기 위하여는 현저한 경제적
인 발전이 뒷받침되어야 한다.

포서(Poser)는 관광의 형태를 다음과 같이 구분하였다.

※ 표 1-2 _ 현대관광의 발전과정

• 탕치여행	
• 피서여행	장기체재형
• 스포츠여행	
• 주유여행	단기체재형
• 통과여행	

야무라 준지(山村順次)는 관광목적과 의의를 다음과 같이 구분하였다.

- **보양적 관광**(온천요양·보양, 피서·피한 등)
- **유람적 관광**(자연경관 감상, 사사참배, 위안·신혼여행, 레저시설 이용 등)
- **스포츠 관광**(동계 스포츠, 해수욕, 하이킹, 등산 등)
- **교양 관광**(수학·연구여행, 자연관찰, 사적순례, 산업시설, 향토경관, 견학 등)

각각의 관광목적에 부응하는 그룹구성·출발지·계절성·체재기간·숙박형태 등을 기준으로 하여 종합적으로 명확하게 하는 것이 가장 중요하다. 관광목적은 반드시 단일한 것은 아니고 보다 복합화되고 있는 것이 현대관광의 특색이고 형태도 그 어느 때보다 복잡하고 다양화 되었다. 미래의 방향성은 현재 성황을 이루고 있는 단순한 관광형태인 유람·레크리에이션적 관광으로부터 직접적으로 활동중심적인 보양·스포츠·교양관광으로의 이행이 중시되고, 관광 본래적 가치인 사회적·문화적 의의가 강조되어야 한다.

3. 관광의 역할

현대관광은 가처분의 소득과 여가·자유기간의 증대 및 각 개인의 관광에 대한 인식 변화와 매스미디어의 발달로 인하여 관광에 대한 환경과 사업자체에 대한 변화가 있었다. 따라서 관광사업의 특징과 효과를 기술하면 다음과 같다.

1) 관광의 대중화

현대 관광은 특정한 계층에 한정하지 않고 일반 대중과 함께 활동하게 된다. 이렇듯 관광의 대중화는 관광을 경험하는 사람의 계층이 넓어진 것과 함께 여행회수의 증가와 함께 여행거리의 연장, 목적지에서 체제시간의 증가, 활동내용의 다양화를 수반된다고 할 수 있으며 1970년대 이후 나타나고 있었던 사회환경의 변화를 수반되고 있다. 그 이유는 개인의 가처분소득의 증가 및 주 50시간 근무제로 인하여 여가시간의 증대로 축적된 여가가 증대하고 즐거운 여행을 하고자 하는 가치관의 변화, 도시화로 인한 생활환경의 변화가 그 결과로 볼 수 있다.

관광의 대중화에 맞추어 관광사업의 진행이 본격화된 것도 관광대중화를 이루는데 중요한 역할을 하였다고 볼 수 있다. 또한, 고속열차를 비롯한 저가항공사의 등장 등 교통수단의 변화를 비롯하여 TV와 같은 매스미디어의 발달과 Face Book, 카카오톡 등 SNS의 발달도 관광대중화에 큰 역할을 하고 있다.

2) 관광사업의 역할

(1) 관광의 경제적 역할

관광객의 관광활동은 관광지역에 경제적 영향을 미친다. 그 영향 전체 관광객의 지출에 의해서 발생된다고 볼 수 있다. 관광객의 지출로 발생하는 경제적인 효과는 소득창출, 고용창출, 투자유발, 조세효과 등으로 나타나고 있다.

UNWTO(World Tourism Organization, UNWTO)가 최근 발표한 세계관광시장분석(World Tourism Barometer)에 따르면은 2019년 1분기까지 세계여행시장은 지속적으로 성장한 것으로 나타났다. UNWTO는 지난 2년간에 비해 성장폭은 둔화됐지만 2019년 1분기 4%의 상승은 매우 긍정적인 신호라고 평가했다. 지역별로는 중동(+8%)과 아시아태평양(+6%)이 가장 큰 폭으로 증가했으며, 유럽과 아프리카 각각 4%, 아메리카는 3%의 성장률을 기록했다. UNWTO 쥬라브 폴로리카슈빌리(Zurab Pololikashvili) 사무총장은 "국제관광은 긍정적인 세계경제 상황과 항공 공급력 증가, 비자 용이성에 힘입어 성과를 내고 있다"며 "2017년 7%, 2018년 6% 증가한 성과에 비하면 저조하지만 여전히 세계경제 성장률보다 앞서고 있다"라고 설명하고 있다. UNWTO 보고서에 따르면 유럽의 경우 이탈리아, 스페인, 포르투갈, 그리스 등 지중해역의 목적지가 성장을 주도하고 있으며, 아프리카에서는 북아프리카의 관광수요 회복이 시장을 이끌었다. 아메리카는 2017년 말 허리케인 어마와 마리아의 피해를 회복해 카리브해 지역이 반등에 성공했으며, 아시아태평양 지역은 중국 주도하에 동북아시아의 성장이 두드러진 것으로 나타났다^(여행신문, 2019).

⚜ 표 1-3 _ 대륙별 관광객 변화

2018년 12월 31일 현재
(단위 : 백만명, %)

	2014	2015	2016	2017	2018	2008-2018 평균
전체	4.2	4.7	3.8	7.0	5.6	4.2
유럽	2.0	4.7	2.5	8.6	5.7	3.6
아시아/태평양	6.1	5.4	7.7	5.6	6.1	6.3
미주	8.6	6.0	3.7	4.9	2.9	3.9
중동	0.9	-2.9	8.0	8.2	7.3	4.3
아프리카	9.9	4.0	-4.7	4.1	10.3	2.2

자료: UNWTO(2019), World Tourism Barometer

2020년 중국 우한(武韓)에서 발생하여 전 세계에서 유행하고 있는 코로나바이러스감염증-19^(COVID-19)로 인해 항공, 숙박, 외식 등으로 인해 우리나라를 비롯한 전 세계의 관광시장은 위축되거나 많은 어려움을 겪고 있다. 우리나라는 코로나19로 인한 피해가 명확하게 나타나고 피해 정도가 심각한 수준임을 고려해서 통상적인 고시 제정 절차보다 빠르게 진행하여 지원하고 있다.

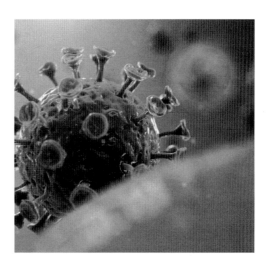

[UNWTO] 국제관광, 1조 4,000억 달러 수출 소득 창출

2013년에 국제관광을 통해 발생한 총 수입은 1조 4,000억 달러 규모에 달하는 것으로 나타났다. 국제관광객이 방문한 관광지에서 벌어들인 소득은 전년 대비 5% 증가한 1조 1,590억 달러였으며, 국제 여객수송 분야에서 추가로 2,180억 달러를 벌어들였다.

최근 UNWTO가 발간한 세계관광동향(World Tourism Barometer)에 따르면, 2013년에 국제 관광객의 숙박, 식음료, 엔터테인먼트, 쇼핑과 기타 서비스에 대한 지출에 의한 전 세계 관광지에서 벌어들인 소득은 1억 1,590억 달러(8,730억 유로)로 추산된다. 환율 변동 및 인플레를 고려한 전년 대비 실질 증가율은 5%에 이르는 수치이다. 국제 관광객 수가 2012년 10억 3,500만 명에서 2013년도에는 10억 8,700만 명으로 5% 정도 증가하면서 국제 관광에 따른 소득 역시 5% 증가한 것이다.

UNWTO 사무총장인 Taleb Rifai는 "2013년에 비즈니스, 휴가, 친지 방문 또는 기타 목적으로 전 세계를 여행한 국제 관광객 수가 10억 명을 상회함으로써, 국제 관광객 수의 증가율과 국제 관광으로 인한 소득 증가율이 일치한다는 점은 매우 긍정적인 결과다. 이러한 결과는 경제 성장 및 국제 교역을 촉진하는 데 있어 관광 부문의 역할이 점점 중요해지고 있다는 반증이며, 교역 및 지역 통합을 촉진하는 역량을 극대화하기 위해 국제 교역에서 관광 부문을 우선순위에 두어야 할 시점임을 보여 준다."고 말했다.

관광지 소득(국제수지의 관광 대변 항목) 외에도, 관광부문은 국제 여객 수송 서비스(재외국민 대상)를 통해서도 수출 소득을 창출하고 있다. 후자의 소득은 2013년을 기준으로 2,180억 달러에 달한 것으로 추산되어, 국제 관광이 창출한 총 소득을 1조 4,000억 달러(1일 평균 38억 달러)로 끌어올렸다.

국제 관광(관광 및 여객 수송)은 전 세계 서비스 수출의 29%, 그리고 전체 상품수출의 6%를 차지하고 있다. 세계 수출 범주의 하나로서 관광은 연료, 화학제품, 식품 및 자동차에 이어 5위에 올라 있으며 다수 개발도상국에서는 1위를 점유하고 있다.

가장 가파른 성장세를 나타내고 있는 아태 지역과 가장 큰 점유율을 차지하고 있는 유럽 지역의 영향에 의해, 전 세계 관광지의 소득은 2012년도, 1조 780억 달러(8,390억 유로)에서 2013년에는 이보다 810억 달러(340억 유로, 달러 평가절하로 인해 다소 감소) 증가한 것으로 나타났다.

세계 전체 국제관광 소득의 42%를 차지하고 있는 유럽은 2013년 국제관광 소득이 2012년에 비해 350억 달러 증가한 4,890억 달러(3,680억 유로)로 집계되면서 가장 큰 성장세를 기록하였다. 아태 지역의 관광지(전체 관광 소득의 31%를 차지)의 경우 전년 대비 300억 달러 증가한

3,590억 달러(2,700억 유로) 규모에 달하였다. 미주 지역(20% 점유율)의 소득은 160억 달러 증가한 2,290억 달러(1730억 유로), 중동 지역(4% 점유율)은 470억 달러(360억 유로) 그리고 아프리카 지역(3% 점유율) 340억 달러(260억 유로) 규모로 추산되었다. 상대적인 조건에서 보면, 아태 지역(+8%)이 가장 큰 소득 증가를 기록했으며 미주 지역(+6%)과 유럽(+4%)이 그 뒤를 이었다.

소득 상위 10대 관광지 중에서, 아시아 관광지인 태국(+23%), 홍콩 및 마카오(+18%)가 가장 큰 성장세를 보였으며, 영국(+13%)과 미국도(+11%) 두 자릿수 성장률을 기록하였다. 스페인, 프랑스, 중국, 이태리와 독일의 성장률은 1~5%로 나타났다. 전 세계 관광 지출 증가의 절반을 차지하고 있는 중국, 러시아 및 브라질 신흥경제국가인 중국, 러시아와 브라질은 근래에 들어 해외 관광시장의 성장을 견인하는 역할을 수행해왔다. 2013년도 총 810억 달러의 국제 관광 지출 증가분 가운데 약 400억 달러는 이 세 국가에서 발생한 것이다. 1,020억 달러의 지출 규모로 2012년 세계 최대 해외관광 시장이었던 중국의 경우 2013년 지출은 전년 대비 26% 증가한 총 1,290억 달러를 기록하였다. 러시아의 2013년 해외관광 지출은 전년 대비 25% 증가한 540억 달러 규모로, 해외관광 시장에서 4위를 차지하였다. 브라질은 해외관광 지출 규모는 13% 증가한 250억 달러에 달하면서 10위를 기록하였다. 주요 선진국 시장의 경우 전년 대비 9% 증가율을 나타낸 호주를 제외하고, 대부분 보통수준에 머무른 것으로 나타났다. 프랑스(+5%)가 2012년의 약세로부터 회복한 반면, 미국, 독일, 영국, 캐나다의 관광 지출은 2~4% 증가하는데 그쳤다.

출처: [UNWTO Press Release], 2014.5.14

3) 관광의 경제적인 역할

(1) 국제수지 개선

관광의 효용을 말할 때 무엇보다도 우선적으로 고려되는 것은 국제수지의 개선이다. 외래관광객의 외화소비는 수용국의 국민경제에 직접 기여하게 되고 국제관광 왕래에 따른 외화수입은 '무형의 수출'이라 하여 해운수지, 보험수지, 기술수지와 함께 무역외수입의 중요한 몫을 차지한다.

관광을 통해 영국의 외화수입은 수출의 제1위를 기록하고 있던 위스키 수출액을

능가하게 되었고, 이탈리아에서는 무형의 수출인 관광수입이 유형의 수출인 무역수지의 적자를 메꾸고도 남을 만큼 크게 늘어나고 있다. 미국에서는 휴가철과 휴일을 즐기는 일반시민을 대상으로 한 관광산업이 크게 성장하였다. 한편 관광과 이를 둘러싼 관련 산업이 무수하게 출현했고 이제까지 서비스업의 일환으로서만 인식되어 왔던 관광산업도 근대산업의 일각에 등장하여 그 비중은 점차 높아져 가고 있다. 그러하기에 선진국, 개발도상국을 불문하고 세계 각국은 수용태세의 정비와 관광홍보의 강화, 외래객 유치 증진에 힘쓰고 있으며 국제수지의 개선에 주력하고 있는 것이다.

관광에 대한 관심은 관광이 가져다 주는 긍정적인 경제적 효용에 관심을 가지며, 그 효용적 가치에 대해서 유리하게 적용될 수 있도록 많은 연구가 추진되고 있으며 이와 관련하여 관광객 동향분석이 이루어지고 있다. 점차적으로 국제 및 국내관광이 활발하게 이루어져감에 따라서 국제수지 측면뿐만 아니라 다각적으로 파급되는 경제적 효용에 대한 인식이 확대되었다. 관광에 직·간접으로 관련되는 사업에 대한 투자의 촉진이나 준비기회의 확대, 지역개발효과 및 조세수입의 증대 등이 그것이다.

국제관광에 의한 외화획득은 국제수지 개선에 큰 역할을 담당한다는 것은 앞에서 강조한 바와 같다. 더욱이 부존자원과 자본이 빈약하고 공업제품의 수출이 곤란한 나라에 있어서는 국제 관광객의 수용은 외화획득의 매우 유효한 수단이 된다. 즉, 관광수입은 제약조건이 많은 상품무역에 의한 수입과는 달리 국제친선과 문화교류에 기여하면서 외화수입을 올릴 수가 있어 그야말로 일거양득의 실리를 추구할 수 있다.

국제관광수입은 국제관광량의 증대 이상으로 늘어나고 있어 1960년에 70억 달러에서 1970년에는 180억 달러로 증가되어 연평균 15.7%의 증가율을 나타냈고, 1980년에는 1,030억 달러 1990년에는 2,680억 달러, 2009년 8,520억 달러의 시장으로 성장하였다. 국제 관광수지는 대내외적인 환경에 영향을 받아서 2015년은 메르스로 인해 전년대비-68억 달러가 감소하여 적자 이후 2016년 사드, 북핵 등 외교 정치적인 이유로 관광객의 감소와 관광수지가 -147억 달러를 기록했다. 이후 2018년 평창동계 올림픽으로 관광객이 전년대비 15.1% 증가되었으나 관광수지 적자는 지속되었다.

따라서 국제관광수입은 지난 20년 동안 3배 이상 증가하였고, 국제관광객 수는 2009년 기준으로 8억 8천만 명으로 1990년 14억 5천 8백만 명 대비 약 2배 가량 증가하였다. 지역별로는 2009년 유럽(4억 6천만 명, 4,133억 달러), 아시아태평양 지역(약 1억 8천만 명, 2,032억 달러), 미주(약 1억 4천만 명, 1,625억 달러) 등 높은 성장세를 보인다.

2018년 국제 관광객은 연간 14억 명을 초과했으며 2017년보다 5% 증가되었다. 국제 관광객 중 48%가 유럽을 찾았다. 그중 8,900만 명이 프랑스를 찾아서 1위를 차지하였으며 스페인(8,300만 명), 미국(8,00만 명), 중국(6,300만 명) 순기였다. 그러나 관광수입은 미국이 2140 달러로 1위를 차지하였으며 스페인은 740억 달러, 일본, 중국이 각각 410억, 400억 달러 수입이 있었다. 그리고 2018년은 전체 관광수입은 1조7천억 달러로 4.4% 증가했다. 관광수입이 많다는 것 하나만 가지고서는 한 국가의 관광산업 중요성을 나타낸다고 말할 수 없다. 관광수입이 국가 총수입과의 관계에 있어서 제품과 서비스의 수출 총액 중에 차지하는 비율이 높을 경우에는 국제관광이 그 나라의 중요한 산업 가운데 하나로서 차지하는 비중이 클 것이며, 그 나라의 정부가 관광사업의 진흥을 위하여 진력하게 될 것은 당연한 이치이다.

관광수입이 많은 나라들의 수출총액에서 차지하는 비율을 보면 스페인이 가장 높고 오스트리아, 스위스 등이 20% 정도에 달하며, 이탈리아의 경우는 15% 정도로 되어 있다. 물론 이들 나라에서 관광은 외화 획득에 중요한 역할을 담당하고 있으며 유효한 경제활동으로도 간주되고 있다. 그러나 관광수입에서 세계 제1위의 미국은 그 비율이 5%에 지나지 않는다.

관광수입이 많다는 것은 그 만큼 그 나라의 관광객 수용에 대한 노력과 성의를 나타내고 있는 데 달려 있다고 볼 수도 있지만 보다 기본적으로는 관광객 유인에 있어서 무엇인가 매력적인 관광자원을 갖고 있다고 할 수 있다.

관광대상은 뛰어난 자연경관이나 유서깊은 문화재 자원 등을 비롯하여 스포츠, 휴양, 오락 또는 사교 등의 장소로서 적절하고 쇼핑하기에 유리한 점 등이 집약된 총체적인 것이다. 따라서 국제 관광객의 증대를 도모하기 위해서는 자국의 매력이 무엇이며, 가치가 무엇인가를 인식하고 출발하는 것이 무엇보다도 중요하다 하겠다. 또한 국제관광에 의해서 획득한 외화수입은 다른 일반 상품무역에 의한 수입에

Chapter 01. 관광 개념과 특성

Ch 02. 관광욕구(조와 스토리텔링

Ch 03. 관광개발

Ch 04. 지역 관광자원

Ch 05. 문화 관광자원

Ch 06. 복합 관광자원

Ch 07. 위락 관광자원

서는 찾아 볼 수 없는 유리한 점을 가지고 있다. 그것은 외화가득률이 상품수출의 경우보다는 훨씬 높기 때문에 외화 획득 수단으로서의 실질은 매우 유효하다고 말할 수 있다. 즉, 일반 상품수출을 통해 획득한 외화수입의 경우 외채의 금리, 원재료, 기계료 등의 수입비용, 운송비 등을 공제하게 된다. 그러나 관광 수입에서 공제되는 비용은 해외선전비, 판촉비와 관광객이 소비하는 물품의 국내수입에 소요되는 비용 등이며, 그 비율은 통상 10% 미만이다.

관광수용국의 관광수입은 송출국의 입장에서 보면 관광지출이다. 우리나라의 경우 관광수지면에서 볼 때 96년도와 97년도에는 관광수지 적자가 각각 15억 달러와 11억 5천만 달러에 이르게 됨에 따라 경제환란의 한 요인으로까지 지적되기도 하였다. 1998년에는 IMF체제에서 38억 달러 규모의 흑자를 기록한 적도 있지만, 2000년대 이후 관광수지는 국가의 대내외적인 환경 및 경제적인 영향으로 적자를 면치 못한 실정이다. 국가경제나 국민경제를 감안할 때 외화획득을 위한 관광산업 진흥에 대한 필요성이 그 어느 때보다 절실히 요구되고 있다.

(2) 경제발전의 기여

국제관광왕래는 한 나라의 외화수입을 가져오게 하고, 국제수지 상승을 끌어올리는 데 기여할 뿐만 아니라, 관광객이 입국하여 국내에서 소비하는 외화는 그 나라의 경제활동을 확대시키고 산업을 번창하게 하며 경제의 발전에 공헌한다.

국내관광의 경우, 관광객에 의한 쇼핑 등의 구매활동은 생활에 필요한 소비활동으로 출자들이 지역적으로 이동하여 집중했다고 생각할 수 있다. 일반적으로 볼때 관광객에 의한 소비는 지역에 여러 가지 경제활동에 자극을 준다. 특히 관광 왕래를 할 수 있는 많은 요소인 관광상품과 서비스에 대한 새로운 수요를 창출해 내고 있다는 데서 커다란 경제적 가치와 효용을 인정할 수 있다.

첫째, 관광객의 소비는 숙박비, 음식비, 교통비, 오락비와 토산품 등의 상품구입비를 비롯하여 여러 형태로 지출된다. 이러한 소비효과는 점증적으로 회전, 순환하여 이른바 소비의 '승수효과'를 낳게 하며, 여러 관련부문으로 파급된다.

이와 관련된 연구는 1958년부터 1960년에 걸쳐 미국 '상무성'과 '태평양지역 관광협회'가 공동으로 동 협회의 17개 가맹국에 대하여 실시한 관광 조사 보고서인 '태평양, 극동지역에 있어서 관광사업의 장래'에서 잘 나타나 있다. 즉, 관광소비에서 '돈'의 회전 혹은 승수효과를 정밀하게 분석한 모델을 통하여 관찰해 본 결과, 경제외적 제반여건에 따라 일정하지는 않지만, 경제사정에 관계없이 그 돈은 당초에 지출된 이후 1년 동안에 2~3회 내지 3~4회에 달하는 것으로 측정되고 있다. 따라서 이같은 관광의 예측연간 회전율은 결국 관광객이 소비한 당초의 미화 1달러가 1년 동안에 3.2~4.3달러와 대등한 경제활동을 유발하고 있음을 보여 주고 있다.

이와 같이 관광객의 소비가 주는 자극이 소득을 3~4배로 늘려 주고, 이와 같은 소득은 다시 재화 및 서비스의 소비활동에 자극을 주며 팽창시켜 나간다.

둘째, 관광소비의 구조는 먼저 각각의 부문의 경제활동을 활성화시키고 관광기업의 수익활동을 촉진시켜가는데, 이같은 경제활동은 여러 관련부문으로 파급된다.

관광객의 증대는 시설의 확대를 필연적으로 수반하게 된다. 따라서 관광시설의 건설에 있어서 소요되는 토지, 건물, 자재, 자금과 이를 운영하기 위한 자금에 대한 수요를 창출시킨다. 이같은 현상은 결과적으로 지가상승, 자재, 자금 공급에 수반하는 관련산업의 발전과 고용증대를 가져오고 새로운 구매력을 낳게 한다. 예를 들면, 관광호텔의 건설과 운영은 건축업 발전에 기여할 뿐만 아니라 철강업, 시멘트업, 가구제조업, 내구소비제조업 등 각종 산업의 발전과 기술향상을 가져오고, 이와 같은 산업을 통하여 고용증대를 가져오게 되는데, 이는 모두가 관광수요 증대에 기인하는 투자활동의 결과인 것이다. 또한 구매력의 증대는 수요를 더욱 확대시키고 직간접적으로 세수증대에도 기여하게 된다. 스페인의 경우에 전체 취업인구의 약 20% 정도가 관광과 직접 관련을 가진 각종 산업에 고용되어 있는 것을 볼 때 관광기업 활동의 확대가 고용증대에 얼마나 기여하고 있는가를 잘 이해할 수 있다. 관광산업은 새로운 산업을 유발하고, 산업을 유치하는 지역에서는 활발한 경제활동이 가속적으로 이루어지게 된다.

(3) 지역개발의 촉진

관광이 지역개발의 역할에서 특히 주목을 끄는 점은 주로 관광투자 효과와 친관광소비 효과로 구성되는 지역경제적 효과이다. 관광투자 효과는 개발사업에 대한 투자 효과이기 때문에 그 효과는 단기적이면서도 불연속적이라 할 수 있다. 그런데 이에 반하여 친관광소비 효과는 관광기업이 가동함에 따라 생기는 관광소비의 파급효과이기 때문에 그 효과는 연속적이며, 장기적이라고 할 수 있다.

관광소비는 관광객의 관광행동에 수반하여 지출되는 소비이기 때문에 직접 관광기업의 수입을 이루고 관광기업체는 이같은 수입을 바탕으로 하여 기업경영을 영위해 나가게 되는데, 기업체의 기업활동을 통하여 지불되는 지출처는 원재료, 서비스의 매입과 부가가치로 분류된다. 전자는 기업체의 거래선에 지불되고 후자는 임금으로 가계수입이 되거나 기업이익으로 남아서 예금이 되기도 하고 기업의 시설확충자금으로 쓰이기도 하며, 국가의 세수입으로도 된다. 동시에 이같은 관광소비는 지역경제권 내를 순환하면서 파급되어 눈덩이같이 불어나 전체 지역발전에 크게 기여하게 된다.

관광소비는 관광객으로부터 관광기업에, 기업체는 그 거래선에, 거래선은 다시 그 거래선으로, 지역경제권 내를 순차적으로 순환하면서 생산액 증대를 초래함은 물론 지역소득의 증대와 고용의 촉진에 이바지하게 된다. 지역개발이 소득격차의 시정을 목표로 하여 추진된다는 관점에서 볼 때 관광산업의 개발은 이같은 기대에 부응하는 것이라 말할 수 있다. 또한 도로의 건설, 상하수도의 정비, 전력공급 등 관광산업에 관계되는 기반시설의 구성은 지역경제발전의 원동력이 되며, 그것이 공공성을 띠고 있을 경우에는 더욱더 유효한 파급효과를 가져오게 되는 것이다. 이와 아울러 공업국에 있어서의 최고 발전단계를 대중에 의한 고도소비시대라고 본다면, 관광산업은 새시대의 성장산업으로 각광을 받게 되고, 장차에 있어서 무한

Chapter 01. 관광 개념과 특성

Chapter 01. 관광 개념과 특성

Ch.02 관광문화(축제/스토리텔링)

Ch.03 관광개발

Ch.04 자연 관광자원

Ch.05 문화 관광자원

Ch.06 복합 관광자원

Ch.07 위락 관광자원

한 발전이 기대되는 새로운 사업이라고 볼 수 있다.

그러나 지역경제의 부정적 영향은 인플레이션, 외화유출, 계절적 실업, 개발의 불균형, 경제활동의 취약성, 대외경제 종속성 등을 간과해서는 안된다. UNWTO는 관광객에 의해 발생되는 경제적 효과를 긍정과 부정으로 구분하여 잘 나타내고 있다.

※ 표 1-4 _ 관광의 효과

	긍정적 효과	부정적 효과
경제적 효과	• 농산품에 대한 수요증가로 생산증가, 기술습득, 식품자급자족	• 지역주민에게 농산품 부족초래
	• 지역음식의 개발 및 부활, 식품보전 산업발전, 주민에게 더 좋은 식품제공	• 음식의 국제적 양식 출현
	• 쓸모없는 땅 활용	• 개발 및 공항건설로 비옥한 농토소멸
	• 관광자의 선호로 이국적 상품수출 증가	• 인기가 없어지는 상품도 생김
	• 해양식품 수요증가로 어업발전	• 해변의 점유로 어업의 지장 초래
	• 토목공학 등의 기술활용으로 부두, 방파제가 건설되어 해변이 유용해짐	• 해변은 유람선 때문에 오염
	• 새로운 하부구조 건설에 자금 제공	• 하부구조 건설 부담이 커짐
	• 관광목적물 판매는 농업이용보다 유리	• 물의 소비 증가, 공해
사회적 효과	• 사회구조 변화	• 주민의 양극화
	• 농업에서 서비스 공용으로 토산품 산업발전, 소득격차해소, 교육기회 증가	• 소득격차, 관광산업 종사자 유리
	• 가족의 현대화	• 가족의 파괴
	• 여자의 지위향상, 자녀에 대한 관용	• 이혼증가, 성개방
	• 원주민의 시야 넓어짐, 윤리적 태도의 변천, 편견해소	• 소비지향사회 • 매춘, 약물남용, 알코올중독, 퇴폐
문화적 효과	• 지역문화의발전(민속예술, 박물관)	• 토착문화 소멸(수입문화에 대체됨) 문화의 상업화
	• 역사유적 보존	• 과다한 관광자로 유적지 파괴
	• 현대건축양식 도입	• 전통적 건물과 비인간화된 현대건물의 병존

4) 관광의 사회·문화적 역할

　관광의 사회·문화적 영향은 다음과 같은 특징을 지닌다. 관광의 가치체계, 개인 행동, 가족관계, 집단적 라이프 스타일, 심리적인 안전성, 도덕적 행위, 창조적 표현, 전통적 의식 및 지역사회조직 등의 변화요인이 되는 상태이다. 관광객과의 직접적 또는 간접적 결합에 의한 지역사회의 사회·문화적 영향은 관광객에게 그대로 표출된다.

　사회·문화적 영향은 관광객과 지역주민의 접촉에 의하여 발생하는 특정한 사회관계로부터 비롯되어 이는 관광객과 지역주민간의 상호관계에서 나타나고 있지만 이같은 행동은 대량관광(Mass Tourism)과 관련 있다.

　결국 대량관광이 문제점이 있지만, 존재하는 이유는 다음과 같다.

- 1회성이라는 특징
- 시간적·공간적인 제약이 있다는 점
- 자발성이 결여된다는 점
- 서로 다른 불균형한 체험을 한다는 점

　사회적 측면에서는 대인관계, 도덕적 행위, 종교, 언어 및 보건 등을 고찰하는 반면, 문화적 측면에서는 물질문화 양식과 비물질문화 양식의 문화변동과정을 살펴볼 필요가 있다.

　관광지에서 관광객들의 행동들이 지역사회의 사회·문화적 가치에 영향을 미치며 이는 관광객과 관광지와의 상호간 영향을 미친다. 전 세계의 관광객 중 북미, 유럽 등 서구인들이 관광하는 비율이 높은데 관광지에서 나타나는 서구 관광객들의 여러 가지 행동들은 지역주민들에게 선진 서구문명이라고 받아들여진다. 따라서 관광지에서 여러 가지 행동들은 서구문화가 가지고 있는 보편타당한 문화의 형태로 받아들여지고 있기 때문에 그 지역 고유의 지역문화는 점점 사라져가고 있다. 다른 한편으로 생각해보면 관광객과 지역사회와의 관계에서 일방적으로 지역사회만 변화하는 것이 아니라 관광객도 변화할 수 있는 쌍방교통적 관계라고 주장한다.

따라서 지역주민들이 관광객의 가치를 받아들일 수 있고 관광객은 방문한 지역의 가치를 받아들일 수도 있다. 이것이 문화의 상호적응이다.

관광목적지 개발이 긍정적인 영향 혹은 부정적인 영향을 가져온다는 것은 실이다. 목적지 개발의 사회적 영향은 선진국에서는 크게 중요하지 않다. 그러나 후진국에서는 부정적인 사회적 영향이 더 많다. 관광이 다른 경제활동을 위축시키거나 목적지가 너무 빠르고 집중적으로 개발되면서 사회적 영향은 부분적으로 손상될 수도 있다. 따라서 신중한 스케줄, 훌륭한 경영, 주민의식의 자각 등으로 부정적인 사회적 영향을 최소화하여야 한다. 가장 뚜렷한 사회적 영향은 인구 증가, 고용형태의 변화, 생활 패턴의 변화, 자산가치 상승, 전시효과 등으로 나타나고 있다.

관광은 타 지역의 풍속, 습관, 문물제도 등을 알고 국제친선이나 문화교류의 증진에 기여하는 등 비경제적인 효용도 높이 평가되고 있다. 그리고 매스 투어리즘의 시대는 교육적·문화적 효용, 국민보건, 복지적 효용 등이 주목을 끌게 되어 점차 그 비중이 증대되어 왔던 것이며, 현대 사회에서 관광의 효용은 이들을 모두 종합한 것으로 인식되고 있다.

(1) 문화적·교육적 효용

관광은 많은 인간 활동에 직·간접적으로 영향을 미치고 있으며 이같은 활동을 문화적 효과라고 부를 수 있다. 인류는 끊임없이 이상을 추구해가고 있는 가운데 문화의 진전이라는 결실을 거두어 가고 있다. 그러나 현실적으로는 민족과 지역에 따라 문화의 양상이 각기 다르게 나타나고 있다. 인류가 끊임없이 이상을 추구하는 것은 새로운 문화의 활동에 영향을 미치고 있으며 그 결과는 문화적 효과라고 할 수 있다.

관광을 통해 세계 각국의 국민들이 상호간의 왕래가 빈번해짐에 따라 타국의 국민성을 이해하게 되고, 국가나 지역을 이해하게되면 자연스럽게 친교의 장이 형성된다. 따라서 관광은 국가간의 오해, 편견, 의혹, 공포 등을 제거하고, 국제적 우호의 증진에 기여할 수 있으며, 나아가서는 세계평화의 기초를 다지는 데 있어 기여

Chapter 01. 관광 개념과 특성

Ch 02. 관광수요와 공급·스프레드

Ch 03. 관광개발

Ch 04. 지역 관광진흥

Ch 05. 문화관광자원

Ch 06. 특급관광사업

Ch 07. 우리나라 관광산식

하는 바 크다는 것을 아무도 부인할 수 없을 것이다. 이러한 주장의 근거는 랜들보고서(Randall Report) 중 여행이 가지는 문화적·정치적 의의에 대하여 기술하고 있는 내용을 보아도 쉽게 이해할 수 있다. 이 보고서에서 기술하고 있는 여행은 국가 간의 깊은 이해와 평화를 구출하는 중요한 요소인 것이며, 관광을 통해 기대할 수 있는 친선의 축진 및 상호이해에 대한 것이다. 제2차 세계대전 후 독일이나 일본과 같은 패전국가를 널리 여행하게 된 이래 종전의 적의는 따뜻한 우정으로 바뀌게 되었다는 의미이다. 냉전관계에 있던 미국과 소련 사이에서도 여행을 촉진하기 위한 새로운 협정이 체결되어 1959년에는 12,000여명의 미국시민이 소련을 여행하였고, 1960년에는 20,000명을 넘을 것으로 예상했다. 세계 사람들이 여행을 통하여 친교를 맺음으로 국가간의 관계도 친선관계로 나아갈 수 있다는 점을 실증한 것이다.

여행과정에 의해서 습득한 지식과 체험은 여러 사람들에게 자연스럽게 전해짐으로써 사회 전체에 커다란 영향을 미치게 된다. 오랜 역사의 모든 과정을 보면 이국의 문화나 예술의 산물은 여행자를 통하여 타국으로 건너간 일이 많다. 커뮤니케이션의 기술이 발달한 현대에 와서는 여행자의 그와 같은 역할이 많이 줄어들었다고는 하겠지만 사고방식, 행동양식 등은 사람과 사람 간의 부담없는 접촉에 의해서 전해지는 일이 많다.

관광은 직접적인 체험을 통하여 사물에 접할 수가 있다는 점에서 우리는 커다란 교육적 효과를 기대할 수 있는데 관광이 사회에 주는 것이 문화적 효과이며 그것을 개인 단위로 살펴보면 교육적 효과라 말할 수 있다. 관광의 주체는 개인인 것이고, 단체의 일원으로서 관광하는 경우라 할지라도 사람은 개인이라는 입장을 떠날 수는 없는 것이다.

'백문이불여일견(百聞以不如一見)'이라는 말은 자기의 눈으로 실물을 보고 듣는 것이 지식의 가장 확실한 습득이 된다는 뜻이다. 이처럼 관광을 통해서는 청소년의 지육(智育), 체육(體育), 덕육(德育) 함양에 가장 효과적이라 할 수 있다. 예를 들면 합천 해인사의 팔만대장경이 아무리 위대한 문화유산이라 할지라도 단지 관념적 지식으로 그치는 것보다 진가를 알기 위해서는 현장에 가서 실물을 확인해 보는 것이 가장 지름길이라 할 수 있다. 따라서 관광지의 대자연, 도시 등은 모두 교실이며, 천지 만물은 모두 문자만 빼놓은 교과서로 표현할 수 있다. 그리고 이같은 교실은 관광을 두고 한 말임에 틀림없다.

　"관광은 노인에게 있어서는 경험의 일부이지만, 젊은이에게는 교육의 일부이다." 라고 한 베이컨의 말은 바로 이같은 사실을 입증하는 것이라 할 수 있다.

알아두기　랜들보고서(Randall Report)

1954년 1월 23일 미국의 대외경제정책위원회가 대통령 및 의회에 제출한 보고서.

정식 명칭은 '미국 대외경제정책위원회 보고'이나, 위원장인 C.B. Randall의 이름을 따서 '랜들보고'라고 부르기도 한다. 이 보고서는 달러부족 문제부터 검토하고, 대외원조에 관해서는 긴급사태에 대한 대응책으로서의 역할은 끝났으므로 재검토를 하여 전체로서 확대하지 않도록 권고하였다. 또한 통상상(通商上)의 장애를 줄여서 한층 자유스러운 무역을 실현하여 통화의 자유교환성의 회복, 미국상품 우선구입법의 완화, 호혜통상협정의 3년 이상의 연장, 대통령의 관세인하권 확대, 농산물가격유지계획의 폐지 등 미국의 통상 자유화 방향을 제시하였다. 이러한 내용은 의회의 반대로 전부가 실현된 것은 아니지만 미국의 대외경제정책의 방향을 시사하는 중요한 권고로서 미국 국내 및 세계 각국에 큰 영향을 끼쳤다.

[네이버 지식백과] 랜들보고 [Randall Report, —報告] (두산백과)

Ch 02 관광객론
Ch 03 관광개발
Ch 04 지역 관광자원
Ch 05 문화 관광자원
Ch 06 특별 관광자원
Ch 07 위락 관광자원

(2) 레크리에이션효과

관광은 레크리에이션을 수반한 사람의 이동이고 관광을 하는 사람은 항상 넓은 의미의 레크리에이션을 추구하여 심신의 단련, 향상을 얻으려 한다는 데서 다른 목적의 여행과 구별하고 있다.

레크리에이션(Recreation)이란 무엇인가를 생각해 볼 필요가 있다. 레크리에이션에 대해서는 이제까지 많은 정의와 설명이 있었지만 구체적으로 어떤 활동이 레크리에이션인가를 규정하기는 쉬운 일이 아니다.

본래 레크리에이션 정의는 원기(元氣)를 되찾는다든가 영기(靈氣)를 기른다는 것으로서, 병후의 요양이나 피로회복을 위한 유양 등을 가리키고 있어 마이너스를 되찾는다는 것이 본래 뜻이었으나, 결국에는 기분전환을 위한 적극적인 모든 활동까지도 포함하게 되었다. 따라서 레크리에이션을 인간의 자기실현을 지향하는 기본적인 욕구를 충족시키는 행위로 보면, 광의의 레크리에이션에는 감상·지석·견학·축제·체험·활동·휴양·참가·사교·체육 등 여러 가지 형태가 모두 포함된다. 그러므로 상황의 변화를 추구하여 이동하는 관광에도 휴양관광, 유람관광, 교양관광이나 학술조사관광 등 많은 유형이 있을 수 있다.

그러면 인간의 활동 가운데 레크리에이션이 되기 위한 조건으로서는 어떤 것이 있는가? 우선 그 공통점을 찾아본다면 건강에 기여할 수 있고, 사회공동생활에 좋은 영향을 끼치는 것이어야 하며, 재생산력의 창출 등을 들 수 있을 것이다. 따라서 레크리에이션이라 하면 사회생활의 테두리 안에서 인간생활의 기본적인 욕구 가운데 하나라 할 수 있는 변화와 참신함을 찾는 것을 목적으로 하는 모든 활동의 총칭이라고 정의를 내릴 수 있다.

오늘날 레크리에이션이라는 용어는 흔히 볼 수 있으나, 레크리에이션 효과라는 말도 그 의미가 불명확한 채 쓰이고 있다. 레크리에이션 효과는 레크리에이션을 통하여 심신의 안정·향상을 가져오고 상실해가는 인간성의 회복과 인간생활의 활력을 증진시킨다는 의미에서의 효과이다. 이같은 효과를 일반 국민차원에서 관찰한다면 보건복지적 효과라고 말할 수 있다. 여가(Leisure)에 레크리에이션을 즐기는 관광은 건강에도 매우 좋을 뿐만 아니라, 생활에 의욕을 불어넣기 때문에 많은 효과를 기대할 수 있다. 따라서 레크리에이션이란 말이 쓰여질 경우에는 사회적인 학습, 즉 교양과 견문을 넓힌다는 의미와 좋은 매너의 습득 내지는 생활화와 집단활동을 위한 훈련 등 광의의 교육적 활동과 결부시켜 사용하는 경향이 있다. 이와 관련하여 학생들의 수학여행은 교육적 효과를 목적으로 한 것인데, 그 이상으로 집단생활을 체험시킨다는 점에서 레크리에이션효과는 크다고 말할 수 있다.

(3) 친선효과

우리는 관광의 사회적 효용 가운데 특히 국제교류를 통하여 거둘 수 있는 여러 효과를 국제친선효과라 부른다. 오늘날 관광에 부과된 기본적 참여 가운데 하나는 국제친선을 위한 상호이해의 촉진인 것이다. 따라서 각국의 국민은 될 수 있는 한 많은 기회를 만들어 해외여행을 하여 그 나라 국민과 광범하게 접촉하고 또한 모든 사정을 관찰하는 것이 필요하다. 그렇게 함으로써 상호간의 국민성, 풍속, 관습이 이해되고 우정을 깊게 맺을 수 있는 것이다. 국제정세의 현실에서 볼 때 세계의 항구적인 평화와 번영을 추구하려 한다면 몇 사람의 외교관이나 정치가의 노력만으로는 도저히 그 목적을 달성할 수 없는 것이며, 국민 상호 간의 폭넓은 이해와 신뢰, 우정만이 충분한 성과를 기대할 수 있는 것이다. 국제 간의 상호이해의 중요성은 새삼스럽게 강조할 나위도 없이 관광은 민간외교로서의 사명을 충분히 발휘하고 있다. 미국이 제2차 세계대전 후 '인사교류계획'에 따라 매년 수만 명의 학생·교육자·각계 전문가를 자국에 초청하고, 동시에 정부의 지원으로 수천 명의 학생·교육자를 외국에 파견하고 있는 것도 미국이 이같은 문화적 가치를 인식하고 있기 때문이었다. 그러나 그곳에는 많은 장애가 있는 것도 사실인데, 인종·언어·생활관습·종교 등의 차이 때문에 상호이해가 용이하지 않았던 것이다. 상호이해도 몇 개의 단계로 구분하여 생각할 필요가 있는데 접촉하는 단계로부터 대화하는 단계 그리고 신뢰하는 단계를 순차적으로 다져가야 한다. 아무튼 먼저 접촉하여 상호 간에 얼굴을 익히는 단계부터 시작할 필요가 있는데, 관광은 그러한 기회를 자연스럽게 만들어 주고 있다.

(4) 지역문화의 변화

관광은 지역의 문화적 고유성을 변화시키는 역할을 한다. 예컨대 지역주민은 관광객 때문에 문화충격을 경험하기도 하며, 지역문화와 관광문화의 충돌 가능성뿐만 아니라 관광에 의해 관광객의 문화가 전파됨에 따라 관광객과 원주민의 사이에는 문화접변과 문화표류현상이 발생된다. 문화접변은 서로 다른 문화가 계속 접촉할 때 본래의 문화유형에 변화가 생기는 것을 의미한다. 누네쯔(Nunez)는 상이한 문화가 일정기간 접촉하게 되면 동화되는데, 이 과정에서 접촉인간의 면모, 사회·문화적 수준, 인구의 차이가 비대칭적 동화를 초래한다고 주장하였다. 대체로 원주민이 관광자의 문화로 동화되는데, 이것을 서구화 또는 코카콜라화(Coca-Colanisation)라고 부른다. 유엔보고서에서도 제3세계의 관광이 문화접변을 초래한다는 사실을 지적하고 있다. 또한 문화접변은 보수적 전통을 약화시킬 수도 있는데 관광자에 대한 노출의 정도나 관광객과의 집단적 경험에 의해 좌우된다.

문화적 표류(Cultural Drift)는 원주민이 관광객이 올 때만 그들의 욕구에 맞추려 하고 관광객이 출발한 후에는 원래의 상태로 되돌아가는 현상을 말한다. 즉, 관광은 지역사회의 문화를 근본적으로 바꾸지 못하며 단지 접촉기간에만 일시적으로 영향을 준다고 볼 수 있다.

맥킨(Mckean)은 토착사회에 외부의 영향이 들어오면 초기에는 토착문화가 어느 정도 유지되지만 외부의 영향이 정착되면 고유한 부분과 외부로부터 흡수된 부분으로 이른바 확장된 전체체계가 나타난다고 하였다. 맥킨은 발리에서 이 사실을 발견하였는데, 여기에서 관광의 역할은 관광소득을 목적으로 조각가, 음악가, 무용가들의 전통성을 유지하도록 고무시킨 것과 발리인의 주체성을 강화시켰다.

(5) 문화의 상품화

문화의 상품화는 관광객이 문화를 패키지로 구매할 때 원문화의 특징이 소멸되면서 단순히 팔기 위한 하나의 상품의 되는 경우이다. 원주민의 문화행사가 장소와 시간이 변경되어 무대에 올려지거나 편리한 시간에 공연될 때, 이런 것을 가짜 민

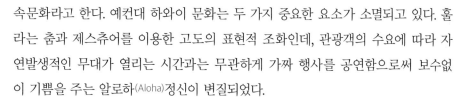
Chapter 01. 관광 개념과 특성

Chapter 01. 관광 개념과 특성

Ch 02 관광문화의 스토리텔링

Ch 03 관광객론

Ch 04 지역 관광자원

Ch 05 문화 관광자원

Ch 06 복합 관광자원

Ch 07 위락 관광시설

속문화라고 한다. 예컨대 하와이 문화는 두 가지 중요한 요소가 소멸되고 있다. 훌라는 춤과 제스츄어를 이용한 고도의 표현적 조화인데, 관광객의 수요에 따라 자연발생적인 무대가 열리는 시간과는 무관하게 가짜 행사를 공연함으로써 보수없이 기쁨을 주는 알로하(Aloha)정신이 변질되었다.

미국의 버몬트 마을은 관광 성수기인 여름에만 교회를 운영하며, 공예품도 대량 생산에 의한 산업화된 제품을 판매하고 있다. 프랑스의 한 작은 알프스 관광지도 개발이 진전됨에 따라 지역문화가 관광객을 위한 민속상품으로 바뀌었다. 그린우드(Greenwood)는 관광이 '향토색'을 조장하고 이것을 이용하여 문화를 상품화함으로써 한 지역사회에 끼친 영향에 중점을 둔 사례연구를 통하여 증명하였다. 스페인의 바스크지역에 있는 푸엔떼라비아의 알라르데 의례는 350년이라는 역사 속에서 '집합적 고결성'이라는 바스크족 특유의 개념이 깊이 깔린 공공의례였다. 그런데 스페인 관광성이 알라르데 의례를 국정 축제행사표에 포함시켜 유포하면서 알라르데를 같은 날 두 번 열어야 한다고 선포하였다.

이러한 결정에 지역주민은 이 의례에 참여하는 것을 회피하면서 의무적으로 참가하게 되었다. 따라서 알라르데 의례의 본래 의미는 없어진 것이다. 알라르데는 관광객을 유치하여 소득을 추구하는 공개적인 사업으로 규정됨으로써 시정부는 알라르데를 경쟁적인 관광시장 속에 편입된 푸엔떼라비아의 재산으로 만들어 버렸다. 그러나 이 결정은 그 의례의 고유성과 지역주민에 대한 의례의 힘을 결정적으로 와해시킴으로써 의례의 의미를 직접적으로 손상시켰다.

이 밖에도 튀니지의 결혼식 무대공연, 북미 인디언의 민속춤 공연, 아이티의 부두쇼가 무대에 올려진 것이 문화의 상품화 사례라고 볼 수 있다. 이러한 점들 때문에 관광에 의해 초래되는 파괴적인 향토문화의 변화 가능성에 대하여 진지한 검토가 필요한 것이다.

반면 관광은 소멸되었거나 잊혀져 가는 전통문화를 재현하는 데도 긍정적인 역할을 한다. 또한 관광지화에 의해서 지역주민은 자기문화를 새롭게 인식하고 주체성을 강화하여 문화의 가치를 재발견한다. 지중해에 있는 말타의 경우 관광객의 관심 때문에 지역주민 스스로가 자기문화에 대한 인식을 새롭게 하는 계기가 되었고, 키프

러스에서는 민속공연의 증가를 가져왔으며, 세이셸에서도 관광객 때문에 전통문화가 소생되는 등 지역주민의 향토애가 높아졌다는 연구결과가 있다. 따라서 관광의 문화적 역할에 있어서 후자의 경우처럼 긍정적인 측면을 강조하기 위해서는 무엇보다도 지역주민의 의사와 정서에 부합되는 방향을 설정하는 것이 바람직하다.

지금까지의 관광개발은 경제적 측면과 관광자의 요구에 초점을 두는 반면 관광을 수용하는 지역이나 주민의 요구는 소외되고 있다. 그러므로 관광지 주민의 보호와 복지를 우선시켜야 한다는 주장이 대두된다. 이것은 세계관광기구(UNWTO)에서 채택된 권고안 중에 "개발도상국정부는 관광의 지나친 상업화로 야기될 도덕적·심리적 타락으로부터 자국민을 보호해야 할 필요가 있다."는 내용에서 잘 나타나고 있다. 또한 세계은행과 유네스코의 공동세미나에서도 "정부는 당연히 프로젝트를 승인하기 전에 관광프로젝트의 사회·문화적 영향에 대한 연구를 수행해야 한다."고 권고한 바 있다. 한편 세계관광에 관한 마닐라 선언에도 "관광의 요구조건을 충족시키기 위하여 관광지 주민의 사회·경제적 이해와 생활환경을 침해해서는 안된다."는 내용을 포함하고 있다.

(6) 관광의 환경적 영향

관광의 다른 측면은 지역 환경에 대한 영향이다. 관광이 가져오는 긍정적인 환경영향은 상수도 공급개선, 하수도 시설개선, 도로정비 등이었다. 또한 자연경관 및 야생동식물군의 보호노력으로 멸종의 위기를 벗어나기도 한다.

관광을 통해 나타나는 부정적 환경영향은 자연파괴, 지역사회의 붕괴, 폐기물 증가, 풍기문란, 생활물가 상승, 화재발생, 지역산업파괴, 관광객의 대량유입으로 인한 기존 하부구조의 압박, 오염과 밀집, 소음 등의 관광공해를 유발한다. 선진국이든 후진국이든 자연환경에 나쁜 영향을 최소화하는 개발을 강조해야 하며 손실의 영향이 가능한 최소화되도록 관광개발 및 운영상의 지혜를 필요로 한다.

현대관광에서는 반드시 관광개발을 요구한다. 관광개발은 잠재력이 높은 관광자원에 투자하여 비관광지를 관광지화하고 관광자원이 소재하는 곳에 관광시설

Chapter 01. 관광 개념과 특성

Chapter 01. 관광 개념과 특성

Ch. 02 관광근대화와 스마트관광

Ch. 03 관광자원

Ch. 04 지역 관광자원

Ch. 05 문화관광자원

Ch. 06 축제 관광자원

Ch. 07 축제 관광자원

의 정비라는 과정을 통해 상품화하는 과정이다. 즉, 토지이용계획과 시설계획에 따라 관광자원에 인공시설을 더하여 관광활동 장소를 제공함으로써 관광의 가치성을 증대시키고 관광객의 유인력을 갖는 것이다. 그런데 지역개발로서의 관광개발은 관광객의 편의를 증진시키며, 대중관광을 용이하게 하는 사회적 성격과 지역경제발전에 기여하는 경제적 성격이 우선하고 있는 실정이다.

따라서 관광개발은 관광지역의 사회, 문화, 환경적 파괴를 감수하면서 경제적 이익에 초점을 맞추는 사례가 빈번하다. 그러므로 관광이 지역에 미치는 경제효과, 사회효과, 환경적 영향의 관점에서 파악을 하려고는 하지만 긍정적인 것보다는 부정적인 측면이 부각되고 있다. 이 가운데서도 환경영향은 문화적 영향, 사회적 손실 그리고 경제적 효과보다 더 우위에 두고 있다. 왜냐하면 관광활동이 환경파괴의 근원적 역할을 한다는 것은 사실이고, 관광지역의 매력성과 유인성은 바로 자연미에 있기 때문이다. 이러한 관광의 환경영향 인식을 바탕으로 관광지의 환경보전에 대한 관심이 높아지고 있다.

일본의 경우 국립·국정공원의 집단시설지구에는 관광 성수기에 과도한 집중을 방지하기 위해서 자가용 이용을 제한하고 있다. 자동차 규제의 결과 관광지에서는 보행자의 안전 확보, 정온(靜穩)의 유지, 자연식생 파괴의 감소, 야생조수의 서식 등이 효과를 보고 있다. 미국의 엘로우스톤국립공원(Yellowstone National Park)도 광대한 공원구역이 연방정부의 소유이고 최소한의 필요한 시설을 제외하고는 자연 그대로의 생태계가 보전되고, 산불이 발생하는 경우에도 자연소화할 수 있을 정도의 자연보호가 확립되고 있다.

관광지역 환경보존에 일찍부터 힘써온 영국에서는 National Trust에 의해서 오늘날까지 계승되었으며, 19세기 후반부터 자연환경이나 역사적 환경을 보호하고 양질의 쾌적한 환경을 최우선적으로 하는 민간단체가 활동하고 있다.

한국의 국·도립공원을 비롯한 자연공원은 토지이용법상 자연환경지구, 자연보존지구 등을 설정함으로서 자연보호를 배려하고 있다. 최근 관광객의 증가에 따른 관광지의 환경문제와 그 보전의 문제, 지역주민의 측면에서 관광과의 충돌에 따른 변화의 문제도 파악하여야 한다.

인문사회환경, 환경오염, 환경보전에 대한 관광환경영향 인식은 대체로 관광객 집단과 현지 주민간에 의견차이를 보이고 있다. 따라서 관광지역의 환경보전과 관련하여 관광과 주민의 충돌 가능성이 있으며, 이는 독시(Doxey)가 지적하는 갈등구조의 초기단계로 볼 수 있다. 관광지역의 환경보전은 관광지역주민과 관광객이 환경에 대한 공유의식과 공동선을 지향할 때 실현할 수 있다는 관점에서 의식화를 위한 환경교육이 요구된다.

4. 관광의 구조

관광은 인류의 발생과 함께 시작하였다고 보는 것도 한편으로 생각해 볼 수가 있다. 기원전 770년에 개최된 고대 올림픽을 기원으로 Herodotus의 기록(B.C 500)에 나타난 고대 이집트인들의 신전순례와 종교의식, 그밖에 예술의 감상과 보양, 식도락과 등산 등을 통하여 관광형태가 당대에 이미 이루어졌음을 알 수 있다. 이와 같은 사실을 통하여 관광의 시대는 역사 이전에 시작된 Tour시대(고대~1830년대 말)에서 Tourism시대(1840 초~제2차 세계대전 전)를 거치면서 발전하였다 하더라도 관광주체가 왕족과 귀족 등 일부계층에 한정되어 있었다. 그러나 관광에 대한 생각이 변화된 시기는 제2차 세계대전 이후 관광행동에 대중이 포함되면서부터 관광객이 전 국민으로 확대되는 현대적 의미의 대중관광시대로 변화하게 되었다. 현대관광은 국민관광(National Tourism), 복지관광(Social Tourism), 대중관광(Mass Tourism)의 성격으로 규정지을 수 있다.

현대는 관광활동은 자아실현으로서 국민생활의 기본권으로 인정되어가고 있는 추세이다. 생활권에서 나타나 자연스럽게 성장함에 따라 여가시간의 활용방안으로써 다양한 레크리에이션(Recreation)활동이 개발되고 대중화되어 가고 있으며, 그것을 위한 토지수요가 증가되고 시설확장이 이루어지고 있다. 일반적으로 레크리에이션 활동은 장소적 이동을 통해서 이루어지기 때문에 결국 관광행태로써 표출되는 것이 당연하다. 관광행태가 현대적 의미의 여가선용을 대표한다고 말할 수 있다.

여기에 관광주체에게 '즐거움'을 충족시켜주기 위해서는 이동수단과 정보가 필요하고, 대상으로서의 매력적인 자원과 서비스를 포함한 편익시설을 구비하는 것이 필수적이다. 따라서 관광구조는 관광객에 의한 수요발생과 관광산업을 통한 공급의 결합과정으로 특징지어진다. 공간적인 측면에서 보면 관광은 관광객의 출발지(Origination)와 목적지(Destination) 그리고 양자를 결합시켜주는 통로 등 3요소를 포함한다. 즉, 관광은 관광주체와 관광객체 및 관광매체 등 세 가지 요소로 구성된다는 의미이다.

인간이 관광을 통하여 얻을 수 있는 '즐거움'이 충족되기 위해서는 여러 가지 조건이 갖춰져야 한다. 관광은 본질적으로 여행의 한 형태인데, 여행을 하기 위한 이동수단이 한정되어 있을 경우 관광 행동에 크게 제한을 받게 된다. 또한 여행을 할때는 목적지가 있게 마련인데, 즐거움의 대상으로서 충분한 조건을 갖추고 있지 않은 곳이라면 관광목적지로서의 의미를 부여할 수 없다. 매력적인 대상의 목적지라고 하더라도 만약 그 존재를 알고 있지 못하면 그곳을 목적지로 삼는 관광 행동은 일어나지 않는다.

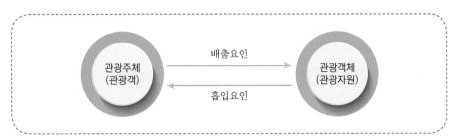

배출요인

흡입요인

관광주체
(관광객)

관광객체
(관광자원)

✖ 그림 1-3 _ 관광의 구조의 2체계론

관광지에서 체류를 하면 의·식·주와 관련한 시설과 그와 관련된 서비스를 필요로 한다. 특히 장기체류인 경우 지루함을 느끼지 않도록 하는 수단으로써 부대시설이 필요하게 된다. 이와 같이 관광이 구체적으로 성립하는 데는 여러 가지 조건이 충족되어야 하기 때문에 관광현상은 복잡하고 다양하게 나타난다.

관광의 구성요소는 우선 관광을 하는 사람, 즉 관광주체인 관광객을 말할 수 있다. 일반적으로 '관광객'이라고 부르며, 손님이라고 하는 말은 비즈니스의 대상이 될 때에 사용하고 관광주체를 의미할 때는 넓은 의미로 관광객이라고 한다.

Chapter 01. 관광 개념과 특성

Ch.02 관광관련 조직과 스토리텔링

Ch.03 관광개발

Ch.04 지역 관광자원

Ch.05 문화 관광자원

Ch.06 북한 관광자원

Ch.07 우락·문화자원

다음으로 관광자의 다양한 욕구를 충족시켜 줄 대상이 필요한데, 그 대상을 관광대상이라고 한다. 관광대상은 관광자원과 관광자의 욕구충족에 직접적으로 기여하는 관광시설 및 서비스 두 가지로 구별할 수 있다.

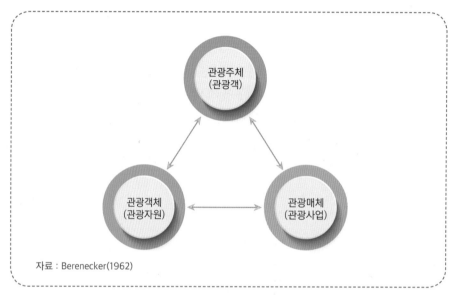

자료 : Berenecker(1962)

🎐 그림 1-4 _ 관광의 구조의 3체계론

아름답고 풍부한 자연환경은 즐거움의 소재로서 활용이 되는 관광자원 중 하나이다. 그 자연의 아름다움을 많은 사람들이 향유하기에는 숙박시설 등의 관광시설과 부수적인 서비스가 필요하다. 물론 관광시설과 서비스가 결여되어 있다고 하더라도 자연의 아름다움을 향유하는 것은 가능하지만 관광대상으로서의 의미는 제한된다. 그러므로 현대의 대량관광 시대에 있어서는 관광시설이 매우 큰 의의를 가지고 있다.

관광은 관광객이라고 하는 관광주체와 관광자원, 관광시설로 구성되는 관광대상과 관광매체가 결합된 행동이며 현상이다. 관광주체의 의욕이 강하면 관광대상과의 연결은 강하게 될 것이며, 관광대상의 매력이 크면 클수록 관광주체의 의욕을 고취시킬 수도 있다.

그러나 관광이란 여행의 일종이므로 주체와 대상과의 양자의 결합을 위한 매개를 조성하는 존재가 없으면 구체화하기가 어렵게 된다. 관광주체와 관광대상을 결합시키고 있는 기능을 관광매체라고 하는데, 이것은 기본적으로 이동수단과 정보이다. 산업혁명이래 이동수단이 비약적으로 진보하여 증기선, 기차, 자동차 등이 등장함으로써 관광은 비로소 대중화의 기초적 조건을 갖추게 되었다. 또한 매스미디어의 발달에 따라 타국이나 타지에 관한 정보를 쉽게 얻을 수 있어서 여행에 관한 정보의 보급은 관광객의 관광의욕을 높이게 되었다. 이러한 이동수단과 관광정보는 현대관광의 기본적 구성요소이며 관광매체의 존재와 그 역할이 늘어나면서 관광의 대중화를 이루게 된 것이다.

Tourism시대가 열리게 된 것은 "1840년대 초기에 발생한 교통과 통신망의 발달에 의해서 이룩된 근대적인 현상이다" 관광매체의 중요성을 지적하였다. 관광주체의 조건은 개인여행과 단체여행 그리고 국내관광과 국제관광 등으로 구분되며, 또 여행목적에 따라 휴양·견학·행락으로 분류한다.

※ 그림 1-5 _ 관광의 구조요소

관광대상은 관광자원과 관광시설로 구성되며, 관광자원은 일반적으로 자연자원과 인문자원으로 분류되며 다시 세분화 관점에 따라서 그 특징을 세분화할 수 있다. 이와 같은 분류를 통하여 관광객의 관광지나 지역의 특성을 부여할 수 있으며 관광객을 유인하는 요소로서, 관광동향을 파악할 수 있다.

관광의 구성요소를 세 가지로 분류하는 것도 어디까지나 편의적인 것이고, 현실의 관광현상은 복합적인 형태로 존재하는 것이 많다. 주체와 대상 그리고 양자 결합을 매개하는 구조에 부적합한 경우도 있다. 예를 들면, 드라이브와 같이 이동하는 것 그 자체가 관광의 대상이 될 수도 있으며 관광의 수단으로서만 기능하는 교통수단도 있다. 관광대상의 사례도 Leisure Land와 같은 관광시설 그 자체가 관광대상의 전부인 경우가 있다. 그러므로 관광구조와 구성요소라고 하는 설명은 관광을 이해하는 기본적인 구조이며 문제를 정리하는 방법에 불과하다.

5. 새로운 산업인 관광산업

1) 미래경제의 주축산업으로서의 관광산업

관광산업은 국제적 상호이해와 세계평화를 도모할 뿐만 아니라 외화획득이라는 점에서 큰 효용이 있기 때문에 세계 각국은 관광산업의 중요성을 인식하고 새시대의 주축산업으로 예견하고 있다. 세계적인 관광전문지 『The Big Picture』은 국제관광교역과 국내 관광지출을 포함한 전 세계 관광지출액을 통하여 관광산업이 90년 이후 세계 최대의 산업에 도달하였고, 세계 최대의 고용산업의 위치를 확고히 한 것으로 되어있다. 따라서 관광산업은 지금 현재시점에서 그 어느 산업보다도 세계경제의 중추적인 역할을 담당할 수 있는 몇 안되는 산업 중 하나이다.

우리나라에서도 유망한 전략산업으로 평가되는 관광산업의 육성을 위한 관광자원의 개발과 상품화 그리고 더 넓은 세계시장으로 우리 기업들의 진출을 뒷받침할 수 있는 준비가 필요한 때이다.

관광산업은 대외적으로 볼 때 국가 간에 사람의 왕래에 따라 관광과 여행경비 지출이 수반되는데, 이를 국가 간 관광거래로 인식한다면 엄연히 무형상품의 수출입으로 볼 수 있다. 이러한 접근태도는 선진국들이 국제관광 부문을 통상의 한 분야로 인식하여 수출정책에 포함시키고 있는 점을 보더라도 충분히 그 타당성을 인정할 수 있다. 김대중 대통령도 IMF의 구제금융 극복을 위한 관광수출을 도모하는 홍보전략으로 대통령이 광고모델로 직접 출현하였는데 이는 경제적인 국난 타개의 수단으로 관광산업을 인식하였기 때문이다. 지방자치제가 출범한 이후로 관광산업은 국익증진과 지역경제발전에 기여할 수 있는 경제살리기 업종으로 주목받고 있으며 각 지자체에서는 외래관광객 유치에 열의를 다하고 있다. 우리나라와 같이 자원이 빈약하고 산업과 경제에 있어 대외의존도가 높은 나라에서는 잠재적 자원을 잘 활용하는 참신한 아이디어를 통해 국제경쟁력이 높은 관광상품을 개발하여 세계시장을 지향해야 한다.

우리나라의 국제관광객(1997년)은 6억 1,300만 명으로 전년대비 2.9%가 증가하였고, 관광수입은 4,480억불로 세계 상품 수출액의 8.3%, 세계 서비스산업 교역량의 35.3%에 해당하는 것으로 나타났으며, 2010년 국제 관광객은 9억 4천만 명 추산하고 있고 2018년은 연간 14억 명이 관광활동을 하였다.

한편, 관광현상은 1997년 조사결과, 만 13세 이상의 국민 중 87.9%인 3,161만 명이 숙박관광 여행이나 당일 관광여행을 경험한 것으로 나타났으며, 국민 1인당 연간 평균 관광 여행횟수는 6.99회로 관광여행에 지출한 경비는 9조 1천 2백억 원에 이르렀다. 1986년에 45만 명이던 국민 해외여행자수는 96년에 465만 명을 기록하여 10년 만에 10.3배나 증가하는 급속한 성장세를 보이고 있다. 그러나 97년에는 외환위기의 영향으로 454만 명이 출국하여 전년대비 마이너스 성장(-2.3%)을 기록하였다. 그러나 코로나19와 같은 질병과 내우외환 등의 현상을 제외하고 2020년 6월 기준으로 보면 코로나19(Covid19)의 전 세계 팬데믹 현상으로 인해 입국금지, 자가격리, 항공편의 운항 중단으로 인해 전년대비 97.5% 감소하여 36,938명이 방한하였으며 아웃바운드 관광도 전년대비 99.8%가 감소하였다. 이러한 현상으로 볼 때 개인이나 대내외적인 환경에 민감하게 반응한다.

Ch 02 관광문화조직 스토리텔링

Ch 03 관광개발

Ch 04 저자 관광자원

Ch 05 외식관광자원

Ch 06 북한 관광자원

Ch 07 유럽 관광자원

오늘날 관광과 여가활동이 우리 생활에 필요불가결한 인간의 기본권으로 인식되면서 이에 대한 관심과 수요는 가히 폭발적이라 할 만큼 늘어나고 있다. 이러한 추세는 국내외적으로 관광환경의 양적·질적 변화를 가속화시킬 것으로 본다. 그러므로 관광산업은 보이지 않는 수출, 굴뚝없는 산업, 황금알을 낳는 거위처럼 경제가치가 높이 평가되어 국제관광부문은 이제 수출의 한 부문으로 자리잡을 정도로 성장하였고 미래의 산업으로 각광을 받고 있다. 관광산업이 지역진흥책의 하나로 채택되는 이유도 관광객의 소비에 의해 직접 또는 간접적으로 파급되는 경제효과 때문이다. 동시에 직장을 구하기 어려운 과소지역에서는 관광진흥에 의한 고용증대가 매우 커다란 매력이 된다.

관광산업에 의한 경제효과는 개발정비단계의 건설투자 파급효과와 관광객의 여러 가지 소비에 기초한 소비 파급효과로 크게 나눌 수 있다. 투자 파급효과는 그 성격상 시간적으로 한정된 것이 많고 계속성은 없는 반면에 소비 파급효과는 해당 지역이 관광지로서 존속하는 한 영속적이고, 이 때문에 관광진흥에 기대감을 갖게 되는 것이다. 소비 파급효과의 내용은 관광객의 소비가 숙박, 음식, 기념품 구입, 교통기관 등 여러 가지 관광시설 및 레크리에이션 시설을 이용한 소비행동에 따라 지출되는 것인 만큼, 그것은 직접적으로 숙박시설, 음식점, 기념품점, 교통기관 등의 수입이 된다. 그리고 그 수입은 사용되는 원재료의 구입과 이윤, 자금버스, 세금 등의 부가가치로 전환되고 거래처 및 종업원에게 지불되거나 이익으로 예금되며 또한 세금으로 납부된다. 물론 이러한 소비 파급구조는 단지 관광소비에만 특별하게 나타나는 것은 아니며 다른 상업행위에도 공통적으로 나타나는 것이지만 일반적으로 관광소비의 지역 파급효과는 타산업과 비교하여 고부가가치를 나타낸다.

관광산업은 여행업이나 호텔업과 같은 전통의 산업 외에도 새로운 업종들이 속속 그 범위 내에 등장하고 있으며, 경제적·사회적 중요성을 더해 주고 있다. 따라서 나라마다 경쟁적으로 관광산업을 국가전략산업으로 선택하고 있다.

이러한 세계적인 추세에도 불구하고 우리 사회가 지니는 관광산업에 대한 인식은 아직도 초보적인 단계이다. 관광산업이 생산적 산업이라는 인식보다는 소비적 산업이라는 인식이 더욱 팽배해 있다. 한쪽에서는 지역발전과 국가경제를 위한 관광개발의 중요성을 강조한다. 관광개발의 효과를 인식하면서도 그 사업의 주체인 관광산업에 대한 인식은 부정적인 매우 특이한 이중적 구조를 보여준다. 이같은 인식의 부재 위에 관광산업의 건강한 발전은 사실상 기대하기 어려운 실정이다. 따라서 미래를 위한 관광산업이 생산적 산업이라는 인식의 확립과 함께 국가경제, 지역경제, 농촌경제를 살릴 수 있는 백색산업으로서 정착될 수 있는 방안을 구체적으로 수립해야 한다.

2) 문화산업으로서의 관광산업

현대사회는 후기 산업사회를 맞아 삶의 질을 확보하고, 내재화시키는 것에 관한 과제를 안고 있다. 산업화가 진행되면 될수록 현대인에게는 여가욕구가 증대되고 있다는 것이다. 21세기는 닫힌 세계에서 열린 세계로 확대되면서 무국경 시대로 변환이 점차 됨에 따라서 이동성이 크게 부각되고 있으며, 상호작용이 맹렬히 일어나 급속히 지구촌화, 세계화가 촉진될 것이다. 이것은 지구촌에 불고 있는 개발과 개혁이란 뜨거운 역사의 바람으로 만남과 교류정신이란 역사변혁의 물결로 세계가 하나의 보편적 삶의 무대가 되는 국경없는 세상으로 변화되고 있는 현상일 것이다.

제4차 산업혁명 시대인 현재, 1인당 국민소득은 크게 향상될 것으로 기대되고 있으며, 자유시간의 증가 등은 여가생활과 위락 등의 수요를 증대시켜 새로운 문화의 창출을 위한 요구가 확산될 것이다. 뉴미디어의 발전에 따라 더욱 풍부한 문화·여가정보와 서비스를 제공받을 수 있게 되어, 다양한 취미활동을 효율적으로 전개해 갈 수 있는 여건이 조성될 것이다.

관광산업은 관광이라는 인류행동에 기초하므로 문화교류를 촉진시키고 그것에 의해 경제발전도 꾀하는 문화산업이다. 이때 문화는 인간 상호 간의 행위, 즉 "사람이 서로 만나 상호작용하는 것"을 뜻한다. 그래서 어떻게 하면 관광산업 활동, 즉 서비스 활동을 통해서 인간에게 가장 바람직하게 상호작용을 촉진시키느냐, 서비스를 잘 전달하느냐에 관심을 가지는 것이 이 산업의 목표이다.

Chapter 01. 관광 개념과 특성

Ch.02 관광객만족과 스토리텔링

Ch.03 관광개발

Ch.04 지역 활성화

Ch.05 문화관광가치

Ch.06 농촌 관광자원

Ch.07 위락·관광자원

현대사회를 살아가는 한국인에게 국제경쟁력의 강화는 필요불가결한 요소이다. 우리에게 최고의 국제경쟁력을 갖추는 방법은 자국문화의 확실한 이해로부터 출발해야 하는데, 정작 우리의 역사, 문화에 대해서는 자세히 모르고 있고, 또 자세히 알아보려는 노력도 부족하다. 세계화시대에 전통문화만을 고집하는 것은 매우 어리석은 일이다. 그러나 우리의 전통문화를 이룩한 그 바탕 위에 세계의 다양한 선진문화를 수용함으로써 전통과 현대가 조화된 주체적 문화의식이 확립될 수 있다.

자연생태관광에 대한 관심이 최근 높으며 최근에는 어느 나라건 청정한 자연을 바탕으로 한 생태관광이 각광을 받게 되리라고 전망하는데, 차세대 관광이 반드시 자연관광에만 국한되는 것은 아니다. 왜냐하면 그 나라만이 가지고 있는 문화자원의 독특한 이미지와 특이성에 의해서 경쟁력이 충분히 갖춰진다면 오히려 차세대 관광은 문화자원이 자연자원보다 더 유인력이 높은 관광대상(볼거리, 먹거리, 놀거리, 살거리, 잠자리)이 될 수 있다. 우리의 것을 비하하고 외래문화를 무비판적을 모방, 애용, 선호하는 태도는 결코 바람직하지 못한 일이다. 우리 것을 아끼고 사랑하는 태도만이 우리 것을 지키고 계승·발전시킬 수 있으며, 이것을 가지고 외국인에게도 우리 문화의 참모습을 보여줄 수 있다. 관광산업의 발전은 마땅히 우리의 고유문화·전통예술·정체성을 바탕으로 하는 타문화적 매력이 원동력이 된다.

현대사회에서 늘어나는 여가의 활용은 정보사회로의 이행에 따라 변화하게 된 문화적 가치관에 영향을 받고 있다. 정보사회에 있어 지배적인 가치관은 자아실현, 자기표현, 상호독립성, 기쁨추구의 역량 등으로 특징지을 수 있다. 이러한 시대적 상황으로 볼 때 우리는 문화수준의 향상과 정신적 가치의 축적을 통한 국부의 창출에 보다 힘써야 한다.

현대사회는 문화 자체가 상품화되는 문화의 경제화, 산업화 현상이 심화된다. 정보화 사회의 진전으로 인간의 욕구가 어느 정도 충족되고 생활과 시간의 여유를 정신적 만족감을 채우려는 경향이 크게 나타나기 때문이다. 따라서 문화산업은 새로운 고부가가치 산업이자 고용 창출 산업이 될 것이다. 더욱이 문화산업은 환경친화산업이라는 장점을 가지고 있다. 20세기 중심 산업은 제조업으로서 화석연료를 사용하여 자연을 파괴하고 환경오염을 가져오는 산업이었다면, 4차 산업혁명 시대

Chapter 01. 관광 개념과 특성

Ch 02 관광 국민소득와 스트러틀틱

Ch 03 관광개발

Ch 04 지역 관광정책

Ch 05 문화 관광자원

Ch 06 특화 문화관광

Ch 07 국내 관광자원

에는 관광산업은 문화산업으로서 인간의 지적능력을 활용하는 대표적인 산업 중 하나로 볼 수 있다.

3) 지속적 발전이 가능한 관광산업

시장경쟁에서 이기는 길은 오직 기술발전과 창의력 개발로 우수한 제품을 해외 시장에 수출하고, 경제자립을 통한 국가발전을 도모하는 데 있다. 이같은 것은 관 광이라는 산업을 통해서 국가 간에는 경쟁관계가 성립할 수 있으며 협력·보완관 계가 이루어 질 수 있다. 그러나 관광은 무역과 달리 경쟁이냐 협력이냐 하는 관계 에서 한 국가가 승자가 되고 타국가들이 패자가 되는 제로-섬 게임(Zero-Sum Game)이 아닌 것이다. 협력과 교류, 선의의 경쟁을 통해 상호 간 생산성을 높이고 다수의 수 혜자를 창출하는 것이 바로 관광산업의 특성이다.

국가 간의 FTA(Free Trade Agreement)체결에서 보듯이 세계는 더욱 좁아지는 이른바 무국경 시대의 이행으로 인한, 다국적 기업의 부상으로 민족국가 대신 블록화 경영 과 국경을 초월하는 경제활동이 관광산업의 특성으로 나타날 것이다.

세계가 어디를 향하고 있는가에 대한 의견이 엇갈리고 있음에도 불구하고, 관광 산업의 발전방안을 진지하게 강구해야 한다.

• 정보화시대의 관광산업이 생존하는 길은 역시 정보기술의 적절한 수용이다.

관광산업은 다양한 업종들로 구성되어, 업종의 특성에 따라 정보화의 수용정도 는 차이를 보인다. 호텔경영은 정보기술의 적용은 경영시스템 전반에 변화를 가져왔 지만, 이에 따른 통합화와 표준화의 문제를 이루어가고자 노력하고 있지만 관광산 업 전체에서 정보화기술을 통해 용이해진 적용문제는 풀어야 할 난제 중 하나이다.

기술발전은 관광산업의 발전에 큰 영향을 미치는데, 정보시스템에 있어서는 기 술혁신을 통해 용이해진 여행정보 입수와 예약, 정보시스템의 구축을 통한 정보처 리는 인건비 절약으로 소비자에게 저렴한 여행비용 혜택을 줄 수 있다.

세계의 여행예약 체계는 CRS(Computer Reservation System : 컴퓨터 예약시스템)에서 GDS(Global Distribution System :세계유통시스템)로의 전환이 이루어지고 있고, 인터넷을 통한 월드 서비스의 확대로 관광업체는 전 세계를 대상으로 예약·판매를 하게 되었다. 이 결과 기술적으로 우수한 기업을 중심으로 한 업체의 통합이 이루어져 소수의 대규모 업체가 시장을 독점하는 한편, 규모는 작지만 세분화된 틈새시장(Niche Market)의 여행상품을 전문으로 취급하는 전문여행업체 형태의 기업이 활성화되는 양극화 현상이 대두될 것이다. 여기에 적응할 수 있는 관광산업체의 정보화 혁신을 이루어야 한다.

• 항공이 관광과 불가분의 관계에 있는 만큼 항공산업과 관광산업은 더불어 같이 발전해 오고 있다. 특히 항공은 관광에 대한 기초 인프라이기 때문에, 관광산업의 발전을 위해서는 항공이 제약요인이 되어서는 안된다.

한국을 비롯한 FTA(Free Trade Agreement)에서 보듯이 세계적인 자유화와 개방화의 물결 속에서 세계각국 기업간의 치열한 각축장이 될 것이다. 최근 소비자들의 국적항공사에 대한 선호경향이 사라질 것이며, 항공사들의 기술수준도 거의 평준화되면서 세계수준에 미치지 못하는 열등항공사의 존립은 갈수록 어려워질 것이다. 관광과 항공은 수직적 연관 때문에 항공사와 관광회사가 계열사의 관계로 범위의 경제를 추구할 필요성이 있다.

• 세계화, 개방화 추세와 함께 컨벤션에 대한 수요가 점차 증대하고 그 규모도 대형화되어 가고 있다.

대부분의 선진국에서는 MICE산업(Meeting, Incentive, Convention, Exhibition)의 중요성을 이미 인식하고 각종 국제회의뿐만 아니라 전시회, 박람회, 학술세미나, 제반 문화예술행사, 스포츠 행사 등의 유치에도 총력을 기울이고 있다. 이와 더불어 유치된 각종 행사를 원활하게 개최할 수 있도록 수용환경의 정비 및 확충을 위하여 노력하고 있다. 전국의 국제회의도시는 서울특별시 · 부산광역시 · 대구광역시 · 제주특별자치도('05년 지정), 광주광역시('07년 지정), 대전광역시 · 창원시('09년 지정), 인천광역시('11년 지정) 등 기존 8개 지자체에 더해 총 11개 도시를 지정하여 운영하고 있다.

컨벤션을 통한 국가홍보는 다른 어떤 방법보다 효율적이며 효과적이다. 개최국의 입장에서는 각국에서 온 컨벤션 참관객들에게 개최국 고유의 문화, 전통, 풍물을 소개함으로써 개최국에 대한 깊은 인상을 심어줄 수 있다. 또한, 체재기간 동안 얻은 개최국에 대한 지식과 정보를 귀국 후 주위에 전파하게 됨으로써 개최국 홍보에 기여하는 효과가 크다. 특히 컨벤션 참가자는 대부분 관련분야에서 큰 영향력을 행사할 수 있는 지도급 인사라는 점을 감안하면 개최국에 대한 이미지의 전파효과는 다른 홍보수단에 비하여 훨씬 크게 나타날 수 있다. 그러므로 우리의 컨벤션산업의 발전을 위해서는 규모의 대형화, 전문화, 복합기능화, 관광상품화의 관점으로 컨벤션시설을 확충할 필요가 있다.

• 세계의 관광변화의 가장 큰 추세는 자연이나 역사적인 유적을 단지 보기만하는 정적인 관광에서 스포츠에 참여하거나, 주제공원, 축제 등에서 생동감있는 것을 체험하는 동적인 관광으로의 전환이다. 또한, 세계 모든 관광지의 공통적인 과제인 관광산업의 비수기 타개의 적극적인 해결책으로 이벤트 관광산업이 환영받고 있다.

문화체육관광부는 2019년 전국 최초 국제회의 복합지구로서 인천광역시가 선정되어 세계 10대 마이스도시로 또 한번 도약을 하고자 한다. 2018년 인천국제공항 제2여객터미널 개장 및 영종 복합리조트 조성 · 송도 컨벤시아 2단계 준공으로 세계 최고의 마이스 인프라를 갖췄으며, 경제자유구역에 입주한 국제기구와 미래산업을 선도하는 글로벌 기업 등 인천시만의 강점을 살려 2022년까지 세계 10대 마이스도시 진입을 목표로 하고 있다.

또한 '관광거점도시 육성' 사업 대상지로 국제관광도시에 부산광역시 1곳, 지역관광거점도시에 강원 강릉시, 전북 전주시, 전남 목포시, 경북 안동시 등 4곳, 총 5곳을 선정하고 2020년부터 본격적으로 사업을 시작한다. 이 사업을 통해 외국인 관광객이 방문하고 싶은 세계적 수준의 대표 관광도시를 육성해 방한 관광객의 방문을 확대하는 한편, 관광객들의 방문지가 지방으로 확산될 수 있도록 유도할 계획이다.

이벤트 개최를 통하여 관광성수기를 연장하거나, 새로운 관광시즌을 창출해낸다는 것인데, 세계적인 추세는 북부지역의 관광장애요인인 겨울 기후를 스키경주대회나 겨울 카니발, 심지어는 추위를 참는 '내한(耐寒)페스티발'과 같은 동계 이벤트를 개최하여 새로운 관광시즌을 창출해내고, 남쪽 지역의 무더운 기후에는 문화행사 등으로 계절적 변수를 극복하려는 시도를 하고 있다. 국내에서 향토문화 예술제는 한해 전국적으로 총 325개가 개최되고 있다. 이와 같은 민속축제를 관광상품화하는 데는 초보단계이지만 앞으로 지역 정체성에 부합하고 지역주민이 자발적으로 참여할 수 있는 프로그램을 만들어 한국인의 정서에 맞는 고유의 풍속을 표현하고자 하는 이벤트전략에 의해서 효율을 높일 수 있다. 다시 말해서 미래의 관광자원으로 한국적, 문화 이벤트를 활성화하는 것은 우리나라의 역사, 문화, 민족성의 결정체인 문화유산을 관광자원화하고 세계적인 축제로 발전시켜 유일성(Singularity)과 특이성(Uniqueness)을 강조함으로써 대외이미지를 제고하여 관광시장에서의 시장경쟁력을 높이는 일이 될 것이다.

토플러는 21세기는 다품종소량의 주문생산에 따라 이미지·미디어·생산과소비·일과·생활방식 그리고 가치관에 이르기까지 모든 면에서 탈대량화, 탈규격화가 될 것이라고 했다. 이런 특성을 갖는 정보사회에 대한 인식을 바탕으로 관광산업은 모든 면에서 분산화를 촉진하고 창조성과 개성을 발휘해야 하며, 사회전반에 풍요로움과 삶의 질을 향상하는데 기여해야 할 것이다.

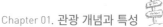

2. 관광대상과 자원

1. 관광대상

관광대상은 관광자의 욕구를 일으키고 충족시켜주는 목적물이다. 구체적으로 아름답고, 휴양이 가능한 자연경관, 진귀한 문화재나 독특한 분위기를 갖는 지역경관, 풍속, 인정, 생활양식 등을 포함한다. 사회화된 욕구로서의 관광행동을 유발하는 원동력인 관광대상은 목적물로서 관광행동을 유인하는 작용을 한다. 관광행동의 주체인 관광자가 관광욕구를 만족하기 위해 구체적인 관광행동을 하는 목적물이 관광대상이다. 관광사업이 개입되면 관광자는 관광객, 관광대상은 관광상품으로 규정한다. 관광행동은 다음과 같은 5단계를 거친다.

- 준비
- 목적지로 이동
- 목적지에서 활동
- 귀가를 위한 이동
- 회상

현대사회의 관광대상은 고품질의 관광조건이 정비되면서 그 종류가 보다 다양화되는 측면이 있지만, 크게 보면 관광자원과 관광시설(서비스 포함)로 구성된다.

관광자원은 관광대상의 소재가 되고 관광시설은 관광자원을 관광대상화하여 가치를 부여함으로써 그 자체가 유인력을 갖는다. 관광자원은 자연환경과 인문환경으로 구분되며 본래 관광현상과 무관하게 존재하지만 부분적으로는 관광대상으로서 기능하고 있다.

관광시설은 관광자원과 상호의존관계를 갖기 때문에 관광자원으로서 관광대상의 역할을 하기도 하고 혹은 그 자체가 관광대상이 되는 경우도 있다. 즉, 숙박시설이나 음식시설 그리고 목적지에서 체재시간을 좌우하는 각종 시설과 서비스이다. 관광시설이 그 역할을 수행하는 관광객의 관광욕구를 만족시키기 위해서는 서비스가 더해지는 것이 필요하기 때문에 관광시설의 의미는 서비스를 포함하고 있다.

우수한 관광자원있다고 하더라도 관광활동을 충족하게 하기 위해서는 볼거리, 살거리, 먹거리, 잠자리, 놀거리 등이 충족이 되지 않으면 자원으로서 관광매력성을 가지지 않았다고 하여도 과언이 아니다. 관광시설로서 숙박시설이 구비되지 않으면 체류하면서 즐기는 것이 불가능하므로 관광자원과 관광시설은 불가분의 관계에 있다. 관광자원의 매력이 불충분할 때 인위적인 시설이나 이벤트를 개발하여 관광대상으로 기능을 할 수 있다.

관광목적이 다양화되고 위락 및 스포츠 등이 증가하는 현대관광에서는 관광대상에 속하는 관광시설의 역할이 크게 강조되는 경향을 보인다. 관광자원은 관광시설과 결합하여 비로소 관광대상으로서의 유인력을 갖는다고 하지만 관광대상은 정보기능과 이동수단이라고 하는 매개기능을 경유하여 관광객과 결합하게 된다. 개개의 관광자원이 아닌 관광시설이 실제로는 복합형으로 관광대상이 되고 있는 것에 주의해야 한다. 아무리 아름다운 자연도 사람들에게 알려지지 않는다면 관광현상은 일어나지 않는다. 잘 알려진 관광자원이라 할지라도 목적지에서 숙박시설의 예약이 되지 않고 교통편이 확보되지 않으면 사실상 관광행동으로 이행되지 않는다.

예를 들면, 남태평양에 특별히 아름다운 경관을 가진 2개의 섬이 있는데, 관광자원으로서 가치성이 높은 것이다. 그것은 프랑스령 타이티의 Bora Bora섬과 유엔 신탁통치령 포사베 지역의 Kusaie섬이다. 보라보라섬은 타이티로부터 항공편과 호텔 1동이 있기 때문에 관광대상으로서 실제로 기능하고 있다. 반면에 쿠사이섬의 접근방법은 공항이 있는 보사베섬으로부터 부정기선으로 2일 정도의 시간이 소요되어 방문객도 적고 호텔도 건설되지 못하고 있다. 이런 이유로 쿠사이 섬에 대한 존재는 알고 있는 사람이 거의 없다. 따라서 보라보라섬은 관광객을 유인하고, 탁월한 아름다움을 갖고 있는 쿠사이섬은 관광현상이 일어나지 않고 있다. 국내에서도 다도해에 소재하는 관광자원 중에 자연경관과 독특한 생활양식 등은 잠재적 가치가 높은 편이지만 접근성이나 관광시설이 구비되지 않아 관광대상으로서의 기능은 미흡한 실정이다. 따라서 관광자원의 관광대상 가치는 접근성, 매력성, 상하부구조, 이미지 등에 의해서 결정된다.

우수한 자원의 소재가 있어도 소비가 격증(激增)하면 원형이 파괴되어 쇠진하게 되듯이 관광자원이 적절하게 이용되지 않으면 소재로서의 가치를 상실할 수도 있다. 관광자원은 석탄이나 석유 등과 같이 사용하면 감소하는 성질의 것이 아니라 할지라도 인간의 무분별한 남용이 지속되면 즐거움을 위한 관광대상으로써 가치가 감소되거나 소멸될 수 있다는 측면에서 관광자원의 보호문제가 제기된다.

관광자원은 자연관광자원, 인문관광자원 그리고 복합형 관광자원으로 분류된다. 자연관광자원은 산지, 고원, 해양, 해안, 하천, 호수, 동식물, 온천, 암석, 폭포, 계곡, 섬 등과 기후, 천문 등으로 세분할 수 있다.

인문관광자원에는 사적, 사원, 성터, 성곽, 정원, 연중행사, 민속자료와 예능, 공예기술, 인정(人情), 풍속, 민족성, 생활양식, 예절, 음식물 등이 포함된다. 복합형 관광자원 도시·농산어촌·향토경관·역사경관 등으로 구분할 수 있다.

관광시설은 숙박시설(호텔·모텔·여관·캠프장), 음식시설(레스토랑·향토음식점), 판매시설(기념품점·쇼핑센터), 레크리에이션시설(야외 및 옥내 스포츠·취미·오락시설), 문화·교육시설(야외박물관·민속자료관·동식물원), 관광안내시설(관광안내소·안내원·전망대) 등으로 분류된다.

개별적인 관광자원과 관광시설은 실제로는 복합형태로서 관광대상이 되고 있음을 유의할 필요가 있다. 따라서 관광자원 및 관광시설이 다양하게 분포되어 있는 관광지는 그만큼 관광효과도 크다고 말할 수 있다.

자연관광자원을 이용한 관광자원은 다음과 같다. 온천(Hot Spring)은 우리나라의 경우 휴양이나 요양 등의 목적으로 근대 이전부터 이용되었고 많은 관광지가 온천을 중심으로 형성되어 왔다. 그러나 관광자원으로서의 비중은 유럽이나 일본에 비하여 상대적으로 낮다. 온천에는 휴양지·요양지로서의 온천, 도시화된 온천 등 세 가지가 있는데, 도시화된 지역에서도 온천은 유력한 관광자원인 점에는 다를 바 없다. 독일의 바덴바덴(Baden-Baden)이나 일본의 아타미(熱海)·벳부(別府)와 같이 오래전부터 관광지화된 온천도 있다.

알아두기 온천

독일에서는 20℃ 이상의 광천(鑛泉)을 모두 온천이라고 한다. 반면에 우리 나라와 일본은 25℃를 기준으로 25℃ 이하는 냉천, 25-34℃는 미온천, 34-42℃는 온천, 42℃ 이상은 고온천으로 구분한다. 용출 형태에 따른 분류는 수에스(Suess,E.)가 나눈 것으로 용천(湧泉)과 간헐천(間歇泉, Geyser)이 있다. 용천은 온천수가 계속 분출되는 것인 데 반하여 간헐천은 일정한 시간적 간격을 두고 용출하는 형태이다. 온천의 분류는 학자나 국가에 따라 다르나 일반적으로 온도, 온천의 용출 형태, 액성(液性) 이온 농도, 광물질의 용해도, 온천의 개발 상태 등에 따라서 나눈다.

[네이버 지식백과] 온천 [溫泉] (한국민족문화대백과, 한국학중앙연구원)

복합형 관광자원은 자연관광자원과 인문관광자원이 밀접하게 결부되어 있어서 자연이라고만 말할 수도 없고 그렇다고 인문이라고도 볼 수 없는 관광자원이 존재하기 때문에 그렇게 부르는 것이다. 예를 들면, 문화재와 자연자원이 결합하여 하나의 매력적인 역사경관을 형성하고 있을 경우 이를 복합형 관광자원으로 파악하는 것이 관광현상을 이해하고 나아가서는 관광사업을 추진함에 있어 필요하기도 하며 효과적이라 할 수 있다. 현재 세계각국에서 역사적 풍토의 지정, 보전작업이 활발하게 추진되고 있음을 볼 수 있는데, 이것은 바로 복합형 관광자원에 대한 인식에 기초한 것이다.

통영해저터널

다대포분수쇼

인문관광자원 중에서 연중행사는 역사적인 전통의식이 있는가 하면 그 지방의 자연적 특성을 살려서 새로 만들어가는 축제가 있는데 두 경우 모두 관광객 유인력이 높다. 또한, 축제로서 이벤트도 관광자원으로 매우 중요하다. 예를 들면, 보령머드축제는 매년 개최하여 많은 국내외 관광객을 유치하고 있으며, 엑스포, 월드컵, 올림픽 등 국제적 규모의 행사는 전 세계로 부터 많은 관광객이 집결하여 대성황을 이룬다.

보령머드축제

Holi · 페인트 · 요가축제

레크리에이션 시설은 스포츠에 한정되지 않고 야외시설로서 관광농원 등 농사활동 체험과 관조(觀鳥)와 같은 자연을 관찰하기 위한 시설도 포함된다. 관광욕구를 충족시키기 위해서는 각종 시설을 필요로 할 경우가 많으나, 인간이 하는 서비스가 시설로서의 기능도 발휘할 수 있다는 점에서 관광대상에는 직 · 간접으로 인적요소가 포함되어 있다고 볼 수 있다.

보성녹차밭

거제명사해수욕장

거제포로수용소

2. 관광대상의 현대적 특성

1) 관광의 대중화

관광의 현대적 특색을 이해하기 위해서는 우선 관광의 대중화에 대한 인식이 필요하다. 현대관광은 특권계층에 한정되지 않고 일반대중이 다같이 향유하게 된 것이 기본적인 특색이다. 물론 경제적 이유, 기타 사정에 의해서 관광을 하고 싶어도 못하는 사람들이 많은 것도 사실이다.

그러나 오늘날과 같이 많은 사람들이 관광을 경험하는 시대는 과거에 없었다. 관광의 대중화는 관광을 경험하는 사람의 층이 넓어진 것뿐만 아니라, 여행횟수의 증가, 여행거리의 연장, 목적지에서 체재시간의 증가, 활동내용의 다양화 등의 경향성을 수반하고 있다. 이와 같은 관광대중화의 배경은 1970년대 이후 산업화시대 이후 관광이 대중화가 된 조건은 다음과 같으며 그 조건은 사회 경제적 조건의 현저한 변화에서 관광의 대중화된 이유는 다음과 같다.

- 가처분소득의 증대
- 여가시간의 증대, 특히 여행을 가능하게 하는 '축적된 여가'의 증가
- 생활을 적극적이고 즐겁게 하고자 하는 가치관
- 인구의 도시집중현상에 따른 생활환경의 악화

관광의 대중화에 대응하여 관광사업의 전개가 급속도로 본격화된 것도 관광의 대중화를 한층 더 촉진하게 만든 결과가 되었다. 즉, 관광의 대중화에 부응할 수 있는 교통기관이 발달하고 TV를 위시한 매스미디어에서 대량의 관광정보가 제공된 것도 국민의 관광에 대한 지식과 관심을 고조시키는 데 큰 역할을 하고 있다. 유럽에서 19세기 중엽에 등장한 '여행알선업' 사업은 현재 폭 넓은 활동으로 발전된 '여행업'으로서 관광사업의 중추적 역할을 담당하고 있다. 단체여행이나 해외여행에서는 여행업의 서비스가 불가결한 것으로 이용자의 요구에 따라 다양한 방식의 알선 업무뿐만 아니라 교통, 숙박 등을 미리 조직하여 제공하는 '패키지투어(Package

Ch 02 관광동기조와 스트레팅

Ch 03 관광계획

Ch 04 지역 관광자원

Ch 05 문화 관광자원

Ch 06 복지 관광자원

Ch 07 우리 관광가치

Tour)'의 기획, 판매를 하는 것으로 관광의 대중화가 촉진되고 있으며 해외여행의 대중화에도 그 영향이 크다.

2) 관광사업의 확대

관광사업은 관광의 의미와 효과에 착안하여 관광현상을 촉진시키기 위한 일련의 활동이다. 관광사업은 관광객의 요구에 대응하여 존재하며 영리를 목적으로 하고 민간기업과 정부 또는 지방자치단체 등이 주체가 된다. 관광사업의 규모가 확대되고 내용이 풍부해지면서 공공기관의 역할이 증대되는 것도 관광의 대중화현상에서 비롯된다. 관광사업의 확대는 대중화와 밀접한 관계를 가지면서 시설의 절대수가 증가하고 있고 그 종류가 다양화 될 뿐만 아니라 체재시에 이용하는 시설이나 서비스도 정비하게 하였다. 유한계층만이 관광활동을 했던 시대에는 관광대상도 한정되어 아름다운 자연에 비해 방문객이 미미하여 그 아름다움을 스스로 보존할 수 있었고 관광자가 소수이므로 관광을 이윤추구의 대상으로 하는 민간기업의 수도 적었다. 그렇기에 별도로 공공기관은 행정상의 배려를 할 필요가 없었다.

그러나 현대관광은 대중화에 의해 관광사업의 성격도 크게 변화하게 되었다. 많은 민간기업이 관광사업에 진출함으로써 관광대상으로서의 시설이 생기고 교통과 정보의 관광매개의 기능도 증대하고 있다. 또한, 관광정책·행정이라고 하는 공적기관의 활동이 적극적으로 전개되고 있다. 정부나 지방자치단체는 관광객의 정보제공, 관광자원의 보호, 공적인 관광시설의 정비, 관광에 관한 모든 기업활동에 대한 규제 등의 활동에 역점을 두고 있다. 각국의 공적기관은 더 많은 국민 관광에 참여할 수 있도록 여러 가지 정책을 시도하는데 이와 같은 것을 복지관광(Social Tourism)이라고 한다.

관광이 대중화되면서 자연은 급격히 많은 사람들 앞에 노출되어 자연환경의 자율적 생명이 위기에 처하게 되는 문제가 제기된다. 또한, 새로운 이윤추구의 기회를 잡은 민간기업은 활발한 투자활동을 전개하여 관광의 대중화에 기여한 반면 자연환경 또는 생활환경을 악화시키는 사례도 적지 않다. 최근 현대관광사업은 환경문제를 내포하고 있는 가운데 복잡하게 변화하고 있어 이같은 특징을 함께 하는 대안관광(Alternative Tourism)이 나타나게 되었다.

3) 관광대상의 개발

현대는 관광대상을 계획적·적극적으로 개발하는 시대이다. 즉, 관광의 대중화를 배경으로 급증하는 관광수요를 만족시키기 위해서 정부나 지방자치단체 혹은 민간의 대기업은 계획적이고 적극적으로 관광자원을 개발하고 관광시설을 계획·정비한다. 관광대상의 개발은 본래의 관광자원의 상태를 인위적으로 보완하여 그 가치성을 확보하는 데 의의가 있다.

이러한 특징을 보이는 대표적인 예가 프랑스의 랑그독 루시옹(Languedoc Roussillon)이다. 1963년 이후 프랑스 정부, 지방자치제, 민간 토지개발업자로 구성된 집단이 공동협력하여 마르세이유의 남서부 까마르그로부터 스페인 국경에 이르는 해안선 200km(랑그독 루시옹 지방)를 대규모 관광당지로서 개발한 것이다. 개발의 목적은 다음과 같다.

- 저소득층에 바캉스 기회를 공급
- 로마시대 유적 등의 인문관광자원을 무계획한 개발로부터 보호
- 과소지의 경제개발에 기여
- 프랑스의 관광수지 개선을 위한 목적

국내에서도 경주를 위한 보문관광단지를 위시하여 자연공원의 집단시설지구, 관광지, 온천관광지, 레크리에이션 등 다양한 종류의 관광개발이 이루어지고 있으며 지방화시대를 계기로 도시, 농촌별로 지역관광계획과 개발사업이 추진되고 있다. 그러나 우리나라의 전국적인 특징을 감안하여 현재 소비성향인 다품종 소량생산이라는 전제하에 탈대량화를 위한 다핵방식의 개발이 바람직하다.

Chapter 01. 관광 개념과 특성

Chapter 01. 관광 개념과 특성

Ch 02. 관광문화의 조화, 스토리텔링

Ch 03. 관광개발

Ch 04. 지역 관광자원

Ch 05. 문화 관광자원

Ch 06. 문화 관광자원

Ch 07. 위락 관광자원

4) 복합형 관광자원 등장

현대관광객은 단순한 자연이 아니라 환경으로서의 자연이며 인간과 관계에 의한 생활의 향기가 복합적인 대상에 대하여 매력을 느낀다. 예를 들면, 프랑스의 전원 풍경은 특별히 아름다운 것이다. 하지만 프랑스의 자연 그 자체가 아름다운 것보다도 자연과 인간의 조화로 만들어진 멋진 경관이 관광객에게 감명을 준다. 전통과 현대가 조화된 문화재로 충전된 유럽의 도시경관과 광장중심의 도시구조는 세계인의 관광욕구를 유발하고 있다. 시드니의 오페라하우스처럼 도시경관을 구성하는 요소로서 건물의 예술적 가치가 높은 건축미도 관광대상화에 큰 역할을 한다. 이런 사례는 세계 각국의 여러 도시에서 볼 수 있다. 일본에서는 향토경관은 진화야(津和野, 도근현), 역사경관은 처농숙(妻籠宿, 장야현) 등이 새로운 관광대상으로 높은 평가를 받고 있다.

실제로 복합형 관광자원을 자연과 문화재로 나누어서 자세히 보면 개별적인 자원의 가치성은 그다지 높지 않다. 그것이 전체적으로 보여질 때 관광대상으로서 더없이 강력한 유인력을 갖는 것이다.

최근 일본에서는 '역사의 도(道)'를 보존하고 있다. 이것은 고대로부터 존속하고 있는 가도를 '선(線)'의 문화재로서 보존하고 사람들이 그곳을 걸으면서 역사적 환경을 경험하게 된다. 독일의 '로맨틱가도' 미국의 '자연탐색도' 등 많은 길이 관광객에 의해 이용되고 있다. 이것은 현대인의 역사에 대한 향수가 나타나고 있는 것과 동시에 관광대상으로서 복합형 관광자원이 중요하다는 것을 보여주고 있다. 전통적인 생활양식을 보유하고 있는 세계각국의 농촌도 복합형 관광자원으로 관광대상화해 가는 추세이다. 한국의 전통적인 대표적 복합형 관광자원은 주로 山寺에 세웠다. 한국적 고유한 비산비야(非山非野)의 산지경관과 여기에 풍수지리설에 입각하여 배치된 가람경관의 조화는 자연과 인간 간의 상호작용의 결과를 극명하게 보여준다.

5) 관광시설의 역할

관광대상의 현대적 특색으로서 관광시설(서비스 포함)의 역할이 크게 부각되고 있다. 우선 즐거움과 건강유지를 목적으로 하는 오락이나 스포츠 관련 시설의 존재가 중요한 관광대상으로 등장하였다. 이 점은 여가시간이 증대하고 목적지에서 관광객의 체재시간이 길어질수록 체재활동을 흡수할 수 있는 시설의 역할이 증대하는 것이라고 생각한다.

오락시설도 미국의 디즈니랜드와 같은 일련의 오락공원(Amusement Park)이 오늘날 여러 나라에서 관광대상의 중요한 역할을 하고 있다. 새로운 유형의 오락공원으로서 상징적인 의미가 부여된 주제공원(Thema Park)처럼 오락적 요소가 가미되면서도 문화, 교육시설이 확충된 야외박물관 같은 기능을 하는 곳이 점차 늘어나고 있다. 미국 버지니아주의 윌리암스버그(Williamsburg)는 식민지시대의 버지니아 마을을 복원한 시설으로서 이곳의 종업원은 당시의 생활을 재현하고 있다. 이 시설의 경영이념은 "미래는 과거로부터 배우는 것이다."이다. 네델란드 헤이그의 마드로담 주제공원은 네델란드 각지의 명소와 대표적 시설 129개소를 정확하게 1/25로 축소하여 만든 모형전시관(Miniature Land)인데, 그 주제는 평화와 번영이다. 최근 한국을 방문한 중국 단체관광객의 관광만족도를 높여준 대상물로서 놀이시설을 중심으로 한 주제공원을 지적한 것은 관광시설의 중요성을 시사한 것이다. 또한 관광지에서 관광대상 및 관광매체의 역할도 중요하지만 지역주민들의 환대와 서비스의 역할도 중요해지고 있다.

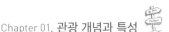

3. 관광자원의 개념과 분류

1. 관광자원의 개념

관광자원(Tourism Resource ,Resource for Tourist)은 1920년대 이래로 사용된 용어로 "관광객의 활동근원이 되는 제반 현상"을 의미한다. 넓은 의미에서 관광자원은 인간을 중심으로 둘러싸고 있는 삼라만상의 총체라고 볼 수 있다. 즉, 면적으로 분포하는 자연환경(산악·고원·호소·계곡·해안·도서·온천·동식물 등)과 점적(點的)으로 분포하는 인문환경(사적·문화재·사찰·정원·근대적 건조물·산업시설 등)의 행렬이다. 더욱이 관광자원은 관광객의 주관에 의해서 관광가치가 결정되기 때문에 매우 다종다양할 뿐만 아니라 광범위하다. 어떤 의미에서는 모든 대상이 관광자원으로서의 가치를 지니고 있다고 말할 수 있다.

좁은 의미에서 관광자원은 관광체계를 구성하는 기본요소 중의 하나로서 관광주체인 관광객에게 관광동기나 관광행위를 유발할 수 있는 매력과 유인성을 지닌 유·무형의 모든 대상물을 말한다. 따라서 건전한 여가문화의 장을 제공하며 동시에 경제개발의 수단으로도 작용한다. 다시 말해서 관광자원은 관광산업의 측면에서 경제가치와 관광객의 입장에서는 위락, 문화가치를 갖는다. 기본적으로 관광객과의 유기적인 관련성에 의해서 관광자원의 가치부여의 양상이 다르기 때문에 관광객의 인구통계적인 특성과 시대적 상황에 따라 개념이 달라질 수도 있다.

자원은 일반 경제용어의 관점과 관광의 관점 간에 의미가 다르다. 일반 경제용어로서의 자원은 원재료가 되는 자연물을 가리키며 지하자원, 산림자원, 수산자원 등의 자원은 어느 것이나 어떤 생산물의 제조과정에서 소비되는 것이다. 반면에 관광현상으로서의 자원을 이용, 소비함으로써 원형이 없어지거나 모양이 달라지

Chapter 01. 관광 개념과 특성

Ch 02 관광콘텐츠와 스토리텔링

Ch 03 문화관광

Ch 04 지역 관광자원

Ch 05 문화 관광자원

Ch 06 특별 관광상품

Ch 07 위락 관광자원

는 것은 아니다. 이러한 의미에서 일반산업자원과 본질을 다르게 하고 있다. 관광의 경제적 관점에서도 관광자원이라는 용어를 사용하는데, 일반자원과 차이점은 원칙적으로 이용에 의해서 소모되거나 소멸되지 않는다는 점이다. 관광자원은 관광대상인 인간의 관광욕구를 만족시키는 상위개념으로 산업자원이 아닌 생활자원으로, 산업자원과 크게 다른 점은 보호를 필요로 하는 점이다. 그러므로 관광객이 관광자원을 적정하게 이용함으로써 무한정으로 소모하지 않는다는 특색을 지니고 있다.

관광자원 그 자체는 관광현상과 직접적으로는 무관한 것처럼 보이지만 관광행동이라는 측면에서 그 대상이 되는 것이다. 자연적인 것, 시간경과에 의해서 형성된 인문적인 것, 복합한 것 등 세 종류로 분류할 수 있다. 관광대상으로 기능하는 것에는 관광시설이나 서비스와의 결합에 의해서 가능하게 되는 것이기 때문에 관광대상의 소재가 된다. 관광자원은 관광산업에 의해 경제적 가치를 생산해 내는 관광상품이라는 의미로도 사용되고 있다.

자원이 대상물로서 가치를 갖기까지는 관광객에게 관광재와 서비스를 제공하는 관광기업의 개발의도와 더불어 관광관련의 제반시설을 더하여 그것과 관련된 관광자원과 일체가 되어 개발됨으로써 초기의 관광지가 형성된다. 아름다운 풍경을 조망하고, 고찰을 참배하고, 민요, 민속무용을 감상하고, 도시를 탐방하고, 숙박시설에서 휴식을 취하는 행동 등으로 구체적인 관광행동은 목적지의 사찰, 도시, 여관 등의 유형물과 풍경, 민요, 무용 등의 무형물을 대상으로 그 활동이 가능하게 된다. 이러한 유형물과 무형물이 관광대상으로서의 관광자원이다.

관광객체로서의 관광대상은 관광자원과 관광시설로 나누어지는데, 관광대상이 관광자원과 동의어로 쓰여지는 것은 잘못이다. 관광자원의 정의에서 그것의 개발을 통해서만 관광의 대상이 됨을 제시한 바 있듯이, 관광대상은 관광자원을 포함하여 관광사업체가 제공하는 재화, 서비스를 바탕으로 한 각종 행동을 포함해서 관광객에게 매력 또는 필요를 느끼게 하는 일체의 사물을 지칭하고 있다. 그러므로 관광자원은 관광객체인 관광대상의 하위개념으로 정리할 수 있다. 다만 관광대상을 엄격히 구분하여 관광자원과 관광시설로 대별하려는 견해가 있는 반면, 관광시설을 관광자원에 포함시키려는 견해가 있음은 주목할 필요가 있다. 결과적으로 관광대상은 곧 관광자원이라 할 수 있을 것이다.

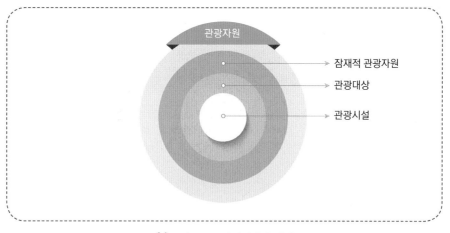

※ 그림 1-6 _ 관광대상과 자원

2. 관광자원의 분류

관광자원을 합리적으로 이용, 관리, 보호하기 위해서는 그 구성요소별로 구조화할 필요가 있다. 관광자원은 국가나 지역마다 다르며 연구자, 기관, 목적에 따라서 다르다.

1) 관광객 중심의 분류

(1) 클라우슨(clawson)의 분류(1960)

관광자원은 넓은 의미에서 레크리에이션 자원(Recreation Resources)의 일부라고 볼 수 있는데, 클라우슨은 레크리에이션 자원의 분류를 레크리에이션 지역과 입지상

의 기회, 인조건축물의 규모, 이용정도에 따라 이용자 중심형부터 자원 중심형까지
의 연속체로 살피고 있다.

첫째, 이용자 중심형(User- Oriented Areas)은 일과 후에 쉽게 접근할 수 있으며 소규모
의 공간 또는 시설물로써 도시민의 일상적인 여가시간에 이용 가능한 공간범
위와 시설을 구비하고 있다. 도시공원, 실내수영장, 놀이터 등이 해당된다.

둘째, 중간형(Intermediate Areas)은 이용자 중심형과 자원 중심형의 중간적 위치, 중
간적 규모이며 거주지에서 1~2시간 정도 소요되는 거리에 위치하면서 이용
자의 활동과 자원의 매력도가 대등한 조건을 갖는다. 수변 레크리에이션 지
역이나 소규모 도립·군립공원 등이 여기에 해당한다. 대체로 주말이나 당
일이용형으로 피크닉, 수영, 낚시 등의 활동이 주류를 이룬다.

셋째, 자원 중심형(Resource-Based Areas)은 자원의 가치성에 초점을 두는데 반해 거
기에서 수행되는 활동은 덜 강조하며, 또한 규모가 비교적 광대하여 원시지
역에 위치하고 있어 이용규모가 적은 편이며, 국립공원, 산림, 원시 야생지
등이 해당되고 보존이 중시된다.

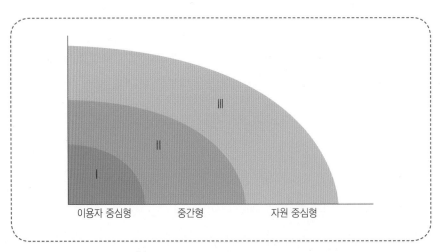

✻ 그림 1-7 _ 크라우슨의 자원의 분류

Chapter 01. 관광 개념과 특성

Ch 02 관광공급원과 수요공급

Ch 03 관광개발

Ch 04 자연 관광자원

Ch 05 문화 관광자원

Ch 06 북한 관광자원

Ch 07 위락 관광자원

클라우슨의 분류는 관광레크리에이션 지역의 개발 등에 있어서 보편적인 이론으로 적용했으며 모든 자원의 이용에 있어 이용자 중심의 자원개발에 초점이 맞추어져 있다. 모든 레크리에이션 지역은 자원의 기능적 개념에 부합한다면 이는 자연환경 중심보다는 이용자 중심형 자원이라고 할 수 있다. 이러한 분류를 관광자원에 적용시키기에는 한계가 있어 이용자 중심형이 관광자원이라 할 수 없다. 결과적으로 클라우슨의 분류는 자원을 연속체로 살피고 있지만 관광자원의 모든 대상을 포괄하지 못한다.

관광자원에 대한 적용보다는 이 분류방식을 국내에서도 특히 서울을 위시한 대도시에 적용이 가능할 것으로 사료되어 도입할 가치가 있다.

표 1-5 _ 자원의 분류와 특징

	이용자 중심	중간	자원 중심
일반적입지	이용자에 근접	중간거리에 위치	수려한 자원지역
이용시기	일과 후	일일, 주말	휴가
유형	게임 중심	캠핑, 피크닉, 하이킹, 수영, 사냥 등	자연, 역사 등의 흥미지역
규모	일백~수백에이커	수백~수천에이커	수천에이커
관리주체	도시, 지방정부, 민간	도시, 지방정부, 민간	국가

(2) 미국 ORRRC의 분류(1962)

미국의 관광자원평가위원회(Outdoor Recreation Resource Review Commission)는 레크리에이션 자원을 물리적 자원특성, 개발과 관리의 실태, 이용 정도, 예상행동패턴 등에 근거하여 고밀도 관광지대, 일반관광지대, 자연환경지대, 독특한 자연지대, 원시지대, 역사문화유적으로 나누고 있다.

첫째, 고밀도관광지대(High-Density Recreation Areas)는 집중적인 개발지역으로 대규모 이용을 위해 운영되며, 주로 대도시권에 근접되어 있다.

둘째, 일반관광지대(General Outdoor Recreation Areas)는 자연환경 내에서 레크리에이션을 위해 알맞게 개발한 지역이므로 복합적인 레크리에이션을 할 수 있다.

셋째, 독특한 자연지대(Unique natural areas)는 뛰어난 경관미와 자연적 불가사의를 지니고 있어 과학적 중요성을 지닌 자원이다.

다섯째, 원시지대(Primitive Areas)는 도로가 없으며, 자연 그대로의 상태를 지닌 지역으로 야생경험을 제공할 수 있을 만큼 대규모이고 원거리에 위치하고 있다.

마지막, 역사문화유적(Historic and Cultural Sites)은 역사적·문화적 중요성을 지닌 장소로서 역사적 사건의 발생지나 고고학적 유적지 등이 여기에 해당된다.

ORRRC의 분류는 레크리에이션 자원에 대한 개발계획수립을 위한 보편적인 틀을 제공하고 레크리에이션 자원의 관리에 효과적 수단을 제시하였는데, 이 중 고밀도관광지대에서 원시지대까지의 5가지의 유형은 하나의 분광체(a Spectrum)적 성격을 제시하고 있으나, 마지막의 유형인 역사문화유적의 설정기준에는 동일성이 일치하지 않다은 단점이 있다. 미국과 같이 거대한 대륙에서 적합한 관광자원 분류방식이기 때문에 우리의 실정에는 잘 맞지 않을 것으로 사료된다.

(3) 건(Gunn)의 분류(1978)

건은 관광자원을 관광객의 유형, 즉 주유형(Touring Type)과 체재형(Destination Type)에 기초하여, 그에 따른 자원을 구분하고 있다.

첫째, 주유형 관광자원에는 숙박하지 않는 장소를 이동하며 보고 즐기는 자원으로서 노변경관, 친구·친척, 축제, 토속음식, 쇼핑센터, 도시 등을 들 수 있다.

둘째, 체재형 관광자원은 숙박지역 내에서 주변을 보고 즐길 수 있는 관광자원으로 휴양지, 캠프장, 해안, 관광목장 등을 들 수 있다.

※ 표 1-6 _ 레크리에이션 자원의 분류와 특징

	특징	종류	입지	시기	관리
고밀도 관광지역	• 대규모 투자필요 • 행락의 범위가 넓음 • 집약적 개발	• 도로망, 주차 지구, 일광욕, 운동장, 음주 지역	• 대도시 도시 공원인접	• 연중이용	• 도, 시, 국가관리
일반 관광지역	• 이용법위가 낮음 • 규모와 활동범위가 큼 • 낮은 집약작	• 캠핑, 피크닉, 낚시, 등반, 야외운동	• 공원 및 산림, 스키장, 계곡 등	• 휴가, 주말	• 민간 · 공공기관
자연 관광지역	• 자연을 있는 그대로 즐기는 지역 • 대규모	• 하이킹, 수렵, 캠핑, 피크닉, 카누, 관광	• 도립공원 국립공원	• 주말, 휴가	• 민간의 개발허용 • 공공기관이 관리주체
독특한 자연지역	• 경관이 수려함 • 유명한 자연경관이 많음	• 관광, 관찰 등 소극적 활동	• 경관, 명소	• 주말, 휴가	• 공공기관의 관리주체 필요
원시문화 지역	• 지연자체 • 야생상태	• 사냥, 관찰, 야외경험	• 국립공원	• 휴가	• 국가가 자연보호
역사문화 지역	• 주요 역사 • 문화유적	• 역사유적	• 도시 · 지역별 분포	• 평일, 주말	• 공공기관, 민간국가가 관리

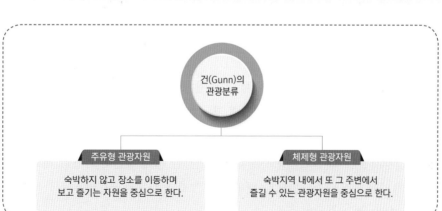

※ 그림 1-8 _ 건(Gunn)의 관광분류

표 1-7 _ 주유형, 체제형 자원의 분류

	주유형 관광대상	체제형 관광대상
종류	• 도로변 경관지 • 수려한 관광지역 • 자연캠핑지구 • 친구, 친척집 • 수변지역 • 독특한 관습 • 사당과 문화적 장소 • 토속음식과 위락지 • 민속특유의 장소 • 쇼핑지역 • 특수공예 전승지	• 휴양지 • 축제장소와 농가 • 집단캠프장 • 민박가정 • 도박중심지 • 종합공원 • 낚시, 사냥, 해안, 수상스포츠 • 관광목장 • 회의 중심지 • 운동경기장 • 무역회관 • 과학기술회관

2) 자원의 유·무형에 의한 분류

(1) 일본의 국제관광년기념행사협회의 분류(1967)

1967년 세계관광의 해를 맞이하여 일본의 국제관광년기념행사협회가 간행한 자료에 의하면 관광대상으로서의 관광자원을 자연적 자원과 문화적 자원으로 대별하고 있으며, 그것을 다시 유형자원과 무형자원으로 세분하고 있다.

(2) 국제관광공사의 분류(1979)

1979년 국제관광공사에서 한국관광장기진흥종합계획의 일환으로 관광자원개발계획의 기준 마련을 위한 관광자원실태 분석기준으로서의 관광자원의 종류는 다음과 같다.

유형관광자원은 하나의 현상으로 우리의 시각을 통해 접근이 가능한 것으로 자연관광자원과 인문관광자원으로 대별된다. 그리고 무형관광자원은 시각을 통한 접근이 불가능한 자원이다.

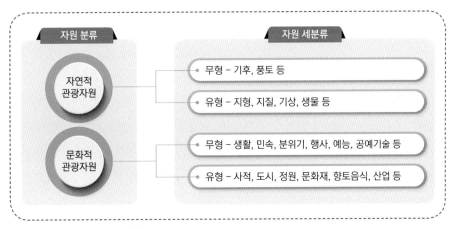

Chapter 01. 관광 개념과 특성

Ch 02 관광문화와 스토리텔링

Ch 03 관광개발

Ch 04 자연 관광자원

Ch 05 문화 관광자원

Ch 06 복합관광자원

Ch 07 위락관광자원

※ 그림 1-9 _ 국제관광년기념행사협회 분류

(3) 교통부의 분류(1981)

교통부는 관광자원이 관광성향의 변화에 따라 계속 생성되며 매우 다양하다는 전제 아래 관광자원을 유형·무형관광자원과 대별하고 있는바, 이는 앞서 제시된 국제관광공사의 관광자원분류를 좀 더 발전시킨 것이라 할 수 있다.

(4) 한국관광공사의 분류(1983)

한국관광공사는 국민관광장기종합개발계획(1983)의 수립시 설정한 관광자원의 유형은 크게 유형관광자원과 무형관광자원으로 구분되었다. 유형관광자원은 다시 자연적 관광자원, 문화적 관광자원, 사회적 관광자원, 산업적 관광자원, 관광레크리에이션자원으로 세분하였고 무형관광자원은 인적 관광자원과 비인적 관광자원으로 분류하고 있다.

이 분류는 관광자원을 유형관광자원과 무형관광자원으로 나누어 무형관광자원을 상대적으로 강조하려는 시도라고 볼 수는 있으나, 무형관광자원은 대부분이 사회적 관광자원과 문화적 관광자원의 범주에 속하는 한계성을 지니고 있다.

3) 자원의 형성원인에 따른 분류

(1) 자파리(Jafari)의 분류(1974)

관광자원에 대하여 바구니 개념(Basket Concept)을 적용한 자파리는 바구니에는 내용물과 그 바구니 자체가 있음을 전제하며, 내용물은 바구니에 담긴 제품(Product), 즉 관광시설과 교통을 제시하고 있다. 그리고 바구니 자체는 관광목적지의 유인대상(Attraction)인 관광배경요소(Background Tourism Elements; BTEs)라 하여 관광배경요소를 세 가지로 나누고 있다.

첫째, 자연적 관광배경요소는 수자원, 기후조건, 숲, 산과 그 밖의 자연자원과 풍경자원을 총칭하여 말하는 모든 자연적 자원이다.

둘째, 사회·문화적 관광배경요소는 모든 사회문화적 환경 또는 활동을 포함한다. 예를 들면, 어느 지역의 독특한 축제와 행사, 특정지역의 역사·종교·전통·정치·예술을 들 수 있다.

셋째, 인공적 관광배경요소는 역사적 건물, 기념물, 종교사원 그리고 전통적 또는 현대적 건축물을 들 수 있다. 보통 세 가지의 관광배경요소는 자연적·인공적·사회문화적 자원에 있어서 매력있는 관광지를 개발하기 위하여 서로 혼합되는 것이 일반적인 현실이다.

(2) 피어스(Pearce)의 분류(1982)

피어스는 관광자원이 관광객을 방문하게끔 끌어들이는 것이라 하고 관광자원을 자연자원과 인공자원, 인문자원으로 나누고 있다.

(3) 스즈키(鈴木忠義)의 분류(1974)

동경공과대학의 스즈끼는 관광자원을 자연자원, 인문자원, 관광대상시설로 나누고 있다.

(4) 오카모도(岡本信之)의 분류(1978) 등의 분류

오카모도는 관광대상을 관광자원과 관광시설로 나누고 있으며, 관광자원은 다시 자연관광자원, 인문관광자원, 복합형 관광자원으로 세분하고 있다. 그리고 관광시설은 숙박시설, 음식시설, 물품판매시설, 레크리에이션시설, 문화·교육시설, 관광안내시설, 공공서비스시설로 나누고 있다.

과거 관광자원의 분류를 쓰다노보루(律田昇, 1969), 쓰에다께(末武直, 1974)의 분류방식을 사용하였다. 즉, 자연적 관광자원, 문화적 관광자원, 사회적 관광자원, 산업적 관광자원으로 나누는 방식이며 이 분류는 관광자원을 분류의 용이성을 목적으로 시도한 것이다. 1972년 국제관광공사(현 한국관광공사)에서 발간한 「한국관광자원총람」에서 3,000여 종에 달하는 한국의 관광자원을 자연적 관광자원, 문화적 관광자원, 산업적 관광자원, 관광레크리에이션시설 자원으로 나누고 있으며 이러한 분류기준도 쓰다 노보루의 분류방식을 기초하여 레크리에이션 시설자원만 첨가한 것이다.

쓰에다께는 관광자원을 생산하는 과정에 의해서 자연자원과 인문자원으로 크게 나누고, 다시 자연자원을 관상적 관광자원과 보양적 관광자원으로 세분하며, 인문자원을 문화적 관광자원, 사회적 관광자원, 산업적 관광자원으로 세분하였다.

자원의 본질적인 형성원인에 따라 자연과 문화, 복합형, 위락관광자원 등으로 분류하고 각각의 주요 요소별로 분류하여 설명하고자 한다.

※ 표 1-8 _ 관광자원의 분류

1차 분류			연구(분류)자	한 계 점	비고
유형/무형	유형	자연관광자원 인문·사회 관광자원 문화적 관광자원 산업적 관광자원 관광레크리에이션	· 이장춘(1998) · 국제관광공사(1979) · 교통부(1981) · 한국관광공사(1983)	· 인문, 사회 자원에는 무형 자원이 속할 수 있다. · 무형자원에서 인적자원과 비인적 차원의 분류방식 철학은 무형, 비인적자원, 철학자는 유형 인적자원 구분	· 이장춘, 교통부, 한국 관광공사에서는 유형 자원을 자연관광자원과 인문관광 자원으로만 분류하고 있다.
	무형	인적·비인적관광자원			
자연자원/문화자원/인문(인적, 사회)자원/새로운(산업적)관광자원	자연자원	유형/무형	· 국제관광기념행사 협의회(1967) · 안종윤(1972) · 김진섭(1981) · 쓰다노보(律田昇, 1969)	· 추상적인 자원과 구체적인 관광자원의 구분/기존 자원과 새로운 자원의 구분	· 국제관광기념행사 협의회에서는 자연자원, 문화자원을 다시 유형과 무형으로 각각 분류한다.
	문화자원	유형/무형			
		세부 구성요소			
자연자원/인문자원		세부 구성요소			
	인문자원	문화관광자원 사회관광자원 산업관광자원	· 김병문(1984) · 쓰에다께(未武直, 1974)	· 생산과정에 의한 분류기준/무형·유형 분류 모호	
자연자원/사회·문화/인공(혼합형)자원			· Jafri(1974) · Gunn(1979)	· 인적자원을 분류하지 못함	

4. 관광시설의 개념과 종류

1. 관광시설의 개념

관광시설은 관광을 위한 편익을 제공하는 목적으로 설치된 것이기 때문에 관광자원에 부가된 것을 관광대상으로서 기능하거나 혹은 그 자체가 관광대상이 된다. 협의로는 관광객의 편익을 위해서 제공되는 설치물로 전망대, 스키장, 유람선 등이 있다. 광의로는 관광객 이외의 용도에도 제공되는 동종의 설치물, 즉 관광관련 시설을 포함하는 것이기 때문에 관광사업의 입장에서도 광의로 사용하는 것이 보통이다. 예를 들면, 숙박시설은 관광객만이 이용하는 것이 아니라 지역주민, 업무여행자, 기타 용무로도 이용하는 것을 상기하면 용이하게 이해될 수 있다.

관광진흥법에서 관광기반시설과 관광관계시설을 관광시설로 규정하고 있다. 관광기반시설은 공항·항만·철도·주차장·여객선 등 육해공의 교통시설, 상하수도 쓰레기처리시설 등의 환경위생시설, 전화·방송 등의 통신시설 등이 있고 여행관계시설은 숙박시설, 휴게시설, 안내시설 등을 총칭하고 있다. 관광객의 유치를 도모하고, 관광자원을 실제적으로 활용하고, 관광대상을 정돈하는 데 있어서는 유형·무형으로 받아드릴 수 있는 체재방식을 정비할 필요가 따르기 마련이다. 이것을 인위적 또는 의식적으로 정비한다는 것은 그 토지의 매력을 높이는 동시에 관광지로서 특색을 살린다는 두 가지의 의미가 내포되어 있다. 한마디로 말해서 유치한 관광객을 접대하는 데 필요로 하는 제반사물을 관광시설이라 하는 것이다.

일반적으로 관광시설은 관광객 수용태세로서 교통시설, 숙박시설, 휴식시설, 식사시설, 안내와 접대시설 등이 있고 부대시설로는 매점, 레크리에이션 시설, 경기시설, 관람시설, 환경위생시설, 보건요양시설, 문화교양관계시설 및 산업경제관계시설 등으로 대별할 수 있다. 이상의 제반 관광시설은 영업목적으로 기업이 경영하는 것이 대부분이고 사실상 관광사업의 주체가 되고 있으니 개별적 입지조건 등을 검토하여 가장 유효한 방향으로 충분히 조정·정비되어야 한다. 그리고 인적서비스 문제도 관광시설을 효과적으로 운영하는 데 중요한 요소가 된다.

관광객을 대상으로 하여 설치된 시설 중에는 관광객을 유치하기 위한 시설, 즉 관광욕구를 만족시키는 시설 그리고 관광객을 안전하고 건전한 여행이 되도록 하기 위해서는 여러 종류의 시설을 필수적으로 갖추어야 한다.

2. 관광시설의 종류

1) 교통시설

관광행동을 성립시키는 기본적인 요소의 하나가 이동이다. 목적지로 이동 또는 귀가의 이동은 교통로와 교통수단에 의해서 행해지는 것으로 기차, 자동차, 항공기, 선박 등이 이용된다. 경우에 따라서 목적지가 없는 행동 그 자체가 관광대상이 되는 경우도 있다. 교통기관의 발달은 관광수요의 증대, 관광행동 범위의 확대, 이용교통기관이나 활동의 변화 등 관광의 질에 큰 변화를 가져다 준다.

교통시설은 공항·철도·자동차·도로·여객선·항만 그 밖에 케이블카(Cable Car)·삭도(Rope Car)·리프트(Lift) 등으로 여행의 전제조건이 이동에 있으므로 이를 기초적 시설 또는 기반시설이라고 한다. 교통관계시설은 관광객을 관광지에 수송하는 외부 교통시설과 관광지 내에서 관광의 목적으로 이동할 수 있는 내부 교통시설 등으로 나누어져 있다. 전자의 외적 교통시설은 무엇보다도 신속성, 쾌적성, 편리성 등이 요구되고 이들은 교통시설로서 관광객을 수용하는 제반시설에 영향을 미친다. 이와 같은 관광객 출발지의 시장성과 관광지 간의 교통시설에는 어떤 종류의 교통기관이건 적합성 여부에 대한 선택은 지형 및 거리와 관광지의 성질, 기타 환경과 조건에 의하여 결정된다. 후자의 관광지 내부의 교통시설은 첫째로 자동차관광도로, 관광철도, 주차장, 유보도, 삭도와 유람선 등으로써 전자와는 달리

주로 관광객의 이용목적에 따라 설치된다. 내부 교통시설은 외부 교통시설과는 달리 거의 관광대상과 직접 연결시키는 목적에 사용되기 때문에 신속성보다도 쾌락성이나 오락성 등이 요구된다. 이와 같은 여러 교통시설의 다양성은 관광지 전체의 평가에 영향을 주므로 양질의 인적 서비스가 반드시 수반되지 않으면 안된다. 제반 교통시설의 정돈된 상황은 관광지 전체에 대한 평가에도 관련되며 한 나라의 힘이 될수도 있다. 그러나 어느 것이나 관광지 내에 설치되는 교통시설인 만큼 건설시에 관광자원의 훼손 방지는 물론이고 기존의 자원과 조화를 추구하는 대책이 필요하다.

서울 시티투어버스

계류장의 항공기

Asuka Ⅱ" who anchors at the wharf "Nakatottei

통영 미륵산케이블카

2) 숙박시설

교통시설과 같이 관광사업상 숙박시설을 완비하는 것은 근본적으로 중요한 문제이다. 대부분의 여행은 숙박이 수반되며 여행자를 받아들이는 접대에 대한 평가의 대상이 숙박시설과 관련되기 때문이다. 숙박시설은 호텔, 콘도미니엄, 여관, 여인숙, 민박, 게스트하우스 등 다양하며 관광지의 특성이나 이용객의 여러 사정에 따라 결정된다. 한편, 다른 기능을 발휘할 수 있는 부대시설이 요구되는 바·사교장·오락시설·운동시설 등을 설치하고 있다. 일정시간을 초과해서 여행하는 경우에는 불가결한 시설이 숙박시설로 교통과 더불어 관광행동을 성립시키는 기본적인 요소의 하나이다. 숙박을 추구하였던 여행자에 의해서 전문적인 숙박시설이 보급된 것은 근세 이래로 나타나고 있지만, 특별하게 여행객들에 대한 안전과 위생이 중요하다고 판단하기 시작했다. 숙박시설 없이 숙박기능을 가진 교통기관도 있다. 철도열차의 침대차, 일부 여객선이 그것이다. 침대차는 정말로 교통수단으로서 숙박기능이 가능하다. 여객선에는 침대차와는 다르게 교통수단보다는 관광목적시설로서 선내에 각종 레저설비를 완비한 호화객선이라고 칭하는 것이 있다.

일본에서 일반적으로 이용되고 있는 숙박시설은 호텔, 비즈니스호텔, 콘도미니엄, 유스호스텔, 펜션, 캠프장, 오토캠프장, 여관, 국민숙사, 국민휴가촌숙사, 민숙, 임대별장, 요양, 보양소 등 다양한 종류들이 있다.

관광여행에 있어 숙박은 관광활동을 위한 수단으로서 숙박과 숙박하는 자체를 목적으로 하는 경우에 의해 숙박시설의 설비내용도 다르게 변화한다. 전자에는 안전과 위생이 특히 중요시되고 후자에는 여관 내에 다양한 오락시설을 설치하는 등, 이용목적에 따라 시설의 방향을 결정한다.

숙박업은 장치산업으로서 고정자산의 비율이 높고 수익확보를 위해서도 숙박시설의 서비스 기능은 다기능화되고 있다. 숙박업의 다기능화는 특히 호텔에서 두드러지고 기본적 기능의 숙박기능, 음식기능, 연회, 집회 기능뿐만 아니라 레저스포츠서비스 기능 등의 여러 기능이 독립된 시설기능으로서 대형 호텔을 구성하고 있는 것으로 나타나고 있다.

지방수요를 겨냥하는 도시호텔은 지역개발의 핵심시설로서 기능이 인지되고 있다. 출장객을 중요한 이용자로 하는 비즈니스호텔은 기능성을 중시한 숙박과 비즈니스 기능이 있다. 단체객의 편리를 만족시키기 위한 부대시설과 서비스로 특화된 단체 여관도 있다.

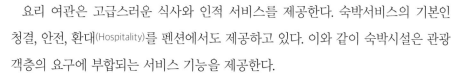

요리 여관은 고급스러운 식사와 인적 서비스를 제공한다. 숙박서비스의 기본인 청결, 안전, 환대(Hospitality)를 펜션에서도 제공하고 있다. 이와 같이 숙박시설은 관광 객층의 요구에 부합되는 서비스 기능을 제공한다.

다양한 업태의 숙박시설이 있지만 호텔에서 하는 것, 펜션에서 하는 것, 그 시설 내용과 서비스 내용은 가격에 따라 크게 차이가 난다. 시설의 종류에 의해서 서비 스 내용은 가격에 따라 크게 차이가 난다. 시설의 종류에 의해서 서비스 내용을 예 상할 수 없는 것의 전형은 여관이다. 방의 크기, 식사의 장소, 품질, 인적 서비스 등 은 요금에 예상할 수 없는 것이 보통이다. 동일한 방, 동일한 요리에도 숙박하는 인 원에 따라 다른 요금을 지불해야 한다. 관광지에 숙박시설이 갖추어져 있다는 것 은, 관광객으로 하여금 관광 이동을 가능케 할 뿐만 아니라, 행동범위를 확대시키 는 요인이 되어 이동의 보조적 기능을 수행하게 되는 경우가 많다. 따라서 관광객 을 유치하는 데는 숙박시설의 설치가 필요충분조건이 된다. 또, 관광객에 대한 접 대는 일반적으로 접대기능을 갖춘 숙박시설이 담당하게 되며, 관광지로서의 평가 대상이 이와 같은 숙박시설의 접대능력에 달려 있는 경우가 많다.

숙박시설에는 호텔, 여관, 여인숙 그리고 민박 등이 있으며, 이와 같은 시설의 정 비는 관광지의 성질, 이용객의 상황 등에 의해서 영향을 받는다. 숙박시설의 사회 적 역할은 기본적으로 여행자에게 수면, 음식, 생명 · 재산의 보호의 기능을 담당 하는 시설과 서비스를 제공하는 것이지만 그 밖에도 사교 · 오락 등의 기능을 담당 할 수 있는 시설의 설치를 필요로 한다.

Kobe Meriken Park Oriental Hotel

Wigwam Motel

Individual unit, Wigwam Motel, Holbrook, Arizona

그랜드힐튼호텔

3) 컨벤션시설

컨벤션시설은 한 건물에서 회의 및 전시회를 개최하도록 설계된 공공장소로 연회, 식음료 및 각종 서비스를 제공하는 시설을 갖춘 곳으로 정의되고 있다. 또한, 국제 비즈니스 센터의 기능과 국제교류의 기능, 국제문화예술의 기능을 수행하는 시설이다. 컨벤션센터가 입지하고 있는 지역은 낙후된 지역기간시설을 재정비할 수 있는 기회를 제공하고 컨벤션산업의 발달로 인해 지역경제의 활성화와 새로운 인력창출이 가능하다. 컨벤션센터는 다음과 같이 세 가지의 역할을 수행하고 있다.

- 다양한 국제 이벤트를 개최하기 위한 장소제공의 역할로서 다양한 규모와 성격의 행사를 수용하고 교류 및 만남의 장으로 활용된다.
- 지역적으로 지역시민을 위한 문화 활동의 중심역할을 수행한다. 컨벤션센터에서 개최되는 각종 학술, 문화 행사는 지역민의 문화수준을 증대시킬 수 있는 좋은 기회로 작용할 수 있고, 지역민의 여가시간을 풍요롭게 보낼 수 있는 시간적, 공간적 장소를 제공하게 된다.
- 지역 및 도시의 이미지 제고를 위한 미디어매체로서 역할을 수행한다. 컨벤션센터의 시설적 특성, 행사내용과 수준, 행사의 운영관리, 시설 서비스의 질 등 그 자체가 지역과 국가의 경제적, 문화적 위상을 대변할 수 있는 역할을 하기 때문에 컨벤션센터는 지역 및 국가의 국제화의 교두보 역할을 하고 있다.

EXCO

BEXCO

ICCJEJU

DCC

4) 휴게시설

휴게시설은 유원지·휴게소·전망대 등이 있고 소규모 시설로는 테이블·벤치·음료수 등도 여기에 해당된다. 이와 같은 시설은 관광지의 기본적인 서비스 시설이므로 지형과 조망, 풍경 등을 충분히 고려해서 관광지의 특성에 부합하면서도 특색 있는 유형으로 만드는 것이 과제이다. 휴게시설은 휴게소, 전망대, 드라이브 인(Drive-in), 헬스센터 등이 있는데, 이와 같은 것들은 한 장소에 모여 있는 경우가 많다.

패스트푸드

카페테리아

커피전문점   고속도로 휴게소

5) 식당시설

식사는 관광활동에 있어서 단순히 공복을 채우는 것으로서 만족하는 것이 아니고 다소나마 피로를 풀 수 있는 요리가 준비되어야 할 것이며 지역적인 특징과 진미가 풍기는 식사시설이 필요로 할 것이다. 원칙적으로 관광객이 집중되는 곳에 설치되어야 하나 식당시설을 둘러싼 자연환경이 대단히 중요하다. 식사시설로는 식당, 그릴(Grill), 요정(料亭), 레스토랑 등의 시설이 있는데, 요리와 함께 관광대상의 역할을 담당한다.

6) 관광정보시설

관광객 중에는 관광지를 처음 방문하는 경우가 많고 미지의 땅을 방문한다는 의미에서 관광지에 설치된 관광안내소 및 종합 관광안내소의 시설은 불가피하다. 어느 나라에서나 공공기관에 안내소를 설치하고 무료로 봉사하는 것이 일반적이나 여행시간에 교통업 또는 숙박업자로부터 수수료를 받아 서비스를 하는 경우도 있다. 일본의 경우에는 국제 관광객을 위하여 주요 관광지에 한해 종합 관광안내소를 두고 있으며 지역마다 광역·기초자치단체의 문화관광과에서 맡고 있다. 우리나라에서도 최근에 안내시설이 점차 증대하고 있으나, 국민관광이나 국제 관광수요에 비해 절대적으로 부족한 실정이다. 한국의 관광대상이나 자원에 대한 이해와 관광활동전반의 편익을 제공하기 위해서는 우선 관광정보시스템을 구축하고, 다음으로 주요도시 및 주요관광지를 중심으로 안내소와 안내시설을 확충해야 한다.

특히 관광지 안에 여러 가지 영업 판매시설 등이 있는데 해당 관광지의 특산물 또는 기념품 등을 판매하고 있는 일종의 상행위인 영업시설이다. 이 시설은 여행 중인 관광객들의 여수를 달래는 위로와 기념에 기여하고 있는 시설이다. 안내시설 은 주로 여행안내소나 관광안내소를 말하며 그 밖에도 안내판 등을 나타나기도 한 다. 이와 같은 시설업무가 여행업에 의해서 수행되는 경우, 특히 여행정보, 교통가 이드 등이 제공된다. 정보관계시설은 관광대상으로서의 기능성은 그리 크지 않지 만, 정보·안내 등의 편익을 제공하는 중요한 접대기관으로서의 시설이다.

관광안내표지판

관광안내소

7) 레크리에이션 시설

레크리에이션 시설은 매점 시설, 오락·레저시설 등을 가리킨다. 매점 시설은 주 로 기념품, 토산품 판매시설이며 여행자에게 여행의 즐거움을 주는 기능을 갖고 있 다. 관광지에서 토산품의 제공과 지역의 관광수입을 생각한다면 없어서는 안될 시 설이다. 관광객은 여행의 목적을 자연이나 문화적인 대상의 감상, 접촉 이외에 오락 을 지향하는 사람들이 많기 때문에 관광대상으로서 오락시설의 설치가 중요하다. 관광지에 따라 다르긴 하지만, 이와 같은 종류의 시설을 중점적으로 설치하여 관 광개발을 촉진하는 예도 있다. 관광에는 오락적 행동이 수반되기 때문에, 많건 적 건 대부분의 관광지에는 오락 및 유흥시설이 설치되고 있다.

스포츠시설로는 스케이트장, 스키장, 골프장 등의 시설이 있다. 레크리에이션 시설에는 스포츠 외에도 이른바 관광농원, '관조(Bird-Watching)'와 같은 자연을 관찰하기 위한 시설도 있기 때문에 스포츠에 한정하여 생각하지 않는 것이 중요하다.

레크리에이션 시설 가운데는 광대한 부지에 자본을 투자하여 유원지를 만든 시설이 있는데, 철도의 연변이나 도시 근교에 설치되어 1일 관광의 대상이 되는 경우가 많으며, 또 디즈니랜드와 같이 대규모 기업의 형태로 경영하는 경우도 있다.

관광객 중에는 여행의 목적을 자연과 문화적인 면에는 관상과 접촉을 소홀히 하고 오락과 유흥시설에만 유독 눈을 돌리는 이가 있다. 관광지의 조건에 따라 다르겠지만 여기에 시설을 중점적으로 설치하려는 기업인들도 상당한 수에 이르고 있다. 세계적인 시설로서 라스베가스 등 오락시설이 국제적인 관광지로서 널리 알려져 있다. 어쨌든 크고 작고 간에 관광지라 하면 이 시설이 마련되어 있기 마련이다. 또한 이 시설 안에는 레크리에이션 시설이 부설되어 있다. 형태상으로 보아서는 다른 시설과 중복된다고 하겠으나 기능적으로 보아서는 판이한 시설이다. 가족동반 관광에 잘 어울리는 유원지나 청소년들에게 잘 이용되는 캠프시설 등이 다 여기에 속한다. 수많은 레크리에이션 중에서도 어떠한 레크리에이션이 그 관광지에 알맞는가 하는 것을 심사숙고해서 정비해야 할 것이며 일반 관광객들에게 염가로 건전한 환경을 제공하는 데 관심을 가져야 할 것이다.

8) 스포츠 시설

여가·관광의 활동은 하루가 다르게 변화하고 있다. 이중 스포츠를 주목적으로하는 관광유형이 늘어가는 추세에 있다. 해수욕장·스케이트장·골프장 등이 근래에 와서 중요한 관광객 유치시설로 지역관광사업에 크게 공헌하고 있다. 도시내에 소재하는 스포츠 시설 등은 시민의 여가 대상으로서 시민의 건강증진에 기여하고 있다.

상암 월드컵경기장

잠실 야구장

9) 환경위생시설

상수도 및 하수도 그리고 오물처리 시설, 즉 환경위생시설의 완비는 관광객들의 체류기간에 극히 유의하여야 할 기본적인 조건이다. 아무리 좋은 자연경관과 관광자원에 둘러싸인 관광지라 할지라도 주위가 불결하고 더러운 냄새가 풍기거나 전염병 같은 것이 발생할 우려가 있는 곳은 관광지로서의 적격여부를 좌우하는 중요한 판단기준이 될 수 있다. 특히 현대 관광자원에서는 관광객의 증가 추세를 잘 파악해서 여기에 대비할 수 있는 정도의 환경위생시설을 설치하여 보건환경을 유지해 나가야 한다.

서울 마포 자원회수시설

10) 보건요양시설

보건요양시설로서는 온천을 비롯한
피서·피한지가 있다. 특히 광천요양지
와 기후요양지 등 명성이 있는 관광지
는 주로 보건과 요양을 위해서 이용되
고 있기 때문에 목적을 달성시켜 줄 수
있는 시설이 요청된다.

11) 문화 및 예술시설

박물관, 미술관, 기념관 등 일종의 문화시설은 중앙에서 지방에 이르기까지 문화
적 창조를 유발시키고, 나아가서는 그곳에 보존되어 있는 문화재가 관광에 활용될
수 있도록 정돈해 놓아야 한다. 다시 말해서 일반 관광객들의 관심을 모으기 위해
관광시즌을 택해 그 관광지에 알맞는 문화예술적인 관광행사 등을 베풀어서 그 지
역의 대표적인 문화재(지정문화재·지방문화재·비지정문화재) 등을 전시·관람케 하는 시설
이다. 특히 이 시설은 일반관광객 및 대중을 위해서나 관광사업의 측면에서도 없어
서는 아니될 시설이다.

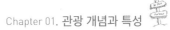

12) 산업시설

산업시설은 현대관광의 한 대상으로서 큰 몫을 담당하고 있다. 관광사업상 새로운 분야로서 등장한 것이 특히 생산공장을 관광시키기 위한 시설, 공예 및 기술 전시를 위한 시설로서 일시적인 임시시설과 상설시설 등 두 가지로 나누어져 있다.

미슐랭 가이드

📍 소개

프랑스의 타이어 제조 회사인 미쉐린(미슐랭)이 매년 봄에 발간하는 식당 및 여행 가이드 시리즈로 원래 '미쉐린 가이드'라고 해야 맞다. 이는 국내 지사가 한글 이름을 미쉐린으로 사용하고 있기 때문이다. 홈페이지에도 미쉐린 가이드로 설명하고 있다. 프랑스어로는 '기드 미슐랭'이라고 한다.

📍 미슐랭 가이드 발간 유래

1900년 미쉐린에서 타이어 구매 고객에게 무료로 나눠 주던 자동차여행 안내책자에서 출발하였다. 미슐랭 가이드를 탄생시킨 앙드레 미슐랭은 당시 내무부 산하 지도국에 근무하고 있었으며, 프랑스를 여행하는 운전자들에게 유익한 정보를 주자는 취지 아래 무료로 배포되는 여행, 식당 정보 안내서를 펴냈다.

미슐랭 가이드가 미슐랭 타이어 회사 부설 여행 정보국에서 발간된 것은 앙드레 미슐랭이 세계 최초로 분리, 조립되는 타이어를 발명하여 미슐랭 타이어 회사를 만든 에두아르 미슐랭의 친형이었기 때문이다.

초기에는 타이어 정보, 도로법규, 자동차정비요령, 주유소 위치 등이 주된 내용이었고 식당은 그저 운전자의 허기를 달래주는 차원에 지나지 않았다. 그러나 해가 갈수록 호평을 받자 1922년부터 유료로 판매하기 시작했고, 이후 대표적인 식당지침서로 명성을 날리게 됐다.

그 후 100년의 세월 동안 엄격성과 정보의 신뢰도를 바탕으로 명성을 쌓아 오늘날 '미식가들의 성서'와 같은 위치를 차지하게 되었다.

📍 미슐랭 가이드 내용

1,300여 쪽에 이르는 방대한 분량으로 책머리에 간단하게 실려 있는 여행 정보와 레스토랑 선택에 대한 몇 가지 조언을 빼면 그 방대한 분량은 전부가 식당과 호텔 정보에 할애되어 있다.

전담요원이 평범한 손님으로 가장해 한 식당을 1년 동안 5~6차례 방문해 직접 시음하고 객관적인 평가를 내리는데 음식맛, 가격, 분위기, 서비스 등을 바탕으로 일정 수의 식당을 엄선하고 다시 이들 가운데 뛰어난 식당에 별(최고 별 3개)을 부여해 등급을 매긴다.

최고 등급인 별 3개를 달게 되는 경우에는 성대한 시상식을 치르기도 한다. 여기에서 별 3개를 달게 되는 요리사는 최고의 명성을 가지게 된다.

📍 어떻게 선정되는가?

만화나 애니메이션이나 드라마 같은 데서 보면 갑자기 암행어사처럼 미슐랭 가이드의 조사원이 출두해서는 가난한 주인공에게 별 3개를 주거나 하는 장면이 자주 나오지만 사실은 이와 전혀 다르다.

미슐랭 가이드에 명시되어 있는 조사 기준은 다음과 같다.

1. 기존의 미슐랭 가이드에 실리지 않은 식당
2. 요리평론가가 평가대상의 레스토랑에 식사대금을 지불하지 않는 경우 따위는 없다. 즉, 미슐랭가이드 조사원이랍시고 돈을 안 내면 그건 사기꾼, 파워블로거다.
3. 먼저 신분을 밝히고, 사진촬영 등을 하고 요리대금을 지불한다.
4. 심사원은 한 지역에만 머무는게 아니라 각 지역을 돌아다닌다.
5. 심사 기간 동안 심사원은 연간 130일 정도를 호텔에 머물며, 800여 개 정도의 레스토랑, 호텔을 방문하고 약 240식의 식사를 하며, 이것을 평가한다.
6. 이는 모두 가명으로 행해진다. 또한 심사원은 같은 레스토랑을 3년 간 방문할수 없고, 도시별 가이드의 심사원이 자택에 머물며, 호텔을 평가하고 레스토랑에서 많은 식사를 한다.
7. 게다가 한 심사원이 한 번 평가하고 마는 것이 아니라, 여러 심사원이 몇 차례에 걸쳐 심사한다.
8. 이런 한번의 심사 이후에도 교차검증이 2차례에 걸쳐 행해진다. 즉, 대상이 된 식당은 몇 차례에 걸친 심사를 총 세 번 받게 된다.

이렇기 때문에 심사원을 매수하거나 심사원에게만 요리를 잘 내거나 해본들 큰 소용이 없으며, 드라마나 만화와 같이 시골의 한 식당이 요리 한 번 잘했다고 별을 받기도 불가능한 것이다. 그리고 또한 한 번 받았다고 끝이 아니며, 정기적으로 재심사를 걸쳐 별을 박탈하기도 하기에 무작정 별을 받았다고 안심할 수도 없는 노릇이다. 몇몇 프랑스의 유명 쉐프들 별을 받았다가 빼앗길까봐 스트레스로 자살하는 일도 있다고 한다!!

물론 그렇다고 해도 스캔들이 없는 것은 아니고 꽤나 터지는 편이니 100% 맹신하지는 말자. 아무래도 미슐랭 자체가 프랑스 회사인 만큼 프랑스 내부나 서부 유럽에 한해서는 자주 조사가 행해지고 철저하게 행해지기에 상당히 정확하지만, 타대륙은 조사나 검증도 좀 불성실한 편이고, 특히 아시아 대륙에 한해서는 지나치게 일식과 일본 쪽에만 치중되어있다. 중국 요리가 전 세계 어느 요리와 비교해도 절대로 떨어지지 않음에도 미슐랭 가이드에 등재되어있는 중국 식당의 총 숫자는 2012년판 기준으로 69개에 불과한데 일본의 경우 317개나 된다. 또한, 유럽 내부에서도 북유럽 및 남부 유럽의 경우 평가가 박한데, 아무래도 기준이 미쉐린의 본사가 있는 프랑스 요리 기준이라 그런 것 같다. 실제로도 가장 많은 미슐랭 스타를 받은 국가는 프랑스이며, 북쪽이나 남쪽의 경우 그 수가 급격히 떨어지는 것을 볼 수 있다. 한국에서 별을 받은 식당은 한 군데도 없고, 한식당은 2스타인 뉴욕의 'Jungsik'이 있다. 서울에도 '정식당'이라는 분점을 운영 중이다. 뉴욕 'Danji'는 1스타였으나 2015년 별을 뺏겼다.

이 외에도, 맛이나 서비스란 결국 객관적 가치가 아닌 주관적 가치이기 때문에 별 3개의 레스토랑이라고 해도 누군가에게는 맛도 없고 비싸기만한 곳일수도 있는 것이라는 것을 감안해야할 것이다. 아니 사실상 미슐랭 가이드에서 별 3개의 심사 기준은 분위기를 중시하기 때문에 정작 제대로 맛있는 곳을 놓치는 경우도 많다.

📍 별의 가치

공식 가이드북에 따르면 다음과 같다.

- ★ 1개 - 그 분야의 요리에 있어서 특별히 맛있는 식당, 맛있고, 서비스도 깔끔한 식당
- ★ 2개 - 멀리서 찾아올만한 가치가 있을 만큼 대단히 맛있는 식당
- ★ 3개 - 오직 그것만을 먹기 위해서라도 반드시 여행을 할 가치가 있을 정도로 탁월한 식당
- ★ 등급 외적으로도 현실적 별의 가치는 매우 높다. 별 1개 만으로도 가게의 매상이 평생 보장 받을 정도이며, 별이 2개나 3개쯤 되면 세계적인 장인 수준이고, 다른 요소도 인정받았다는 것이다. 특히, 별 3개의 레스토랑은 약 17,000여개의 표본 중에 그 수가 0.3%도 되지 않는다! 그 수준이 얼마나 대단한 것인가 짐작케 해준다.

미슐랭 가이드의 정확도는 유럽대륙에 한해서만 높다. 타대륙은 상대적으로 떨어지는 편이니, 별을 받았다고 무작정 가봤다가는 기대를 배신당하는 일이 일어날 수 있다. 그러니 무작정 별을 받았다고 가보기 전에 자체적으로 어느 정도 정보를 모아보는 게 좋을 것이다.

📍 레드가이드/그린가이드

숙박시설과 식당에 관한 정보를 제공해 주는 <레드가이드>와 박물관, 자연경관 등 관광정보를 제공해 주는 부록형태의 <그린가이드>가 있다.
1957년부터는 스페인, 포르투갈, 이탈리아, 영국, 아일랜드, 베네룩스 3국, 독일 등과 같은 다른 여러 유럽국가들에 대한 레드가이드도 발간하고 있다.

관광자원론
Tourism Natural Resource Economics

Chapter

02

Tourism Natural Resource Economics

관광 콘텐츠와 스토리텔링

● Chapter 02 ●

관광 콘텐츠와 스토리텔링

1. 관광자원 콘텐츠의 개념과 의의

1. 관광 콘텐츠(Tourism contents)

콘텐츠는 영어 단어 '콘텐트(content)'의 복수형으로 특정 물질에 존재하는 추상적인 의미 또는 성분의 양을 표시하는 뜻이다(oxford dictionaries.com). 일반적으로 콘텐츠는 내용이나 목차를 가리킬 때 사용한다. 문화콘텐츠는 문화와 콘텐츠의 복합어로 창작에 기반을 두고 소프트웨어적인 제품 또는 서비스를 말한다(전미경, 2012).

국내에서 문화콘텐츠라는 용어가 사용되기 시작한 것은 1990년대 중반으로 유럽에서 '멀티미디어 콘텐츠'라는 용어를 사용하기 시작하면서 국내에서 신조어로 문화콘텐츠를 사용하였다(이원갑·이종훈·홍장원·이윤정·현우용. 2010). 법률에서 정의하는 문화콘텐츠의 정의를 살펴보면 「콘텐츠산업진흥법」에서 콘텐츠는 "부호·문자·음성·음향 및 영상 등(이들의 복합체를 포함한다)의 자료 또는 정보"라고 정의하고 있다. 「문화산업진흥기본법」에서 문화콘텐츠는 문화적 요소가 체화된 콘텐츠를 말한다. 한편 산업적 측면에서 문화콘텐츠는 문화산업 또는 콘텐츠산업 등에서 혼용되고 있다. 다만 법률에서 정의하는 문화콘텐츠는 매체의 특징을 중심으로 그 매체를 다양한 형태로 기획·제작·가공하여 생산 및 유통하여 소비하여 경제적 부가가치를 창출하거나 이를 지원하는 모든 연관 산업으로 정의하고 있다(임명환, 2009). 박삼옥·양승목·윤영관·이근·임현진(2009)는 문화콘텐츠란 "인간이 감성·창의력·상상력을 원천으로 문화적 요소가 체화되어 경제적 가치를 창출하는 문화상품"이라고 정의내리고 있고, 정아름(2013)은 "문화적 요소를 포함하고 하나의 교환가치를 지니고 있는 상품"이라고 문화콘텐츠를 정의하고 있다. 따라서 종합적으로 살펴보면 문화콘텐츠는 핵심가치를 가진 문화적 요소 또는 문화 원형을 활용하여 창작을 통해 영화, 공연, 방송, 음반, 게임, 애니메이션, 캐릭터, 인터넷 모바일 콘텐츠 등의 형태로 기획 및 제작해 소비자에게 전달되는 것을 의미한다. 김평수·윤홍근·장규수(2010)는 문화콘텐츠의 내용에 따라서 영화, 애니메이션, 방송/음악, 공연, 만화캐릭터 등의 장르로 분류되며 이것이 문자, 음성, 데이터, 이미지, 동영상 등으로 표현되는 문화상품으로 문화산업의 측면에서 접근하고 있다.

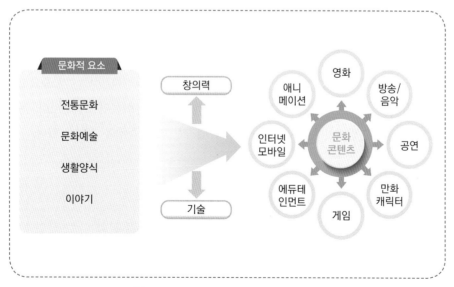

※ 그림 2-1 _ 문화적 요소의 문화콘텐츠화

국내 문화콘텐츠산업은 영화, 게임, 캐릭터 산업을 중심으로 성장하고 있으며 국내 콘텐츠산업은 2016년 기준 전년대비 5.7% 증가한 105조 2,000억 원을 기대하고 있다. 문화콘텐츠의 유통 역시 인터넷, 모바일, 방송, DVD 비디오 등 다양한 매체를 통하여 전달되며 기술 발전에 따라 보다 복잡하고 다양화 될 것이다. 이러한 문화콘텐츠산업은 나라마다 상이한 용어를 사용하는데 미국은 엔터테인먼트 산업(entertainment industry), 영국은 1990년대 토니블레어(Tony Blair) 정부시절 문화산업을 창조산업(creative industry)으로 사용하여 문화산업의 중요성을 부각시켰고, 일본은 콘텐츠산업(content industry), 캐나다는 예술산업(art industry)이라 불린다. 국내에서는 문화콘텐츠를 활용한 산업에 문화산업 또는 문화콘텐츠산업이라는 용어를 사용하고 있다.

2. 관광 콘텐츠산업의 특성

Pine & Gilmore(1999)는 근대화 이후 산업 패러다임의 변화를 세 단계로 구분했는데, 이는 노동경제(굴뚝산업)와 지식경제(정보산업), 체험경제(문화콘텐츠산업)이다. 산업혁명 직후에는 노동이 중심이 되면서 굴뚝산업이 핵심 패러다임으로 나타났고, 20세기 중반부터는 정보산업 시기로 지식과 정보를 중요하게 여겼지만, 현재 새로운 시대는 창의력과 감성이 산업의 핵심이 되면서 체험경제(experience economy)가 중요하게 될 것이라 전망하였다. 체험경제의 대표적 사례가 바로 문화콘텐츠산업이다. 문화콘텐츠산업은 일반적인 제조업이나 서비스산업과는 다른 특징을 가지고 있다.

1) 불확실성(고위험/고수익)

문화콘텐츠산업은 수요를 예측하기 힘들다. 이러한 이유로 문화콘텐츠산업 투자는 고위험의 부담이 있는 동시에 역으로 고수익의 가능성도 있다. 제조업과 달리 인간의 창의력이 핵심이 되는 문화콘텐츠산업은 경제적으로도 수확체증의 법칙이 적용되어 높은 수익률이 나타난다. 이는 한계비용 체감의 법칙이 적용되기 때문인데 문화콘텐츠산업은 초기 제작비가 투입된 이후 추가생산을 위해서는 극히 적은 비용을 필요로 한다.

모든 문화콘텐츠 상품이 성공하는 것은 아니며 이로 인한 위험부담도 크다. 이미 문화콘텐츠산업에서 소수의 흥행한 작품이 수익의 대부분을 차지한다는 것은 잘 알려져 있다. 실제로 미국의 상위 10% 흥행작이 전체 영화산업 수익의 절반을 차지하는 것은 우리나라 상황과도 크게 다르지 않다. 예컨대 시장의 기대를 받던 영화가 흥행에 참패하거나 의외의 영화가 흥행하는 사례를 현실에서 쉽게 볼 수 있다. 이론적으로도 영화 흥행 요인에 관한 많은 연구가 이루어졌지만 아직까지 결정적 요인을 찾아내지 못하고 있다.

2) 창구효과

문화콘텐츠산업은 다양한 미디어 플랫폼을 통해 효용을 창출한다. 문화콘텐츠산업의 산업연관효과는 다른 산업에 비해 큰 편이다. 이처럼 하나의 문화상품이 특정 영역에서의 창조와 기술적 변화를 거쳐 다른 영역의 상품으로 활용되어 그 가치가 증대되는 효과를 창구효과(window effect)라고 한다.

예를 들면, 영화가 극장 개봉을 거친 이후 비디오와 DVD, VOD 등으로 생산되고 텔레비전을 통해 우리에게 전달된다. 문화콘텐츠산업에서 이런 OSMU(One Source Multi Use)가 활발한 이유는 앞서 설명한 것과 같이 문화상품이 초기제작비용이 많이 들지만 일단 생산되고 나면 추가생산에 필요한 한계비용이 매우 낮기 때문이다.

문화콘텐츠산업의 경우 처음 제작된 콘텐츠가 흥행에 성공할 경우 2차 상품이 제작될 때도 연쇄적인 마케팅효과를 낳아 막대한 수익으로 연결되기도 한다. 예를 들면, 조앤 롤링(Joanne K. Rowling)의 소설 '해리포터(Harry Potter)' 시리즈는 소설물이 영화로 나아가 게임, 애니메이션, 캐릭터까지 차례대로 발전하여 20억 달러 이상의 수익을 거두고 있다. 애니메이션산업은 애니메이션으로 인해 발생하는 수입보다 캐릭터 프로모션으로 인한 파생이익이 더 큰 경우가 많다. '해리포터' 외에도 J.R.R. 톨킨 (John Ronald Reuel Tolkien)의 '반지의 제왕'은 뉴질랜드에서 영화로 제작되어 세계적인 성공을 거두었고, 이후 미국과 한국 등에 온라인 게임이 등장하기도 하였다. 국내에서는 만화가 김진의 '바람의 나라'가 온라인 게임으로 등장하여 성공을 거두었으며, 뮤지컬, 드라마 등으로 이어지는 성공을 거두기도 하였다.

※ 표 2-1 **문화콘텐츠의 활용**

구분	콘텐츠	활용	
반지의 제왕	소설	영국	원작자 J.R.R. 톨킨
	영화	뉴질랜드, 미국	
	관광	뉴질랜드	촬영지 관광 상품화
	온라인	미국·한국	터바인(개발) NHN(퍼블리싱)
바람의 나라	만화	1992년	원작자 김진
	온라인게임	1996년	넥슨
	뮤지컬	2001년	서울예술단
	소설	2004년	제이북
	드라마	2008년	초록뱀미디어(제작) KBS(방영)

출처: 김선정(2009), 문화콘텐츠 산업 수출현황과 활성화방안, 한국무역협회

최근 콘텐트산업의 대표 격인 영상산업의 경우 제작사들은 콘텐츠 상품의 판매 창구가 겹치는 것을 방지하기 위해 일정시간 간격을 설정하기도 한다. 그러나 멀티플렉스 극장이 대중화되고 디지털 미디어가 발달하면서 최근에는 이 기간이 잘 지켜지지 않거나 짧아지는 추세에 있다. 따라서 제작사는 하나의 콘텐츠상품으로 보다 많은 수익을 내기 위해서 창구 전략 수립에 많은 노력을 기울이고 있다. 흥행에 성공한 영화일수록 가정용 DVD의 출시가 늦어지거나 극장이 아닌 케이블 영화로 개봉하는 것도 그런 이유에서다.

3) 문화적 할인

문화관광상품은 말 그대로 '문화적'인 것이기 때문에 다른 문화권에서는 가치나 효용이 어느 정도 감소한다. 이는 언어, 관습, 역사, 선호 장르 등이 차이가 나기 때문인데, 이런 차이를 문화 장벽이라고 하고 그 크기를 문화적 할인(cultural discount)이라는 용어로 개념화 할 수 있다(Hoskins, Finn, & McFayden, 1997). 문화적 할인은 문화콘텐츠산업의 하위 부문마다 상이하게 나타난다. 일반적으로 게임, 애니메이션, 캐릭터 등은 문화적 할인이 거의 발생하지 않는 반면 영화, 드라마, 음악은 문화적 할인이 상대적으로 크다. 예를 들어, '리니지'나 '배틀 그라운드' 같은 국산 게임이 전 세계에서 고루 성공을 거둔 반면, '겨울연가'에서부터 '태양의 후예'에 이르기까지 드라마 장르는 우리나라와 문화적으로 공통점이 많은 동아시아 지역을 중심으로 한류 열풍을 일으키고 있다는 것이 이를 증명한다. 하지만 문화의 보편성과 특수성은 상대적인 것이기 때문에 시간과 장소에 따라 문화적 할인은 얼마든지 달리 나타날 수 있다.

4) 연관 효과

문화콘텐츠산업은 경제·사회적인 파급효과가 크다. 창구효과와 같이 하나의 부문 범위 내에서 OSMU(One source multi-use)가 일어나기도 하지만 제조업이나 관광업을 비롯하여 타산업에까지 산업연관효과를 일으키기도 한다. 대표적으로 드라마 '겨울연가'의 흥행으로 드라마 촬영지였던 남이섬과 춘천이 유명관광지가 된 사례가 있다. 드라마 '대장금' 역시 해외에서 성공을 거두며 한식, 화장품 등과 같은 다른 산업 분야까지 긍정적인 효과를 불러일으켰다.(김선정, 2009) 문화콘텐츠상품은 하나가 성공하면 연계된 수많은 인기상품이 등장하고 이로 인한 고용효과가 창출되기도 한다. 한국수출입은행에 따르면 문화상품은 일반 소비재 수출을 견인하는 효과가 있는데, 평균적으로 문화상품 수출이 1% 증가하면 소비재 수출은 0.03% 증가하고 문화상품 100달러가 수출 증가하면 소비재 수출이 평균 412달러 증가하는 것으로 조사되었다(김윤지, 2012). 문화콘텐츠산업의 경제·사회적 효과는 단순히 숫자로 표현된 것 이상이다. 예를 들면, 월트 디즈니의 만화, 캐릭터, 공연상품 등은 방송, 장난감, 서점, 테마파크 등에 항상 노출되므로 어린이들에게 매우 친숙하다. 디즈니의 콘텐츠는 어린이들에게 꿈과 희망을 주며 이는 미국에 대한 동경심으로 이어지기 쉽다. 또한 이와 동일하게 한류를 통해 수많은 아시아인들이 한국문화를 좋아하고 한국을 방문하게 되는 것은 경제적 연관효과를 넘어 사회·문화적으로 중요한 의미를 지닌다.

5) 지식재산권 기반

문화콘텐츠산업은 사실 실물이 아닌 지식재산권이라는 무형의 가치를 거래하는 산업이다. 과거에는 저작권 수입이 비즈니스 모델이었다면 최근에는 무형적인 지식 뿐만아니라 유행적인 상품까지 포괄하는(Content Intellectual Properxy) 기반 산업으로 진화하고있다. 즉, 과거에는 저작권을 엄격히 보호하고 이에 대한 파생산업에 다소 소극적이었던데 반해 최근에는 저작권의 유연한 적용을 통해 보다 큰 수익을 창출하는 비즈니스 모델이 등장하고 있다. 예컨대 유튜브 등 온라인 플랫폼에서 사실상 무료로 유통되는 음원시장에서 저작권 수입은 기대하기 어렵지만 이를 통해 콘텐츠 접근과 소비의 벽이 낮아지면서 인기와 명성을 쉽게 얻을 수 있는 장점이 있다. 일명 아이돌 그룹으로 불리는 최근 뮤지션의 경우 음원유통으로 인한 수입보다 공연이나 관련 상품 판매 등에서 얻는 저작권외 수입이 더 큰 경우도 있다. 이에 따라 문화콘텐츠는 수익모델 측면에서는 최종재가 아닌 중간재로 봐야한다는 시각도 등장했다.

2. 스토리란 무엇인가?

1. 스토리의 개념

스토리텔링에 대한 관심이 집중되고 있다. 스토리텔링은 경영, 홍보, 마케팅, 교육, 치료, 문화 관행, 통제 및 규제 기법들에 걸쳐 있는 다형적이고 노마드적인 개념으로서 스토리텔링과 허구 장치를 통해 개인의 행동을 한정, 통제하려는 하나의 동일한 규제적 양식이 출현했음을 의미하고 있다.

스토리텔링은 시공간적(현장성), 다감각적(재연성), 상호작용적(소통성) 담화양식으로서 상대와 동일한 시공간에서 말, 이미지, 소리, 제스처 등 다감각을 동원하여 서로 이야기를 주고받는 상호작용이다. 기업 혹은 제품의 미션을 소비자들에게 어필하려면, 기업이나 관광목적지에서 변화의 미션을 제시하고, 미션을 중심으로 설득력있는 스토리를 구성하며, 이를 위해 소비자를 참여시켜야 한다.

스토리는 광고나 메일의 전유물이 아니라 세상 어디나 존재하며, 성공적인 마케터는 소비자들이 선택할만하고 믿을 만한 스토리를 제공하는 사람이다. 결국 스토리는 여러 가지 문맥을 통해 어떤 사실을 좀 더 쉽게 이해할 수 있도록 해주기 때문에 하이 컨셉에 해당하며 이는 인간의 감정에 호소하는 능력이다. 스토리텔링 마케팅은 단순히 이야기를 만들어 소비자에게 제품이나 브랜드, 또는 기업을 알리는 것이지만, 브랜드 스토리 마케팅은 브랜드와 소비자 간의 상호관계를 맺기 위한 일종의 도구적인 역할을 한다.

따라서 스토리는 가치에 대한 진술로서 과학적 진리에 적용되는 기준의 영향을 받지 않는데, 인간은 아득한 옛날부터 말이나 이미지 또는 글로 표현된 신화나 동화, 전설과 함께 살아왔기 때문에 이야기를 갈망하는 것이다. 스토리는 상품과 상표를 신화화하는 것은 물론 정치인들이 현실을 포장해서 화려한 미래에 대한 전망을 제시하는 것 등의 모든 기술적 내용을 가리키는 것이다.

2. 스토리의 형태

문화생활은 다양한 형태의 이야기를 향유하는 것과 같다. 심청전만 하더라도 동화책과 애니메이션뿐만 아니라 발레, 창극 등 다양한 형태로 나타나고 있다. 이들은 각각 형태가 다르지만 효심 어린 심청 이야기를 다루고 있다는 점에서 공통적이다. 동일 이야기를 다양한 형태로 형상화하는 것이 오늘날의 특수한 상황인가 하면 그렇지 않다 조선 후기만 하더라도 그것은 판소리로, 설화로 구연되는가 하면 소설책의 형태를 띠고 필사본, 목판본으로 향유되기도 하고, 전문 소리꾼이 연행하는 판소리로 향유되는 등 향유 형태가 다양했다. 이야기를 다양한 형태로 향유하는 것은 시대를 초월한 보편적 현상으로 보아도 무방하다.

이야기의 형태가 다양한 이유는 이야기를 주고받는 행위와 밀접한 관련이 있다. 말과 글, 영상과 디지털은 각각 이야기를 주고받는 행위가 다르다. 이야기하기의 행위가 다른 원인은 형태별 고유의 속성에서 찾을 수 있다. 이야기를 하는 사람이 이야기를 듣는 사람과 대면하면서 이야기를 하는 기본적인 방법은 '말'이다. 생활을 통해서 자연스럽게 체득한 말은 인간의 본능에 가까워 별도의 도구나 기술을 필요로 하지 않는다. 말은 일시적이어서 이야기를 하는 사람이 발화하는 순간 사라지고 만다.

듣는 사람이 한번 더 듣고 싶어도 말하는 사람이 하지 않으면 반복적으로 들을 수 없다. 일시적 이야기를 지속적 이야기로 바꾸는 방법이 바로 '글'이다. 글은 기록이 가능한 수단으로 말과 달리 이야기를 지속적으로 보존 할 수 있는 장점이 있다. 이야기를 글로 기록해 두면, 다음부터는 시간에 구애받지 않고 화자 없이 이전 이야기를 그대로 향유할 수 있다. 그렇다고 해서 글이 말을 대체하는가 하면 그렇지 않다. 말로 이야기를 하기 위해선 말하는 이를 직접 만나야 하고 만나서 이야기를 하다보면 그 사람의 표정과 억양, 몸짓 등도 함께 보아가며 내용을 이해하기 때문에 시각과 청각을 동시에 사용하게 된다. 글은 시각에만 의지하는 이야기이며, 한 가지 감각에 의지하는 만큼 말로 하는 이야기보다 구체적으로 이해하기에는 힘들다. 말과 글은 각각의 부족한 점을 보완해주는 관계에 있다.

'영상'은 지속성과 입체성을 보완한 형태이다. 영상은 기록하는 방법으로 존재하기에 지속성을 획득하며, 보고 들을 수 있으므로 입체성도 획득한다. 그러나 이 또한 완전하다고는 할 수 없다. 글이나 영상의 경우 이야기를 일방적으로 전하는 형태여서 이야기를 수용하는 이는 이야기 발화자와 상호작용을 하기는 어렵고 일방적으로 수용할 수 밖에 없다. 그러나 말은 화자와 청자가 대면(對面)한 상태에서 이야기를 진행하기 때문에 이야기 중간중간에 청자의 추임새가 곁들여지기도 하고 화자의 이야기에 동조하거나 반대할 경우 청자의 의견을 표출하거나 다른 이야기를 전개하면서 역동적으로 이루어진다. 영상으로 된 이야기가 기술적측면에서는 물론이고 역사적 측면에서도 새로운 형태의 이야기임이 분명하나 일반적 차원에서 말로 된 이야기에 앞선다고 할 수 없다.

디지털은 지속성과 입체성 그리고 양방향성을 보완한 형태이다. 디지털은 컴퓨터를 통해 이야기를 기록하게되므로 지속성을 획득하고 말과 글 영상을 포괄 할 수 있는 멀티미디어 성격을 지니므로 입체성도 획득하며 인터넷이라는 기술을 통해 청자와 화자간의 양 방향성을 획득하여 이야기하기의 단점들을 보완하였다. 또한 SNS의 발달과 스마트폰 등의 대중화로 쌍방향 소통은 물론 정보를 다자간공유하고 있다.

형태별로 속성은 모두 다르다. 속성이 다른 것은 형태별 독자성을 증명하고 있으나 그것이 각 형태별 독자성의 전부라고 할 수는 없다. 이야기의 형태가 왜 다를 수 밖에 없는가에 대한 기본적인 차원에서 다시 한번 더 생각해보아야 한다. 예를 들어보면 디지털은 모든 속성에서(+, -)를 보이고 있으나 이야기의 완벽한 형태는 아니다. 단적인 예로 말로 이야기할 때 상대방과 대면하면서 느끼는 생동감은 해결은 힘들다.

🔖 표 2-2 _ 이야기 형태별 특징

구분	말	글	영상	디지털
일시(−), 지속(+)	−	+	+	+
단선(−), 입체(+)	+	−	+	+
일방(−), 양방(+)	+	−	−	+

　　삶의 현장에서 이야기를 향유하는 것은 형태별 속성에 의해 확실하게 구분하기가 힘들다. 말로 된 이야기라 하더라도 종류는 다양하다. 사람들은 그들이 경험하는 수 많은 것들을 갖가지 종류의 크고 작은 이야기로 엮는다. 비단 자신의 일이나 경험뿐만이 아니다. 사람들이 가지고 있는 무궁무진한 상상력 또한 인상적인 이야기로 엮어질 때 마음속 깊이 각인되어 두고 두고 생명력을 발휘한다. 전설이나 민담처럼 상상력을 통해 낸 꾸며진 이야기들도 일정한 서사구조를 갖추고 있음으로 인해 사람들의 마음 속에 생생하게 기억되면서 언제든 되살아난다.

　　이야기에 집약된 무수한 경험과 다양한 상상력은 인간의 삶과 밀접한 관련이 있다. 이야기를 창조하고 소통하는 것은 인간의 삶을 윤택하게 하는 수단이다. 인간의 삶이 다양하고생각이 다양한 만큼 이야기의 영역은 넓고 형태는 다양하다. 서로 특성을 달리하는 수많은 종류의 이야기들이 세상에 존재하고 있다. 사실을 전하는 이야기가 있는가 하면 꾸며 낸 이야기가 있고 일시적으로 떠도는 이야기가 있는 한편 오랜 세월을 두고 대대로 이어지는 이야기가 있다. 이야기의 형태에 따라 사실적인 이야기를 서사의 형태로 창작한 것과 허구적인 이야기를 상상하여 창작한 것이 있다.

🔖 표 2-3 _ 이야기 형태별 성격

구분	사실적인 것	허구적인 것
말로된 것	경험담	신화, 전설 민담
글로된 것	일기, 수기, 편지	소설, 희곡, 시사시, 시나리오 등
영상으로 된 것	다큐멘터리	드라마, 영화, 에니메이션
디지털로 된것	블로그, SNS	유머, 게임 등

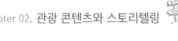

우리의 일상은 갖가지 이야기로 구성되어 있다. 이야기 소통의 통로로 오랫 동안 구실을 해온 말의 경우 경험담과 같은 사실적인 이야기가 있는가 하면 전설과 민담같은 허구적인 이야기가 있다. 글로 된 경우에도 나날이 자신의 경험을 적는 일기와 서간문형태의 사실적인 이야기가 있는가 하면 소설, 희곡, 시나리오와 같은 허구적인 이야기가 있다. 또한 시청각의 경우에도 다큐멘터리처럼 사실적인 것이 있는 반면 영화, 애니메이션 등 허구적인 것이 있다. 인터넷에서는 블로그나 SNS처럼 사실적인 이야기가 있는가 하면 온라인 게임과 같이 허구적인 이야기가 있다. 일상과 비일상의 공간과 시간에서 우리는 지속적으로 새로운 이야기를 접하고 있다. 따라서 이야기에 대한 제 양상을 통찰할 수 있는 새로운 개념과 틀이 요구된다.

이야기의 정체성을 규명하기 위해서는 다음 두 가지 사항이 요구된다.

첫째, 다양한 형태의 이야기를 하나로 아우를 수 있는 용어를 정립해야 한다.
둘째, 하나의 이야기가 여러 형태로 실현되었을 때 각각의 형태별로 그 이야기를 평가할 수 있는 객관적인 기준이 마련되어야 한다.

무수한 많은 이야기를 다룰 수 있는 공통범주와 객관적 기준을 마련할 때 다양한 영역에서 벌어지는 이야기의 양상들을 체계적으로 살펴볼 수 있으며 앞으로의 전망까지 내다볼 수 있게 된다.

※ 표 2-4 _ 이야기의 네 범주

구분	사실적인 것	예
이야기1	특정한 맥락으로 묶일 수 있는 언술들의 집합	광의의 이야기
이야기2	서사적 줄거리를 갖춘전 승력이 있는 언술들의 집합	경험담(설화)+민담류+전설
이야기3	허구적인 줄거리를 갖춘 언술들의 집합	민담류+전설류
이야기4	근거 있는 줄거리를 갖춘 언술들의 집합	전설류+경험담(실화)

'이야기'에 대한 화자들의 인식을 범주화하여 유추한 것이어서 학술적 체계와 논리가 부족하나 일반인들이 '이야기'를 인식하고 있는 지점에서 의미 맥락을 유추한 것이므로 주목할 필요가 있다. '서사적 줄거리를 갖춘 전승력 있는 언술'을 이야기로 본다. 서사적 줄거리를 갖춘 것은 서사구조를 갖추었다는 것이고, 서사구조를 갖추었다는 것은 의미화 되었다는 것이다. 의미화는 문제의 해결이나 목표에 도달을 원하는 등장인물이 겪는 여러 사건이 인과관계에 의해 연쇄적으로 조직되었을 때 가능하다. 서사적 줄거리를 갖추었다는 것은 서사학에서 말하는 스토리의 요건을 충족한다. 또한 그것이 전승력이 있다는 것은 그 의미가 이야기하기(Narrating)에 참여하는 주체 간에 유의미함을 입증하는 것이다. 수용자가 의미가 있다고 생각하는 이야기를 또 다른 수용자들에게 전달하기 때문이다.

비록 전달이 유의미한 것인가라는 반문이 있겠지만, 한 이야기가 공동체를 통해 시차를 극복하며 지속적으로 '전승'될 경우엔 상황이 달라진다. 의미의 유무를 '전승'과 '변이'의 여부로 판단할 수도 있다. 아울러 '전승'은 이야기하기의 주체를 전제로 한다는 점에서 담화의 개념과 내러티브의 개념을 포괄한다.

서사적 줄거리의 내적 요건으로 주체와 행위, 그리고 공간과 시간이 있다면 서사구조와 의미화 과정, 그리고 전승이라는 특성까지 결합되었을 때 '이야기'라 할 수 있다. 만약, 전승을 제외하고 의미화 된 서사구조만을 이야기로 볼 경우, 의미가 형상화되어 서사구조로 넘어가는 이야기화의 과정은 생략된다. 특정한 의미 맥락이 줄거리를 갖추어가며 이야기로 자리 잡고 전승되는 현상도 이야기 연구의 대상이자 시발점이다. 이렇게 보았을 때, 일상적 대화에서 예술성을 갖추어가는 이야기화의 메커니즘을 규명할 수 있으며, 이야기의 동태성을 포착할 수 있게 된다.

스토리텔링'은 '스토리(Story)'와 '텔링(Telling)'이 결합된 합성어이다. 이는 텍스트 중심의 '스토리(Story)'를 연구대상으로 삼았던 관점에서 탈피하여 이야기가 연행되는 현상으로 연구관점이 이동하는 과정에서 나온 개념이다. 이러한 이유로 '스토리(Story)'는 텍스트와 같은 정태성에 주목하고, '스토리텔링(Storytelling)'은 상호성과 같은 동태성에 주목하는 것이다. 즉, 연구의 대상이 정태적인 '스토리(Story)'에서 동태적인 '이야기하기(Narrating)'로 바뀌는 과정에서 등장한 용어이다.

그렇다면 이야기의 언행(言行), 즉 이야기하기의 양상을 살펴보면 말하기(Telling)로 포괄하기에는 폭이 넓다. 전통적 이야기 장르인 설화는 말하기의 영역에 들 수 있지만, 서사시만 하더라도 언어와 음악이 결합된 노래하기(Singing)의 영역이고, 소설은 문자로 이루어진 쓰기(Writing)의 영역이며, 영화와 연극은 언어에 영상이나 연기가 결합 된 보여주기(Showing)의 영역이다.

✖ 표 2-5 _ 이야기하기 방식

장르	방식	매체형식
설화	Story + telling	음성언어
서사시	Story + showing	음악 + 음성언어
영화·연극	Story + showing	영상 · 행위 +음성언어
소설	Story + writting	문자언어

　서사적 성격을 지닌 장르의 용어로 '스토리(Story)'를 사용하는 것이 올바르다. '스토리텔링'의 개념이 이렇게 된 데에는 문화산업의 특성과 밀접한 관련이 있다. 문화산업의 시장규모가 커지면서 거대 자본이 등장하였고, 거대 자본은 하나의 이야기를 여러 매체로 동시에 제작하여 시장에 출시하는 것을 가능하게 하였다. 짧은 시간에 투자자본을 회수하는 장점이 있는 원소스 멀티유즈(One source-Multi use)전략은 문화산업에서 일반화 되었다. 원소스 멀티유즈가 일반적 전략이 될수록 원소스에 해당하는 이야기에 관심이 집중되면서 이를 지칭하는 용어로 '스토리텔링'을 사용했던 것이다. 비록 스토리텔링이 내포하고 있는 뜻과 실제 사용된 의미가 상이(相異)한 것은 사실이나 이야기의 새로운 면모를 포착하고 논의하였다는 점에서 의의가 있다.

3. 스토리텔링의 세 요소

스토리텔링은 스토리를 다양한 매체로 실현하지만 그 바탕에는 공통의 요소가 있다. 스토리텔링의 핵심적인 요소들을 추출하고 이들을 다양한 매체와 비교하는 과정에서 변별적 자질로 사용할 경우 매체의 차이점 외에 각 요소별로 어떻게 다른지 입체적으로 드러낼 수 있다. 따라서 스토리텔링의 요소를 고찰하는 것은 스토리텔링을 재개념화 하기 위한 과정이면서, 스토리텔링의 패러다임을 고찰하는데 필요한 분석항목을 설정하는 과정이기도 하다. 이를 위해 스토리텔링의 가장 원초적인 형태라 할 수 있는 구비설화에서 기본적인 스토리텔링의 요소를 추출하고 이 것을 많은 매체로 확장하면서 적절한 용어로 한다.

구비설화는 스토리와 말이 결합되어 실현되었다. 스토리가 말이 아닌 다른 매체와 결합하였다면 구비설화라 할 수 없다. 그런데 말은 발화자가 있어야 하며, 발화자는 수용자를 전제하고 말을 한다. 발화자가 이야기를 하고, 수용자가 이야기를 들어야 주체 간의 상호 작용이 이루어지면서 구비설화가 연행되는 것이다. 그리고 말의 특성상 발화자와 수용자는 동일 시간과 동일 공간에 존재해야 한다. 주체 간의 시간과 공간이 일치하지 않으면 구비설화가 연행될 수 없다. 따라서 구비설화가 실현되는데 필요한 최소 요건이라 할 수 있다.

다시 말하면 구비설화는 텍스트인 설화가 있어야 하며, 주체인 화자와 청자가 행위를 해야 하고, 환경인 시간과 공간이 주체 간에 일치하여야 스토리텔링으로 성립한다. 스토리텔링은 텍스트, 주체의 행위, 시공간이 핵심요소인 셈이다. 논의의 일관성과 용어의 단순성을 지향하는 입장에서 텍스트는 '이야기'로, 주체의 행위는 '이야기하기'로, 시공간은 '이야기판'이라는 용어를 사용한다.

이야기는 스토리와 매체가 결합하였을 때 실현 된다. 매체는 말과 글 또는 시청각일 수 있으며, 각각의 매체적 특성에 적합하게 구연되었을 때 이야기로 존재하게 되는 것이다. 말을 제외한 매체는 유형(有形)으로 이야기를 실현한다. 글은 책이라는 형태로, 시청각은 테이프나 필름의 형태로 존재한다. 말은 형태가 없고 발화하는 순간 사라지기 때문에 특수성을 지니지만, 말도 이야기를 실현하는 수단이기에 매

체로 본다. 매체를 제외하고 스토리만 이야기로 볼 수도 있겠으나 이럴 경우 문제
가 발생한다. TV 토크쇼와 인터넷 게시판의 글들은 말로 볼 수도 있고 글로 볼 수
도 있다. 스토리만 이야기로 볼 경우에는 TV 토크쇼에서 들려주는 경험담과 말로
직접 듣는 경험담은 같기 때문에 구분이 되지 않으며, 인터넷의 유머 이야기와 TV
개그프로그램에서 연기로 보여주는 것도 구분하기 힘들다. 비록 스토리가 같다 하
더라도 어느 매체와 결합되었는지에 따라 스토리텔링은 다르다. 따라서 매체와 결
합된 스토리를 이야기로 본다.

이야기하기(Narrating)는 주체들의 행위를 통한 상호작용을 말한다. 발화자가 수용
자 없이 이야기를 하거나, 수용자가 발화자 없이 이야기를 할 수 없다. 두 주체의 행
위가 제외된 이야기의 실현은 없으며 스토리텔링으로 존재하기 어렵다. 나아가 발
화자가 의미 있다고 판단하여 이야기를 하고, 수용자가 의미가 있다고 판단하여 이
야기를 들어야 진정한 상호 작용이라 할 수 있다. 두 주체 중 어느 한쪽이 무의미하
다고 판단하는 경우 상호 작용이라 하기 어려우며, 구비설화가 연행되었다고 보기
어렵다. 구비설화의 경우 상호 작용의 성립 여부는 '전승'의 여부로 판단할 수 있다.

이야기하기(Narrating)의 주체는 발화자와 수용자로 나눌 수 있는데, 발화자와 수용
자의 구분은 이야기를 기점으로 나눌 수 있다. 즉, 이야기를 실현하는 과정에 참여
하는 행위자는 발화자이며, 이야기를 향유하는 과정에 참여하는 행위자는 수용자
이다. 일례로 영화의 경우 작가가 창작한 시나리오는 물론이고, 감독의 연출과 배
우들의 연기까지 발화자의 행위에 속한다. 또한 관객들의 영화 관람은 물론이고,
관람 후에 온라인 커뮤니티를 형성하거나 패러디를 창작하는 행위까지 수용자의
행위에 속한다. 패러디가 창작행위임을 감안할 때, 발화자의 영역에 속할 수도 있으
나 하나의 이야기를 감상한 뒤 일상적 차원에서 비전문적으로 행해지는 패러디의
경우는 수용자의 역할을 전제로 성립되므로 수용자로 본다.

이야기판(場, Champ)은 이야기하기를 보장하기 위한 환경을 말한다. 이야기는 발화
자와 수용자의 상호작용이므로 이들이 모여서 이야기하기를 할 수 있는 환경을 갖
추어야 한다. 환경의 대표적인 요소는 공간이다. 말의 경우, 사랑방이나 시정공간
이 대표적인 이야기판이며, 영화의 경우 극장이 이야기판이다. 공간은 이야기의 유

통을 담당한다. 말로 된 이야기의 유통은 화자와 청자의 직접적인 접촉을 통해서 가능하다. 사랑방과 시정공간이 이야기판이 될 수 있었던 것은 사람들이 모여 직접적인 접촉이 가능했던 공간이기 때문이다.

이야기판은 공간만으로 성립되지는 않는다. 시간도 매우 중요하며, 이야기하기의 주체들이 이야기를 향유하기 위한 동의가 이루어진 결과로 시간의 일치가 이루어진다. 화자와 청자는 동시에 같은 공간에 위치해야 이야기하기가 가능하다. 화자와 청자가 같은 공간에 있다하더라도 시간이 일치하지 않으면 이야기하기는 성립할 수 없다. 따라서 이야기판의 요소인 공간과 시간은 주체들의 의지가 구체적으로 표출된 결과이기도 하다. 글과 시청각의 경우는 말과 다르다. 글과 시청각은 발화의 시간적 조건이 말보다 연장된 것이다. 따라서 화자와 청자의 시공간적 동일성을 전제하지 않는다. 예를 들면, 작자가 이야기를 소설로 창작하는 경우, 독자는 자신이 원하는 시간이면 언제든 가까운 서점에서 소설을 구입할 수 있으므로 작자와 동일한 공간에 존재하지 않더라도 소설을 향유하는 데 지장이 없다. 동일한 논리로 영화도 극장이 있어 화자와 청자의 시공간적 동일성을 전제하지 않지만 극장의 상영시간과 관람객의 시간이 일치해야 이야기판이 성립한다.

그런데 이야기판은 물리적인 공간과 시간만으로 이루어지지 않는다. 이야기판 안에는 화자와 청자 사이에 이야기를 할 수 있고 들을 수 있는 상대적 자율성이 내재되어 있어야 한다. 개인이 화자도 될 수 있고, 청자도 될 수 있는 자율성이 보장되면서 이야기판이 유지되는 원리와 구조가 내재되어 있어야 한다. 사랑방에서 발화자와 수용자는 정해져 있지 않다. 주체의 의지에 의해서 발화자가 될 수 있고 수용자가 될 수 있다. 간혹 주체 간의 역할분쟁이 있을 수 있는데, 상호 간의 양보에 의해서 발화자의 순서가 정해지거나 암묵적인 협의로 진행되는 경우가 많다. 시정공간을 대상으로 하면 상대적 자율성이 좀 더 명확해진다. 화자는 이야기 실력이 검증된 사람들로 구성되며, 검증이 안된 화자의 경우 이야기판에 참여하는 청자들에 의해 검증을 받을 수 있다. 청자들은 화자의 이야기 실력이 별로라고 판단하는 경우 이야기 구연에 호응을 줄인다거나 극단적인 경우 이야기판을 떠난다. 구술 이야기판의 보이지 않는 원칙인 셈이다. 이야기판은 이러한 원칙이 성립되었을 때 가능하다.

따라서 이야기하기의 공간과 시간, 그리고 내재적 자율성 등의 조건을 충족시켜야 이야기를 향유할 수 있는 이야기판으로서 기능을 하게 되며, 이야기판을 구성하지 못하면 이야기를 향유할 수 없게 된다. 이야기판을 물리적 공간(Site)으로 보지 않고 장(場)의 개념으로 보는 이유가 여기에 있다.

이야기가 실현되기 위해서는 다음과 같은 조건을 갖추어야 한다.

첫째, 스토리와 매체가 결합된 이야기(Text)가 있어야 한다.
둘째, 화자와 청자의 상호작용인 이야기하기(Narrating)가 있어야 한다.
셋째, 이들이 행위 할 공간과 시간인 이야기판(Champ)이 갖추어져야 한다.

이야기(Text)의 종류로 설화, 소설, 영화 등을 들었는데, 여기서 예로 들지 않았으나 스토리와 매체가 결합된 텍스트도 이야기로 본다. 이를테면 토크쇼와 블로그 등에서 소화되는 담화도 이야기의 종류로 보는 것이다. 이후 사용되는 '이야기'는 매체로 표현된 이야기를 말한다. 즉, 소설『해리포터와 불의 잔』이나 영화『해리포터와 불의 잔』등이 각각 하나의 이야기인 셈이다.

이야기하기(Narrating)는 상호 소통의 작용을 일컫는 개념으로 사용한다. 가령 영화『해리포터와 불의 잔』의 경우, 극장에 개봉되어 많은 관람객들이 보고 토론하며 담론(談論)을 형성하는 과정까지 언급하는 개념이 이야기하기(Narrating)인 것이다. 따라서『해리포터와 불의 잔』을 수용론의 측면에서 접근하는 것은 이야기하기(Narrating)로 볼 수 있다. 물론 관람객들이 이를 패러디하여 인터넷에 게시물을 올리는 것도 이야기하기로 본다.

이야기판은 물리적 공간(Site)의 의미만이 아니라 이야기판에 참여하는 주체들의 의지가 행위로 구체화되며, 구체화되는 과정에서 원리와 구조까지 포괄한 장(場, Champ)의 개념으로 사용한다. 공간과 시간은 물론 이야기의 유통이 가능하도록 갖추어진 인프라와 제도까지 이야기판의 층위로 보는 것이다.

따라서 스토리텔링에 대한 개념을 <그림 2-1>과 같이 표현할 수 있다.

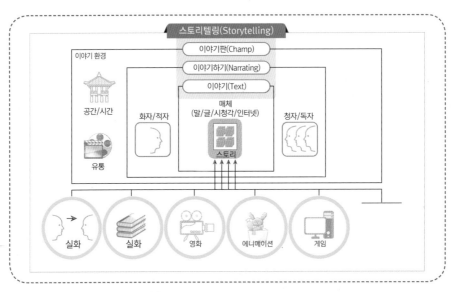

🎐 그림 2-2 _ 스토리텔링의 개념도

4. 스토리텔링의 효과

스토리텔링을 관광자원에 적용하면 즉각적인 관심과 흥미를 유발할 수 있으며, 관광객과 관광지 간에 정서적 소통이 가능해진다. 그리고 지역의 특성을 지닌 관광 자원 콘텐츠에 활용할 경우 해당 지역 주민의 정체성 형성에 기여하며, 관광객에게 는 지역적 특성을 입체적으로 기억하게 하는 효과가 있다.

1) 대상에 대한 흥미 유발

스토리텔링은 대상에 대한 관심을 고취시킨다. 향유자의 흥미를 유발함으로써 대상에 대해 더 잘 알고자 하는 욕망을 불러일으킬 뿐만 아니라 창작자 역시 자신 이 다루는 대상에 대해 흥미를 갖고 창작에 임하게 된다. 최근 스토리텔링이 교육 콘텐츠 개발에 응용되는 이유도 여기에 있다. 이 경우 스토리텔링을 통해 학습과 놀이가 융합된 에듀테인먼트(Edutainment) 콘텐츠를 생산할 수 있다.

2) 원활한 의사소통

스토리텔링은 콘텐츠 전달자와 수용자 간의 공통 정서를 유발함으로써 친밀감과 공감대를 형성시킨다. 그에 따라 양자 간의 의사소통이 원활하게 이루어지게 된다.

3) 지역 정체성 확립

관광지의 역사·문화·환경·구조적 특성을 담고 있는 지역자산을 활용한 스토리텔링의 경우, 해당 지역의 정체성을 드러내거나 형성하는 데 기여할 수 있다. 이러한 콘텐츠가 여러 매체를 통해 다양한 경로로 유통됨으로써 해당 관광자원의 매력은 더욱 널리 알려질 수 있다.

4) 공동체 형성·유지

공통된 정체성을 형성시킴으로써 스토리텔링은 공동체의 형성과 유지에 기여한다. 또한 원활한 의사소통과 공감대 형성 등에 의해 공동체의 갈등 해결이 용이해진다.

5. 스토리의 부문별 연구

1) 스토리텔링의 일반적인 부문

(1) 크리스티앙 살몽(2010)

스토리텔링은 경영, 홍보, 마케팅, 교육, 치료, 문화 관행, 통제 및 규제 기법들에 걸쳐 있는 다형적이고 노마드(Nomad)적인 개념으로서 다음과 같은 네 가지 측면의 변화와 밀접한 관계가 있다. 네 가지 측면의 공통적인 문제는 스토리텔링과 허구장치를 통해 개인의 행동을 한정, 통제하려는 하나의 동일한 규제적 양식이 출현했음을 의미한다. 이러한 다형성의 의미는 다음과 같다.

※ 표 2-6 _ 스토리텔링에 따른 변화

구분	내용
기업 미시경제	• 스토리텔링은 상품의 생산 및 가공, 유통을 가능하게 하는 생산기법(스토리텔링경영) 또는 판매기법(내러티브 마케팅)으로 투자됨 • 스토리텔링 기법은 개인의 입문, 적응, 교육, 유도, 통제 방식이자, 감성적 흐름과 감정적 투자관리 방식, 감각의 조작방식임
법-정치	• 스토리텔링은 개인의 행동을 결정하고, 관할경계망과 전자감시, 서사적 프로파일링을 통해 개인을 소정의 목적에 순응케하는 권력의 신기술을 고취함
거시정치	• 스토리텔링의 목적은 대중을 정당화하고 끌어들여, 개인과 감정을 동기화하고 동원하는데 있음 • 스토리 스피너, 로비 및 정치서사 에이전시들이 대표적
개인	• 스토리텔링은 개인들이 자기실험 및 자기통제 행위를 통해 권력의 규제작용을 지연시킬 수 있게 해주는 글쓰기 및 게임 속에서 모습을 드러냄 • 주체자신에 의한 글쓰기를 통해 자기표현을 보편화함

자료: 크리스티앙 살몽(2010), 「스토리텔링」 서울: 현실문학

(2) 최혜실(2003)

스토리텔링은 크게 'Story', 'Tell', 'ing' 세 가지 요소로 구성되는데, 이야기와 말하다 등 현재진행형의 의미를 담고 있다고 하였다. 'Tell'은 말한다는 의미를 넘어 인간의 오감까지 포함한다는 개념이며, 'ing'는 상황의 공유에 따른 상호작용성을 의미한다.

(3) 류은영(2009)

스토리텔링은 사실적 및 허구적 사건을 시각이나 청각 등에 호소하며 실시간으로 재연해 전달하거나 소통하는 시공간적, 다감각적 또는 상호작용적 담화양식이다. 20세기 말 이후 점차 서사적으로 기교화되면서 정치, 경제, 사회문화 전반, 특히 대중소비문화를 주도하는 미디어 및 엔터테인먼트 산업의 토대가 된다.

스토리텔링은 시공간적(현장성), 다감각적(재연성), 상호작용적(소통성) 담화양식으로서

상대와 동일한 시공간에서 말, 이미지, 소리, 제스처 등 다감각을 동원하여 서로 이야기를 주고받는 상호작용이다. 현대에서는 스토리텔링은 구술(연설, 강연, 대담, 협상, 리더십, 구연동화 등), **다감각**(만화, 드라마, 영화, 공연, 축제 등) **및 디지털**(인터넷, 게임 등) 매체의 담화양식으로 나타나고 있다.

2) 마케팅·브랜드 분야

(1) 필립코틀러(2010)

수평적 세계에서 브랜드를 둘러싼 스토리의 가장 중요한 부분은 '집단적인 지혜'로부터 촉발되는데, 스토리는 저자에서 다른 저자에게로 전달되며 계속해서 재생산된다. 소비자들의 집단적 힘은 네트워크의 가치에 기초하여, 네트워크는 일대일, 일대다, 다대다의 관계를 통해서 발전하게 된다.

기업 혹은 제품의 미션을 소비자들에게 어필하려면 기업은 변화의 미션을 제시하고, 미션을 중심으로 설득력있는 스토리를 구성하며 이를 위해 소비자를 참여시켜야 한다. 기업은 최종적으로 어떠한 스토리가 현재 시장에서 어떻게 작동되는지 결과를 알 수 있도록 확실한 스토리를 전해야 한다.

※ 표 2-7 _ 스토리의 3요소

구분	내용
캐릭터	• 평범함을 넘어선 비즈니스를 약속하고 문화적인 만족감을 전달할 수 있는 상징 • 디즈니(이상적인 가족), 위키피디아(협력), 이베이(사용자의 권한)
플롯	• 도전(다윗과 골리앗) / 연결성(페이스북) / 창의성(맥가이버)
은유	• 스토리는 만드는 것이 아니라 발굴하는 것 • 세심한 관찰과 은유를 통해 발굴

자료: 필립코틀러(2010), 「마켓3.0」 서울: 타임비즈

(2) 세스 고딘(2007)

스토리는 광고 등의 특정요소의 전유물이 아니라 세상 어디나 존재하며, 성공적인 마케터는 소비자들이 선택할 수 있는 스토리를 제공하는 사람이다.

상품이 생산과 서비스 라이프 사이클이 현저하게 짧아졌기 때문에 초기 아이디어와 그것이 가진 스토리의 중요성이 강조되고 있으며, 오늘날 기업의 성패를 결정짓는 단 두 가지의 요소는 사람들이 이야기할 만한 것을 만들어내는 것과 제품에 대한 스토리를 전달하는 것이다. 특정한 종류의 세계관을 지닌 사람들을 찾아 그 세계관에 맞는 스토리의 프레임을 짜야 한다.

프레임은 스토리의 한 요소로서 소비자들이 이미 갖고 있는 세계관을 더욱 강화하기 위한 묘사를 의미하며 스토리는 대중의 개인적인 상호작용에 의해 결정되는 것이기 때문에 마케터는 자신의 관점에서 바라본 이기적인 스토리를 만들어서는 안 된다.

※ 표 2-8 _ 스토리의 조건

구분	내용
진실하다.	• 일관되고 진정성이 있어 진실하다. • 사탕발림에 넘어가지 않는다.
약속을 담고 있다.	• 재미, 돈, 안전, 지름길 같은 것을 약속한다. • 독창적이며 대담하기까지 하다.
신뢰받는다.	• 신뢰가 없는 스토리는 살아남지 못한다.
모호하다.	• 자세히 설명하지 않는다. • 고객 스스로 판단하도록 놔둔다.
급속히 자리잡는다.	• 세상에 나오는 순간 고객을 사로잡는다. • 강한 첫인상을 준다.
논리보다는 감각에 호소한다.	• 설명으로는 불가능한 감성적인 방식으로 소비자에게 다가선다.
소규모의 청중을 겨냥한다.	• 모든 이에게 호소하려고 하지 않는다. • 소규모의 청중이 스토리를 퍼뜨린다.
자기모순이 없다.	• 스토리를 구현하는 방식이 적절해야 한다. • 눈가림은 단숨에 간파 당한다.
세계관과 일치한다.	• 청중이 이미 알고 있고 믿고 싶은 것과 일치한다.

세스 고딘(2007), 「마케터는 새빨간 거짓말쟁이」, 서울: 재인

(3) 로렌스 빈센스(2003)

전설적인 브랜드는 소비자를 향해 구매하라고 외쳐대지 않고, 동일성을 느낄 수 있는 이야기 속에 소비자를 참여시킴으로써 사고 싶은 마음이 생기도록 해야한다.

이야기는 어떤 대상의 상태에 변화를 일으키는 응집력있고 논리적인 연속적 사건임에 반해, 설화는 이야기에 시점을 부가한 것으로써, 내레이터에 의해 말해지는 이야기라고 정의할 수 있다.

마케터는 스토리텔러의 입장에서 소비자들이 기대하는 이야기를 제공할 수 있어야 하며 브랜드 설화를 창조하는 방법에는 조사, 세공, 전달, 문화 등의 네 가지가 포함된다.

표 2-9 _ 브랜드 설화의 창조 방법

구분	내용
조사	• 시간의 흐름에 따라 다양한 단계에 있는 브랜드에 대한 중요한 질문과 대답을 지속적으로 해나가는 과정 • 인터뷰, 관찰, ZMET 등의 기법을 활용
세공	• 전략적으로 이야기를 구성하는 과정 • 브랜드 설화는 플롯(이야기의 전개) + 인물(영웅의 행적) + 주제(브랜드의 명분) + 미학(감각을 통한 이야기) 등 4요소로 이루어짐
전달	• 구성된 이야기를 전략과 매체의 특성에 맞추어 전달하는 과정 • 관객에게 부담을 주는 것보다 엔터테인먼트 속에 참여할 수 있도록 만들어야 함
문화	• 역사적으로 공통된 설화를 함께 인식하는 사람들이 모여 문화를 창조함 • 브랜드 문화는 마케터의 재량권에서 벗어난 곳에서 산출됨(예 : 古都 vs 계획도시) • 기호와 상징에 바탕을 둔 의식행위를 통해 브랜드 문화가 형성됨

자료 : 로렌스 빈센트(2003). 「스토리로 승부하는 브랜드 전략」, 다리미디어.

(4) 김훈철 · 장영렬 · 이상훈(2008)

브랜드 스토리란 브랜드에 강력한 감성 바이러스인 이야기를 녹여낸 것으로서, 사람들이 쉽게 이해할 수 있는 이야기 방식을 브랜드에 접목시킨 것으로 볼 수 있

으며 브랜드 스토리는 소비자와 제품과의 커뮤니케이션 관계를 올바르게 형성하기
위해 서로를 강력하게 연결시키는 역할을 하고 있다.

브랜드 스토리는 흥미로운 이야기를 담고 있으며, 줄거리에 포함된 성격, 환경, 행
위의 세가지 요소가 인과적으로 구성되어 있다. 사람과 장소, 대상과 사건 등 모든
요소들이 유기적인 관계를 가짐으로써 극적 효과를 얻을 수 있고, 성공적인 브랜
드 스토리가 되기 위해서는 소비자 스스로 이야기 속의 배우처럼 연기하도록 유도
해야 한다. 스토리텔링 마케팅은 단순히 이야기를 만들어 소비자에게 제품이나 브
랜드, 또는 기업을 알리는 것이지만, 브랜드 스토리 마케팅은 브랜드와 소비자 간
의 상호관계를 맺기 위한 일종의 도구적인 역할을 한다.

3) 미래학

(1) 다니엘 핑크(2010)

다니엘 핑크는 '새로운 미래가 온다'에서 미래 인재의 여섯 가지조건에 관하여
논의하면서 그 중 하나로 스토리의 중요성을 제시하였다.

스토리는 인간이 기억하는 방식이며, 이야기체의 이미지화인 스토리는 사고의 기
본적 도구이다. 스토리는 여러 가지 문맥을 통해 어떤 사실을 좀더 쉽게 이해할 수 있
도록 해주기 때문에 하이 컨셉에 해당하며 이는 인간의 감정에 호소하는 방법이다.

(2) 로프엔센(2002)

드림 소사이어티(Dream Society)란 감성, 이야기와 화술 그리고 모든 가치관들이 다
양하게 등장하는 시대를 의미하며, 감성에 바탕을 둔 꿈을 대상으로 하는 시장이
정보를 기반으로 하는 시장보다 더 커질 것이라고 예상하고 있다. 드림 소사이어티
는 전설, 의식, 이야기의 가치 등이 인정을 받고, 물질적 풍요가 더 이상 삶의 전부
나 목적이 아니라고 주장하고 있다.

이야기는 가치에 대한 진술로서 과학적 진리에 적용되는 기준의 영향을 받지 않는데, 인간은 아득한 옛날부터 말이나 이미지 또는 글로 표현된 신화나 동화, 전설과 함께 살아왔기 때문에 이야기를 갈망하는 것이다.

스토리텔링 도시는 문화적 전통이나 신화 그리고 유명인물 등의 소재를 이야기로 변형시키고 활용할 줄 아는 도시로서 이러한 도시는 박물관화의 완성된 형태라고 볼 수 있다. 따라서 드림 소사이어티 시대에는 상품 그 자체(상품의 내용이나 효용가치)는 부수적인 것이고 팔리는 이야기를 구체화하는 것이 중요한데, 다음과 같은 다섯 가지의 시장에 주목할 필요가 있다.

※ 표 2-10 _ 이야기를 상품화하는 시장

구분	내용
모험	• 모험 체험, 스포츠 스타, 영화계 스타, 그랑프리 경주, 모험여행 • 이미 만들어져 있는 이야기를 구매 / 사람들 스스로 스포츠 행사 같은 모험 이야기를 만들어냄 / 고객과 함께 이야기를 판매함 / 고객들로 하여금 이야기를 창출하게 함
연대감	• 친밀함, 우정, 낭만, 가정 • 결속과 주고받는 감정에 관한 감성시장 • 외식업, 카페업, 이벤트산업, 테마파크, 웨딩산업, 장례산업, 화장품산업 등 관심 • 간호, 도움, 위로 • 애완동물 시장, 녹색운동, 자선사업, 장난감 산업, 건강산업
나는 누구인가	• 정체성 / 상품을 통해 나를 나타냄 • 패션산업, 자동차산업
마음의 평안	• 노스탤지어, 목가, 안전 • 노스탤지어 광고, 자문상담 시장, 자동차산업, 인테리어산업
신념	• 개개인의 관심사, 이익단체 • 지속가능한 발전을 위한 기업의 선행, 소비자 보호

자료 : 롤프 옌센(2002). 드림 소사이어티. 한국능률협회.

(3) 디비트보스하트르(2001)

상품과 서비스 가치창출의 혁명은 앞으로 이성적인 영역보다 감성영역에 발생할 것으로 판단되며, 소비사회의 진보는 '인간은 꿈꾸고 싶어 한다.'는 철학의 실현을 가능하게 할 수 있다.

이야기는 상품과 상표를 신화화하는 것은 물론, 정치인들이 현실을 포장해서 화려한 미래에 대한 전망을 제시하는 것 등의 모든 기술적 내용을 가리키는 것이며, 이야기꾼은 그러한 내용을 완전히 터득한 사람을 의미한다.

전체적으로 확인하면, 커뮤니케이션의 영역에서는 이야기를 구체화시키고 새로운 전망과 세계를 창조하며 고객이 지향할 수 있는 테마를 만드는 인물들이 점점 더 중요해지고 있다.

이야기와 오락이 결합된 대표적인 사례로는 테마 레스토랑을 들 수 있는데, 테마 레스토랑은 이야기를 전달할 줄 아는 레스토랑으로서 영화, 정치, 사회, 스포츠 혹은 음악 이벤트나 대중스타의 이야기 등 무엇이든 고객의 감성에 강하게 말을 거는 것이 필수적이다.

3. 관광 스토리의 이론과 실제

1. 관광 스토리텔링 개념

관광 스토리텔링은 스토리 발굴, 체험, 공유의 전 과정을 통해 관광자와 관광지가 상호작용을 하면서 새로운 공감의 스토리를 만들어가는 과정이다. 그동안 관광에서의 스토리텔링 개념은 관광지, 관광시설, 관광프로그램 등에 스토리를 부여하여 관광객으로 하여금 흥미를 불러일으키게 하는 것으로 인식되어 왔다. 그러나 명확하게 하자면 관광에서의 스토리텔링은 관광지와 관광객이 정보와 체험을 공유하면서 하나의 공동 스토리를 만들어나가는 과정이다.

관광객의 체험과정에 따라 스토리가 다르게 형성되고 그러한 스토리들이 합쳐져 하나의 통합적 스토리를 형성된다. 따라서 관광 스토리텔링은 관광소재를 중심으로 한 관광자들의 체험이 만들어내는 일련의 과정으로 볼 수 있다. 이를 연극에 비유하면, 무대는 관광지, 배우는 관광자, 대본은 이야기이며, 이 세 가지가 어우러져 하나의 큰 스토리를 형성하는 것이다.

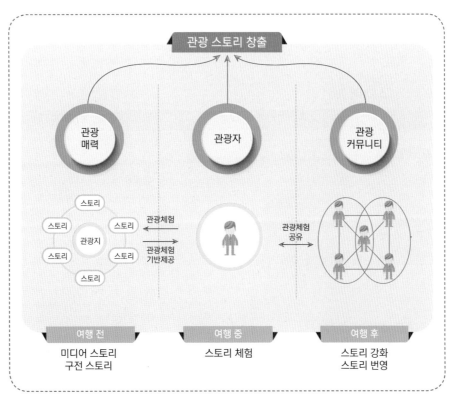

🔏 그림 2-3 _ 스토리텔링의 개념도

2. 관광 스토리텔링의 추진 과정

1) 스토리 발굴

(1) 스토리 목록

관광 스토리텔링은 스토리 발굴, 체험, 공유의 전 과정을 통해 관광객과 관광지가 상호작용을 하면서 새로운 공감의 스토리를 만들어가는 과정이며 스토리 발굴 과정은 관광지가 가진 자산을 발굴하는 과정으로서 스토리는 어떻게 존재하며, 어떻게 찾을 것인가에 대한 것이 주된 관심사이다.

스토리 목록 작성은 스토리의 종류는 크게 문화 스토리, 자연 스토리, 산업 스토리, 장소·시설 스토리 등으로 구분할 수 있다.

표 2-11 _ 스토리의 유형

구분	주요 내용
문화 스토리	신화, 전설, 민담, 인물, 언어, 축제·의식, 민속·풍속, 건축, 조각, 회화·서예,서적·활자·기기, 공예·자기, 전통 및 테마 마을, 유적지, 사적지
자연 스토리	동·식물, 보호구역, 산악 및 평지 자원, 수변 및 해양 자원, 경승지
산업 스토리	산업현장, 유명상점, 시장, 쇼핑몰, 공장
장소·시설 스토리	관광지구, 공원, 전시·관람 시설, 스포츠·체육시설, 숙박시설, 식음시설, 쇼핑시설, 교통시설, 유원·휴양·수련시설, 부대시설, 관광안내소, 안내표지, 안내전화, 화장실, 휴게소, 공중전화

(2) 대표 스토리 찾기

나열된 스토리의 목록 중 관광지가 추구하는 목표에 부합하는 스토리를 골라내어 활용방법을 모색하는 것으로서 가시성이 뛰어난 경관이나 지형, 해당 장소에서만 할 수 있는 활동, 다른 관광지에서는 보기 어려운 상징성 등이 포함된다.

테마 발굴에 있어 테마는 관광지를 가장 적절하게 표현하는 기호체계로서 관광객들의 감성을 자극하여 관광지를 이해하거나 기억하게 만드는 역할을 하며 테마가 정해져야만 스토리를 체험할 수 있는 다양한 방안이 강구되어야 한다.

스토리 체험은 정해진 테마를 일관성있게 구체적 실체를 통해 관광객에게 제공하는 과정으로 체험환경 조성과 정보환경 조성 등으로 구성된다.

체험환경 조성은 축제나 이벤트 등을 통해 관광객들이 직접적으로 참여할 수 있는 환경을 조성하는 것과 관광자들이 장소를 방문하기 전에 인식하고 있던 스토리를 확인할 수 있는 구체적 실체를 제공하는 것이 있다.

🪁 그림 2-4 _ 스토리 찾기

(3) 테마 발굴

테마는 관광지를 가장 적절하게 표현하는 기호체계로서 관광객들의 감성을 자극하여 관광지를 이해하거나 기억하게 만드는 역할을 하며 테마가 정해져야만 스토리를 체험할 수 있는 다양한 방안들이 필요하다. 어떤 테마는 시간의 흐름, 세부주제, 관광지의 일상적 생활 등에 관한 것들로 구성되고 있다.

2) 스토리 체험

스토리 체험에 있어서 중요한 점은 스토리 발굴을 통해 정해진 테마를 일관성있게 구체적 실체를 통해 관광객에게 제공해야 한다는 사실이며, 크게 관광객의 체험환경 조성과 정보환경 조성 등으로 구성된다.

(1) 체험환경 조성

체험환경에는 축제 등을 통해 관광자들이 직접적으로 참여할 수 있는 환경을 조성하는 것과 관광자들이 관광지를 방문하기 전에 인식하고 있던 스토리를 확인할 수 있는 구체적 실체를 제공하는 것이 있다. 구체적 실체와 관련하여 랜드마크 역할을 하는 건축물, 구조물, 공간 등의 상징공간을 구축하는 것(Hard Branding)이 중요하다.

❈ 표 2-12 _ 스토리 활용방식

구분	내용	사례
체험환경	관광자들의 직접 참여를 통한 체험	축제, 이벤트
	상징공간 구축, 플롯에 의한 공간 구성	랜드마크, 여행루트
정보환경	관광안내정보 채널의 표준화와 다양화를 통한 스토리의 간접 체험	안내소, 지도, 홍보물, 표지, 전자정보, 안내전화, 안내원, 게임, 만화, 방송 등

(2) 정보환경 조성

관광객들이 얻는 안내정보와 관련된 것으로서 관광활동 전체 과정을 통해 지속적으로 장소관련 스토리를 제공함으로써 관광객들로 하여금 장소에 대한 일관적인 이미지를 갖게 한다. 결국 스토리의 체험요소들은 다양한 방법으로 정보제공이나 체험이 가능하며 <그림 2-5>와 같이 표현할 수 있다.

🌀 그림 2-5 _ 스토리 체험

3) 스토리 공유

스토리 공유는 관광지가 만들어 낸 스토리(Host-Created Stories)와 관광자가 만들어 낸 스토리 간의 활발한 교류를 통해 공동의 스토리를 만들어 내는 과정으로서 마케팅 조직과 관광객, 지역주민과 관광객, 관광객과 관광객, 지역주민과 지역주민 간의 공유형태가 존재한다.

4) 스토리 조직

관광지를 위한 스토리 조직은 다음과 같다.

(1) 마케팅 조직

지방정부를 포함한 마케팅 조직에서 커뮤니티를 조직하여 활성화하는 방식으로서 온라인을 통해 커뮤니티를 만들 수 있는 공간을 제공하거나 앙케이트를 통해 의견을 청취하는 방식이 일반적이다. 최근에는 지역주민 및 관광객들을 리포터로 활용하여 정보를 공유하는 운영방식을 지향하고 있다.

(2) 지방자치단체

가장 흔한 방식은 지역의 단체가 중심이 되어 자신들의 지역을 알리는 홍보물을 제작하거나 홍보 웹사이트를 운영하는 것이며, 지역의 일상생활을 기록한 웹사이트가 발전하여 정보공유가 활발해지는 경우도 있다.

(3) 관광객

특정한 관광지를 방문한 체험을 바탕으로 생겨난 장소감을 공유하는 커뮤니티로서 이들의 활동은 주로 온라인상에서 이루어지며, 주요 포털 사이트에서 제공하는 카페 형식의 공간을 이용하는 것이 특징이다.

✖ 표 2-13 _ 스토리 조직의 유형

유형	내용	사례
마케팅 조직	커뮤니티 운영, 체험단 운영, 앙케이트 실시, 여행문화운동	문화생태탐방로 모니터링 투어(문화체육관광부), 오타루 매니아(일본 오타루市)
지역주민	장소 홍보성 커뮤니티, 자발성 일상 커뮤니티	녹색농촌체험마을 웹사이트 지역생활기록 웹사이트
관광객	체험중심의 정보공유 커뮤니티, 여행문화운동, 주요 포털사이트 여행카페	이매진피스(평화여행 실천모임)
지역주민	지역주민 자발성 지역진흥 커뮤니티, 지역별 문화관광해설사 모임	사가토리이모토 길 보존관(일본 아타고가도)

(4) 지역주민

지역주민들이 자발적으로 참여하여 자신들의 체험을 바탕으로 한 지식을 공유함으로써 지역발전의 기반을 구축하게 되며 지역주민들의 자발적 관광관련 커뮤니티가 대표적이며, 자체역량을 강화하기 위한 시민대학 등의 형태로 발전되기도 한다.

4. 스토리텔링과 관광개발

1. 관광산업의 융복합화

1) 대안관광

국내 관광시장이 급격하게 변하고 있다. 대중관광에서 대안관광으로의 변화이다. 체험지향적 관광형태를 선호하는 대안관광(Alternative Tourism)과 특별관심관광(Special Interest Tourism) 등으로 급속히 전환하고 있다. 3Es(Entertainment, Excitement, Edication)를 결합한 모험관광, 생태관광, 녹색관광, 문화관광 등의 체험을 중요시하는 관광상품이 급부상하고 있다.

관광형태가 다양해지고 관광욕구가 다변화됨으로써 관광환경이 급속하게 변화되고 있다. 특히 관광객 인식의 변화와 관광을 통한 삶의 질 향상욕구가 더욱 복합화되고 전문화된 관광상품에 대한 요구가 항상 존재해왔다. 이에따라 새로운 관광 패러다임 변화에 대응하기 위한 산업구조 고도화를 이끌 필요성이 증대되고 있다. 관광을 매개로 한 산업 간 복융합화는 관광객에게는 차별화되고 전문화된 잠재 욕구를 충족시킬 수 있는 토털 솔루션을 제공하고 나아가 관광산업 구조의 고도화 및 관광업의 고부가가치화를 가져옴으로써 관광산업의 재도약 및 생산활력 창출이라는 긍정적 파급효과를 가져올 수 있다.

사회변화에 따른 신관광소비계층 출현 및 개별여행자 급증이 두드러지게 나타나고 있다. 핵가족화, 고령화 등 사회문화적 환경 변화에 따른 가족중심, 주말체험, 모험체험, 자연친화 및 건강추구형 여행을 선호하는 트렌드로 변화하고 새로운 관광소비시장이 등장하고 있다.

※ 표 2-14 _ 新관광 소비시장의 유형과 특성

소비형태	소비집단	특성
자연심플형	웰빙족 슬로비족 로하스족	• 단순하고 심플한 삶 추구 • 자연, 가족, 건강, 여가 등에 관심 • 불안감 확신, 주5일제 시행, 정보화 진전 등에 따라 확산
엘리트형	보보스족 예티족 여피족	• 계획적 이성 소비와 소비명분을 중시 • 효율, 개성, 스피드, 자기계발 등에 관심 • 정보화 진전, 상품의 범람, 인터넷 세대 부상 등에 따라 확산
자기중심 감각형	명품족 메트로섹슈얼족 통크족	• 가치중심적, 주관적인 만족 지향 • 감각, 미, 체험, 재미 등에 관심 • 경제력 향상, 소득의 양극화, 핵가족화 등에 따라 확산

자료: 서인원·송재일(2008), 『경북관광 대도약을 위한 과제와 전략』, 대구경북연구원

　개별여행(FIT: foreign independent travel)의 발전이 급속하게 이루어지고 있으며 그 비중이 날로 커지고 있는 것이 세계적인 추세이다. 그것은 여행 목적지가 선진국인가 개발도상국인가 하는 문제를 막론한 현상이다. 또한 개별여행은 편리함과 참신함을 추구하는 젊은 층을 위주로 확산되고 있다.

　이미 알고 있는 것처럼 관광유형은 크게 단체관광과 개별여행으로 분류된다. 단체관광은 여행사를 통하여 개발된 스케줄을 따라 10명 정도로 구성된 그룹이 동행하며 관광하는 형태를 일컬으며 개별여행이란 단체관광과 반대되는 개념으로 여행자 개인이 원하는 여행지를 찾아 정보를 검색하고 예약, 시간, 비용을 조절하여 개별적으로 다니는 관광형태이다.

　현재 트렌드인 산업 간 융복합을 우리나라의 관광산업에 적용시킬 수 있는 방안을 모색함으로써 관광의 영역과 범위를 더욱 확대시키고 이를 통해 관광산업의 구조고도화 및 고부가가치화를 통한 경쟁력 강화를 정책적으로 유도해 나가야 한다. 현재 국내 복합관광의 추세는 의료관광, 전통시장 관광, 생태·녹색관광, 문화관광 등이 있다. 최근 세계 각국의 전략적으로 복융합화의 대상으로 집중 육성하고 있는 의료분야를 중심으로 관광산업과 의료분야의 복·융복합화의 촉진을 통해 관광산업영역을 더욱 확대하고 새로운 관광수요에 대응하는 신상품 개발 및 수용태

세 개선을 도모하고 있다. 그래서 현재 국내외에서 일어나고 있는 '산업간 복·융합화' 현상에 대한 진단 및 분석을 통해 국내 관광산업의 복·융합화 촉진을 위한 기초 자료를 제공하고, 기존 산업과 관광산업 간 복·융합화의 효율적 촉진을 유도하기 위한 정책적 지원 방안의 수립하고자 하는 움직임이 있다.

2) 생태·녹색관광 및 문화관광

관광산업은 외연을 확대하며 복·융합화 경향을 보이고 있다. 첫째, 관광산업의 외연 확대이다. 현대사회로 들어와 현대사회로 들어와 IT 등의 영향으로 관광산업이 복합형 산업으로 전환되고 있다. 여행업, 숙박업, 교통업 등 협의의 관광산업에서 문화, 교육, 스포츠, 패션, 환경, 건강, 의료, 금융, 정보, 정원조성, 원예, 인재파견, 배달, 케이터링 서비스 등 모든 업종과 연관된다. 미국 와튼경제예측연구소(WEFA)는 관광산업과 인접 산업 간의 관계를 미국사업연관표에 의거하여 교통부문은 55%, 숙박식음료, 문화오락 부문은 100%를 반영하고 있다.

둘째, 관광산업의 복·융합화이다. 컨버전스는 기술 혹은 제품들이 유사·복합화를 통해 기존 시장 영역 간 구분이 변화하는 현상을 말하며 시장의 융·복합은 관광과 유관한 다양한 산업의 구조적 개편을 야기할 것으로 예상된다. IT의 발전으로 아날로그 콘텐츠의 디지털화, 개별 네트워크의 상호융합, 복합 지능형 단말기의 등장 등이 융합을 촉진시킨다. 온·오프라인의 융합, 콘텐츠 분야 간 융합, 통신·방송의 융합, 정비기기간 융합 등이 해당된다. 관광산업이 복·융합적 구조를 확보하기 위해서는 관광기술의 복·융합에 대한 지속적 투자와 연구가 필요하다. 특히 관광산업은 이종산업과의 연관화, 융합화가 가능한 매우 유리한 위치에 있어 관광산업이 주도적으로 스포츠, IT, 산업기반, 자연환경, 문화, 역사, 방송, 영화, 도서 등 모든 영역과의 활발한 제휴 노력이 요구된다.

셋째, 콘텐츠형 산업구조로의 변화이다. 종래 전통적인 산업구조의 분류방식인 1차, 2차, 3차 산업이나 농업사회, 산업사회, 후기산업사회와 같은 인식체계로는 새 시대에는 새로운 산업구조를 충분히 대응할 수 없다. 굴뚝산업으로 대표되던 기존

의 제조업 패러다임에서 벗어나 정보화 사회에 대한 논의와 정보기술을 중심으로
한 정보산업의 패러다임으로 전환된다면, 앞으로는 문화산업의 패러다임이 정보
산업의 패러다임을 대체할 것으로 전망된다. 관광산업 측면에서도 새로운 변화들
이 부단히 나타나고 있다.

핵심은 관광산업의 외연확대 및 복합산업화 현상, 유사관광시설의 증가에 따른
신관광비즈니스 기회의 등장, 관광산업의 복·융합화, 온라인 관광시장의 확대, 소
비의 서비스화 현상, 콘텐츠형 산업구조로의 변화에 따라 체험연출 관광전문인력
의 수요증가가 두드러지게 나타나고 있다.

양적으로 증대하고 질적으로 고급화되는 관광수요에 능동적으로 대응하기 위하
여 1990년부터 문화 및 생태·녹색 관광자원 개발사업이 추진되고 있다. 문화 및
생태·녹색 관광자원 개발사업은 기존 대규모 시설 조성 중심의 관광개발을 지양
하고 지역이 보유한 특색 있는 자원을 활용하는 지역사회 중심형 관광개발을 지향
하고 있다. 관광자원 개발사업으로서 그 중요성이 점차 증대되고 있는 문화 및 생
태·녹색 관광자원 개발사업의 실현성 및 효과를 제고하기 위한 제도적 보완이 요
구되는 상황이다. 이러한 개발사업이 국민 관광 향유 기반을 구축하고 지역사회 활
성화의 유용한 수단으로 기능하며 지역중심형 관광개발로 정착될 수 있도록 제도
개선 방안을 도출하고자 하는 연구 등이 진행되고 있다.

문화 및 생태·녹색 관광자원 개발사업의 중요성과 지방자치단체의 관심이 고
조되면서 사업의 규모는 지속적으로 증대하였다. 1999년부터 국가보조금을 지원
하였고 2003부터는 문화 관광 개발사업에서 분리 추진하였다. 이 사업은 6개 사
업에서 2011년 245개 사업으로 증가되었다(문화관광부, 2005). 이와 같이 문화 및 생
태·녹색 관광자원 개발사업의 양적 규모가 급증하고 있지만 사업의 근거 법규 등
제도적 기반이 취약하여 사업효과를 제고하는 데 한계가 있다는 문제가 제기되고
있다.

문화 및 생태·녹색 관광자원 개발사업이 안정적이며 체계적으로 추진되어 유용
한 관광자원 개발수단으로 기능하기 위해서 관련 법규 정비 등 제도적 개선이 시
급히 요구되는 상황이다. 2004년 문화관광부가 추진한 관광자원 개발사업 수익

49.3%^(107개 사업)가 문화 및 생태·녹색 관광자원 개발사업이며, 관광자원 개발사업 국고 지원액의 35.7%^(57,660백만원)가 지원되었다. 그러나 1개 사업당 평균 국고 지원액은 문화 관광자원 개발사업 558백만 원, 생태·녹색 관광자원 개발사업 419백만 원으로 관광자원 개발사업 평균 국고지원액^(745백만원)보다 낮은 수준이다. 문화 및 생태·녹색 관광자원 개발사업은 1999년 23억1천5백만 원에서 2011년 2,047억으로 연평균 45.3%의 비율로 증가하였다. 이후 중앙 정부와 지방 정부는 여러 가지 정책을 추진 중이다 그러나 생태·녹색 관광자원 개발사업은 문화 관광자원 개발사업에 비해 상대적으로 예산집행률이 높으나, 예산이 연속 미집행되고 있는 사업에 지속적으로 예산이 편성되는 문제는 동일하게 나타나고 있다. 문화 및 생태·녹색 관광자원 개발사업의 사업 내용 및 특성을 명확하게 하기 위하여 중심 자원이 되는 문화, 생태, 녹색, 레저·스포츠 관광자원의 정의를 관광진흥법 제2조에 보완한다.

표 2-15 _ 관광자원의 정의

구분	정의
문화 관광자원	특정 지역의 의식주 · 문예 · 역사 · 민속 등의 문화적 정체성을 나타내는 유 · 무형의 의례 · 놀이 · 건축물 · 도구 · 유물 · 유적 · 생활상 및 기타 문화유산 등의 자원
생태 관광자원	보전 및 활용가치가 높은 자연환경 및 생태계, 특정 지역의 환경 · 생태적 특성을 대표할 수 있는 특색있는 자연자원 및 환경 등 관광객의 생태가치 인식을 제고할 수 있는 자원
녹색 관광자원	농산어촌 지역 고유의 농림어업 생산활동 및 생산물, 어메니티, 생활문화 등 도농교류의 매개체 역할을 담당할 수 있는 자원
레저 · 스포츠 관광자원	수변 · 산악지형 등 여가를 즐기면서 신체를 단련할 수 있는 활동을 위한 활용 가치가 높은 자원

자료: 최승묵, 「문화 및 생태, 녹색 관광자원 개발사업 제도개선 방안 연구」, 한국관광연구원

3) 관광산업에서의 체험과 콘텐츠의 중요성

관광산업에서 체험 및 콘텐츠는 관광지나 관광자원, 사적지나 경승지, 그리고 정부가 정책적으로 추진하는 사업 등에서 제외된 지역의 독특한 역사 · 문화, 레저 · 스포츠자원 등 특색 있는 관광자원을 개발 · 육성하는 사업을 의미한다. 앞으로의 관광도 이러한 문화자원을 이용하여 문화콘텐츠 및 스토리텔링을 개발하는 방향으로 이루어져야 한다. 국민관광이 점차 유흥오락에서 벗어나 체험을 통한 교육, 정보를 통한 지식습득에 초점을 두고 있다는 점에서 관광상품 개발시 국민의 지식욕구, 학습욕구를 적극 수용할 수 있도록 체험형 · 콘텐츠형 관광상품을 개발하여야 한다.

또한 관광목적지의 컨텐츠가 다양화되는 추세이며 최근 여러 지방자치단체에서 원도심 활성화가 새로운 이슈가 됨에 따라서 이를 관광컨텐츠 소재로 활용하거나 추진 중에 있다.

사전적 의미로서 문화관광자원은 유적, 유물, 전통공예, 예술 등이 보존되거나 스며드는 지역 또는 사람의 풍요로왔던 과거에 초점을 두고 관광하는 행위라고 정의한다. '문화관광이란 협의로는 탐구여행, 예술문화여행, 축제 및 기타문화행사

참여, 유적지 및 기념비 방문, 민속예술연구여행, 성지순례 등 본질적으로 문화적 동기에 의한 인간들의 이동이고, 광의로는 개인의 문화 수준을 향상시키고 새로운 지식이나 경험, 만남을 증가시키는 등 인간의 다양한 욕구를 충족시킨다는 의미에서 인간의 모든 행동을 포함하는 것이다'라고 하였다. 이렇듯 문화관광자원은 인위적으로 자원을 만든다기보다는 기존의 자원을 '보존'하고 '활용'하는 측면이 강하다. 그러나 문화권과 관련하여 인위적이고 광범위한 개발사업은 향후 관리운영, 관광객 유입 측면에서 부작용을 유발할 수 있다.

2. 문화콘텐츠 정책 방향과 적용

1) 문화콘텐츠 정책의 개념과 영역

문화콘텐츠 정책은 문화콘텐츠의 기획·개발·제작·생산·유통·소비 등과 관련된 정부의 행정 방침을 의미한다. 최근 들어 문화콘텐츠라는 단어가 언론은 물론 일상에서도 흔하게 쓰이고 있지만, 사실 이는 정책적 의미와 활용이라는 목적성이 강하게 내포된 용어이다. 시장이나 일반 국민의 관점에서는 영화, 드라마, 게임, 음악 등으로 소비되고 향유되지만 정책적 목적으로 이들을 통칭하여 문화콘텐츠로 부르는 것이 일반적이다.

문화콘텐츠의 개념에서 살펴보았듯이 문화콘텐츠의 관련 개념을 담고 있는 법률은 「문화산업진흥기본법」과 「콘텐츠산업진흥법」이다. 두 법률의 입법 취지와 유래는 다르지만 콘텐츠의 디지털화, 디지털콘텐츠의 생산과 유통, 소비가 일반화된 현재의 관점에서는 문화콘텐츠 정책과 관련된 대표 법률로 간주된다. 중요한 것은 법률의 명칭에서 알 수 있듯 문화콘텐츠 정책은 관련 산업의 진흥이라는 정책 목표와 결부되어 있다는 점이다. 「문화산업진흥기본법」 제1조 "문화산업의 지원 및 육성에 필요한 사항을 정하여 문화산업 발전의 기반을 조성하고 경쟁력을 강화함으로써 국민의 문화적 삶의 질 향상과 국민경제의 발전에 이바지함"을 목적으로 하고, 「콘텐츠산업진흥법」 또한 제1조에 명시되어 있는 "콘텐츠산업의 진흥에 필요한 사항을 정함으로써 콘텐츠산업의 기반을 조성하고 그 경쟁력을 강화하여 국민생활의 향상과 국민경제의 건전한 발전에 이바지함"을 목적으로 한다. 법률적 정의를 조금 더 살펴보면, 문화산업이란 「문화산업진흥기본법」 제2조 제1호에 의거하여 "문화상품의 기획·개발·제작·생산유통·소비 등과 이에 관련된 서비스를 하는 산업"을 의미하며, 관련 산업 11개 분야를 예로 들고있다. 문화산업의 거래 대상인 문화상품은 "예술성·창의성·오락성·여가성·대중성이 체화(體化)되어 경제적 부가가치를 창출하는 유형·무형의 재화와 그 서비스 및 이들의 복합체"로 정의된다(「문화산업진흥기본법」 제2조 제2호). 문화콘텐츠는 문화적 요소가 체화된 콘텐츠라 했으므로 각각의 법적 정의를 종합하여 정책적 의미에서 문화콘텐츠란 "예술성·창의성·오락성·여가성·대중성이 체화된 부호·문자·도형·색채·음성·음향·이미지 및 영상 또는 이들의 복합체를 포함하는 자료 또는 정보"가 된다. 문화콘텐츠는 문화상품의 일부이므로, 문화콘텐츠산업 정책은 결국 문화콘텐츠를 기획·개발·제작·생산·유통·소비하는 산업을 지원하거나 육성하는 정책을 의미하게 된다.

문화콘텐츠의 개념 자체가 다층적이고 복합적이기 때문에 관련 정책 또한 복잡한 구조를 가지게 된다. 문화콘텐츠 정책의 가장 일반적인 분류는 장르 등 하위 또는 세부 산업을 중심으로 나누는 것이다. 영화산업 정책, 음악산업 정책, 게임산업 정책 등이 그것인데 법률은 물론 주무 관청의 직제 또한 이를 기준으로 구성되어 있다.

문화콘텐츠 정책을 영역으로 구분하는 경우 문화체육관광부 이외에 다른 부처로도 정책 범위가 확장될 수 있다. 문화콘텐츠의 중요 영역인 방송과 디지털콘텐츠의 경우 방송통신위원회와 과학기술정보통신부에서도 관련 정책을 시행하고 있으며, 여성가족부는 「청소년 보호법」에 근거하여 관련 게임 등의 영역에서 콘텐츠 이용 규제 정책을 시행하고 있다.

문화콘텐츠 정책의 또 다른 분류 방식으로는 가치사슬 또는 정책 기능별로 구분할 수 있다. 문화콘텐츠 정책이 문화콘텐츠의 기획·개발·제작·생산·유통·소비와 관련된 정책이므로 각 기능별로 시장에 개입하거나 지원하는 정책이 필요하다. 문화콘텐츠의 기획 및 개발은 창작 영역에 해당하는데 이와 관련된 정책으로 창의인재와 문화기술 정책이 필요하다. 제작 및 유통 단계에서는 금융투자 정책이나 공정거래 정책이 중요하고, 소비 단계에서는 콘텐츠 향유나 국제 교류와 관련된 정책이 필요하다. 더불어 문화콘텐츠산업의 기반 강화를 위해서는 지역문화나 저작권 관련 정책 시행이 필요할 것이다.

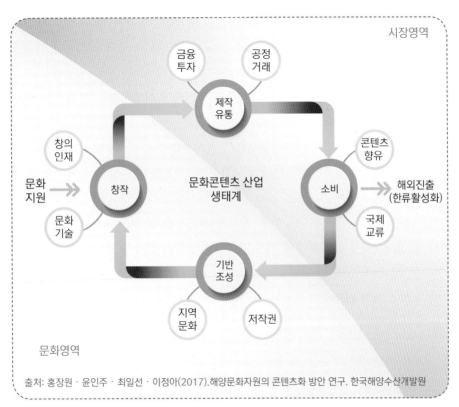

출처: 홍장원 · 윤인주 · 최일선 · 이정아(2017).해양문화자원의 콘텐츠화 방안 연구. 한국해양수산개발원

✖ 그림 2-6 _ 문화콘텐츠산업 가치사슬별 정책

문화콘텐츠의 창작을 위해서는 전통문화나 예술 등의 분야에서 교육훈련을 받거나 관련 자원을 차용할 수 있는데, 이러한 연결을 원활하게 하기 위한 문화자원 정책을 시행할 수 있으며, 소비 영역에서는 우리 문화콘텐츠의 해외진출을 위해 한류 활성화 정책을 시행할 수 있다.

2) 문화콘텐츠 정책 지원 성공 사례

문화콘텐츠의 성공이라 함은 일반적으로 산업적 측면에서 일정한 경제적 성과를 얻는 것으로 간주된다. 하지만 문화콘텐츠는 경제적 가치뿐만 아니라 사회문화적 가치도 중요하다. 문화콘텐츠의 정책지원 성공 여부 역시 구분하기 어려운 측면이 있다. 과거 문화산업 정책은 특정 프로젝트에 대한 직접지원 위주로 진행되었지만, 최근에는 간접지원과 산업기반 조성에 정책역량이 맞춰져 있다. 정부 자금이 직접 지원되는 경우는 다양성 영화(작품성 또는 예술성이 뛰어난 소규모 저예산 영화)나 애니메이션 장르 일부에 국한된다. 하지만 문화콘텐츠 제작 및 유통 전반에 인력이나 금융투자, 해외진출 분야에서 정책적 지원이 광범위하게 이루어지므로 대부분의 우리 문화콘텐츠는 정부의 지원을 받고 있다

문화콘텐츠 분야의 정책지원 성공사례를 찾아본다면 크게 두 가지 경우를 생각할 수 있다. 첫째는 문화콘텐츠산업의 근간이 되는 문화자원 발굴 차원에서 우수한 이야기를 발굴하여 콘텐츠로 제작하고 향후 사업화하는 경우이다. 둘째는 애니메이션 등 초기 비용은 높지만 향후 활용가치가 높은 분야에 지자체를 중심으로 투자 및 제작자로서 공공부문이 직접 참여하여 일정한 성과를 거두는 경우이다.

(1) 우수 이야기 발굴

방송이나 만화(웹툰)와 같은 일정한 형식을 갖춘 콘텐츠로 완성되기 이전에 이야기 창작을 위한 생산요소를 조사·발굴·가공하는 일명 '이야기산업' 정책을 문화체육관광부는 지난 수년간 시행해 왔다. 그 일환으로 2009년부터 '대한민국스토리공모대전'을 시행하고 있는데, 최근 들어 국내 스토리 창작자들의 등용문이자 국내외 콘텐츠산업계가 주목하는 공모전으로 성장하였다

영화, 드라마, 애니메이션, 만화, 출판 등 다양한 콘텐츠 분야에서 창작 콘텐츠 스토리를 발굴하는 스토리공모대전을 통해 다양한 스토리가 콘텐츠로 제작되어 왔다. 특히, 2016년 국내뿐 아니라 일본, 중국 등에서도 큰 인기를 누린 드라마 '태양의 후예' 원작은 2011년 대한민국스토리공모대전 수상작인 '국경 없는 의사회'였다.

2014년 SBS에서 방영된 드라마 '닥터 이방인' 또한 2012년 우수상을 받은 '북의'를 원작으로 하였다. 역시 2014년 MBC에서 방영된 '야경꾼 일지' 또한 2010년 공모전 우수상 수상작이었다. 웹툰과 영화로도 개봉한 '더 파이브' 또한 2010년 우수상 수상작이었고, 2011년 최우수상을 받은 '궁극의 아이'는 미국에서 소설로 출간되고 웹툰으로도 제작되었다. 이후 '소설', '웹툰' 등을 소재로 드라마, 영화뿐만 아니라 뮤지컬, 연극 등 다양하게 제작되었다.

(2) 콘텐츠 제작 직접 참여

정책의 흐름에서 정부가 시장에 직접 개입하는 것은 지양되지만 특정 영역에서 특별한 방식으로 참여하는 경우가 있다. 애니메이션 산업은 초기 비용이 상당히 크지만 이로 인한 경제적·사회문화적 가치가 상당하다는 점에서 종종 지자체 및 공공기관이 제작에 직접 참여하는 경우가 있다. 이러한 방식으로 시장에서 성공한 대표적 사례가 TV애니메이션 '꼬마버스 타요'와 '엄마까투리'이다. '꼬마버스 타요'는 아이코닉스가 기획하고 서울시와 EBS가 공동 제작한 TV애니메이션이다. 2010년 시즌1을 시작으로 2016년 시즌4까지 제작되었으며 '뽀롱뽀롱 뽀로로'에 버금가는 인기와 성과를 얻고 있다. 서울시 시내버스를 모티브로 서울시내 곳곳이 배경으로 등장하며, 대중교통 이용과 교통질서 유지라는 교육적 목적 또한 달성했다는 점에서 공공부문이 제작에 참여한 모범 성과로인정되고 있다.

'엄마까투리'는 '출동 슈퍼윙스'를 제작한 퍼니플렉스가 경상북도와 안동시, 경상북도문화콘텐츠진흥원, EBS와 공동 제작한 TV 애니메이션이다. 안동 출신 아동문학가인 故권정생 선생의 동화 '엄마까투리'를 원작으로 특유의 따뜻하고 감성적인 이미지와 스토리로 2016년 EBS를 통해 방영되었다. '엄마까투리'는 2017년 12월 문화체육관광부와 한국콘텐츠진흥원이 주최한 '2017대한민국콘텐츠대상'에서 애니메이션 부문 대통령상을 수상했다.

출처:www.ebs.co.kr

3) 문화콘텐츠를 활용한 관광상품

문화콘텐츠 활용 사례들에서 살펴본 듯이 문화콘텐츠산업은 제조업, 관광산업 등에 산업연관효과를 일으키기도 하고 역사·문화·예술 등의 문화콘텐츠를 실질적으로 체험할 수 있도록 하는 등 관광객을 유인할 수 있는 가치를 지니기도 한다. 이러한 문화콘텐츠는 지역의 자원이며 이를 토대로 개발된 콘텐츠는 지역관광 활성화의 측면으로 작용하기도 한다. 본 장에서는 문화콘텐츠를 활용하여 관광객을 끌어들이고 관광경험의 질을 향상시킨 관광명소화된 사례를 살펴보자.

(1) 남이섬

남이섬은 강원도 춘천시 남산면에 자리 잡은 약 43만㎡ 규모의 섬으로 기존의 유원지 이미지를 탈피하고자 문화관광 전문가에 의하여 새로운 문화예술테마의 섬으로 개발된 친환경 문화관광지이다. 현재는 외국인 관광객도 많이 방문하고 있는 우리나라를 대표하는 관광지로 성장하였다.

주요 시설로는 갤러리, 박물관, 공연장 등과 같은 문화시설과 청경원, 허브나라, 워터스테이지가 있으며 카페, 아트숍, 식당, 토속음식점 등과 같은 편의시설이 조성되어 있다. 특히 넓은 잔디밭과 나무숲, 위락시설, 숙박시설 등이 잘 정비되어 있고 최근에는 집라인을 비롯하여 남이섬에서만 볼 수 있는 독특한 예술축제 등이 개최되고 있다.

그림 2-7 겨울연가 관련 콘텐츠

남이섬이 비약적으로 발전함과 동시에 문화콘텐츠를 활용한 성공사례가 되는데 있어 가장 큰 요인으로는 '방송'이라는 문화콘텐츠를 전략적으로 사용하였다. '겨울연가'라는 드라마의 큰 성공과 더불어 각종 CF, 영화 촬영지 등으로 지속적으로 노출되었는데 이러한 활용이 가능한 것은 촬영장소로서 매력이 있도록 콘텐츠를 지속적으로 정비하고 업데이트 하는 노력을 기울였기 때문이다. 새로운 테마 도입과 브랜드 개발에 대한 노력, 남이섬 관광 콘셉트와 부합하는 각종 문화행사의 지속적인 프로그램 운영, 문화콘텐츠 전문가의 영입을 통한 개발과 운영 등이 조화를 이루어 국내 관광지 중 가장 차별화된 성공사례로 성장하였다.

(2) 울산큰애기

울산큰애기는 울산광역시 중구가 2017년에 개발한 캐릭터로 산업도시 울산이 가지고 있는 관광이미지의 부재, 경주와 포항 등 인접도시와 비교하여 규모가 작은 관광자원 등의 문제를 상쇄하기 위하여 '캐릭터를 활용한 관광활성화'를 목적으로 탄생되었다.

그림 2-8 울산큰애기 케릭터 및 이용

(3) 금천예술공장

서울 금천구에 위치한 금천예술공장은 2009년 10월 서울시 컬처노믹스 사업의 일환으로 금천구 독산동의 옛 인쇄공장을 리모델링한 시각예술전문 창작체험공간이다. 창작지원 및 활성화를 위하여 창작스튜디오를 지원하고 있으며 2017년까지 세계 33개국 234명(팀)의 입주 예술가를 배출하면서 관광자원으로도 활용되고 있다.

'문화를 통한 도시재생'이라는 서울시 도시계획의 큰 흐름에 의해 조성되었으며 단순 예술가 창작작업공간으로의 생산활동뿐만 아니라 지역연계 프로그램 및 이벤트 등 소비활동이 함께 이루어지고 있어 성공적으로 지역에 정착하였다.

총 19개의 스튜디오와 공동 작업실이 마련되어 있고 해외작가 게스트룸과 미디어 랩, 주민 창작실 등 예술창작활동을 위한 모든 시설을 갖추고 있다. 또한 휴게소, 공용 주방, 샤워실 같은 편의시설도 함께 조성되어 있어 양질의 작업환경을 제공하고 있다. 시각 미디어 분야에 특화된 예술공장을 지향하고 있으며 단순 생산활동뿐만 아니라 시민과 문화를 함께 향유하고 공유하는 프로그램에도 중점을 두고 있다.

최근에는 커뮤니티 아트 프로젝트 및 예술가와 1박 2일 프로그램 등을 운영하면서 시민은 물론 관광객에게도 참여 기회를 제공하고 있고 다빈치 프로젝트 축제 등을 개최하는 등 금천예술공장 주변이 관광명소화되면서 주변상가가 활성화되는 효과도 가져오고 있다.

성공적인 지역정착과 다양한 예술가 지원 프로그램으로 도시재생과 예술가창작지원, 관광명소화를 통한 지역경제 활성화 등 다양하고 성공적인 결과를 도출한 사례이며 이를 벤치마킹한 사례 등이 전국적으로 파급되고 있다.

그림 2-9 금천예술공장

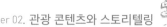

(4) 삼탄아트마인

강원도 정선군에 위치한 삼탄아트마인은 38년간 운영해오다 2001년 10월 폐광된 삼척탄좌 시설을 탄광지역 생활현장 보존·복업사업의 일환으로 2013년 5월 복합 문화예술단지로 복원하여 개관하였다. 탄광 시설의 외관을 그대로 유지한 채 내부를 필요에 따라 개조한 것이 특징이며 문화와 자연 경관을 현대에 맞게 재해석하고 재활용한 대표적인 재생관광자원화 사례이다.

삼척탄좌 시절 종합 사무동으로 사용되던 본관을 중심으로 하여 작가들을 위한 오픈스튜디오와 삼탄역사박물관, 세계미술품 수장고 등이 위치하고 있으며 야외 공간에는 와이너리, 레일바이 뮤지엄, 운탄산책길, 동굴 갤러리 등이 위치하고 있어 단순 창작을 위한 공간이 아닌 관광객과 함께 예술을 향유하고 탄광을 체험해 볼 수 있는 시설도 갖추고 있다. 또한 방마다 각기 다른 예술 테마로 꾸며진 숙박시설인 아트레지던시룸을 조성하여 예술가나 관광객들에게 예술을 직접 체험하며 숙박하는 이색 경험을 제공한다.

✖ 그림 2-10 **삼탄아트마인**

3. 관광스토리텔링 사례

1) 국내 사례

① 전주 한옥마을 둘레길

일제상권에 대항하여 형성되기 시작한 한옥마을, 나무들에 얽힌 이야기, 한지의 역사 등이 어우러진 전통 풍경이 인상적이다.

② 대구 근대문화 골목

일제강점기 역사와 6.25전쟁 당시 예술인의 활동을 엿볼 수 있는 대구의 골목으로 떠나는 시간여행으로서 '근대路의 여행'이 라는 명칭을 부여하였다.

③ 부산 40계단 문화관광 테마거리

한국전쟁 당시 부산으로 내려온 피난민들의 생활상을 테마로 한 거리로서 과거의 생활상을 구성하였다.

④ 콩쥐팥쥐 전래마을과 삼례문화촌

1860년대에 제작된 대동여지도에 나왔던 전라감사 행차로와 연결된 곳이 영속력이 있는 콩쥐팥쥐마을이다. 소설에 등장하는 전주의 서문에서 30리 떨어진 곳이 현재 전북 완주군 이서면 일리의 연극마을이며 콩쥐팥쥐 이야기가 시작된 마을이다.

⑤ 깡깡이 문화예술마을

우리나라 근대 산업의 주축이 되었던 조선 산업의 중심이 되던 곳이다. 영도 대평 동 매축지이다. 옛 도선장, 다나카 조선소, 수리조선소길, 일제 강점기 창고 등을 볼 수 있다. 그리고 해양산업으로 풍성했던 근대문화유산을 살펴보고 있으며 현재는 문화예술공동체로 변화하고 있다.

2) 국외 사례

(1) 월러스 유적

13세기 말 잉글랜드 에드워드 1세의 폭정에 항거하여 스코틀랜드 독립의 기틀을 마련한 윌리엄 월러스의 스토리이다.

137

(2) 다이애나 왕세자비 추모의 길

1997년 교통사고로 숨진 다이애나 왕세자비를 추모하기 위해 만들어진 도보길로서 생전에 다이애나 왕세자비가 생활했던 공간을 중심으로 탐방로가 형성되었다.

(3) 봇짱의 도시 마츠야마

일본의 국민작가 나쓰메 소세키의 소설 봇짱(坊っちゃん, 도련님)의 배경이 된 마츠야마는 작품 속 주인공들을 활용한 다양한 체험환경이 조성되어 있다.

(4) 자장면에 얽힌 이야기

청나라 제11대 황제인 광서제 26년, 의화단이 난을 일으키자 세계 8국이 연합해 중국을 침공하고 베이징을 점령한다. 그때 광서제와 서태후는 베이징을 버리고 시안으로 도망갔는데, 피난길에 맛있는 냄새를 풍기는 자장면집을 발견하곤 그 자리에서 두 그릇이나 먹었다. 그 맛에 얼마나 감동을 했는지 전쟁이 끝난 후 자금성으로 돌아올 때 그 자장면집 주방장을 궁으로 데려왔다. 이후로 자장면이 크게 유행하며 베이징을 대표하는 음식이 되었다고 한다(윤덕노, 2007). 우리나라는 1905년 공화춘이 시작하여 원조 자장면 집으로 알려져 있다.

(5) 호주 시드니 블루 마운틴 세 자매 봉 전설

호주 시드니 블루 마운틴에서 볼 수있는 세 자매 봉에 관한 전설은 이러하다.

에코포인트에 아름다운 세 자매가 살고 있었는데, 이들 자매에 대한 이야기를 들은 마왕이 세 자매를 자기의 것으로 만들려고 음모를 꾸몄다고 한다. 이야기를 전해들은 세 자매는 주술사를 찾아가 마왕의 것이 되지 않기 위해 잠깐동안만 바위로 변하게 해달라고 부탁하였다.

주술사는 이들 세 자매의 간청을 받아들여 세 개의 바위로 만들어 주었지만, 이 사실을 알게 된 마왕은 주술사를 죽여버렸다. 그래서 세 자매는 원래의 모습으로 돌아오지 못한 채 현재까지 바위로 남았다는 전설이 전해 내려온다.

(6) 프랑스 아비뇽 페스티벌

1947년 장 빌라(Jean Vilar)가 설립한 이 축제는 가장 오래되었으며 규모도 세계 최고의 연극축제이다.

(7) 스페인의 산페르민 축제

투우행사 중심의 소 축제와 3세기에 순교한 산페르민 주교의 종교적 축제의 결합이다.

(8) 스페인 부뇰 토마토 축제

시위문화에서 기원한 자연발생적 축제이다. 이 축제는 매년 8월 마지막 수요일에 개최되는 추수감사절로 일명 토마토 축제이다.

3) 스토리텔링 관련 축제

(1) 옥토버페스트

옥토버페스트(Oktoberfest)는 독일 바이에른 주 뮌헨에서 9월 말부터 10월 초까지 2주 동안 열리는 축제이다. 1810년부터 뮌헨 서부의 테레지엔비제에서 시작한 축제는, 매년 6백만 명이 찾는 세계 최대 규모의 민속축제이다. 이 축제를 위해 뮌헨의 양조사들은 특별히 알코올 도수가 높은 맥주를 만들어 내놓는다. 관광객 500만 명 이상이 방문하며, 소시지 20만 개 이상, 맥주 500만 리터 이상 소비되는 거대한 축제다.

(2) 영국 에든버러 축제

에든버러 축제(Edinburgh Festival)는 영국 스코틀랜드 에든버러에서 매년 8월 같은시기에 개최되는 여러 문화·예술축제의 총칭이다. 에든버러 성에서는 군악대의 백파이프 연주와 하이랜드 댄스가 펼쳐진다. 밀리터리 타투가 상연되고 시내 곳곳에서 다양한 거리 예술이 퍼포먼스가 펼쳐진다.

(3) 프랑스 니스 카니발

이교도들의 축제가 기원인 니스 카니발은 사순절 기간 전 참회 화요일(Mardi gras)에 열린다. 금육재일 기간 전에 열리는 마지막 축제이기 때문에 모든 지나침을 정당화 할 수 있는 기간이기도 하다. 벨 에포크(Belle Epoque) 기간에 최고의 전성기를 맞이한 카니발은 1294년에 시작되었다고 전해진다. 프로방스 샤를 2세(Provence Charles II) 백작, 앙주(Duc d'Anjou)가 카니발을 즐기기 위해 니스에 왔다고 전해질 정도로 니스 카니발은 역사 속에서도 유명했다. 오늘날 니스 카니발은 겨울 시즌 프랑스 남부에서 열리는 가장 주요한 행사로 전 세계인의 축제로 자리매김 했으며, 매년 화려한 볼거리를 제공하고 있다.

4) 콘텐츠와 관련된 사례

일본의 경우 190년대 초반부터 각 지자체마다 관광산업과 특산품을 홍보하기 위한 캐릭터사업을 시행하였고 그 중 구마모토현의 쿠마몬, 히코네시의 히쿄냥이 크게 성공한 바 있다. 특히 쿠마곰의 경우 캐릭터 상품의 매출액만 2016년 기준 한화 약 1조 3천억 원을 달성해 엄청난 수익을 가져왔다. 현재는 해외로 수출되는 산업으로 성장하였으며 우리나라 경기도 고양시의 고양고양이 등이 개발되는 데 큰 역할을 하였다

🎐 그림 2-11 **쿠마몬**

🎐 그림 2-12 **고양고양이**

5) 빨강머리 앤 박물관

해리포터가 영국을 대표하는 문화콘텐츠라고 한다면 루시 모드 몽고메리의 '빨강머리 앤(Anne of Green Gables)'은 캐나다를 대표하는 문화콘텐츠 사례라고 할 수 있다. 전 세계인의 사랑을 받았던 소설인 빨간머리 앤은 저자의 자전적인 소설이었으나 관광시설 및 상품화 과정에서는 일본의 동명 애니메이션의 세계적인 히트가 주요하였다. 해리포터가 영화의 힘이 컸다면 빨간머리 앤은 애니메이션이었으며 이야기 자체보다는 빨간머리 앤이라는 캐릭터 콘텐츠가 적극적으로 활용된 사례이다.

빨간머리 앤이라는 콘텐츠가 집적되어 관광명소화된 곳은 캐나다의 프린스에드워드 섬 그린 게이블스(Green Gables) 국립공원에 위치한 빨간머리 앤 테마 지구이다. 캐릭터가 탄생한 장소를 국립공원 지구로 지정하여 관리하고 있으며 연간 평균 50만 명의 관광객이 지속적으로 방문하고 있는 관광명소이다. 저자인 루시 모드 몽고메리의 묘지, 빨간머리 앤의 집, 매튜와 매릴라의 농장, 유령의 숲, 에본리 마을에 있는 앤이 다니던 학교와 교회, 기념품숍, 숙박시설 등이 조성되어 있다.

✿ 그림 2-13 빨강머리 앤 박물관

Chapter
03

Tourism Natural Resource Economics

관광개발

1. 관광개발의 유형과 영향

2. 관광자원 해설과 지역주민참여

● Chapter 03 ●

관광개발

1. 관광개발의 유형과 영향

1. 관광개발의 개념과 유형

1) 관광개발의 개념

관광개발(Tourism Development)은 '관광'과 '개발'이라는 단어의 복합어로서 '개발'이라는 의미에는 양적인 변화뿐만 아니라 질적인 변화를 포함하는 개념이다. 관광개발에 대한 개념은 Inskeep(1991), Gunn(2002)는 관광의 통합적, 시스템적 차원에서 정의되어 왔다. 관광개발의 개념은 광의의 개념과 협의의 개념으로 살펴볼 수 있다.

광의의 개념은 관광자원, 관광상품, 관광시설 및 관광서비스 등을 적극적으로 변화시키는 과정이다. 관광개발을 통해 궁극적으로 추구하는 목적은 관광객 욕구의 충족, 만족도 증진, 관광자원의 보호 및 활용, 지역주민의 소득증대 및 지역경제 활성화, 민간기업의 수익성 증대를 도모한다. 반면 협의의 개념은 관광객과 주민의 편익과 관련된 물리적 시설을 조성하고 동일한 시설의 이용을 촉진시키는 일련의 행위이다.

관광개발은 지역을 대상으로 관광차원에서의 관리적 개발에 초점을 두고 있다. 따라서 관광개발은 바람직한 방향으로 변화를 가져오고자 하는 의도적이고 계획적인 과정을 수반하며, 정책과 목표가 내재되어 있다. 즉, 관광개발은 총량적인 경제성의 차원에서 지역간의 불균형 해소와 국토의 균형발전이 중요한 목표가 된다. 궁극적으로 지역의 양적성장과 질적 변화를 도모하여 지역주민의 복지를 향상시키는 것이다.

2) 관광개발의 유형

관광개발의 형태는 크게 일반관광개발과 지역중심의 관광개발로 구분할 수 있다. 또한 개발의 목표, 개발주체, 대상, 내용 등에 따라서 <표 3-1>과 같이 구분할 수 있다.

표 3-1 _ 관광개발의 유형

구분	일반관광개발	지역중심 관광개발
개발목표	• 관광객 만족, 고용창출, 세수증대, 기반확충	• 지역주민의 복리증진, 소득증대, 생활환경 개선, 정체성,자부심
개발주체	• 국가공공단체 • 민간사업자 • 대기업	• 지방자치단체,지역공공단체 • 지역주민 및 사회적 기업 • 지역기업
개발대상	• 자연경관 • 온천 • 문화유적, 지정문화재	• 지역 고유의 환경과 문화 : 기후,자연환경, 풍습,생활,축제 • 산업 : 농업, 수산업, 임업, 축산업 등 • 마을단위개발
개발내용	• 관광시설 : 스키장, 골프장 등 • 숙박시설 : 호텔, 콘도 • 편의시설 : 수영장 등	• 생산기반시설 : 도로확충, 경작지 정리 • 생활기반시설 : 주택 및 주거환경 • 최소한의 관광편의시설,특산품 개발 및 판매
개발성격	• 대규모 집적 고밀도 • 자연파괴적 개발 • 단기적 개발	• 소규모 분산, 저밀도 • 환경친화적 개발 • 장기적 개발
시 장	• 대규모 개발 • 하나의 지배적 표적시장 • 높은 계절성	• 소규모 개발 • 특정 지배시장 없음 • 특정계절 없음

자료: 강신겸(1997). 「지역활성화를 위한 지역관광개발전략」, 삼성경제연구원

일반적으로 관광개발은 대규모의 시장을 목표로 대규모, 고밀도의 관광개발을 추진하기 때문에 대체로 주민소유의 대규모의 사유지를 필요로 하는 관광단지나 리조트 개발 등이 그 예가 된다. 따라서 개발주체는 대부분 국가나 공공단체, 민간 사업자가 중심이 되며 주민들의 토지이용규제가 수반되며, 지역주민의 직접 참여가 제한된다. 이와는 달리 지역중심의 관광개발은 지역의 고유 환경을 대상으로 한 소규모, 분산, 저밀도, 환경친화적 개발의 내용의 중심적이다. 따라서 지방자치단체나 지역주민이 개발주체가 되며, 개발목표는 지역경제 활성화 및 복지증진을 목적으로 하며 지역주민이 직접 관광개발사업 실험을 할 수 있다.

2. 관광개발의 영향

관광개발의 궁극적 목적은 지역주민의 삶의 질을 향상시키는 것이므로 개발로 발생하는 여러 가지 영향이나 효과를 반드시 파악할 필요가 있다. 관광개발은 인문 및 자연환경에 많은 영향을 미치며, 관광개발의 주요 대상이 자원환경이며, 개발대상지의 지역과 지역주민의 삶의 공간을 변화시켜 생활양식과 가치관의 변화를 가져온다. 관광개발이 지역사회에 미치는 영향은 실제 영향과 지각된 영향으로 구분될 수 있다. 관광자원 및 시설의 물리적 개발과 관광객과 지역주민의 접촉 등을 포괄하는 관광으로 인하여 발생하는 모든 결과로 유·무형의 모든 긍정적·부정적 결과이며 실제 영향은 시간적으로는 현재까지의 결과이다. 결국 관광개발에 대한 영향에 대한 영향에 따라서 지역사회의 영향에 대하여 지역사회의 이론을 학습하는 것은 매우 중요하다. 관광개발로 인해 지각된 영향은 지역주민들이 받아들이는 관광현상의 결과들로 관광영향에 대한 주관적 판단에 따른 상대적 개념이다. 따라서 관광에 대한 지역사회의 긍정적 혹은 부정적인 반응은 실제의 객관적 영향보다 지역주민의 지각에 의한 주관적 영향에 근거한다고 할 수 있다.

관광개발의 최종적인 목표가 지역주민의 편익과 삶의 질을 높이는데 있다고 한다면 지역주민이 관광영향에 대해 어떻게 인식하고 있는가? 그러나 지금까지 관광개발은 주로 경제적 측면에만 치중해왔고 또한 관광객의 만족수준을 높이는 데만 초점을 맞추어 왔기 때문에 관광을 수용하는 지역주민에 대한 연구는 상대적으로 소홀하게 다루어져 왔다.

지역사회에 관광이 도입된다는 것은 소득증대, 고용창출, 삶의 질 향상 등 긍정적인 변화뿐만 아니라 관광객 증가로 지역주민의 삶이 방해를 받거나 지역주민간의 이해관계로 인한 갈등이 유발되는 등 부정적인 변화를 동시에 초래한다. 대체로 개발의 규모가 크고 속도가 빠를수록 지역사회에 미치는 영향이 높게 나타나는 것이 일반적이다. 관광개발의 긍정적 영향은 지역사회에 긍정적인 편익을 제공하나 동시에 사회·문화적인 면에서는 비용문제를 가져올 수 있다. 결국 부정적인 영향은 지역주민에게 관광개발에 대한 의욕과 희망보다는 좌절과 분노의 요인이 되고 있다.

지역주민의 의식수준과 가치관은 관광개발을 통해서 지역개발에 대한 긍정적, 부정적 반응을 보여 관광개발정책에도 영향을 미치게 된다. 이러한 중요성으로 인해 국내외에서는 관광의 영향에 대한 연구가 많이 이루어져 왔고, 특히 경제적, 사회·문화적, 환경적 측면에서 직·간접적으로 미치는 긍정적·부정적 영향과 파급효과가 어떠한 것인지에 대해 논의되어 왔다.

1) 경제적 영향

관광개발의 영향으로 경제적인 영향이 많은 주제가 된 이유는 사회문화적 영향과 환경적 영향에 비해 경제적 영향이 측정하기가 쉽고, 관광관련 통계자료가 주로 경제적 측면에서 수집되어 왔으며, 관광이 경제문제를 해결하는 손쉬운 방안이라고 주장하는 정책자들의 의견이 크게 작용했다고 할 수 있다. 이러한 긍정적 경제적 영향은 관광개발의 사회·문화·환경적 영향에서 나타나는 부정적 영향의 보완과 관광산업의 정당성 확보 측면에서 상당한 역할을 수행하였으며 지역개발의 중요한 수단으로 인식하도록 하는데 도움을 주었다.

관광개발이 지역사회에 미친 영향은 긍정적인 측면과 부정적인 측면으로 구분할 수 있다. 많은 연구들에 의해서 검증된 긍정적인 경제적 영향은 소득 및 생활수준의 향상, 고용기회의 창출과 증대, 경제적 투자개발 기반의 개선, 조세 수입의 증대, 지역의 경제구조 다변화 등으로 대부분의 연구에서 지역주민들이 지각하고 있는 영향이라고 볼 수 있다.

한편, 부정적인 영향으로는 재화와 서비스 가격 상승, 생활비용 증가, 지역소득의 외부 유출, 대외경제 의존, 개발의 불균형, 고용의 질 저하, 고용의 불안정, 물가인상, 토지 및 주택 가격 상승, 경제활동의 취약성, 각종 시설의 유지 및 지출 등이 있다.

2) 사회·문화적 영향

지역이 관광지로 개발되어 관광객을 수용한다는 것은 그 지역의 주민과 외부인과의 만남, 즉 지역문화와 외래문화가 접촉한다는 것을 의미한다. 지역주민의 생활의 질적인 변화를 초래하게 되면 한 지역의 사회·문화적인 면이 기존의 틀에서 벗어나게까지 하는 변화를 가져온다.

사회·문화적 영향은 대체로 부정적 영향에 관심을 가져온 경우가 많았다. 사회적 영향은 문화적 영향과 엄격한 구분이 어렵다는 점에서 대체로 사회·문화적 영향으로 통합 고찰할 수 있다.

관광개발이 지역에 가져다준 긍정적인 사회·문화적 영향은 문화의 현대화와 교류 촉진, 사회적 변화와 선택, 지역사회 이미지 개선, 공공보건 증진, 사회적 편의시설 개선, 교육과 전통문화 보전, 관광객과 접촉을 통한 긍정적인 문화적 상호작용, 전반적인 삶의 질 향상 등을 들 수 있다. 부정적 영향으로는 지역문화의 파괴와 훼손, 사회적 불안 야기, 소비주의의 팽창, 매춘과 밀수 증가, 범죄와 반달리즘 (Vandalism) 증가, 약물중독과 도박의 증가, 지역주민과 관광객의 상업적 관계 형성, 전통적 가치의 변화 등을 들 수 있다

기존 연구를 통해 나타난 대부분의 부정적인 결과들은 지역공동체 의식의 약화와 가족구조의 변화가 가속되고 이혼율의 증가, 범죄의 증가 등과 같은 사회적 비용이 높게 나타난다는 인식이다. 또한 알코올 중독자의 증가, 긴장의 고조, 민속문

화의 상품화, 지역주민에 대한 자극발생, 가짜 민속문화 발생 등도 있다

3) 환경적 영향

관광개발은 필수적으로 그 지역의 환경 변화를 수반한다. 환경적 영향은 긍정적 측면과 부정적 측면에서 살펴볼 수 있는데, 긍정적인 영향은 관광개발로 인하여 관광자원의 관리 및 보호, 물리적인 환경의 복구와 보호·보전, 자연환경의 보호 및 보존, 멸종 동식물군의 보호 계기 마련, 역사적 건축물의 복구와 주변 복구, 국립공원과 다른 보호지역의 유지와 설립을 위한 재원과 유인책 제공, 용수 공급, 환경정화시설 및 쓰레기 처리시스템 등 기반시설 확충, 생활구조 개발 등의 효과를 얻을 수 있다.

따라서 관광개발로 인한 부정적인 영향은 다음과 같다.

- 관광 관련 시설의 설치와 이용의 집중으로 자연환경이 훼손
- 교통량의 증가로 인한 교통혼잡, 대기와 소음공해
- 폐수 배출과 조경을 위한 농약, 제초제의 사용으로 인한 토양과 수질오염
- 생태적 파괴로써 시설물 개발 및 관광활동으로 인한 서식지 파괴, 성장 방해 및 식생군의 변화
- 관광객과 관광시설 등에서 배출되는 각종 폐수와 쓰레기 문제

※ 표 3-2 _ 관광개발의 긍ㆍ부정적 효과

구분	긍정적인 영향	부정적인 영향
경제적 영향	• 소득과 생활수준 향상 • 지역경제의 개선 • 고용기회의 증가 • 조세수입의 증가 • 투자유치 • 기반시설 투자개선 • 교통시설 개선 • 쇼핑의 기회 증가	• 제품과 서비스 부족 • 물가상승 • 지가상승 • 세부담 상승 • 생활비용 증가
사회문화적 영향	• 사회적 영향 • 생활의 증가 • 레크리에이션 시설 이용증가 • 소방시설의 질적 개선 • 치안유지의 질적 개선 • 문화적 영향 • 타문화의 이해 증진 • 문화교류의 증진 • 문화ㆍ정체성 보존 • 역사적, 문화적 관람 수요의 증가	• 매춘의 증가 • 알코올 중독자의 증가 • 범죄의 증가 • 긴장의 증가 • 사생활 침해 • 민속문화의 상품화
환경적 영향	• 자연적 환경보전 • 역사적 건축물과 유적보전 • 지역환경의 개선	• 교통체증의 증가 • 혼잡증가 • 소음공해 증가 • 쓰레기 증가

자료: 강신겸(2001). 지역사회 애착도가 관광개발에 미치는 영향. 한양대학교 대학원 박사학위논문.

3. 관광개발 영향요인

1) 관광개발 영향요인

관광개발 영향요인은 자연적 환경요인, 사회ㆍ문화적 환경요인, 관광환경요인, 관광관련 법률ㆍ법제적 요인으로 나타났다. 구체적으로 살펴보면 자연적 환경요인으로는 위치 및 면적, 기후, 지역, 동·식물, 수계(水系), 자연경관이 포함되며 위치 및 면적은 관광 규모와 성격을 결정하는 중요한 요인이 되며 기후는 관광객의 행태, 관광자원의 매력성과 경관에 영향을 미치며, 간접적으로는 관광지의 관리·운영 및 관광지의 조성 조건에 영향을 미치고 있다. 둘째, 사회·문화적 환경요인으로 교통, 토지이용, 인구 및 가구, 지역경제, 문화, 기반시설이 제시되었는데 특히 관광개발지와 수요시장 간의 교통비용, 소요시간, 거리는 관광개발의 규모와 성격을 결정하고 개발 가능성 여부를 판단하는 요소이다. 셋째, 관광환경 요인으로는 관광자원, 관광개발 의견 조사가 영향요인으로 제시되었는데 관광자원의 경우 자원의 현황과 가치분석은 관광개발의 방향과 개발대상지를 선정하는 중요한 요인이다. 이러한 관광개발 추진에 있어서는 지역주민 의견조사, 전문가 의견조사, 관광객 성향 조사가 선행되어야 하는 것으로 나타났다. 특히 관광개발에 있어 지역주민은 그 지역사회에 거주하면서 그 개발에 대한 가장 근본적이고도 마지막 책임을 지고 있으며, 개발의 성과는 본인들이 직접적인 수혜자라는 점에서 관광개발의 핵심적인 존재이다. 넷째, 관광관련법제적 요인으로 법적 규제적 요인, 관련계획적 요인이 제시되었는데 관광개발을 성공적으로 추진하기 위해서는 관련되는 상위관계 법규와 관광관련법규의 검토가 반드시 이루어져야 한다.

김종은·김창순(1999)은 관광개발 요인을 크게 개인적 요인, 지역적 요인, 사회적 요인, 환경적 요인, 정책적 요인으로 구분하였다. 개인적 요인은 경제상태, 건강상태, 결혼, 주거상태, 여가활동 등으로 구성하였으며 지역적 요인은 도로·교통, 주택과 상하수도, 조경·하천, 지역산업시설, 문화·복지시설로 구성되었다. 경제적 요인은 관광산업의 지역경제 기여도, 주민고용확대, 지역산업 중 관광산업의 중요도, 지역자본의 관광산업투자, 외부자본의 관광산업투입 등이며, 사회적 요인은 사회적 안정, 지역문화·역사자원 보전, 지역교통의 혼잡, 사회문제, 주민의 다양한 여가시설 도입 등이다. 또한 환경적 요인은 관광객에 의한 생태계 파괴, 공해발생, 관광개발을 통한 지역환경 보전, 환경보호의 중요성, 지역환경 정비효과 등이며, 정책적 요인은 지역관광개발정책의 주민참여, 관광정책과 행정의 투명성, 관광정책과 행정의 신뢰성, 관광정책과 행정의 일관성, 지자체의 관광정책결정권 확대 등으로 구성하였다.

※ 표 3-3 _ 관광개발 영향요인

대표연구자	분류	세부분류
김창수 (1994)	자연적 환경요인	• 위치(행정구역, 경위도, 국토공간, 인접경계, 관광권) • 면적(행정구역, 도시계획구역) • 기후(기온, 강우량, 습도, 일조시간, 풍속, 풍향, 운량, 결빙, 시계) • 지형(표고도, 경사도) • 동식물(식물군락, 구성종, 서식동물, 관광위락 활동의 여부,철새도래지,동·식물자원의 보호방안) • 수계(집수역,수량,지하수맥) • 자연환경(조망점, 사계절 상황,경관의 연속성,인공시설과의 조화여부)
	사회·문화적 환경요인	• 교통(광역교통체계, 지역교통체계, 교통용량, 관광객의 유치권 설정, 고속도로·국도·철도·공항·항구와의 거리) • 토지이용(주변토지이용현황, 도시계획현황, 지자체의 토지이용 계획 현황, 국공유지의 비율, 개발토지이용계획의 적합성) • 인구 및 가구(인구 및 가구추이, 인구구조, 부양율, 가구당 인구, 지역고용인력 수급) • 지역경제(지역총생산, 산업구조, 재정자립도, 세입·세출현황) • 문화(지역생활양식, 향토역사, 가치관, 종교) • 사회기반시설(도로현황, 상·하수도 현황, 전기, 통신, 전화, 가스)
	관광환경요인	• 관광자원(관광자원 현황,자원특성,개발특성) • 관광개발의견조사(지역주민 의견조사,전문가 의견조사,관광객 성향조사)
	법제적 요인	• 법적 규제적 법규(상위관련 법규, 관광관련법규) • 관련 계획적 요인(상위관광관련계획, 관광관련계획, 지역개발관련계획)
김종은· 김창순 (1999)	개인적 요인	• 경제상태,건강상태,결혼생활,주거상태,여가활동
	지역적 요인	• 도로·교통,주택·상하수도,조경·하천,지역산업시설,문화복지시설
	경제적 요인	• 관광산업의 지역경제 기여도, 주민고용확대, 관광산업의 중요도, 지역자본의 관광산업투자, 외부자본의 관광산업투입
	사회적 요인	• 사회적 안정,지역문화·역사자원 보전, 지역교통의 혼잡, 사회문제, 주민의 다양한 여가시설 도입
	환경적 요인	• 관광객에 의한 생태계 파괴, 공해발생, 관광개발을 통한 지역 환경 보전, 환경보호의 중요성, 지역환경 정비효과
	정책적 요인	• 지역관광개발정책의 주민참여, 관광정책과 행정의 투명성, 관광정책과 행정의 신뢰성, 관광정책과 행정의 일관성, 지자체의 관광정책결정권 확대

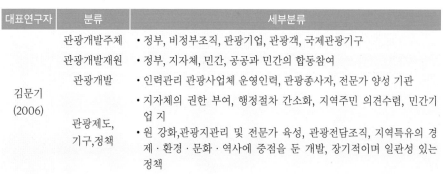

대표연구자	분류	세부분류
김문기 (2006)	관광개발주체	• 정부, 비정부조직, 관광기업, 관광객, 국제관광기구
	관광개발재원	• 정부, 지자체, 민간, 공공과 민간의 합동참여
	관광개발	• 인력관리 관광사업체 운영인력, 관광종사자, 전문가 양성 기관
	관광제도, 기구,정책	• 지자체의 권한 부여, 행정절차 간소화, 지역주민 의견수렴, 민간기업 지 • 원 강화,관광지관리 및 전문가 육성, 관광전담조직, 지역특유의 경제 · 환경 · 문화 · 역사에 중점을 둔 개발, 장기적이며 일관성 있는 정책

자료 : 문화체육관광부(2010). 관광자원 매뉴얼.

김문기(2006)는 관광개발에 영향을 미치는 요인은 관광개발주체, 관광개발재원, 관광개발인력 관리, 관광제도 · 기구 · 정책으로 제시되고 있다. 관광개발주체는 일반적으로 공공부문과 민간부문으로 구분할 수 있으며, 참여수준별로는 국제적 · 국가적 · 지역적 그리고 지방적 차원으로 분류할 수 있다. 개발주체로서 정부, 비정부조직, 관광기업, 관광객, 국제관광기구가 제시되었는데 특히 정부는 환경적 · 사회적 · 문화적 · 경제적 효과에 대한 각별한 조사를 실시하고 정부 내 관련조직들의 관광지 개발전략을 보전전략과 연계되도록 지원하며 제안된 관광개발의 환경적 · 문화적 영향평가와 조사, 감사를 위한 측정과 규제조치를 개발해야 한다고 제시하고 있다. 또한 개발 주체로서의 비정부조직의 영향력으로 관광지개발 자문위원회를 통한 관광개발에 대한 반대와 적절한 지지, 관련 문제 및 해결책에 대하여 관련 기관과 의견교환을 해야 한다.

관광개발재원으로는 정부, 지방자치단체, 민간부문, 공공과 민간의 합동참여형태(정부와 지자체, 민간부문 참여)으로, 특히 민관합동 출자사업은 공공사업의 투자비용 분담, 민간부문의 활성화와 주민참여 기회 확대, 공익성과 기업성의 결합적인 측면에서 필요성이 증대되고 있다.

지역에서 관광정책 추진에 있어 지자체의 재량권의 부여와 권한 강화, 행정절차 간소화, 지역주민 의견수립 제도, 민간기업 참여 지원 강화, 관광지 관리 및 전문가 육성 제도 등이 포함되었으며 관광기구 차원에서는 관광전담기구 설치, 관광정책

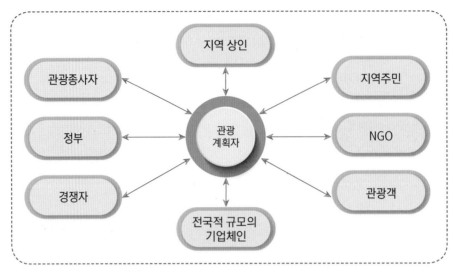

✖ 그림 3-1 _ 관광개발에서 이해관계자 집단

의 경우 지역 특유의 경제·환경·문화·역사에 중점을 둔 개발 정책과 장기적이며 일관성 있는 정책개발이 필요하다.

2) 관광개발과 이해관계자 집단

관광개발에서 지방자치단체, 지방의회, 지역주민, 관광자 등 다양한 이해관계자가 관계를 맺고 있다. 기존 관광개발과는 달리 커뮤니티관광개발에서는 상이한 이해관계를 가지고 있는 이해관계자 간의 요구를 적절히 조율하지 않고는 관광개발이 힘들다. 따라서 관광개발에 어떠한 이해관계자가 존재하는지 파악하고, 이들 이해관계자 간의 적정한 조율은 효과적인 개발을 위해 중요한 요소로 인식되고 있으며, 이와 더불어 이해관계자에 대한 의미가 중요하다(홍종규, 2006).

이해관계자는 다양한 집단 또는 개인들과의 관계에 의해 특징지어질 수 있다. 조직에 영향을 주거나 목표를 달성하기 위해 발생하는 영향을 받는 개인이나단체를 말한다(Freeman, 1984). 이러한 이해관계자의 개념은 상호 협력이 중요시되는 지역개발 분야에서 1990년대부터 주목받기 시작하였다. 이해관계자는 특정조직 또는 특정행위에 영향을 받거나 그 조직 또는 행위에 이해관계를 가지고 있는 개인 또는 집단으로 볼 수 있다(신용석·이태희, 2005). 이러한 개념을 적용하면, 이해관계자는 직접적 또는 간접적으로 이해관계를 맺고 있는 사회조직이나 집단, 개인이다(강신겸, 1999). 즉, 이해관계자는 서로 간의 공통적인 의사결정의 과제 또는 이슈에 관심을 갖는 주체이며 어떤 문제를 해결하기 위해 취하는 행동에 직접적으로 영향을 받는 개인, 집단, 조직을 모두 포함한다(Gray, 1989).

4. 관광개발의 주체

관광을 위한 개발을 함에 있어 관광공급요소들이 어떠한 조직에 의해서든 발굴되고 공급이 되어야하기 때문에 광범히 한 개발기관이 존재하게 된다. 이같은 주체의 구성은 개발의 역사적·정치적·문화적 그리고 지리적인 조건에 따라서 다양하게 나타나고 있다. 일반적으로 공공부문과 민간부문으로 나눌 수가 있으며 참여수준별 국제적·국가적·지역적·지방정부 차원에서 분류할 수 있다.

대부분의 국가에서는 중앙 또는 연방정부의 협조로 관광개발의 주체가 되고 있으며 국가에 따라서 중앙정부가 관광관련 부처를 가지고 있어 각종 관광개발의 주체가 되기도 한다. 정부차원의 관광개발은 사업의 성격과 규모에 따라서 다르며 어떤 일정한 기준이 있는 것은 아니라 각종 개발과 관련하여서는 여러 기관과의 상호협력에 의해서 이루어진다. 또한 유엔(UN), 세계관광기구(UNWTO), 세계은행(IBRD) 등 여러 국제기구들이 관광개발사업에 적극적으로 개입하고 있다. 이러한 현상들은 민간부분에서도 마찬가지로 많은 민간영역의 개발회사들이 개발사업에 대하여 적극적으로 개입하는 경우도 있다.

이러한 현상은 민간부문에서도 마찬가지로 민간의 대개발 회사들이 국가전역의 개발사업에 참여하고 있다는 것이다. 물론 어떤 기업은 특정 지역개발에만 제한적으로 참여하거나 또는 소규모회사는 지방의 소규모 관광개발사업에 참여하는 경우도 있다.

다국적 개발회사는 여러 나라, 특히 관광송출국이나 관광목적지에서 관광사업에 참여하고 있는 예가 있다. 따라서 다양한 부문에서의 관광개발참여도는 동기와 책임, 능력에 의해 좌우된다.

1) 공공부문

① 정부기관

많은 중앙부처 및 관련 유관기관 등이 국가의 정책과 목적에 따라서 참여주체가 된다.

② 지방자치단체

특별시·광역시도·구군의 행정주체가 지방정부의 재정확충을 위한 재원조달의 목적으로 관할지역 내에서 여러 가지 정책적 사업을 추진하고 있다. 대표적으로 관광농업, 체험농장 등이 있다.

③ 준정부기관

공기업(한국관광공사, 한국농어촌공사, 한국도로공사), 지방공기업(제주관광공사, 경기관광공사, 부산관광공사) 등이 숙박·휴양·휴양시설에 다양한 자원개발에 주체가 되고 있다. 숙박, 휴양, 여가 레포츠시설의 등이 관광개발 및 시설운영에 직접적으로 참여가 이루어지고 있다.

2) 민간부문

민간부문은 개인의 투자자와 건설사, 신탁회사 등의 민간기업과 각종 번영회, 지역관광협회 등에 의해서 설립된 조합이나 협회 등이 참여하고 있다.

① 민간기업

개발회사, 건설사 등의 민간 기업은 대기업 중심으로 한 리조트, 스포츠·레포츠 시설, 휴양지 등의 개발에 참여하고 있으며 공공부문이 시행하고 있는 사업에 참여하거나 공공투자 방식의 제3섹터 개발방식에 참여하기도 하며 개인의 토지 소유자를 개발대행을 시행하기도 한다.

② 조합 및 협회

지역의 공동목적을 달성하기 위하여 설립된 협회나 조합, 지역주민 협의체 등이 형성되어 광고, 지역 공동브랜드, 서비스 개선 등을 실시한다.

3) 개인

많은 관광자원개발이 투자가 개인소유의 재원을 투자·활용하여 관광사업에 필요한 자원을 개발하고 서비스 개선 등을 위해 참여한다.

관광개발과 관련해서 주체적인 지역주민 참여는 지역주민이 스스로 자신들의 의견을 집약하여 의사결정과정에 참여하고, 자신들의 지역사회에서 발생되는 관광개발 사업에 공동의 책임을 갖고 가능한 한 공동으로 실행하자는 행위로 정의될 수 있다. 지역주민의 참여가 없는 관광개발 사업은 지역(Host Area)의 문화, 자연환경, 지역경제, 전통적 생활양식 등을 지속적으로 존속시키지 못하며, 결국 개발자, 지역사회, 지역주민에게 비용과 이익이 공정하게 배분되지 못하는 결과를 초래하며 지역주민에게 경제적 이익에 대한 상대적 박탈감과 좌절감을 느끼게 하고 범죄, 반감 및 폭력을 불러일으킨다.

첫째, 지역사회의 라이프사이클과 동질성을 보존하기 위해서 지역주민 참여행동에 의해 확인된 전체적인 개발목적과 우선순위를 투입시키고 이로 인해 진정한 개발의 목적인 지역주민의 삶의 질을 향상시키기 위해서이다. 지역주민들의 의사를 고려하지 않은 채 지역개발을 시도한다면 많은 문제점들이 속출할 수 있다. 그 지역의 문제에 대한 인식이 부족하여 개발사업의 영리성과 개발의 편의성만을 추구하면 '지역주민의 삶의 질 향상'이라는 개발목적이 왜곡될 수 있다. 자연환경의 파괴로 인해 개발대상지역에 기반을 두고 있는 지역주민과의 마찰로 경영의 효율성을 거둘 수 없기 때문이다. 그러므로 지역의 문제와 개발사업의 성공가능성이 무엇인지를 잘 알고 있는 지역주민들이 개발의 근간이 되어 개발과정에 적극적으로 참여 해야 하는 것이다.

둘째, 지역주민들이 지역주민 참여과정을 통해 자신의 삶의 터전에 개발로 인해 야기될 수 있는 긍정적·부정적 영향에 대한 발언의 기회를 가질 수 있다. 이는 개발사업의 초기부터 지역주민들이 자발적으로 참여함으로써 계속적인 관심과 새로운 문제에 대처할 준비를 보장해줄 수 있는 것이다.

셋째, 지역개발에 대한 지역주민들의 요구에 상응하는 지역사회에 대한 책임분담을 지역주민들에게 인식시키고 그들의 협력과 지지를 구할 필요가 있기 때문이다. 그렇지 못할 경우 다양한 요구에 따르는 책임분담을 인식하지 못하고 권리만을 주장할 수 있기 때문에 지역주민 참여를 통한 지역사회에 대한 책임인식과 협력을 배양해야 한다.

넷째, 개발로 인해 지역에 야기될 수 있는 논쟁거리에 대한 갈등을 지역주민들의 참여로 해소시킬 수 있기 때문이다. 성공적인 지역개발을 위해 개발계획에 지역주민들이 참여함으로써 계획가, 지방정부, 지역주민 간에 발생하는 갈등을 서로 조정하고 해소할 수 있는 기회가 될 수 있다. 이러한 관점에서 지역사회 중심의 관광개발(community based tourism development)에서는 관광개발로 초래되는 부정적인 변화를 최소화하고 지역사회 편익과 지역주민의 지지를 확보하기 위하여 관광개발 과정에서 지역주민 참여가 강조되고 있다. 관광개발과정에서 지역주민 참여를 통해 긍정적인 태도를 형성하게 됨으로 관광이 지역사회에서 지지를 받고 장기적으로 지속가능한 발전을 이루어야 한다는 것이다.

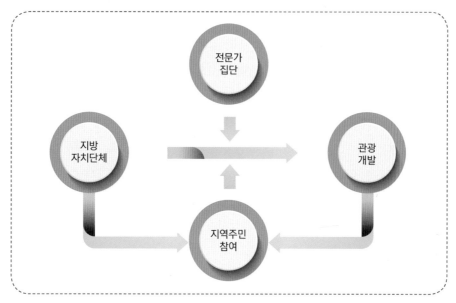

Ch 01. 관광개발의 특성
Ch 02. 관광관광조사와 스토리텔링
Chapter 03. 관광 개발
Ch 04. 지역 관광자원
Ch 05. 문화 관광자원
Ch 06. 복합 관광자원
Ch 07. 위락 관광자원

※ 그림 3-2 _ 관광개발 과정

지방자치단체는 개발안(Master Plan)을 전문가에게 의뢰하여 작성하며 지역주민은 공청회 등을 통하여 제한적, 형식적으로 참여하게 된다. 이러한 개발과정은 지역주민이 주체로 참여하지 않는 관광단지 및 관광지의 개발에서는 효과적이었다. 그러나 지역주민의 참여가 중요시되는 지역사회의 관광개발에서는 이러한 계획 및 개발과정과는 다른 과정을 거치게 된다. 따라서, 지방자치단체 또는 전문가 주도의 개발계획의 수립이 아니라 지역주민들에게 동기를 부여하고 지원을 담당하는 가운데 지역주민이 중심이 된 개발과정을 거치게 된다.

Carey(1970)은 지역주민들의 행동참여유형을 두 가지로 보고 있다. 처음에는 적극적인 관심을 보이면서 참여하다가 점차 불참하는 것이며, 또 다른 하나는 무관심하다가 점차적으로 참여의욕을 보이는 것이다. 이러한 현상의 영향요인으로 참여가 이루어지는 분야에 대한 기초지식과 배경 이해도, 결정능력, 행동력으로 설명하였다.

Bellus & Hansknecht(1967)는 지역주민의 조직응집력, 참여태도, 쟁점과 해결방안에 대한 인식정도, 경험과 교육수준, 지역주민의 리더쉽을 들고 있다. Milbrath

& Goel(1977)은 정치 경제,사회 체재와 같은 외부환경요인, 태도, 신념, 성격과 같은 개인적 특성, 교육정도, 연령, 인종 등과 같은 개인의 사회경제적 특성을 제시하였다. 또한 Keogh(1982)은 관광개발관련 정보의 인식도가 관광개발과정상 지역주민의 참여에 영향을 미친다는 것을 검증하였는데, 관광개발과 관련된 정보는 크게 개발의 잠재적인 긍정적 영향요인, 부정적 영향요인, 관광개발계획 관련 정보들로 나눌 수 있다.

강신겸(2001)은 지역사회 애착도가 높을수록 긍정적인 태도를 나타냈으며 지역주민들의 나이가 많을수록 민박 등 비교적 손쉽게 참여할 수 있는 관광사업에 참여하는 비율이 높고 젊은 사람일수록 음식점과 민박을 겸하는 사람이 많은 것으로 나타났다.

5. 관광개발의 유형

관광개발의 유형 기준은 관광분석의 유용한 도구가 될 수 있기 때문에 실제 검토, 분석 후 결정하는 것이 유형분류의 사전단계로 더욱 중요하다고 볼 수 있다. 관광개발 유형의 분류에서 고려되어야 할 점으로 개발주체의 특성과 개발된 자원의 특성, 관광객 중심자원개발, 개발배경과 정황, 개발의 공간구조이며, 관광개발유형의 분류가 다양하지만 기준별로 살펴보면 다음과 같다.

첫째, 관광지 개발과 매력창조방법에 의한 관광개발유형이다. 자연경관을 이용하는 것, 위치를 이용하는 것, 지명도를 이용하는 것, 무에서 유를 창조해냄으로써 개발하는 유형 등 네 가지로 구분할 수 있다.

둘째, 자원특색에 따른 지역별 관광개발유형이다. 온천 관광개발형, 계절적 휴양지 관광개발형, 고지와 산악 관광개발형, 해안 관광개발형, 전원과 농촌 관광개발형 등이 해당된다.

셋째, 관광개발 발전과정에 따른 관광개발 유형이다. 기존자원에 인공적 관광시설을 가미한다거나, 일상생활과 깊이 관련되어 생활의 일부처럼 관광사업이 인식되고 개발을 시행하는 것, 관광단지 개발계획에 의해 최근 개발된 지역을 개발하는 방법 등이다.

넷째, 관광대상, 곧 객관적인 자원활용면에서 관광개발 유형이다. 이러한 유형에는 자연관광자원 활용형, 인문관광자원 활용형, 교통편 활용형, 지명도 활용형, 관광대상 창조형, 지역산업 활용형이 있다.

관광개발유형을 전체적으로 종합하면 관광지 특성에 따른 분류에 따른 특징을 구체적으로 살펴보면 다음과 같다.

첫째, 자연자원 의존형으로 구분된다. 관광자원이 전혀 없는 지역에서 관광개발을 추진하는 일은 어쩌면 무모한 것일 수도 있다. 따라서 특정지역의 산악, 해양, 하천, 산림, 온천 등이 타 지역의 자원보다 뛰어날수록 관광개발은 더욱 용이해지고 의미 또한 커진다. 자연관광자원을 이용한 개발형태에는 산악 관광지를 비롯하여 해안관광지와 온천 관광자가 있으며 이곳에는 관광객들은 자연의 감상, 피한, 피서, 스키, 해수욕 등의 관광 레저활동을 즐기게 된다.

둘째, 인문자원 의존형으로 구분된다. 건축물과 같은 유형문화재와 무용 등의 무형문화재, 신앙 등의 민족자료, 유적과 경승지 등의 기념물에 의존해서 관광지를 개발하는 경우이다. 그런데 이러한 자원 중심적 관광개발 시에는 자원 훼손의 문제가 대두되므로 자원보호와 보전의 문제가 주요 과제가 된다. 또한 개발과정 중 또는 개발이후에도 자연자원이 훼손되면 관광객 흡인력은 경감이 될 수 있으나 문화유산이 사라져 가는 것이 더 문제이다.

셋째, 기반시설 의존형으로 구분된다. 위에서 제시한 두 가지 방법은 관광개발에 있어서 보편적인 방법이라 할 수 있다. 하지만 지역이 지닌 자연, 인문자원의 비교우위성만으로는 개발이 성공할 것이라 보장할 수 없다. 이는 관광이란 방문객들이 관광목적지 내지는 관광자원 등이 있는 그곳까지 쉽게 접근할 수 있어야 하며, 그러기 위해서는 교통수단 뿐만 아니라 생활시설 등의 주변환경의 개선까지도 대상이 되어야 한다.

넷째, 관광대상 창조형으로 구분된다. 관광개발은 인위적인 형태로 관광대상을 창조 또는 만들어 낼 수 있다. 그 대표적인 사례가 월트 디즈니사에서 개발된 미국 캘리포니아 주의 디즈니랜드(Disney Land)와 디즈니월드(Disney World)를 들 수 있다. 이러한 유형의 개발은 많은 자본이 소요되고 공공투자가 선행되어야 하기 때문에 어려움이 뒷따르기 마련이다. 또한 정부가 적극 관광개발에 나서거나 또는 탁월한 창조력과 상상력을 가짐과 동시에 자본력도 갖춘 민간대기업에 의하지 않고는 실현되기 어려운 사업이다.

관광개발 유형의 기준별 내용들을 요약하면 <표 3-4>와 같다.

🔆 표 3-4 _ 관광개발의 기준별 유형 구분

구분	내용
관광지 개발	자연경관을 이용하는 것, 위치를 이용하는 것, 지명도를 이용하 는 것, 무에서 유를 창조해냄으로써 개발하는 유형 등으로 구분
지역별 자원특색	온천 관광개발형, 계절적 휴양지 관광개발형, 고지와 산악 관광 개발형, 해안 관광개발형, 전원과 농촌 관광개발형 등으로 구분.
관광개발 발전과정	기존자원에 특별한 인공적 관광시설을 가미한 개발방법, 일상생활과 깊이 관련되어 생활의 일부처럼 관광사업이 인식되고 개발을 시행하는 방법, 관광단지 개발계획에 의해 최근 개발된 지역을 개발하는 방법 등으로 구분.
객관적인 자원활용 (관광대상)	자연 관광자원 활용형, 인문관광자원 활용형, 교통편 활용형, 지명도 활용형, 관광대상 창조형, 지역산업 활용형 등으로 구분

자료: 한국관광공사(2010). 「자원자원개발매뉴얼」

그러나 가장 일반적으로 구분할 수 있는 것은 개발규모에 따른 구분이다.

• 전국 · 국토종합개발계획
• 광역계획

- 지역계획
- 지구계획
- 시설계획

실행에 소요되는 계획의 시간적인 범위에 따라서 구분이 되지만 이는 절대적인 기간적인 의미보다는 개발계획을 입안하는데 필요한 편의적인 시간을 의미한다.

- 장기계획 : 10~20년 사이의 관광자원개발계획
- 중기계획 : 5~10년 사이의 관광자원개발계획
- 단기계획 : 1~5년 사이의 관광자원개발계획

관광개발계획은 단계에 따라서 각기 다른 성격을 갖게 되는데 이것을 기준으로 하면 계획은 네 가지 단계로 나눌 수가 있다.

첫째, 구상계획(Conceptual Plan) : 계획의 초기단계로 세부사항보다는 계획방향과 지역설정, 계획안 성격 등에 치중하는 것이 보통인데 이것을 개념계획 또는 구상계획이라고 한다. 이는 주로 장기적 입장에서 광의의 지역을 대상으로 하며 개발주체의 목표지향적 의지를 반영한다고 볼 수 있다.

둘째, 기본계획(Master Plan) : 이 단계에서 계획을 구체화하는데 고려해야 할 여러 가지 주요항목은 명시되고 이 기준으로 여러 가지 문제가 해결되고 실행할 수 있는 구체적으로 제시가 된다. 이러한 기본 계획은 광의의 지역에 대한 총체적이란 형태로 나타난다.

셋째, 실시계획(Action Plan) : 기본계획은 현지조건에 맞게 구체화에 맞게 구체화ㆍ현실화 하기 위한 계획으로 여기에는 세부계획과 설계가 포함된다.

넷째, 관리운영계획(Management Plan) : 일반적으로 최종단계에서 작성되는데 계획이 현실화된 이후 시설ㆍ인원ㆍ자금ㆍ기타 재산관리측면에서 계획하는 것으로 종합위락단지 개발에서는 중요시 된다.

6. 관광개발계획의 구성 및 전개

1) 관광개발계획의 구성요소

관광개발의 구성요소들은 다음과 같이 세 가지 요소로 구분해 볼 수 있다.

첫째, 인적조건에 기인되는 요소로서 넓은 의미에서 볼 때 관광객과 지역주민이 거주하는곳의 경제적 · 사회적 · 문화적 배경이다. 좁은의미로 관광객 개별적 특성으로 볼 수 있는 성별 · 연령 · 소득의 특성에 따라 노출되는 관광욕구, 관광동기, 관광형태 및 지역의 관광개발에 대해 지역주민의 인식도 필요하다.

둘째, 자연환경을 제공해주는 관광유인적 요소로서 이는 문화유산, 기후, 분위기 등의 문화자원과 토지와 강, 바다 등에 부수되는 자연적 · 물리적 환경 등의 유형자원을 말한다. 이러한 관광유인적 요소들은 관광객 욕구들을 유발하고 장소에 차별성을 형성하는데 중요한 기능을 한다.

셋째, 계획공간의 구획화를 중심으로 도입기능의 배분 · 조화를 통한 시설의 형태적 표현을 취하고 있다. 이는 인적조건에 기인되는 요소와 관광유인 요소 간의 조화와 균형을 표현하는 매체로서 기능을 한다. 설계는 관광객 욕구를 최대한 충족시키는 물리적 공간을 제공하며 또한 점차적으로 사라져가는 자원의 기능을 되살려 새로운 자원으로 변화시키는 약점을 강점으로 전환하는 기능을 지니고 있다.

2) 관광개발계획 특성

관광개발계획의 유형에 대한 이론적 접근에서는 주로 파루디(Faludi)의 계획이론이 자주 인용된다. 파루디의 계획이론은 크게 청사진적 접근방식대 과정적 접근방식, 합리적, 종합적 접근방식 대 단편적 · 점진적 접근방식, 규범적 접근방식 대 기능적 접근방식으로 구분된다. 이러한 구분에 근거하여 살펴보면 관광개발계획에 있어 과정적 계획(Process Planning), 합리적 · 종합적 계획(Rational & Comprehensive Planning)인 동시에 규범적 계획(Normative Planning)의 성격을 갖는다.

관광개발계획은 다양한 외부적 요인과 내부적 요인을 슬기롭게 반영해야 하는 조건 아래 지역주민의 의견을 바탕으로 시장수요의 변화에 따라서 관광자원을 어떻게 공급할 것인가에 대한 노력이 적절하게 발휘되어야 한다. 처음부터 완벽한 계획안을 추진하는 청사진적 접근방식보다는 목표와 대안을 수정할 수 있는 과정적 접근방식이 필요하다.

관광개발계획은 관광자원개발 효과를 염두해 둔 일련의 과정이므로 조금씩 계획을 수립해 나가는 단편적, 접진적 접근보다는 합리적, 종합적 접근을 필요로 한다. 관광개발계획을 위해서는 지역에 존재하는 유무형의 다양한 자원에 대한 정보를 수집하고 분석이 필요하다. 아울러 급변하는 시장과 수요 예측을 비롯하여 관광개발로 인한 영향, 지역특성의 유지와 수요자 중심의 관광시설 및 프로그램 개발, 효과적이며 효율적인 마케팅전략, 합리적인 관리운영방안 등을 종합적으로 분석함으로서 최적의 대안을 찾는 합리적 · 종합적 의사결정이 필요된다.

관광개발은 규범적인 성격이 강하다. 계획의 주체가 최종적인 목표를 수립하고 수립된 최종적인 목표를 실현하기 위하여 실천을 위한 세부하위 목표가 설정된다. 이는 최종목표에 근거하여 일관성 있게 수립되어야 하며 최종목표가 변경되면 하위목표들도 변경되어야 한다. 결국 최적의 대안을 찾기 위하여 합리적이며 종합적인 계획이 요구된다. 관광개발에 있어 계획에 따른 접근방식은 상호배타적이기 보다는 상황에 따라 적절하게 조합하여 활용함으로서 계획의 효용성과 경제성을 극대화할 수 있다.

관광개발은 여러 가지 계획 등과 다른 특성을 지니고 있다.

첫째, 관광개발은 부존 관광자원에 적합하고 지역주민의 관광욕구를 충족시키는 사회적 · 경제적 목표를 위한 표현이다.

둘째, 관광개발은 무형적인 인간욕구을 공간상에 형태화하는 과정으로 계획의 기준은 심리적 욕구변화와 물리적인 환경여건에 따라서 다양한 형태를 가지는 동적인 성격을 지닌다고 볼 수 있다.

셋째, 관광개발은 관광지 개발에서 나타나는 자원상의 공간화 형태화하는 과정으로 개발방침에 따라서 나타나는 의사결정으로 합리성을 추구하는 방법이며 수단이다.

넷째, 관광개발계획에 따라 계획된 환경은 긍정적·부정적인 환경요소에 영향을 미친다. 결국 환경에 대한 변화 정도를 감지하고서 새로운 관광개발을 추진하며 결과적으로 관광활동 관광욕구와 동기를 부여하여 새로운 관광활동을 부여하는 것이 보통이다.

3) 관광개발계획의 전개

관광개발계획의 접근적인 시각은 단계적 관점에서 거시적 단계, 과정적 단계, 미시적 단계로 구분해볼 수 있다. 아울러 지역규모에 따라서 전국단위, 광역단위, 지역단위, 지구단위 등 계획으로 구분된다.

이러한 단계적 접근과 지역규모를 고려한 접근이 관광수요와 조화를 이루도록 하는 합목적적 일련의 전개과정을 관광개발로 볼 수 있다. 이는 국토종합개발계획 등 국가의 상위계획에서 추구된 계획목표 및 이념과 연계하여 짜임새 있게 추진될 때 우수한 관광개발의 모델이 된다.

관광개발계획이 과정적 단계를 거쳐서 미시적 단계로 이행되면 계획대상 지구가 설정된다. 관광입지를 적용하는 자연적·경제적·사회적·문화적 요인들뿐만 아니라 지역주민의 참여, 지역문화의 보전 등 지역에 대한 관심과 보전, 지역성과 입지적 타당성 등 전반적인 상태를 고려하여 분석하여야 한다.

7. 관광개발계획시스템

1) 관광개발계획 시 전제조건

관광개발계획의 수립단계에서 계획가의 창의성이 절대적으로 필요하다는 점과 단순한 소재라도 결합을 통해 관광자원화를 할 수 있다는 두 가지가 전제가 되어야 한다.

창의성은 무(無)에서 유(有)로 만들기 보다 기존에 존재하는 다양한 자원을 또한 다른 자원과의 융합하여 이전의 개별 요소들이 갖고 있지 않은 새로운 의미나 가치를 창출하는 활동 또는 아주 익숙한 것을 다른 맥락에 놓아 새롭게 하는 능력이라 할 수 있다. 하에펠(Haefele)은 마음속에 있는 두 가지 이상의 개념에서 새로운 것을 결합하려는 능력이라고 정의하였다. 기존에 존재하는 것에 대하여 차별적인 특성을 끊임없이 추구하는 것을 의미한다.

창의성(creativity)는 과학, 발명 그리고 예술부문에 종사하는 사람들에게 필요한 것으로 생각해왔으나 군(Gunn)은 창의성을 기존의 예술부분에 종사하는 사람들뿐만 아니라 전문적 계획가에게도 요구되는 자질의 한 가지라고 정의하였다. Koivuuen(2005)는 창의성은 예술과 문화, 과학에만 관련된 것이 아니라 인간활동의 모든 것과 관련있다고 하였다. 따라서 관광개발계획 수립시 지역적 차별화를 통한 매력성 증대를 위해서는 계획가 및 개발주체의 창의성이 발휘되어야 한다. 관광은 시대적 흐름에 따라서 역동적으로 변화하고 진화를 해야 한다.

관광자원들은 각각 개별적 요소로 매력이 없더라도 이들 요소를 잘 결합시키면 향후 좋은 관광자원이 될 수 있다. 한국관광공사(1988)는 바위·사막·폐허·언덕 등은 개별적으로 보면 자원으로의 가치가 없을 수도 있지만 이들의 창의적으로 결합할 수 있으면 새로운 수요를 창출하여 관광객 시장의 가치를 높힐 수가 있다.

2) 관광개발계획의 수립과정

관광개발의 단계는, 단계에 따라서 확실하게 구분할 수 있다. 군(Gunn)은 '계획과정'을 '목표설정단계', '조사분석단계', '종합단계', '창의성단계', '정리단계'등 5단계로 구분하였고 일본 락구계획연구소에서는 '시장 및 자원분석단계', '개발장침설정단계', '개발시설규모결정 및 배치단계', '개발주체 및 우선순위결정단계'로 나누고 있다. 미주리대 연구팀은 '자원조사', '수요 및 성향예축', '목표 및 방침설정', '대안연구', '대안선택', '시행', '평가' 등으로 8단계로 단계화하였다.

미주리대학 연구팀은 관광자원이 지역사회와 조화롭게 발전시키기 위해 자원조사, 목표 및 방침설정, 대안모색, 시행준비와 평가단계에서 각각 이용자 및 주민의 의견이 반영되어야 한다 하였다.

이봉석(2001)은 관광개발계획 수립과정을 예비적 사업타당성 검토 및 기본구상에 따라 개발방침을 설정하는 '개발방침 설정 단계', 개발방침에 따라 개발기본계획과 설계를 추진하는' 관광계획 · 단계별 계획에 의해 시행되는 '집행단계'의 3가지 단계로 구분하였다.

진병렬 · 유수현(2004) '목적과 목표설정', '현황조사 및 분석', '개발수행단계', '개발결과의 평가'라는 과정으로 구분하였다.

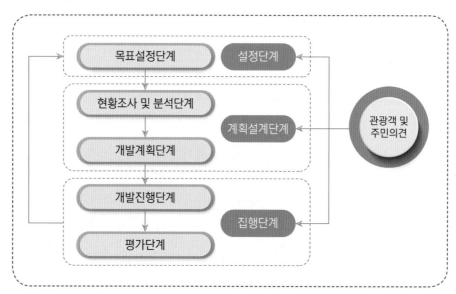

✖ 그림 3-3 _ 관광개발계획과정

(1) 목표설정

관광개발에서 기본이 되는 지역의 자원을 개발로 경제적 편익을 극대화하고 계획을 원활하게 이루어지도록한다. 이는 관광개발을 함에 있어 자원을 훼손을 최소화하는 것이다. 이는 계획의 초기에 있어 목표설정을 사전에 선행이 되어야 한다. 이러한 목표 설정에 잇어서 이해하기가 쉽고 차별성을 지녀야 한다.

이 목표는 개발방침 설정 단계로 예비적 사업타당성을 검토하여 계획의 기본구 상에 따른 개발방침을 설정하는 단계이다. 구체적인 내용으로 개발계획 팀의 구성, 사회·경제적 타당성 검토, 부지선정 및 토지매입, 운영방법 결정, 개략적 건설비용 추정 및 개략적 구성과 개념설계, 재원조달 등 관광개발을 위한 토대가 되는 방침 이 마련되는 단계다.

(2) 현황조사 및 분석단계

현황조사는 분석단계로 '계획환경·여건분석'과 '관광여건분석' 및 '관련 계획 및 법규' 등으로 과정으로 구분된다. 계획환경·여건분석에는 광역환경, 및 부지환 경·여건분석이 이루어지고 있다. 관광여건분석에는 자원현황분석, 관광행태분석, 관광시장여건 분석을 하는 단계다. 가장 중요한 점은 관광개발을 하는 데에 있어 상위계획 및 법률검토를 비롯하여 관련 법률 및 계획검토는 필수다.

주요 현황조사로 볼 수 있는 것은 장소조사, 시장조사, 사회·경제적 구조와 정책 조사, 관련계획 및 법제도의 분석이 행해진다.

특히 장소조사는 개발목적과 적합한 장소, 기본적인 지역정보, 접근성, 지역의 물리적인 특성, 토지소유현황, 사회간접시설의 이용, 주변토지 이용현황 등의 조사 가 이루어진다. 시장조사로는 관광객의 특징, 방문객 특성, 필요시설, 미래의 자원 개발 등 영향을 주는 요인 등이 조사가 된다.

(3) 개발계획단계

개발계획단계는 설정된 목표, 개발방침과 현황조사를 통해 계획의 개념을 정립 하고 이에 따라 개발계획과 설계를 추진하는 단계로 이 단계에서는 재원조달방안 의 구체적인 실행대책과 실시설계·시방서 등이 작성된다.

개발계획단계에서 모든 개발대안을 제시하고 이에 따른 개발가능성과 규제의 범위를 파악하며 규제요인을 해결 할 수 있는 선택가능한 대안을 제시한다. 또한 대안의 종합적인 조사·분석을 통해 개발목적과 일치하거나 근접한 대안을 제시하여 최종안을 제시하여야 한다.

(4) 개발집행단계

개발집행단계에서는 접근수단이나 보호자원과 자원의 선정, 주변 관광지의 확인, 독립시설 확인, 주요장소의 잠재이용 확인 등 주요 요소의 확인이 이루어져야 한다. 이를 위한 전략으로 개발관련 부문과의 상호협력 전략이 필요하며 실행을 위한 재정과 경영, 종사원 교육, 시설의 통제, 접근성의 확보, 관광상품화에 따른 촉진, 토지와 개발에 대한 계획, 규제상황에 대하여 생각해보아야 한다.

(5) 개발결과 평가단계

개발계획의 마지막단계에서 개발결과에 대한 적절한 모니터링과 환류(feed back)가 이루어져야 한다. 또한 개발단계 전 과정에 대한 적절한 모니터링 시스템을 재구축하여 계획목표의 달성을 위한 수정과 보완이 이루어져야 한다.

현재 세계 각국은 환경의 보전과 보호, 규제를 실시하고 관광자원개발 이전과 이후에 별도의 환경영향평가를 시행하고 있다. 이를 위한 주요 환경영향평가 항목에는 대기오염, 상하수도 오염, 소음공해, 동식물군의 생태적파괴, 개발지역 내 토지이용과 순환을 비롯한 경관훼손 논지가 있다.

3) 관광개발의 문제와 과제

관광개발계획은 물리적 시설이외에도 홍보, 재정, 마케팅, 경제적·사회적·문화적·환경적 고려가 적합하고 종합적으로 이루어졌을때 효과는 극대화가 될 수 있다. 따라서 훌륭한 계획과 체계적 관리를 통해서 성공적인 최종적인 목표를 달성할 수 있다.

✄ 표 3-5 _ 관광개발의 문제점

구분	문제점
개발과 보존의 부조화	• 관광지개발에서 필요한 지초조사의 부족으로 인한 주변경관과의 부조화 및 환경훼손 • 고유문화에 대한 관심부족으로 나타난 전통문화자원의 소멸
관광지 지정기준의미설정	• 관광자원의 특화를 위한 과학적인 관광지 기준 지정의 부재
국립공원지정 및 개발의 불균형	• 여가관광공간으로서 국립, 도립공원의 지정과 개발의 지역적 불균형
관광유형단순화 및 관광지개념의 미정립	• 하향식, 급조식 개발로 인해 관광지 유형이 단순화 되고 관광지 개념이 정립되지않아 지역의 특성을 부각시키키지 못함
역사문화자원의미흡	• 구시대적이고 과학적이지 못한 문화재 보수 및 관리 • 행정적절차 및 예산부족으로 인한 문제 • 지나친 인공화로 인한 자연미 훼손 문제 • 유형문화재로 대한 관심집중으로 무형문화재의 개발 미흡
산지와 해안중심의 개발미흡	• 내륙과 평지 중심의 개발을 우선 순위로 함으로서 산지 및 해안지역의 잠재력에 대한 인식부족과 개발미흡
미지정 관광자원의 미흡	• 미지정 관광자원에 대한 활용방안을 모색하지 않음으로서 인해 조화롭지 못한 불균형 개발
비무장진대의 절대보존과 민통선지구의 친환경적 개발	• 생태관광, 자연관광,모험, 체험관광으로 적합한 지역이나 절대보전지역으로 지정함에 따라서 그 잠재력을 활용하지 못함

자료 : 이장춘(1988).『최신관광자원학』서울 : 대왕사

관광개발은 많은 유용성이 있음에도 불구하고 현재 우리나라 관광자원개발에서 적지않은 문제점들이 드러나고 있다. 이장춘(1998)은 우리나라의 관광개발의 문제점은 역사적이며 문화성이 있는 관광자원의 잠재력을 살리지 못하는 것이 문제이라고 한다.

- 개발과 보존의 부조화
- 관광지 지정기준의 미설정
- 국립공원지정과 개발의 불균형
- 관광유형의 단순화 관광지 개념의 미정립

- 역사·문화 관광자원의 미흡
- 산지와 해안중심의 관광자원 개발 미흡
- 관광단지개발의 적정규모 미설치
- 미지정관광자원에 대한 활용방안 미흡
- 비무장지대의 절대보존과 민통선지구의 친환경적 개발

엄서호(2007)은 우라나라의 관광개발의 과제로 다음과 같이 제시하였다.

- 관광개발과 보존
- 관광개발과 지역주민
- 관광개발과 사업타당성
- 관광개발의 사회적 이슈

공급자 중심의 고품질 관광을 위해선 관광개발과 자연환경보전이 동시에 고려되어야 하며 궁극적으로 관광개발이 아닌 관광자원개발이 이루어져야 한다.

대적 변화에도 불구하고 관광 및 관광자원개발의 문제점으로 끊임없이 등장 한 것으로 환경과 문화의 보전과 활용, 지역 내 자원을 활용한 차별화, 과학적이고 전문가적인 접근, 지역주민의 의견수렴 등으로 요약할 수 있다. 따라서 관광개발계획은 이러한 문제점들을 해결할 수 있는 방향으로 수립하는 것이 바람직하다.

정석중·이미혜(2002)가 제시한 관광개발계획의 문제점은 다음과 같다.

- 관광개발계획의 정립문제
- 관광개발 현황조사·분석의 문제
- 관광개발의 개념문제
- 관광개발의 절차문제
- 관광개발 계획기법의 문제

관광계획개발은 관광개발 실현을 위한 과정으로서 다양한 분야에 걸쳐서 효과가 파생되어 나타나기 때문에 계획과정에서 나타나는 문제점을 어떻게 해결하는 과정도 중요하다.

표 3-6 _ 관광개발계획의 문제점 및 과제

구분	문제점	과제
계획정립의 문제	• 계획의 추상성과 하위목표의 비구체화 • 개발주체의 획일적 목표체계 • 종합적 시설도입과 화려한 배치중심	• 집행을 위한 재무적 계획과 하위목표수립 • 지역사회의 발전과 수요전망이 반영된 • 환류과정 • 관광지특성에 맞는 시설과 이용자서비스의 통합적 계획필요
현황조사 및 분석의 문제	• 계획작업의 비연계화 • 계획안의 객관성문제 • 물리적 시설 중심의 계획	• 개발대상지의 환경여건등 종합적으로 고려한 계획 • 자료의 분석과 해석의 명확한 설명과 신빙성을 높이기 위한 노력 • 이용자 수요와 파급효과에 대한종합적 조사·분석 계획의 반영
개발개념의 문제	• 지역차원의 개발개념의 지정립 • 독자적 관광지개발 개념도입 • 주변관광지와의 유기적 개발개념의 문제 • 개발주체의 권리운영방안의 미정립 • 프로그램 연출의 개발개념의 미정립 • 지역특성적 계획	• 지역적 특성이 반영된 지역자원의 활성화방향으로의 개념정립 • 주변지역과 연계한 체재거점형 관광계획이 필요 • 주변관광지와 유기적 관련성의설정과 이를 통한 지역적 이미지형성 • 개발주체별 적당한 개발과 관리운영방안을 고려한 개발 정략
개발절차의 문제	• 실적위주의 결과주의적 사고 지향 • 단계별 연계기구의 부재 • 지역주민과 의견수렴의 문제 • 실행계획, 준비미흡, 비구체화	• 장기적 전망과 충분한 시간을 가진개발 필요 • Turn-Key Base 또는 Turn Approac에 의한 개발필요 • WorkShop 운영 및 투자 설명회 개최 등 실질적검토필요

구분	문제점	과제
개발기법의 문제	• 자연환경을 고려하지 않는 설계기법 • 도입활동과 시설의 특성부재 • 관광지적 특수공간 이미지연출의 부재 • 환경이미지 배치기법의 낮은 비중	• 자연환경계획과의 조화를 위한 방향으로의 공간결정 등의 계획설계필요 • 창조적 기법을 필요한 특화된 도입 시설의 필요 • 개별시설 중심의 세분화된 공간의 구분과 배분에 의한 토지이용계획의 필요 • 자연질형과 기후조건을 활용한 시설배치 및 구조, 외관조성 등의 기법필요

8. 관광자원개발사업유형

관광자원개발사업의 유형은 관광자원의 분류 유형과 마찬가지로 목적에 따라서 다양하게 구분될 수 있다.

일반적으로 법률적 규정에 의해서 분류가 되거나 자원의 입지적 특성, 이용형태에 따라서 구분하기도 하며 개발절차와 적용하는 법률의 유형에 따라서 구분이 가능하다.

1) 개발주체에 따른 구분

관광자원의 개발형태는 개발주체에 따른 공공주도형, 민간개발주도형, 민간·공공협력으로 구분한다.

① 공공주도형

공공주도형 개발방식은 일반적으로 중앙 또는 지방정부에서 직접개발을 시행하기 보다는 정부를 대행하여 공공기관, 준정부기관 등이 주도하여 계획투자와 사업을 시행하고 지속적으로 관리·운영하는 방식과 조성 후 중앙정부 및 지방정부에 이양하는 방식으로 한국관광공사가 개발주체인 제주중문단지, 경주보문단지, 해남화원단지 등을 비롯한 부산관광공사의 시티투어버스 운영, 경기관광공사의 임진각

관리운영을 비롯하여 관광을 통한 지역경제발전 사업을 추진중이다.

사업의 성격에 따라서 대상지역에 법적 책임을 공공이 부담하고 대행자로서 민간 개발사업자를 선정하여 개발하게 하는 방법이 있는데 민간이 개발사업 대행자가 되는 경우에 있어서는 비교적 관광시설의 설치사업이 경제성확보가 용이하고 예산확보가 어려운 경우 부지조성부분까지 민간에 개발하도록 하는 경우다. 이러한 대표적인 사업은 인천 용유무의 관광단지가 대표적인 사업이다.

② 민간주도형

민간주도형 개발은 민간기업, 협회 등이 영리를 목적으로 토지를 확보하여 관광시설과 공간을 개발하는 것을 의미하며 국내에서 개발되고 있는 다수의 리조트들이 이에 해당된다. 이같은 방법에 있어서 개발규모와 재원조달 등 방법에 있어 달라지지만 대부분 토지를 매입한 후 개발이 이루어지는 것이 대부분이므로 사업은 비교적 신속하게 추진된다.

민간주도형 개발은 관광수요에 즉각적으로 대응할 수 있는 이점과 영리를 위한 개발이 가능하다는 장점이 있으나 공익성을 위한 자연보호 또는 환경보전과 같은 비영리적인 분야에 대한 투자 등을 등한시 하는 경우도 있다. 영리성만 추구한다면 지역주민혜택이나 지역사회의 발전이라는 측면을 외면하여 지역사회와 주민과 마찰을 피하는데 있다.

③ 민간공공협력

민간·공공의 협력 개발방식에 있어서 민간과 공공이 역할을 분담하거나 민간합자형태의 회사를 설립하여 사업에 참여하는 방식 등이 있다. 이는 구성주체가 구성방식에 따라서 공공(기관)+민간기업, 공공(기관)+주민, 공공(기관)+민간기업+주민의 형태가 있다.

✖ 표 3-7 _ 자원의 개발유형

	개발주체	내용
공공주도형	• 중앙정부, 지방정부, 공공기관 등	• 지역발전을 위한 관광개발사업, 공익성 확보를 위한 관광개발사업, 제주중문, 경주보문 등
민간주도형	• 개인, 민간기업, 조합, 협회, 민간+민간부분	• 영리목적의 관광개발사업, 리조트, 체육시설 등
민간+공동형	• 공공(기관)+민간기업 • 공공(기관)+지역주민 • 합자법인(SPC)	• 마을개발, 온천, 농어촌개발

2) 보유자원 특성과 이용형태에 따른 구분

관광자원은 이미 설명한 것처럼 자연적 자원과 인문자원으로 구분되며, 위락·체험형과 관람형, 휴향형으로 나눌 수 있다.

✖ 표 3-8 _ 관광자원 특징과 개발의 유형

		위락 · 체험형	관람형	휴양형
자연환경	산악형	산악체험형	산악관람형	산악휴양형
	내수면형	내수면체험형	내수면관람형	-
	해안형	해안체험형	해안관람형	-
	동굴형	-	동굴관람	-
	온천형	온천체험형		온촌휴양형
	문화유적형	문화유적체험형	문화유적 관람형	문화유적휴양형
인문자원	인공자원형 단일공간형	단일공간체험형	단일공간 관람형	단일공간휴양형
	단일시설형	단일시설체험형	단일시설관람형	단일시설휴양형
	복합형	-	-	복합휴양형

주 : 문화체육관광부(2007). 관광공급지표 연구

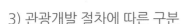

3) 관광개발 절차에 따른 구분

관광자원개발과 관련하여 빈번하게 적용되는 법률적 절차에 따라서 가장 단순한 개발행위허가형, 규모가 크거나 복합적인 지구단위 계획형, 기반시설에 해당되는 경우의 도시계획시설형, 사업의 특수성, 공공성, 정책적 고려 등에 따라서 개별법에서 정하는 특례적 절차를 거치는 관광단지형으로 구분 할 수 있다.

① 관광단지형 관광개발

관광단지나 관광레저도시, 낙후지역개발사업 등 국토의 효율적 증진과 균형발전, 거점개발 등의 지역정책적 사업들은 사업의 규모가 크고 복합적이며 지역에 미치는 파급효과가 대체적으로 크기 때문에 일반법의 절차를 거쳐서는 사업추진이 어렵고 장기화가 되며 그에따라 사업의 위험성이 커지기 때문에 사업의 성격에 따라서 소화된 절차를 규정하고 각종 인센티브를 제공하여 개발을 촉진하고 있다.

이에 관련된 대표적인 사업은 관광(단)지, 마리나항 조성사업, 지역특구사업, 「사회기반시설에 대한 민간투자법」에 의한 민간투자사업, 도시개발사업 등이 해당된다.

② 지구단위계획형 관광자원개발

관광자원개발사업으로서 규모가 일정면적을 초과하거나 복합적인 기능으로 구성되어 있으나 관광(단)지형 관광자원개발사업 보다는 규모의 공공성, 시급성 등이 떨어져 개발정책성상 중요한 내용에 해당되지 않는 경우는 법률에 의한 지구단위계획 절차에 따라서 개발이 이루어진다. 지구단위계획형은 관광숙박시설, 관광편의시설, 온천지구, 농어촌휴양시설, 한계농지정비지구 등이 해당된다.

③ 도시계획시설형 관광자원개발

공공기반시설들은 민간에 의한 영리적 성격보다는 공공성이 강하여 정부에 의해 강제적 후생복지적 개념으로 공급되고 있으며 법률에 의해 이러한 기반시설 중 공급의 시급성이나 필요성에 따라서 도시계획시설로 지정하고 행정력을 통해 개발을 촉진한다.

관광자원 중 도시공원, 자연공원, 유원지, 체육시설, 청소년수련시시설 등 기반시설에 해당되며 관광자원들은 도시계획시설사업 절차에 따라 개발을 진행하는 것이 비교적 용이하다.

④ 개발행위허가형 관광자원개발

개발행위허가형 관광자원개발 유형은 비교적 소규모이며 사업의 내용도 비교적 단순하며 개발에 따른 파급효과나 시급성이 낮은 사업들로서 해당 관련법규들에 의한 건축허가 또는 개발행위허가만으로 물리적인 공간의 조성이 가능하고 신고 또는 등록요건을 갖추어 관광사업을 시행하는 사업들로서 유원시설, 박물관·미술관, 삭도 및 궤도, 자연휴양림, 수목원, 국제회의시설 등이 해당된다.

⑤ 사업법에 의한 유형구분

사업법에 의한 유형분류는 법률에 따라서 관광자원개발사업의 유형을 다음과 같이 구분할 수 있다.

대표적으로 관광관련 사업법은 관광진흥법에서 관광(단)지, 종합휴양법, 전문휴양법, 관광편의시설업, 관광숙박업, 유원시설업, 자동차야영업, 관광공연장업, 숙박업, 농어촌관광사업 등을 규정하고 있다.

관광과 관련하여 사업들은 문화체육관광부를 비롯한 국토해양부, 행정안전부 등여러 기관에서 관련 규정을 수립하고 있으며 그 내용은 다음과 같다.

※ 표 3-9 _ 관광개발과 관련된 법률

관광자원	적용법률	목적	실행부서
관광지, 관광단지, 관광숙박시설, 관광객이용시설, 관광편의시설	관광진흥법	• 관광객을 위하여 다양한 관광, 휴양, 숙박 및 레크레이션 시설설치 및 운영	문화체육관광부
박물관, 미술관	박물관 및 미술관진흥법	• 문화, 예술, 학문의 발전과 일반 대중의 문화향수에 이바지	문화체육관광부
등록체육시설 (골프장, 스키장 등)	체육시설의 설치, 이용에 관한법률	• 체육시설의 설치이용을 권장하고 체육시설업을 건전하게 발전시켜 국민의 건강증진과 여가선용에 이바지	행정안전부
청소년수련시설	청소년활동진흥법	• 청소년 체력증진 및 수련활동지원	국토해양부
온천원보호지구, 온천공보호구역	온천법	• 온천의 적절한 보호와 효율적인 자원개발을 위함	행정안전부
유원지	국토의 계획 및 이용에 관한 법률	• 도시민의 복지향상을 위한 오락과 휴양시설을 설치	국토해양부
도시공원	공원 및 녹지등에 관한 법률	• 쾌적한 도시환경을 형성하여 건전하고 문화적인 생활 확보와 공공의 복리증진에 기여	국토해양부
마리나항	마리나 항만의 조성 및 관리등에 관한법률	• 해양레포츠 보급 및 진흥을 촉진하고 국민의 삶의 질 향상에 기여	

관광자원	적용법률	목적	실행부서
자연휴양림	산림법	• 삼림보존, 삼림소유자의 소득증대, 국민보건휴양 및 정서함양, 자연학습 교육	농림수산식품부 산림청
수목원	수목원조성 및 진흥에 관한 법률	• 수목을 중심으로 수목 유전자원을 수집·증식·보존·관리 및 전시하고 그 지원화를 위한 학술적·산업적 연구	
농어촌휴양단지 관광농원	농어촌 정비법	• 농어촌지역의 자연경관 보존 및 농어촌 휴양자원개발	농림수산식품부
자연공원	자연공원법	수려한 자연풍경지의 효율적인 보호 및 이용	환경부

관광자원론
Tourism Natural Resource Economics

Chapter
04

Tourism Natural Resource Economics

자연 관광자원

• Chapter 04 •

자연 관광자원

1. 자연 관광자원

1. 자연 관광자원의 개념

지구상에는 다양한 종류의 자연환경이 존재한다. 기후환경은 열대, 건조대, 온대, 냉대, 한대로 구분되며 지형자원은 산지, 고원, 평야, 해안으로 구분되고, 지형을 침식시키며 흐르는 하천에는 수많은 폭포와 계곡 등이 있다. 지질구조적으로 유년기에서 노년기까지 변화하여 빙하나 화산지형으로도 존재한다. 또한 해양에는 많은 섬이 있고 삼림이나 동식물, 어류 등도 서식하고 있다.

자연환경은 다양하게 분포되어 있을 뿐만 아니라 기후, 지형적인 요인에 의해서 유기적으로 결합되어 각 지역마다 독특한 자연경관을 구성하고 있다. 한국에서 생활하고 있는 우리들에게는 계절의 변화가 당연한 사실이지만, 열대지방 사람들에게는 놀라운 현상이며, 장마현상 등은 건조지역 사람들에게는 대단히 신기하게 보일 것이다. 이와 같은 자연현상의 지역차가 관광욕구를 불러 일으켜 관광대상으로서 자연 관광자원이 되며 교통 등의 발전을 통해 함께 관광목적지로써 기능을 형성하게 된다.

자연 관광자원은 지역고유의 자연경관의 자체이므로 그 요소는 매우 다양하다.

※ 표 4-1 _ 관광 자연자원

특징	자원
지형	• 산지, 화산, 구릉, 고원, 호수, 빙하, 하천(계곡, 폭포), 해안, 섬, 해양, 암석, 온천, 사막 등
천문기상	• 달, 별, 눈, 빙하, 온난, 한냉차이 등
동식물	• 새, 짐승, 곤충, 물고기, 삼림(낙엽, 신록), 화초 등

1) 산지

유럽의 알프스산맥, 북미의 로키산맥, 히말리야의 에베레스트 등 세계에서 유명한 관광자원은 많다. 산지는 해발고도, 원시림, 설선(雪線), 암봉 등 산 자체의 변화와 더불어 계곡, 암석, 온천, 화산, 동식물상 등 자연자원의 종합적인 경관이 존재하고 있다. 산지를 대상으로 한 신앙도 많고, 한국의 삼신삼오악 그리고 일본에 있는 후지산, 백산, 입산 등에서 볼 수 있는 것과 같이 산지 그 자체를 숭배하거나 산지의 신비성을 이용해서 종교적 환경을 조성함으로써 또 다른 의미의 경관이 조성되어 매력적인 관광대상이 된다.

히말라야의 에베레스트산의 칸첸준가(Kanchenjunta : 8,598m), 안나푸르나(Anna Purna : 8,078m), 마나슬루(Manaslu : 8,156m)라는 거봉들은 체재적 관광가치가 높은 곳이지만 이곳까지 도달하기 위한 등산은 고도의 전문기술이 요구되어 많은 관광객들이 관광행동을 하기에는 많이 힘들기 때문에 관광대상으로서의 역할은 충분치 못하다.

알프스의 산지는 등산기지라기보다는 경관자원이 우수하고, 몽블랑(Mont Blanc : 4,807m), 마테호른(Mattehorn : 4,478m), 융프라우(Jungfraue : 4,158m) 등의 산봉에는 그것을 조망하기 위한 것으로 스위스에서는 관광기지를 형성하고 있다. 도시에 인접한 산지가 우선순위로 개발되어 이용되고 호소나 계곡 등의 종합적 자원을 형성하며 교통이 편리한 곳에서부터 산지관광의 대상이 생기기 마련이다. 예를 들면, 알프스는 관광대상이 많은 관광자원으로 이용되는 반면에, 알프스보다 해발고도가 높은 히말라야는 대형 관광자원이지만 잠재적 가치성만 인정되고 있다.

일본의 북알프스는 관광개발이 추진되고 있으나, 남알프스는 같은 규모이지만 교통조건이 불리하여 관광가치성이 상대적으로 낮은 편이다. 육갑산은 일본 고베시에서 가깝고 경관이 뛰어난 관광지이지만 그것보다도 해발고도가 높은 영산 등은 관광대상으로서 아직은 미미하다.

화산은 화구(火口), 용암류, 온천 등을 포함하고 있어서 자연 관광자원으로서 가치가 높다고 할 수 있다. 이와 같이 산지는 본래의 풍경미와 삼림, 고산 식물, 동물, 호수, 온천 등의 자원이 가미되고 고랭지의 맑은 공기와 천상이 아름답게 보이는 것도 포함해서 등산, 스키, 하이킹, 캠프, 오리엔티어링(orienteering), 마라부(maranic) 등 레크리에이션으로서 활동뿐만 아니라 관광목적으로서 대상이 된다.

2) 해양

바다는 산지와는 다른 경관이다. 대부분이 푸른 바다와 사빈 해안, 기암괴석의 암석해안과 섬 등이 조화된 경관을 이루고 있다. 우리나라의 동해안은 관동팔경으로 불리는 총석정, 삼일포, 청간정 등이 이런 경우에 해당한다. 바다의 관광가치는 해수욕, 요트, 카누, 보트, 낚시 등의 관광행동을 즐길 수 있을 뿐만 아니라 피서·경관 감상 등의 목적에도 합치되는 대상이다.

최근에는 해중공원 등도 설치하여 새롭게 해중관광이 관심의 대상이 되고 있는데, 해중의 바위, 산호, 해초, 어류 등 수중광경을 관망하는 것이 관광대상이 되고 있다.

3) 하천·호수

하천은 유역면적이 넓고 수량이 풍부한 것에서부터 작은 하천, 인공운하까지 여러 가지가 있으나 하천 그 자체보다도 산지 등 연안의 풍경과 결합한 것이 많다. 라인강의 경관도 연안의 고성, 포도밭, 로렐라이 언덕 등의 풍물과 어우러져서 하천으로서 관광가치가 있는 것이다. 하천 그 자체로서 가치를 가지는 것보다는 계곡이나 폭포 등의 주위풍경과 함께 어우러져 아름다운 경관을 형성한다. 베니스에 있는 운하는 도시의 특수한 구성요소가 된다.

호수는 형성 원인에 따라 자원적인 요소도 다르다. 우리나라에는 산중의 화산성 호수는 천지와 백록담을 제외하면 거의 없는 실정이지만, 맑은 물과 산지 미가 결합해서 큰 자원이 되는 경우가 많다. 산중에 인공적으로 건설된 댐에 의해 형성된 인공호수도 환경파괴의 위험성이 있지만 형성 후에는 관광자원으로서 가치를 형성하고 있다. 그 대표적인 예가 산정호수다. 평지의 호수는 해양과 유사한 자원요소를 갖고 있지만 파도가 적어서 안전하다는 장점이 있다. 또한 여러 가지 양식에 의해 산업관광지와 결합한 경우도 많다.

4) 삼림(森林)

한국에는 산지가 많고 삼림은 산지의 일부로서 신비한 정서를 형성하고 있다. 그러나 본래의 목적인 치수(治水)를 위한 보안림으로서보다도 관광대상으로서의 자원성이 중시된다. 설악산, 오대산 등의 국립공원은 침엽수림지, 소백산, 속리산, 지리산 등에는 낙엽활엽수림이, 치악산일대는 활엽수와 침엽수의 혼효림, 그리고 한라산의 식물분포의 수직차이 등 삼림은 국립공원 지정의 중요한 요소중 하나이다.

수목이나 화초는 반드시 삼림지가 아닌 곳에서도 볼 수 있지만 산지에 있는 고산식물은 자연 관광자원으로서 의의가 크다. 아메리카의 세고이아 공원의 대목, 네덜란드의 튤립 재배도 유명하다. 삼림이라고 표현하기 어려운 숲의 신록, 단풍은 사계변화와 함께 상당히 중요한 자연 관광자원이라고 할 수 있다. 홍도의 풍란, 제주도의 한란·풍란, 한라산의 철쭉동산 등도 지역의 특성을 나타내며 일본 북해도의 원생화원도 예로 들 수 있다.

5) 동물

동물도 관광자원으로서 대상이 된다. 관찰하는 것, 사냥하는 것, 낚시하는 것 등이 포함이 된다. 야생과 동물원에 있는 동물들도 관광자원의 관광대상이다.

곤충에 관해서도, 개똥벌레 개체수를 늘려서 마을의 명소로 하려 하는 곳도 있으며, 동물은 전체적으로 감소되고 있는 추세이다. 국립공원 가운데 오대산은 멧돼지, 사향노루, 원앙새 등 포유류 14종, 조류 35종, 곤충 474종, 담수어 20종이 서식하고 있어 지리산, 한라산과 함께 동물 분포의 보고로 일컬어진다. 희귀동물은 대부분 천연기념물로 보호되고 있으며, 그 동물의 존재가 큰 자원가치를 창출한다. 일본에서는 1,799개소, 144만 종류의 조수보호구역이 설정되어 있다.

6) 온천

온천은 휴양, 보양에 큰 효과가 있어 뿐만 아니라, 수려한 풍경과 함께 관광자원으로서의 가치를 형성하고 있는 곳이 많다. 온천에는 보양지 · 요양지로서의 온천, 관광지로서의 온천, 도시화된 온천지로 구분할 수 있다. 또한 관광도시화하고 있는 지역에서도 온천이 유력한 자원 중 하나이다. 독일의 바덴바덴과 같이 예로부터 관광지화한 온천도 있으며, 일본에서는 온천에 탕치하러 가는 것과 종교적인 참례 등의 목적으로 방문하기도 한다. 어민도 여행을 할 수 있게 된 에도시대 중기부터 관광 목적지였던 곳으로 온천 관광자원 이용의 역사성을 알 수 있다. 한국이나 일본의 입욕법은 치료중심인 외국과는 달리 오히려 보양이나 기분전환 중심이었다. 스키가 레크리에이션 중심이 되면서 온천과 스키의 결합으로 보양 · 휴양 중심지로 산지 지역에 개발이 이루어지고 있다.

2. 자연공원의 이용

자연 관광자원은 자연의 풍경, 즉 경관, 경색, 풍광, 풍물, 산수, 풍월 등이 있고, 풍경을 구성하는 요소인 지형, 기후, 풍토, 동식물등을 중심으로 형성되고 있는 자원을 일컫는다. 자연 관광자원은 산자수명한 자연경관과 그 속에 내재하는 명소를 찾고자 하는 관광객들의 중요한 목적지로서 역할을 한다.

우리나라는 국토의 65%에 달하는 64,498km2의 임야가 폭넓게 분포되어 있으며, 강원, 충청, 호남지방과 4대강 유역을 중심으로 하천과 구릉지가 넓게 전개되어 있어 수려한 명소들이 자리할 수 있는 자연적 여건을 갖추고 있다. 또한 3면이 바다인 우리나라는 해안선의 발달과 대·소 도서(島嶼)가 분포하여 천혜의 해안 및 해양 관광자원이 풍부하게 존재하고 있는 편이다. 이러한 자연환경을 배경으로하여 우리나라를 대표하는 자연 관광자원은 대체로 자연공원으로 이용하는 사례가 많다.

자연공원은 뛰어난 자연풍경지를 보호함과 동시에 그 이용증진을 꾀하고, 국민의 보건·휴양 및 교화를 목적으로 하는 것이다. 즉, 휴양적 이용의 소재를 가진 뛰어난 자연풍경지를 하나의 문화적인 의미에서 국민의 보건, 휴양, 교화라는 목적을 위해 설정된 공원이다. 공원은 도시화와 함께 발달했고, 당초 취락공동생활의 관광무대서 생겨난 것이지만, 복잡한 도시기능 중 하나의 중요한 공공시설로서 다양한 형태의 공원이 도시계획에 의해서 형성되었다. 이것이 이른바 도시공원이고, 도시 주민의 생활 가운데 여가 및 레크리에이션 대상의 공간이 되었다. 도시화가 진전될수록 도시내부에서 공원의 의의와 중요성이 날로 증대됨에 따라 자연풍경지를 도시민의 야외 레크리에이션 장소로 이용하는 공원기능의 형태가 구축되었다. 자연을 대상으로 하는 자연공원이 도시공원과 다른 점은 20세기 초반부터 나타났다.

자연공원의 발달은 도시기능과는 무관하게 18세기 중엽 유럽에서 자연보호나 향토보전을 목적으로 뛰어난 자연풍경지를 대자연 공원으로 지정하여 인위적인 개조로 부터 지키고 시민을 위한 야외 레크리에이션 장소로 영구히 확보하고자 하는 노력에서도 나타나고 있다. 이것이 국립공원 제정의 목적이라고 볼 수도 있다. 뛰어난 자연풍경지를 보호하여 공원으로써 대중의 야외 레크리에이션과 함께하는 이른바 자연공원의 사상은 미국을 중심으로 발달하였다. 국립공원은 "자연의 대풍경을 보호개발하고 국민의 보건, 휴양 그리고 교화하는 데 제공해서 이용하기 위해 국가가 설정한 공원"을 말한다. 국립공원 제도의 발상지는 미국이다. 19세기 중반경 그때까지 오랫동안 유지되어 온 야생식물 자원이 개척의 파급으로 파괴되어 가고 있는 것을 감지한 것이 국립공원제도 수립의 계기가 된다. 1870년 Doane-Washburn 탐험대에 의해서 보고서가 작성되고, 1871년 옐로스톤(Yellowstone) 국립공원을 설치할 방안이 미국의회에 제출되어, 1872년 3월 1일 그랜드대통령 조인을 통해 세계에서 처음으로 국립공원이 설정되었다. 현재 미국에 국립공원은 43개에 이르며 세계 주요국에서 이와 같은 국립공원제도를 도입함으로써 그 총 수는 현시점 수 백 개소에 달하고 있다.

일본에서는 미국의 국립공원 사상이나 제도의 영향으로 닛꼬, 후지, 하코네와 같은 자연의 대풍경지를 국가적인 자연공원으로 지정하는 운동이 일어나고 국립공원제도에 관한 조사연구가 시작되는 한편, 구체적인 후보지 조사에 착수했다. 1931년에 국립공원법이 제정되고 15개의 국립공원이 지정되었고, 1946년 이세시마국립공원이 지정된 것을 계기로 28개소의 국립공원을 지정하였다. 1958년 국립공원법은 자연공원법에 의거해서 자연경관을 1급^(국립공원), 2급^(국정공원), 3급^(도도부현립자연공원)으로 구분하였다

※ 표 4-2 _ 일본의 자연공원의 종류

구분	종류	내용	관리주체
1급	국립공원	일본의 풍경을 대표함에 부족함이 없는 뛰어난 풍경지이며 환경청장관관이 자연공원협의회의 의견을 듣고 구역을 정하여 지정	국가
2급	국정공원	자연공원에 준하여 뛰어난 국가풍경으로 환경청장관이 자연공원법의회의 의견을 듣고 구역을 정해서 지정	도도부·현
3급	도도부현립자연공원	뛰어난 자연풍경지로 도도부현의 조례에 의해 구역을 지정	도도부·현

최근 일본은 해안 오염이나 매립 등 지형변화가 발생하여 1970년 자연공원법의 일부를 개정하고 국정공원의 해역을 해중공원지구로 설정하여 산호나 열대어등 귀중한 해중생물을 보호하고 있다.

자연공원은 자연의 풍경과 야생 그대로의 자연지역을 대상으로 자연을 보호하면서 사람들의 옥외위락활동과 교화에 활용토록 하기 위하여 국가나 시·도·군이 일정한 지역을 구획하여 이를 보호·관리하는 공원을 말한다. 우리나라의 자연공

원은 1980년 1월에 제정된 자연공원법에 법적 근거를 두고 있으며 자연경관, 문화경관, 지형보존, 위치 및 이용편의, 토지소유 등을 지정기준으로 하여 국립공원, 도립공원, 군립공원 등 세 유형으로 분류하고 있다.

자연공원으로서 국립공원은 우리나라의 풍경을 대표할 만한 수려한 자연풍경지로서 관련 부·처·청 장의 협의를 거쳐 관할 시·도지사의 의견을 들은 후 국립공원위원회와 국토건설종합계획심의회 심의를 거쳐 환경부장관이 지정하는 지역이다. 우리나라의 우수한 관광자원으로서 국립공원은 지리산국립공원이 제1호이며, 1967년 12월에 최초로 지정된 이래 2012년 무등산국립공원, 2016년 태백산국립공원이 22번째로 지정이 되었으며, 국립공원의 총면적은 6,724km^{2}이다.

✖ 표 4-3 _ 우리나라의 국립공원의 구분

구분	지역
산악육지공원 (16개소)	지리산, 계룡산, 설악산, 속리산, 한라산, 내장산, 덕유산, 오대산, 주왕산, 북한산, 치악산, 월악산, 소백산, 무등산, 태백산
사적공원 (1개소)	경주
해상공원 (4개소)	태안해안, 다도해해상, 변산반도, 한려해상

자료 : 나라지표(www.index.go.kr)

국립공원은 산지육지공원, 사직공원, 해상공원이 특징에 따라서 주봉을 비롯한 산악 및 산봉, 능선, 기암괴석, 계곡과 폭포 및 호소, 동굴 등의 다양한 지형들이 발달·분포하여 경관적 특성이 뛰어나며, 천연기념물을 포함한 주요 식생이 분포하고 동물이 서식하고 있다. 뿐만 아니라 국보와 보물을 위시한 사찰과 사적지, 정자, 산성 등의 문화유산과 지방기념물 및 민속자료, 경승 등이 풍부하게 소재하고 있으며 온천과 약수터, 해수욕장 등의 보양 및 위락자원도 다수 분포하고 있다. 우리나라의 국립공원의 경우 외국에 비해서 규모가 낮은 수준이라고는 하지만 국토 대비 면적은 낮지 않은 수준이다.

※ 표 4-4 _ 외국과의 면적 비교

구분	한국	일본	대만	미국	캐나다	영국
1개 국립공원면적 (km²)	329	733	579	4,046	5,860	1,036
국토대비면적율(%)	6.6	5.4	9.6	2.7	1.8	6.0

자료 : 나라지표(www.index.go.kr)

　　국립공원과 더불어 자연공원으로서 도립공원은 시 · 도 관내의 풍경을 대표할 만한 국립공원 이외의 수려한 자연풍경지로서 도립공원위원회와 시 · 도 건설종합계획심의회의 심의를 거쳐 환경부장관의 승인을 얻어 시 · 도지사가 지정한다.

　　우리나라의 도립공원은 1970년 6월 금오산도립공원이 최초로 지정된 이래 2016년 이후 20곳이 지정되어 있으며 총면적은 722.861km²이다. 도립공원에도 국립공원과 마찬가지로 경관이 수려한 지형들이 발달되어 있으며 문화유산이 풍부하게 소재하고 있다. 또한 해수욕장을 위시한 약수터 등도 분포하여 행락공간으로서의 기능을 더해주고 있다. 그리고 자연공원으로서 '군(郡)'지역을 대표할 만한 군립공원은 1981년 전북 순창군의 강천산이 처음 지정되었으며, 2015년 현재 29곳을 지정하여 그 면적은 307.862km²이다.

　　자연공원의 지정과 더불어 산림의 공간적 효용을 제고하고 자연생태계의 보호와 자연중심적 자원의 개발이용을 통한 국민휴양기능을 향상시키기 위하여 정부는 전국 13시 · 군 지역 14곳에 자연휴양림을 조성하였다. 또한 자연경관자원이 풍부한 전국의 주요 명산을 중심으로 산악인을 위한 139개의 등산로를 개설하고 있다. 우리나라의 자연공원은 자연공원법 제2조에 따르면 자연자원과 유적, 휴양자원 등 공원자원을 포함하고 있는 수려한 자연경관지를 보전함과 동시에 합리적 이용을 도모함으로써 국민의 보건휴양 및 정서생활의 향상을 기하고 후손에게 영구히 계승시키기 위하여 지정한 일정구역으로서 국립공원, 도립공원, 군립공원으로 구분하고 있다.

3. 자연공원의 종류

1) 자연공원의 종류

(1) 국립공원

우리나라의 대표적인 관광자원으로서 국립공원은 지리산국립공원이 최초로 지정(1967.12.29)된 이래 60년대에 4개 공원, 70년대에 설악산, 속리산 등 9개 공원, 80년대에 다도해해상 등 7개 공원이 지정되어, 현재 육지 17개소, 해상 3개소로 총 20개소에 이르고 있다. 현재 지정된 국립공원의 총면적 6,473km²는 전체 국토면적의 6.5%에 해당하며, 국민 1인당 공원 면적은 89.7km²에 이르고 있다. 지정국립공원 중 다도해 해상국립공원이 약 2,345km²로 가장 넓게 지정되어 있으며 월출산국립공원이 약 42km²로 가장 면적이 작게 지정되었다. 무등산 국립공원이 21번째로 2013년에 지정되었고 2016년 4월 15일 국립공원위원회에서 22번째 국립공원인 태백산국립공원을 지정하였다. 이후 부산광역시 금정산과 전남 백운산이 생태학적인 보전가치성이 있어 추가 지정이 필요하다는 추진의사가 있다. 그러나 국립공원의 지정 문제로 야기되는 여러가지 문제를 고려하는바, 지역주민들간 찬반논쟁은 뜨겁게 전개되고 있다.

국립공원은 효율적인 관리 및 운영을 위해 87년 7월 1일 국립공원관리공단을 발족하여 관리하고 있으며, 국립공원계획 및 결정도 환경부장관이 하며, 관계 중앙행정기관의 장과 협의하고 관할시·도지사의 의견을 들은 후 국립공원위원회의 심의를 거쳐 환경부장관이 지정한다.

자연공원법에서 명시한 국립공원, 도립공원, 군립공원의 지정은 대통령령으로 정한 지정기준에 의해 정하며 지정기준은 다음과 같다.

자연공원법은 국립공원, 도립공원, 군립공원의 자연공원계획은 공원용도지구계획, 공원시설계획, 공원관리계획의 내용을 포함하고 있어야 하며, 자연공원의 용도지구를 자연보존지구, 자연환경지구, 취락지구, 집단시설지구의 4개로 나누어 각 용도지구별로 허용가능행위를 자연공원법 제16조에 규정하고 있다.

✖ 표 4-5 _ 국립공원 지정현황

이름	· 위치	지정일	면적(km²)	비고
지리산국립공원	전남·북, 경남	1967년12월 29일	471.625	
경주국립공원	경북	1968년 12월 31일	137.091	
계룡산국립공원	충남, 대전	1968년 12월 31일	64.602	
한려해상국립공원	전남, 경남	1968년 12월 31일	544.958	육지: 149.471 해면: 395.487
설악산국립공원	강원	1970년 3월 24일	398.222	
속리산국립공원	충북, 경북	1970년 3월 24일	274.449	
한라산국립공원	제주	1970년 3월 24일	153.112	
내장산국립공원	전남·북	1971년 11월 17일	81.452	
가야산국립공원	경남·북	1972년 10월 13일	77.063	
덕유산국립공원	전북, 경남	1975년 2월 1일	231.649	
오대산국립공원	강원	1975년 2월 1일	303.546	
주왕산국립공원	경북	1976년 3월 30일	107.273	
태안해안국립공원	충남	1978년 10월 20일	326.329	육지: 37,014 해면: 289,315
다도해해상국립공원	전남	1981년 12월 23일	2,325.236	육지: 334.795 해면: 1.990.441
북한산국립공원	서울, 경기	1983년 4월 2일	79.789	
치악산국립공원	강원	1984년 12월 31일	181.572	
월악산국립공원	충북, 경북	1984년 12월 31일	287.777	
소백산국립공원	충북, 경북	1987년 12월 14일	322.051	
변산반도국립공원	전북	1988년 6월 11일	154.650	육지: 145,383 해면: 9,267
월출산국립공원	전남	1988년 6월 11일	56.053	
무등산국립공원	광주, 전남	2012년 12월 27일	75.425	
태백산국립공원	태백, 영월, 정선, 봉화	2016년 8월 22일	70.1	

표 4-6 _ 국립공원 지정기준

기준	내용
공원자연보존지구	• 생물다양성이 특히 풍부한 곳 • 자연생태계가 원시성을 지니고 있는 곳 • 특별히 보호할 가치가 높은 야생 동식물이 살고 있는 곳 • 경관이 특히 아름다운 곳
공원자연환경지구	• 공원자연보존지구의 완충공간(緩衝空間)으로 보전할 필요가 있는 지역
공원마을지구	• 마을이 형성된 지역으로서 주민생활을 유지하는 데에 필요한 지역
공원문화유산지구	• 전통사찰의 경내지 중 문화재의 보전에 필요하거나 불사(佛事)에 필요한 시설을 설치하고자 하는 지역

2) 도립공원

도립공원은 시·도 관내의 경관을 대표할 만한 수려한 자연풍경지로서 도립공원위원회와 시·도 건설종합계획심의회 심의를 거쳐 환경부장관의 승인을 얻어 시·도지사가 지정한다.

시·도내의 풍경을 대표할 만한 국립공원 이외의 수려한 자연풍경지로서 이를 보호, 육성하여 국민의 적정한 이용을 도모할 수 있도록 개발·관리하기 위하여 지정한 곳이다.

도립공원의 지정기준 및 공원계획의 내용, 용도지구의 구분 등은 국립공원에서 언급한 내용과 동일하게 자연공원법 및 동시행령, 시행규칙을 따른다.

우리나라의 도립공원은 경북 금오산도립공원이 제1호로 지정된(1970년 6월1일) 이래 87년도에는 전국에 21개소가 지정되어 있었으나 88년 변산반도와 월출산도립공원이 국립공원으로 승격되어 19개소로 줄어들었다가, 98년에 팔영산이 새로이 지정되어 현재는 20개소가 되었다. 20개의 도립공원 중 경북 달성 소재 팔공산 도립공원이 122.08km²로 가장 넓으며 경북 문경에 소재한 문경새재 도립공원이 5.3km²로 가장 작다. 강원도에 따르면 현재 도는 도립공원 신규지정을 위하여 지난 2016년 7월부터 18개 시·군으로부터 3개군 4개 지역에 대한 공모신청을 받아, 연구조사용역, 주민의견 수렴 등의 적법한 절차를 거쳐 횡성군 태기산 일원과 정선군 상원사 일원을 최종 후보지로 선정하였다.

※ 표 4-7 _ 도립공원 지정현황

지역	명칭
경기도	남한산성 · 수리산 · 연인산
강원도	경포대 · 낙산사
충청남도	대둔산 · 덕산 · 칠갑산
전라북도	대둔산 · 마이산 · 모악산 · 선운산
전라남도	두륜산 · 조계산 · 천관산 · 팔영산
경상북도	금오산 · 문경새재 · 청량산 · 팔공산
경상남도	가지산 · 연화산
제주도	곶자왈 · 마라해양, 성산일출해양 · 추자해양

3) 군립공원

군립공원은 시 · 군의 자연생태계나 경관을 대표할 만한 지역으로서 도지사의 승인을 얻어 제4조의 4에 따라 지정된 공원이다. 2017년 6월 현재 전국에 27개소가 있다. 자연공원법에 지정근거를 두고 있는 군립공원은 시 및 군내의 풍경을 대표할 만한 국립공원 및 도립공원 이외의 수려한 자연풍경지로서 이를 보호, 육성하여 국민의 적정한 이용을 도모할 수 있도록 개발 · 관리하기 위하여 지정한 곳이다.

군립공원의 지정기준 및 공원계획내용은 국립공원, 도립공원과 마찬가지로 자연공원법 및 동 시행령, 시행규칙에 따르고 있다.

우리나라의 군립공원은 전라북도 순창군의 강천사를 최초로 지정한(1981.1.7) 이래 경남 거창군 북상면의 월성계곡지정(2002. 4. 25)까지 현재에 이른다. 군립공원 중 경남 창녕군 소재 화왕산 군립공원(1983. 11. 14 지정)이 31.283km²로 가장 넓게 지정되었으며 경남 월성계곡이 0.650km²로 가장 작게 지정되어 있다.

※ 표 4-8 _ 군립공원 지정현황

공원명	위치(시·군별)	면적(km²)	지정일
강천산	전북 순창군 팔덕면	15.844	81. 1. 7
천마산	경기 남양주시 화도읍, 진천면, 호평면	12.714	83. 8.29
보경사	경북 포항시 송라면	8.509	83.10. 1
불영계곡	경북 울진군 울진읍, 서면, 근남면	25.140	83.10. 5
덕구온천	경북 울진군 북면	6.054	83.10. 5
상족암	경남 고성군 하일면, 하이면	5.106	83.11.10
호구산	경남 남해군 이동면	2.869	83.11.12
고소성	경남 하동군 악양면, 화개면	3.177	83.11.14
봉명산	경남 사천시 곤양면, 곤명면	2.645	83.11.14
거열산성	경남 거창군 거창읍, 마리면	4.252	84.11.17
기백산	경남 함양군 안의면	2.013	83.11.18
황매산	경남 함양군 대명면, 가회면	21.190	83.11.18
웅석봉	경남 산청군 산청읍, 금서·삼장·단성	17.250	83.11.23
신불산	울산광역시 울주군 상북면, 삼남면	11.585	83.12. 2
운문산	경북 청도군 운문면	16.173	83.12.29
화왕산	경남 창원군 창녕읍	31.283	84. 1.11
구천계곡	경남 거제시 신현읍, 동부면	5.871	84. 2. 4
입곡	경남 함양군 산인면	0.995	85. 1.28
비슬산	대구광역시 달성군 옥포면, 유가면	13.382	86. 2.22
장안산	전북 장수군 장수읍	6.246	86. 8.18
빙계계곡	경북 의성군 춘산면	0.880	87. 9.25
고복	충남 연기군 서면	1.949	90. 1.20
아미산	강원 인제군 인제읍	3.160	90. 2.23
명지산	경기 가평군 북면	14.027	91.10. 9
방어산	경남 진주시 지수면	2.588	93.12.16
대이리	강원 삼척시 신기면	3.665	96.10.25
월성계곡	경남 거창군 북상면	0.650	02. 4.25

4. 자연 관광자원 보호와 자원

1) 자연보호 필요성

관광자원이 관광행동의 대상이 되면 대상지역을 중심으로 기반시설에서부터 각종 편의시설 등을 위한 관광시설이 필요하다. 다시 말해서 인위적인 개발이 필연적인데, 이와 같은 개발은 어떤 의미로든 자연파괴를 일으킬 가능성이 있다. 그러나 개발을 수반하지 않으면 자연자원의 관광가치를 충분히 확보할 수 없다는 데 문제가 있다. 따라서 어떻게 하면 자연을 훼손하지 않는 범위 내에서 관광대상으로써 개발해야 하는 것인지가 자연 관광자원을 관광대상화하는 영원한 과제이다.

자연자원의 특징을 잘 이해하고 이용자가 그것을 잘 식별하는 관광행동이 중요하다. 즉, 어느 지역에 관해서는 미개발상태로 존재시키는 완전한 보양지역, 보호와 개발이 조화를 이루어 존재하는 지역, 자연이 인공적으로 개발된 형태이면서도 보호가 잘 되고 있는 지역 등으로 구분해야 한다. 자연에서 나타나는 원시적인 존재는 인간의 심신을 편안하게 해주는 치료자이며 훌륭한 의사로 여겨진다. 미국의 에워 프레스 국립공원과 같이 주조낙원으로 되어 있는 곳에선 인간이 자연 안에 들어간 하나의 구성요소이며, 그 조화를 파괴하는 것은 불가능한 방관적 관상자로서 존재하며, 또 그것이 방문객에게는 강렬한 인상을 준다.

일본에서는 국토의 2/3를 차지한 삼림의 30%가 국유림이며, 국립공원·국정공원을 설정하여 삼림유지, 확보에 배려를 하고 있는 것도 보호방법으로서 중요한 것이다. 일본은 1897년 삼림법 제정 이후 삼림이 갖는 국토보전기능을 확보하기 위해서 보안림제도가 확립되고 그 관리에 의해 수원의 재해방지, 보건 및 풍치보존을 하고 있다. 특히, 풍치 보안림 및 보건보안림은 명소 등의 풍치보존, 공중보건을 목적으로 하는 것으로 이것이 약 24,000개가 지정되어 있는 것은 중요한 의미를 갖는다. 자연자원은 어디까지나 그 원시성을 보존하는 것에 그 근본적인 존재가치가 있고, 개발은 편리함의 순간에 지나지 않는다. 최근 국립공원의 접근성을 높이기 위한 도로개설로 인하여 공원구역 내의 생태계가 파괴되는 등의 사례, 골프장,

스키장 건설에 따른 생태계의 변화, 대량 방문객의 입장으로 발생하는 쓰레기문제 등은 관광이 관광자원의 가치를 감소시키거나 소멸하게 하는 패러독스이다.

이런 문제에 대해 생각할 수 있는 문제는 다음과 같다.

첫째, 지역특성을 잘 이해하고, 그 지역 내에서 절대적으로 보호하는 것과 개발하는 것의 인식을 명백하게 하는 것, 지역용량 등 연구에 입각하여 적정잠입수를 산정해서 개발하는 것이 필요하다.

둘째, 자연자원 지역 중 대도시 주변의 당일 관광권에 속하는 지역 내와 체재형 관광권에 속하는 지역 내에서 행해진 레저타입을 잘 상정해서 개발하는 것, 어디서나 동일한 형태로 개발이 이루어지는 것이 문제이다.

셋째, 한 지역에 과도한 집중을 피하기 위해서는 잠재적 가치를 보유한 자연자원 지역의 개발 통하여 확대 개발하는 형태로 분산 이용을 도모해야한다.

관광활동의 주된 대상 중에 가장 큰 비중을 차지하고 있는 것이 자연자원이라고 할 수 있는데, 이러한 자연자원의 보호와 효율적인 관리는 관광자원의 보호와 밀접한 관련을 갖고 있는 것이다.

2) 우리나라 자연보호의 역사

우리나라는 전 국토의 70%가 산지로 구성되어 있고 지리적으로 온대에 속하여 봄, 여름, 가을, 겨울의 사계절이 명확히 구분되어 있어 옛날부터 수려한 자연자원을 바탕으로 문화민족으로 긍지를 살만한 문화유산을 가졌다.

옛날 신라시대 화랑들의 실천 덕목인 세속오계 중 살생유택(殺生有澤)을 보면 하찮은 미물도 시기를 가려 살생토록 한 것이 우리나라 자연보호 역사의 효시라고 할 수 있다. 고려시대에 와서는 정교일치 이념에 입각하여 자연보호사상이 싹트고 있었고, 조선시대에는 소나무 산지를 보호하며 재목을 활용하는 봉산(封山)제도를 두고 감독관으로 하여금 도벌과 산불을 방지하는 등 푸른 산을 가꾸는 법령을 공포하고 엄격하게 집행하여 울창한 숲을 만들었다.

우리나라 자연보호의 역사는 신라시대 화랑도의 심신수련 활동을 통한 자연보호의식의 함양이라든가, 조선시대 '경국대전'과 같은 법률에서 산림의 관리와 나무 가꾸기 등의 세부요령 규정과, 민간에서는 리(里) 단위의 계를 결성하여 자율적으로 소나무 숲을 보호하는 등 오늘날과 같은 자연보호운동의 시원이 되고 있다.

　일본이 강점기 이후에 민족의 수난과 함께 산야는 파괴되기 시작하여 1876년 강화도 조약 이후 동학혁명, 청일전쟁 등 몇 차례의 전란을 입는 동안 유명 명산들이 볼품없게 벌거숭이로 변모해 버렸다. 이리하여 애써 가꾸어 놓았던 자연자원은 일본인의 수탈과 파괴로 황폐되고 말았으며 광복 이후 자연의 복원에 눈을 돌릴 틈도 없이 6.25 전쟁으로 자연 파괴의 참화는 극에 달하게 되었다.

　일제의 자연파괴와 수탈 속에서도 우리의 자연보호운동은 명맥을 이어와 1933년 8월 8일 칙령 제224호로 조선총독부 보물, 고적, 천연기념물보존령이 제정되어 이에 따라 동식물 등 각 분야에 관계되는 전문가로 구성된 보존회를 조직하고 전국 각지의 명승, 고적, 천연기념물 등에 대한 조사연구, 보존운동이 전개되었다.

　1945년 해방과 더불어 미군정이 실시된 이후에도 일제 때의 보존회를 그대로 답습하여 1948년 대한민국 정부가 수립되기까지 자연보존사업의 일이 계속되었다. 1960년 11월 10일 국무원령 제92호로 문화재보존사업위원회 규정이 공포, 발효되었으며 1960년대에 관광사업법, 산림법, 조수보호 및 수렵에 관한 법, 문화재보호법, 공해방지법 등을 제정하여 이제 완전히 우리의 힘으로 보다 적절하게 자연보존 활동을 할 수 있는 기틀을 마련하게 되었다.

　1960년대 이후의 급속한 경제개발로 인한 자연환경의 파괴를 방지하고 자연보호의식을 국민에게 심어 주고자 1963년 12월에 학자와 전문가들로 구성된 모임을 만들어 자연보존의 필요성을 국민들에게 보급하기 시작하였는데, 그 주요활동은 국립공원을 비롯한 주요 자연자원보존을 위한 정보자문에 응하기도 하고 일반국민과 학생을 대상으로 대중강연회를 개최하는 한편, 홍보책자와 희귀동식물의 증식과 복원활동을 실시함으로써 국민들에게 자연보호사상을 고취시켜 왔다. 이 같은 활동은 1965년에 창설된 한국산악회, 1969년에 발족한 한국야생동물보호협회, 1975년에 설립된 한국환경보호협회의 계몽책자 발간, 강연회 등으로 국민들의 환경보호의식 고취에 많은 도움을 주었으며 이들 단체들 이외에도 많은 단체의 활동을 기저로 하여 자연보호 범국민운동이 싹트게 되었다.

1977년은 우리나라의 자연보호운동사에 있어서 획기적인 전기를 맞이하게 되었다. 10월 5일 당시 정부는 자연보호운동을 전개하기 위하여 정부에 필요한 기구를 설치하고 민간단체도 결성, 자연보호위원회와 민간기구인 자연보호중앙협회가 구성되었고 자연보호운동에 대한 앞으로의 방향을 제시하고 모든 국민의 성실한 실천을 다짐하는 자연보호헌장을 1978년 10월 5일에 선포하기에 이르렀다. 정부는 급속한 도시화 과정에서 자칫 소외되고 나약해지기 쉬운 청소년을 대자연의 품안으로 끌어들여 집단화한 야외훈련을 통하여 자연에 대한 올바른 인식을 전달하고 심신을 단련토록 하여 질서, 우정, 협동, 봉사, 인내의 정신이나 호연지기를 길러줄 수 있는 청소년 수련시설의 필요성에 따라 자연 속에 설치, 운영하게 되어 1980년대에 자연학습원 조성의 기본계획을 수립하여 중앙시범자연학습원을 비롯하여 각 시·도별로 1개소씩 자연학습원을 조성하였다.

우리나라에 있어 자연보호와 관련한 법률은 1938년 8월 8일 시행된 조선총독부의 「보물고적명승천연기념물보존회관제」가 시초이며, 자연보호와 직·간접으로 관련이 있는 법규는 국토기본법, 문화재보호법, 자연공원법, 관광기본법 등이다.

1977년 10월 5일 박정희 대통령이 자연보호를 위한 범국민적 운동 전개를 위한 정부기구를 설치하고 이 운동에 자발적으로 참여하는 사람들로 구성된 민간단체를 만들어 서로 협조하여 추진할 수 있는 방안을 관계부처와 협의하라는 지시에서 비롯된 것이다. 이에 따라 정부기구인 자연보호회(위원장 국무총리)와 민간기구인 자연보호중앙협의회를 두고 자연보호헌장을 제정·공포하면서 지역·직장·단체별로 공원·산·하천 등 책임구역을 정하여 자연의 훼손과 오염을 방지토록 하는 등 국민운동으로 확산하였다.

3) 자연 관광자원보존 사례와 인식

관광활동이 환경파괴의 근원적 역할을 하는 사실에 대하여 비판하는 이유는 관광지역의 매력성과 유인성이 바로 자연미에 있기 때문이다. 이러한 관광의 환경영향 인식을 바탕으로 자연 관광자원 보전에 대한 관심이 높아지고 있다.

일본은 국립·국정공원의 집단시설지구에는 관광 성수기의 과도한 집중을 방지하기 위해서 자가승용차 이용을 제한하고 있다. 이러한 자동차규제의 결과, 관광지에서는 보행자의 안전 확보, 온도 유지, 자연식생 파괴의 감소, 야생조수의 서식 등의 효과를 보고 있다.

미국의 엘로스톤 공원에서도 광대한 공원구역이 연방정부의 소유이고 최소한의 시설을 제외하고는 자연 그대로의 생태계가 보존되어 산불이 발생하는 경우에 자연소화할 수 있을 정도로 자연보호가 확립되어 있다. 국립공원에서 Visitor Center, Ranger^(미국국유림의 순찰경비대원)의 활동은 자연보호에 기여하는 큰 역할을 수행하고 있다. 국립공원의 집단시설지구 내에는 비지니스센터가 있고 국립공원 내의 자연, 역사물 등을 전시하여 관계도서나 토산품을 판매하고 있다. 가장 대단한 것은 학문적 소양을 갖추고 지역에 대한 지식이 풍부한 레인저가 상주하면서 방문객에 대한 교육적인 안내자로서 역할을 하는 점이다.

자연 관광자원 보존에 일찍부터 힘써 온 영국에서는 National Trust에 의해서 오늘날까지 계승되어 국민환경기금을 확보하였고 19세기 후반부터 자연환경이나 역사적 환경을 보호하고 양질의 쾌적한 환경을 계승하고자 하는 자주적 민간단체가 활동하고 있다. 1865년에는 공공용지 공지 보도보존협회가 발족하여 주세장원의 입회지에 기원을 둔 공공용지나 보도의 보호를 진행하였다. 전원에서의 국민의 야외 레크리에이션이 활발하게 행해지도록 공적인 수용을 정비하는 것에 중점을 두고 있다. 한편 자연보호청이 지정한 국립 자연보호지는 귀중한 조수의 보호를 중심으로 하는 자연의 원시상태 보존을 목적으로 1968년에 124개소를 개조, 보급하여 자연연구나 교육활동에 이용하고 있다.

한국의 국립·도립공원을 비롯한 자연공원은 토지이용을 구분을 하여 자연환경지구, 자연보존지구 등을 설정함으로써 자연보호를 배려하고 있다.

자연 관광자원 보호에 관해서는 전원지역의 관광, 관광자원 관리와 환경보전에 초점을 맞춤으로써 자연자원 보전은 관광의 지속적인 발전의 관건이 된다는 이념을 수립해야 한다. 또한, 무분별한 개발로부터 자연을 지키고 자연보전의 관점에서 적정한 관광자원의 이용이 중요하다.

국민의 여가이용과 국민관광의 건전한 발전을 위한 야외휴식, 녹지공간 이용 및 편의시설 확충 등을 위하여 정부에서 많은 재정적 지원을 해가며 1970년부터 관광지개발사업을 추진하여, 1980년대의 관광개발계획은 그 어느때 보다 활발했었다. 관광지개발계획에 따라 편리한 관광도로가 건설되고 국민들은 휴식과 레저를 위한 관광을 폭넓게 즐기게 되었다. 그러나 폭발적인 관광인구와 자가용 차량의 증가 그리고 충분치 못한 서비스 시설 등으로 관광개발은 적지않은 문제를 야기시켰다. 관광도로가 자동차 공해와 연관되어 인식될 정도로 관광개발에 의한 공해문제는 심각한 것 같다. 대체로 전국 각 지역의 관광지는 관광인구 수용력의 한계를 넘어 포화상태에 이르고 있다. 인류의 마지막 희망을 걸고 있는 남극대륙에도 최근에 한 해 동안 약 3,500여명의 관광객들이 몰려 환경오염을 재촉하고 있다.

관광에서는 관광과 환경 간의 갈등관계를 최소화시키고 상호 간의 유기적 단계가 필요하다. 그 유기적 단계 중 방법으로써 대안관광이 필요하다.

변증법적 자연주의는 인간의 작위·행동에 의하여 영향 받지 않은 이른바 "일차적 자연(First Natural)"에 대한 예시로서 "땅은 우리의 어머니이며 모든 지구상의 생물은 우리의 형제자매이다."라는 외침은 자연자원 보존의 당위성을 잘 말해주고 있다.

지구적 생물권역 보전을 위한 유네스코의 MBP(Man & Biosphere Program) 세부목표와 계획은 다음과 같다.

- 자연보전, 생태계의 최소한의 훼손
- 자연보호와 관리를 위한 법적·행정적 기초제공
- 특정한 종적 자원의 보호
- 생태계 위기관리의 해결을 위한 실험적 접근
- 장기적인 환경모니터링 시행
- 지역발전을 위한 계획 증진
- 토지이용과 관리에 대한 지역주민의 참여

• 환경교육과 훈련의 증진
• 생물권 보전과 관리에 대한 지식의 증대

4) 천연기념물

천연기념물은 우리나라의 어떤 지역의 자연계를 대표할 수 있는 고유한 동물·식물·지질·광물로부터 원시림이나 자연풍경, 천연보호구역에 이르기까지 넓은 영역에 걸쳐 분포되어 있다.

정부의 지정문화재 목록에 있는 256종의 천연기념물 가운데 식물이 172종이 주종을 이루고 있으며, 수종은 은행나무, 느티나무, 향나무, 백일홍 등의 순이다. 동물이 많이 분포하며, 우리나라가 대륙과 해양의 접촉지역이고 중위도 지방인 까닭에 철새 도래지가 많은 것이 특징적이다. 지역별 분포는 경북, 전남, 경남의 순인데 이곳이 생물의 생활조건이 좋은 환경인 것도 큰 이유이다.

(1) 식물 분야

거목 또는 고목이거나 희귀종 자생지·군락 등을 멸종위기에서 보호하는 것으로 다양하다. 관광의 가치가 높은 것으로는 양평 용문사의 은행나무(제30호), 울벚나무(제39호), 속리산 법주사 입구의 정이품 소나무(제103호), 청도 운문사의 반송(제180호) 등이 있다. 제주도의 문주란 자생지(제19호)나 울릉도 성인봉의 원시림(제189호), 희귀종인 괴산의 미선나무(제147호)가 유명하고 인공림인 함양의 상림(제154호)은 방수림이고 남해군 물건리의 방조어부림(제150호)은 조수를 막고 고기떼를 모으기도 한다. 남해안과 도서 지방에는 주도의 상록수림(제28호)을 비롯한 지정림이 많이 있다.

(2) 조류·어류 분야

조류로서 고유종인 광릉 숲(제11호)의 크낙새는 천연기념물 제197호로 지정되어 있으며 따오기(제198호), 황새(제199호), 팔색조(제204호), 저어새(제205호), 느시(제206호), 흑비둘기(제215호) 등이 있다. 인천 앞바다의 두루미 도래지(제250호)와 낙동강 하구의 을숙도나 주남저수지는 탐조활동이 많으며 철새 보호에 노력하는 곳들이고 울릉도의 흑비둘기 서식지는 제237호로 지정되었다. 어류로는 열목어(제74호)와 제주도 천지연의 무태장어 서식지(제27호), 쇠고래(제126호), 한강 유역의 황쏘가리(제190호)가 유명하다. 산간지방에는 희귀종인 사향노루(제216호), 산양(제217호) 등이 있으며 양축동물로 기장면의 오골계(제135호)와 진도의 진돗개(제53호)가 지정·보호받고 있다.

(3) 지질

지질자원에서 광물로서는 상주 운평리의 구상화강암(제69호), 부산 전포동의 구상반려암(제267호), 서귀포의 패류화석(제195호), 의령 신라도의 빗자국(제196호), 함안의 새발자국 화석(제222호) 등이 있다. 동굴은 영월의 고씨굴(제219호)을 위시한 종유동굴과 제주도의 협재굴(제236호) 같은 용암굴이 있다. 마르형태의 화산 분화구가 특이하고 식물상이 다양한 산굼부리도 천연기념물 제263호로 지정·보호되고 있다.

(4) 생태관광(Eco-Tourism)

생태관광의 매력은 아이들에게 교육관광의 산교육장으로 제격이다. 책으로 배우는 것들을 실제로 보고 느끼면서 살아있는 교육을 받게 되고 나아가 국토에 대한 남다른 애정을 키우게 된다. 덧붙여서 어떻게 보존할지도 함께 생각한다면 일석이조의 효과를 얻을 수 있을 것이다. 화석이 포함된 지층으로서 천연기념물로 지정된 것에는 다음과 같은 것이 대표적이며 다음과 같은 특징이 있다.

① 경북 왜관 금무봉의 화석사리 포함지 : 낙동강, 즉 상부쥬라기에 속한다.
② 제주도 서귀포의 패류화석 : 주로 제4기에 형서된 서귀포층에 속한다. 경남 의령의 서동에 있는 빗물자국(雨痕)이 있는데, 이는 백악기 지홍의 빗물자국으로 세림사암 혹은 사질점판암의 엷은 층이다.
③ 경상도지역의 공룡화석: 경남의 항동 금남면, 합천 율곡리, 경북의 의성 봉암산, 군위 우보면에서 공룡의 골격화석이 발견되었으며, 현재 경남 고성군 하

이면 덕명리 해안에 있는 공룡발자국 화석을 보면 한반도가 공룡들의 서식지였음을 알 수 있다. 이곳에는 1억년 전 중생대 때 한반도에 살았던 공룡들의 발자국이 수많은 새발자국과 함께 남아 있다. 공룡발자국 화석은 모두 3천여 개로 규모면에서 세계 3대 산지의 하나로 손꼽힌다. 공룡발자국을 낮에 선명하게 보려면 조수간만의 차가 큰 음력 보름을 전후해서가 적기이며, 평소에는 해안에 물이 빠지는 저녁 때 가능하다.

④ 포항의 장기층과 연일층과 울산분지 : 포항시 일원에서 해안을 따라 영일~울산에 이르는 지역에 수백 종의 신생대 바다생물과 육상식물의 화석이 무더기로 산재해 있다. 울산지역에서 나온 동물화석은 육안으로는 잘 안보이는 바닷말에서 고래, 상어 등 큰 포유동물에 이르기까지 60여 종에 이른다. 경주 국립공원과 가깝게 있어서, 이 지역과 연계하여 관광활동이 이루어지면 매우 효과적이다.

5) 천연기념물 보호 구역

천연기념물 보호 구역은 보호해야 할 천연기념물이 풍부한 일정 구역을 선정한 곳으로 규암의 해식애가 독특한 경관을 이룬 홍도(제170호), 해발고도에 따른 수직적 식물상이 나타나는 화산지형의 보고 한라산(제182호), 웅장하고 다채로운 산악미를 자랑하는 설악산, 고층 습원이 발단한 양구·인제간의 대암산과 대우산, 인제·고성간의 향로봉과 건봉사 지역이 각각 지정되었다.

이는 보호할 만한 천연기념물이 풍부한 대표적인 일정한 구역을 선정하여 지정하게 되는데 현재는 홍도, 한라산, 설악산, 강원도 양구와 인제에 걸쳐 있는 대암산과 대우산, 인제와 고서에 걸쳐 있는 향로봉과 건봉산 등 다섯 군데가 지정되어 보호를 받고 있다.

(1) 홍도

전남 신안군에 소재하며 20여개 섬들로 구성된 홍도는 천연기념물 제 170호로 지정되었다. 이 섬을 구성하고 있는 규암과 풍화에 의한 사암 등에는 육지에서 볼 수 없는 독특한 것이 있다. 규암은 풍화에 강하여 해안선이 절벽을 이루고 차별적인 해식에 의하여 특이한 경관을 이루고 있다. 식물상이 다양하여 274종이 있는데 부락 근처에 있는 당산림은 원시림처럼 잘 보전되어 있고 이곳이 지역주민의 신앙생활의 중심이 되어 있다.

식물상의 특색은 큰 군락이 있고 흰동백이 자생하며 풍란 등 난초과 식물이 많다.

동물상으로 육상동물은 남방계의 종류가 많은 것이 특징인데 나비종류가 많고 새 종류에 있어서도 현재까지 알려진 54종 가운데 대부분이 텃새이거나 남방계이고, 북방계는 11종에 불과하다. 흑비둘기, 염주비둘기, 흑로 등은 특히 보호에 유의해야 할 것들이며, 해안동물은 무척추동물 117종과 어류 233종이 있는데, 대부분이 외양성이어서 서해안에서는 발견되지 않는 것이 많다.

(2) 한라산

한라산은 제182호로 지정되었으며, 이 지역에는 해발고도에 따른 수직적 식물상이 나타나는 것이 특징이다. 제주도는 제3기말과 제4기 초에 걸쳐서 화산분출이 있었고, 정상에는 화구호인 백록담이 있고 주위에는 360여개 기생화산의 화산군이 있다. 이 기생화산들이 도처에 아름다움 곡선을 이루면서 특유한 풍경을 나타내고 있는데 이것을 '오름' 또는 '악'이라고 부른다. 한라산의 상류천은 해안지방에서 용천을 이루므로 촌락은 물을 따라 해안에 발달하였고 화산활동으로 용암굴이 많은 것도 특이하다.

제주도는 그 위치, 지형, 지질, 기후 및 과거 지질시대의 변천에 따라 1,465종에 달하는 많은 식물의 종류가 있으며, 이 가운데는 이곳에서의 자생식물(한국의 30%)과 고유종, 즉 특산식물이 전체 식물의 20%나 된다.

이 지역의 난대성 상록수림은 해안 가까운 계곡이나 평지에 남아서 보호구역이 되어 있고 이들은 대체적으로 고도 600m부터 해안에 이르는 곳에 있다. 동물상을 살펴보면 일본계의 것도 있고 남방계의 것은 서로 혼식하는 흥미 있는 지역이다. 아열대의 평지나 중턱의 산림지대, 산정에는 각각 청개구리, 북방산개구리, 무당개구리들의 서식지가 수직적으로 나타나며 모든 동물에서 한반도에는 없는 고유의 종이 많다. 또한 지리적으로 육지와 거리가 있으므로 언어, 풍속, 산물 등에서 특이함을 보여주고 수산물도 매우 풍부하다.

(3) 설악산

설악산은 제171호로 지정되었으며 암질과 구조의 차에 의한 차별침식의 결과로 웅장한 모습과 다채로운 경관을 보여주고 있다. 즉, 암질 또는 절리에 따르는 차별침식은 십이선녀탕 계곡과 같은 험준한 지형과 많은 기암괴석이 나타나 절경을 이루었다.

설악산도 한라산처럼 수직적 변화의 식물분포를 나타내고 있는 것이 특징이다. 많은 종류의 식물종과 대표적인 원시림은 훌륭한 관광자원이 되고 있다. 대청봉(1,708m)의 바람꽃, 꽃쥐손이, 산정 암벽의 에델바이스 같은 고산식물은 지질시대의 유전종이라 하여 연구가치가 있다. 무엇보다 식물들의 고도와 지형에 따르는 것으로 경관이 아름답고 다채로운 것이 특징이다.

동물상으로는 발단곰, 조류로는 까막딱따구리, 솔개, 잣까마귀, 흰배멧새 등이 비교적 높은 곳에서 볼 수 있고 한지성, 고지성의 곤충들이 서식하고 있으며 멸종의 위기에 있는 크낙새, 산양, 사향노루 등과 희귀종인 까막딱따구리가 있으며 내설악, 외설악이 같은 환경인데도 생물적인 특징이 다르다.

설악산은 전체 천연보호구역 지정되었을 뿐 아니라, 1982년에는 유네스코가 지정하는 '생물권 보존지역'으로도 선정되었다. 천연기념물은 그 성질상 영구불변한 것이 아니다. 대상물이 멸종했거나 멸종해 가고 있는 것, 대상지가 변경되어 지정 대상에서 해제되는 것, 보호능력에 따라 그 가치가 더욱 높아지는 것 등 다양하다.

합천의 백도 도래지는 해방 뒤에 백도가 오지 않고 있으며 진안의 줄사철나무 재생지는 멸종되었고 밀양의 백송, 영암의 향나무는 고사해서 지정이 해제되었다.

이처럼 문화체육관광부는 자연기념물의 보존 내지 보호상태를 수시로 점검하여 문화재위원회의 의결을 거쳐 새로 지정하기도 하고 그 지정을 해제하기도 한다. 예를 들어서 열목어은 공해로 인하여 멸종위기에 있다는 것이다. 따라서 자연과 사회적 환경에 적합한 실질적이며 근본적인 보호대책이 요구된다.

2. 산악과 동굴자원

1. 산악 관광자원의 의의와 가치

1) 산악 관광자원의 의의

관광대상이 되는 자연자원 가운데서 산지, 고원, 구릉, 대지 등은 매우 주요한 비중을 차지하고 있으며, 이용이나 개발이 가장 많이 이루어진 곳이기도 하다.

관광이 가장 일찍 발달한 유럽에서도 관광지, 피서지로서의 알프스, 피레네 등의 산지는 유럽인들에게 가장 빈번한 휴식의 장소였다. 산은 높은 산으로부터 낮은 산에 이르기까지 여러 가지 유형이 있고, 계절에 따라 그 경관이 변화하며 계곡, 호소, 동식물 등과 조화를 이룸으로써, 자원적 가치를 향유한다.

산지가 중요한 관광대상지로 등장되는 배경은 깊은 자연 속에 있어 항상 자연의 신비를 간직하고 있는 곳이며, 고도에 따라 조망이 뛰어나고, 고산의 동식물 연구 등 학술탐구의 장소적 역할과 신비성을 이용한 신앙의 대상이 되기 때문이다. 특히, 자연의 신비성과 종교적 환경이 조화를 이루어 특수한 경관을 형성함으로써 관광대상으로 부각된다.

아름다운 산봉과 계곡, 기암절벽이 어울린 웅장한 산세, 계절에 따라 나타나는 삼림의 경관변화, 동식물의 조화로운 생태 등 산지는 다양한 관광자원에 의해서 복합적 경관을 이룬다. 따라서 산지는 자연적 관광자원의 보고이며 관광가치가 높은 매력적인 관광대상이다.

산지관광의 형태는 정적인 관광에 한정되어 있었으나 점차 동적인 관광의 대상으로 등산, 스키, 피서, 하이킹, 조망, 보건보양 휴양지로 그 이용의 흐름이 변화하고 있다. 또한, 교통수단의 발달로 접근성이 용이해지고 여가시간의 확대 등에 따라 장기 체류지의 휴양지로서 주변 관광자원과 연계성을 가진 관광거점지로 발전되어 가고 있다.

고대로부터 산을 신성시하여 산지신앙이 발달하였다. 중국의 오악에 대한 숭산사상을 비롯하여 네팔의 히말라야산맥, 그리스의 올림포스산, 바빌로니아의 에크르산에 대한 신앙이 대표적인 예라고 할 수 있다.

우리나라에서도 일찍이 산천을 숭배하는 원시신앙이 발생하였고 인간의 길흉화복도 지세와 지덕에 좌우된다고 믿어 부족의 정착지나 왕도를 정할 때 신성지역을 두어 산천에 제사하여 왔다. 이러한 산천숭배사상과 불교사상이 접하여 소위 불연국토영지신앙이 형성되어 초기 교학불교의 사원은 신성한 영지의 발원과 수도의 목적으로 건립되는 것이 원칙이었다. 교종계 사찰은 삼신산(금강산, 지리산, 한라산)과 오악(북악의 백두산, 남악의 지리산, 동악의 금강산, 서악의 묘향산, 중악의 북한산) 등의 영지를 따라 설립되었다.

한국 불교가 이론적 원리보다도 실천적 수행을 통하여 행동으로 접근하려는 선종이 도입됨으로써 사원은 수행장소로서 신성한 것을 중요시 여겨 조용하고 한적한 곳, 속세에서 멀리 떨어진 자연영역에서 시작된다. 특히 구산선문의 입지가 내륙 산간으로 상향이동하면서 변방 지역을 선택한 것은 심산유곡이 수행장소로 적합했기 때문이다. 성(城)의 세계를 한폭의 그림으로 나타내고 있는 오백나한도(보물 제1883호)의 구도가 전체적인 바탕을 산수화로 하고 산수 속에 오백나한을 묘사하고 있는 것은 나한상은 모두가 대자연을 무대로 수행을 계속하고 있는 모습을 나타내고 있는 것이다.

선문은 배산임류의 하천상류에 위치하면서도 산곡의 소분지에 점하여 계곡물이 모여 완만히 감싸는 곳, 물을 얻기 용이하면서도 산이 사방으로 둘러쳐진 아늑한 곳에 입지하여 조산조수적 형태를 띠고 있다. 즉, 선문의 입지는 택리지에서 나타나는 山, 水에 해당되는 풍수사상의 조건에 부합되는 형세에 위치하고 있다. 따라서 선찰의 입지는 승지, 복전, 복림 등으로 표현되어 이른바 지덕을 갖춘 길상지택이며 풍수지리상의 명당에 점지하여 산이 병풍처럼 배후를 두르고 장천과 용곡이 감싸고 있는 형세를 이룬다. 결국 한국의 사찰은 입지자체가 명산(名山)과 결부되어 유명한 산에는 반드시 유명사찰이 있다. 사찰이 산에 위치하므로 위치적 관점에서 산사라고 한다. 산은 본래 웅장하고 신비하며 아름다움에 속성이 있으므로 여기에 선문이 생기고 이것이 오늘날의 조계종의 흐름이다. 특히 고도 산업사회의 현 시점에서 명산대찰은 인간이 상주지를 떠나 일정기간 휴식을 취하는 대상으로서 국민보건이나 국민교육의 측면에서 중시되고 있다. 여기에 문화적 요소로서 고찰이 소재하여 자연과 역사가 동일 장소에 근접하여 함축됨으로써 현대관광에서 요구되는 복합형 관광자원으로 각광을 받게 된 것이다.

이 밖에도 전국 240개 마을마다 진산과 주산이 있어 숭산의 대상이 되어 왔다. 우리나라의 산지는 고유한 민족신앙으로 숭상되면서 애니미즘의 민속을 형성하고 나아가 토착적인 민속신앙으로도 전승되어 샤머니즘의 대상이 되기도 했으니 서울의 삼각산과 개성의 덕물산, 공주의 계룡산, 김제의 모악산 등이 무속신앙의 대상으로 유명하였다. 신라시대 화랑도의 생활양식 가운데 "유오산수(遊娛山水) 무원부지(無遠不至)"하였기에 집단으로 산천을 순례하며 심신을 연마하려고 관동의 여러 승지와 지리산과 금강산에 이르기까지 전국의 명소를 찾았다는 기록이 있는데, 이는 우리나라에 있어서 단체관광의 효시라고 볼 수 있는 것이다.

'팔역지'를 쓴 조선시대의 이중환은 그의 산수론에서 금강산·설악산·오대산·태백산·소백산·속리산·덕유산·지리산·칠보산·묘향산·가야산·청량산을 12명산으로 꼽고 그 위용과 경관을 극찬하였다. 또한 육당 최남선은 북한산·백두산·원산(圓山 : 함북 길주와 단천 사이에 있는 2,309m 높이의 산)·낭림산·두류산(평남 양덕과 함남 문천 사이에 있는 1,324m 높이의 산)·분수령(강원도 평강의 서북에 있음, 높이 1,128m)·금강산·오대산·태백산·속리산·장안산(전북장수에 있는 산, 1,128m)·지리산을 12명산, 12종산이라고 하였다. 이중환의 12명산은 택리적인 것과 명승을 주로 하였고, 최남선은 명승지를 이루는 산 외에 8도의 진산이라고 할 수 있는 종산을 포함시킨 것이 특색이다.

구한말에는 근대화에 힘입어 국내의 여행사정이 다소나마 호전되어 전국을 일주하는 여행자들이 많이 생겨났는데, 이들에 의하여 대한팔경이 지정된 바 있다. 이는 백두산·을밀대·묘향산·금강산·한라산·해운대·지리산·석굴암 등으로 남과 북에 각각 4개씩 분포하며, 이 중에 5개가 산을 대상으로 하고 있다.

일반적으로 널리 알려진 아름다운 산지는 오늘날 대부분 명승, 경승지로서 국·도립공원으로 지정되어 있다. 이는 산지의 관광가치를 반증하고 있다. 자연경관에 의한 명승지는 청학동 소금강, 울진의 불영사 계곡 일원, 거제 해금강, 해남의 두륜산 일원, 송광사·선암사 일원, 상백도·하백도 일원, 완도 정도리 구개 등이 있다.

자연적 관광자원 가운데 산지와 구릉지, 계곡, 암석, 폭포와 이들을 덮고 있는 지표상의 식생 등은 매우 중요한 부분을 차지한다. 일찍이 관광산업이 발달한 유럽에 있어서 보양지로 지중해의 바다를 이용한 역사는 매우 오래되었으나, 피서·휴양지로서 알프스나 피레네(Pyrenes) 등의 산지를 이용한 것은 그 보다 훨씬 뒤의 일이었다. 중세까지는 높은 산에 마력을 가진 신이 있다고 믿어 접근을 꺼려 왔었던 까닭인데 19세기에 들어와서야 등산활동의 황금기를 맞아 알프스의 여러 처녀봉들이 차례로 정복되었다.

마테호른의 처녀 등정을 마지막으로 알프스의 모든 봉우리에 올랐던 유럽인들은 갖가지 등산장비를 갖추어 접근성을 높였다. 따라서 알프스의 웅대한 산악미와 빙하, 설산 풍경에 매료된 관광객은 물론 산지를 대상으로 하는 스포츠(등산, 스키) 등에 관광인구가 집중되고 있다. 등산철도나 케이블카 등의 설비를 갖추고 숙박 및 오락시설을 마련한 뒤에 알프스 등산 및 동계 스포츠의 거점도시가 많이 발달하였는데, 샤모니(Chamonix), 체르마트(Zermatt), 그린델발트(Grindelwald) 등이 대표적이다. 몽블랑, 마테호른, 융프라우와 아이거(Eiger : 3,970m)는 등산거점으로 유명하다.

일본의 경우는 신기 습곡산지인 환태평양조산대에 속하여 험준한 산지가 많고 길게 발달한 화산대와 온천, 풍부한 겨울철 강설 등이 훌륭한 경관을 이루고 있는데 중부지방의 후지산, 카가지방의 시로이산 등지에서 종교적 이유의 신앙적 등산이 이루어졌었다. 또 포사 마그나(Fossaaa Magna)라 불리는, 지구대의 서쪽에 모여 있는 높은 봉우리들을 '일본 알프스'라고 부르며, 산지관광지로 개발하여 등산활동이 성하고 스키를 비롯한 스포츠 활동도 활발하다.

2) 산지관광자원 가치결정조건

과밀화와 공해를 연상시키는 도시화가 일반화된 20세기 이래 공해의 환경으로 벗어나려는 현대인들은 산을 찾아 긴장을 풀고 즐거움을 얻고자 하는 욕구로부터 비롯되어 전문적인 등산활동까지 대중화되고 있다. 특히 교통기관의 발달로 수천 미터 높이까지 비교적 쉽게 접근할 수 있고, 고산지대에도 숙박시설이 갖추어져 산지관광을 활성화시켜 주고 있다. 이러한 추세는 유럽과 미국, 일본은 물론 우리나라와 타이완에서도 현저하다. 산지는 그 생태가 주는 미적 가치에 있어서 계절성·시간성·접근성의 차이로 평가와 가치기준이 다르나 관광대상을 갖추기 위해선 다음과 같은 조건이 있다.

(1) 생태

① 지형 : 산지 관광의 으뜸이 되는 것으로 산봉(Peak), 계곡, 능선(Ridge), 기암, 절벽, 폭포 등의 지형경관이 풍부하고 잘 조화되어야 한다. 풍부하고 다양한 지

형변화가 주는 경관미와 웅장함, 특이성 등의 조건을 말한다. 관광개발의 조건, 관광활동의 지형공간(Site)도 포함된다.

② 지표 : 지표상에 삼림, 초원으로 피복된 식물과 서식하는 동물의 종의 다양성 및 희귀성, 보존상태 그리고 암석의 분포 등과 특히 화산, 온천 등의 부수적인 요소가 조화된 것이다.

(2) 전망

자연적 관광자원이 외부를 향하여 나타내는 원근의 조망으로서 산에 올라서 무엇을 볼 것인가 하는 시야에 펼쳐지는 여러 가지 미적 기준(심미성)들이다. 여기에는 평야, 바다, 도시, 구름, 석양, 일출, 국경선, 행정구역 경계선 등 조망권 내의 주변조건들도 포함된다. 대개 산정이나 산봉마다 조망할 수 있는 물리적 조건과 조망되는 권역 내에 내용의 다양성이 확보되는 것이 관건이다. 한국의 산지는 대체로 전망조건과 관광객의 심미성 요구에 부합되는 사례가 많다.

(3) 문화경관

산지 내에 천연기념물이나 사찰, 국보나 보물 등의 문화재가 얼마나 소재하고 있으며, 이들이 자연경관과 어떻게 조화를 이루고 있는가 하는 것이다. 우리나라의 산사는 이러한 문화경관조건이 우수하여 고유성을 인정할 수 있는 자원이다.

(4) 접근성

관광객과 결합에 의한 관광대상화를 전제할 때 산지자원의 가치성을 좌우하는 결정적인 조건이 접근성이다. '구슬이 서말이라도 꿰어야 보배'가 되듯이 이용자가 용이하게 출입할 수 있는 조건은 대단히 중요하다. 접근성 조건을 향상시키기 위해서는 삭도(줄사다리, 줄다리, 케이블카, 리프트 등)를 위시한 여러 형태의 인위적인 개발이 필연적인데, 본래의 자원을 훼손하지 않는 범위에서 최소한의 시설을 선택해야 한다.

산지경관은 보는 위치나 체험하는 장소에 따라 감상의 내용이 크게 다른 점을 감안해야 하며 간과해서는 안된다.

(5) 시설

산지에 대량 관광객이 접근할 때, 지형장애를 극복하기 위한 관광도로 시설이 요구된다. 전망을 위한 타워시설이나 산지내부의 동선시설, 안전, 보건, 위생시설 등을 위시한 각종 편의시설조건은 관광가치성을 결정하는데 중요한 요소로 작용된다. 우리나라의 산지는 자연공원법의 집단시설지구를 설정하여 주요 시설조건을 갖추고 있다. 한국의 산지는 산사면이 완만하고 고위평탄면 등이 발달하여 관광시설의 입지조건이 유리한 편이다.

(6) 원시성

보존가치의 우수성이 확보된 천연지역, 즉 1차적 자연(First Natural)을 말하는 것이다. 대륙에 비해 국내의 산지에서는 취약한 조건이나 산지자원의 보호와 관리여하에 따라 증진될 수 있는 요소이다. 장기간 타지역과 고립되어서 형성된 종족의 생활상(Ethnicity)이 포함되면 관광가치성은 더 높게 평가될 수 있다.

2. 산악 관광자원의 특색

한국의 산지는 대부분 자연공원영역으로 지정되어 국민관광대상으로서 이용률이 높다. 한국을 대표하는 자연 관광자원은 산지이다.

한반도의 산지는 중생대 말엽의 대보조산운동과 그 후 장기간의 침식작용과 신생대 제3기의 지괴운동, 그 이후의 침식작용이 그 주요한 형성원인이 된다.

우리의 국토는 제3기 이전에 거의 완성되고 신기에 이르러서는 격심한 지각운동은 없었으며 완만한 조륙운동이 계속되었기 때문에 비교적 안정지괴를 이루어 몇만년이란 장기간의 침식시대를 경과하였다. 우리나라의 산지는 대부분 미약한 융기량과 장기간의 침식으로 저 기복의 저 산성지가 대부분이다.

산지는 전 국토에 분포하여 대부분의 취락과 도시의 입지와 관련되고 있어서 병풍산이 많다. 병풍산은 국민의 주거(1차 공간), 생산(2차 공간)지역과 인접하여 접근성이 양호하고 여가(3차 공간)대상으로서 근린공원으로 활용할 수 있는 것이다. 산지의 분포는 북부지방에 백두산(2,744m)을 비롯하여 2,000m 이상의 높은 산지가 많고, 중남부지방은 1,000m 내외의 저산지들이 많아 북고남저의 지형을 이루며 대체로 동사면이 높고 서사면으로 갈수록 낮은 동고서저의 경동지형을 이루는 것이 특색이다.

한반도의 지체구조는 조산운동 및 화산활동으로 인하여 매우 복잡하게 되어 있으나 주요산맥은 지질구조에 따라서 한국방향산계, 중국방향산계, 랴오뚱방향산계 등 3대방향으로 구분되어 있다. 이러한 산맥의 경계는 근대 이전의 상황에서는 교통의 장애가 되어 지역(마을)마다 독특한 생활양식이 형성되어 지역성을 뚜렷하게 함으로써 인문관광자원의 다양성에도 영향을 미치는 결과가 되었다.

우리나라는 국토의 약 70%가 산지인 산악국가이나 오랜 기간에 걸쳐 풍화침식을 받아 서남부지방에는 잔구성의 낮은 구릉성 산지(Monadnock)가 발달하고 있다. 우리나라의 높은 산들은 대부분 함경산맥, 마천령상맥, 낭림산맥, 태백산맥, 소백산맥 등에 분포하고 있다. 남쪽에서는 한라산(1,950m)이 가장 높으며 화산활동으로 인하여 지형의 성상이 다양하고 그 지형적 특색을 배경으로 많은 관광지가 발달되어 있다. 우리나라의 고도별 산지의 분포를 보면 대체로 2,000m 이상이 전 국토의 0.45%, 1,500~2,000m가 45%, 1,000~1,500m가 10%로 대부분 북부지방에 분포한다. 500~1,000m의 산지는 전 국토의 약 40%이다. 한반도 전체의 평균고도는 482m로, 아시아 평균고도 960m에 비하면 매우 낮은 편이다.

국토의 특성상 산악국인 우리나라는 산지를 중심으로 한 관광개발이 필연적이라고 볼 때, 관광요소로서의 산지의 특수성을 검토할 필요성이 있다. 즉, 우리나라의 산들은 비교적 큰 산맥들로 연결되어 있으며 주요 능선상의 산봉과 계곡의 기복이 낮아서 등산로의 발달이 용이하다. 능선을 오르고, 능선을 가로지르는 횡단, 산정을 감고 도는 순환 등 이른바 등산의 세 가지 노선을 고루 갖추고 있을 뿐만 아니라 태백, 광주, 노령, 소백 등 주요 산맥들이 1일 10~15km의 산행 속도를 기준으로 할 때 10일~20일 간의 장기 종주 등산로를 개설할 수 있다는 점과, 산맥에 따라 남 → 북, 동 → 서간에 상당한 계절성의 차이가 있다는 점 등은 관광요소로서의 충분한 특수성을 지니고 있다.

우리나라의 주요 문화재, 관광자원, 자연풍경들이 산지를 중심으로 이루어져 있음을 고려할 때 전국토가 등산 탐방으로 이어지게 되는 관광루트를 개설한다면 현재와 지속적인 관광을 위해 나타나는 대표적인 관광특징인 '동(動)적인 관광"을 수용하는데 산지는 가장 중심적인 역할을 할 수도 있다.

우리나라에 분포하는 암석은 화강암과 편마암이 대부분이며 그 중 화강암이 자연공원인 산지의 산봉이나 산사면에 분포하여 암봉을 이루고 기암괴석의 형태로 남아 관광자원이 된다.

산봉은 암석이 노출되어 풍화침식을 받은 산봉과 식생과 토양으로 덮여져 있는 산봉으로 나누어진다. 대체로 암봉의 산봉이 관광객의 목적물이 된다. 산봉에는 화강암이 주로 분포되어 풍화침식을 받아 수직 또는 수평으로 절리가 발달하고 있다.

지하의 기반암이 수직이나 수평으로 절리되면, 풍화작용은 절리면을 따라 활발하게 진행되어 풍화작용을 받은 부분은 푸석푸석한 풍화층을 이루게 된다. 이 푸석푸석한 풍화층을 Saprolite라고 부른다. 풍화층이 발달하면 수직, 수평으로 갈라진 블록의 풍화층 내에는 단단한 핵석(Core Stone)이 존재한다. 이러한 풍화작용을 받은 기반암이 지상에 노출되면 푸석푸석한 부분은 제거되고 핵석이 불안정하게 쌓여 석탑처럼 나타나게 된다. 이것을 지형학적 용어로 토어(Tor)라고 부른다. 토어의 가장 위층에 있는 핵석은 그 아래 큰 핵석이나 기반암 위에 있지만 각각 분리되어 있으므로 불안전하게 걸려 있다. 불안전한 맨 위층의 핵석은 일정한 방향으로 힘을 가하면 흔들리게 되는데, 이런 바위를 이른바 흔들바위라고 한다. 우리나라의 대표적인 흔들바위는 설악산 계조암 흔들바위, 금정산 칠성암 흔들바위, 강원도 원성군 홍양리 흔들바위 등이다. 흔들바위는 아니지만 탑의 형식을 취하고 있는 토어의 예는 충북 중원의 공기돌, 속리산의 문장대, 북한산의 해골바위, 대둔사의 동심바위, 의령의 탑바위, 삼학도의 갓바위, 화양동의 첨성대, 속리산의 입석대와 청거대, 금정산의 무명봉의 공기돌 등이다.

산사면은 산지의 산봉과 평지 사이에 경사가 있는 산록이다. 구릉지의 사면도 이에 포함될 수 있다. 이러한 산사면은 식생, 암석, 토양으로 구성되어 있는 경우가 많다. 산사면이 암석층으로 덮여 있는 경우 판상절리된 암석이 계곡에 분포하여 암괴퇴적물로 남아 있는 곳이 있다. 심산유곡이라고 하는 깊은 계곡의 물이 암괴퇴적물 아래로 흐르는 경우 계곡미와 더불어 여름철의 피서지로 각광을 받는다.

산사면의 토지는 본래 농업, 임업, 목축지역으로 이용되어 왔으나 최근 관광공간으로 변모하고 있다. 관광공간의 경우 스키장, 골프장, 수렵장, 관광농업, 관광교통로 등이 산사면에 입지하고 있다. 수렵장은 경남, 제주, 전남, 전북 등에 있으며 매년 겨울 동안 수렵장 이용일을 정하여 수렵을 허용하고 있다. 주요 수렵대상 동물은 멧돼지, 고라니, 산토끼, 수꿩, 산비둘기, 까마귀, 오리, 참새 등이다. 전남과 전북의 수렵장은 순환수렵이며 수렵동물은 지역별로 확정된다. 멧돼지는 구례, 곡성, 화순, 담양, 완주, 진안, 임실, 백운산, 팔영산 등이고 청둥오리는 고흥반도, 꿩은 김제, 부안, 옥구, 고창 등이며 물오리는 영암, 해남, 여천, 강진 등에서 사냥이 허용된다. 거제와 제주는 상설수렵장이 있다. 수렵의 허용기간은 지역마다 차이는 있지만 대체로 11월 초부터 내년 2월 28일까지 4개월 간 허용하고 있다.

우리나라 산사면은 골프장으로도 개발 및 활용되고 있다. 골프장은 관광휴양지역으로 지정되어 운영되고 있다. 골프장은 관광휴양지역에도 건설되지만 관광단지개발에서 그 개발의 시설내용에 포함되는 경우가 많다.

산사면은 고랭지농업, 목축, 임업 등의 토지이용이 탁월하여 그 자체가 관광대상이 되는 경우도 있고 삼림욕장 등으로 이용되고 있으며 산사관광지도 바로 이와 같은 입지특성을 갖는다. 산사면이나 고위평탄면 등은 산성(남한산성 등)을 위시한 문화재, 목장(대관령 등), 특수작물재배(보성의 다원 등), 경관 기능을 포함하여 관광대상화되고 있으며, 특히 휴양, 오락적 토지이용에 적합하다. 한국의 산지가 미래의 관광대상으로써 잠재력이 높이 평가되는 것도 바로 산사면이 완만한 경사를 이루어 산지 리조트개발에 유리한 조건을 갖추고 있기 때문이다.

한편, 우리나라의 화산지형은 백두산과 개마고원일대, 울릉도, 제주도, 철원-평강-연천-전곡으로 연결되는 주변지역 등에 발달되어 있다. 이곳에는 모두 현재의

화산활동이 이루어지고 있는 곳은 아니지만 과거 화산의 활동으로 화산지형(사화산)
이 발달되어 있다.

　관광자원의 배경이 되는 화산지형은 마그마가 분출한 분화구, 마그마가 흐르면서
굳어져 만들어진 용암동굴, 마그마가 분출력에 의해 공중으로 높이 에워싸면서 형성
된 용암수형, 주상절리의 현상으로 발달한 애, 큰 화산의 산사면에 발달한 기생화산
등이다. 화산지형으로 인하여 관광객 유동이 많은 곳이 제주도이다. 제주도의 주요 화
산지형 관광지는 용두암, 협재굴과 쌍용굴, 만장굴과 금녕사굴, 산방산, 정방폭포, 천지
연폭포, 한라산의 백록담, 산굼부리분화구, 성산일출봉, 외돌괴, 제2정방폭포 등이다.

　제주도의 화산활동은 신생대 제3기와 제4기에 있었으며, 주요 화산암은 조면암
과 현무암이었다. 이 중 현무암이 가장 넓게 분포하고 있기 때문에 하천의 하상이
나 해안에는 검은 암석이 넓게 분포하여 계곡을 흐르는 해안에는 검은 암석이 넓
게 분포하고 있다. 현무암의 색으로 인하여 계곡을 흐르는 하천수가 검게 보인다.
제주도에 많은 돌은 대부분 현무암이다. 이 암석은 밭, 과수원, 묘지, 목장, 관광지
의 도로 주위에 담으로 쌓여 있다. 제주도의 많은 관광지 중에서 제주도의 돌과 나
무를 소재로 조성된 관광지가 탐라목석원이다.

　마그마의 분출로 인하여 제주에는 360여개의 기생화산이 있으며 마그마의 냉각
속도의 차이에 따라 생성된 용암동굴이 발달하였고, 용암수형 등과 같은 독특한
매력물이 있다.

　미래의 산림 휴양수요에 대비하고 산림이 지역의 소득경영 일환으로 산촌주민의
소득증대를 도모하여 신비로운 자연의 혜택을 누리게 함으로써 국민의 건전한 정
서함양과 아울러 자연의 고마움을 체험할 수 있도록 자연휴양림 조성사업을 산림
사업의 역점시책으로 추진하고 있다.

　국립자연휴양림은 전체 37개소로 전국의 4개의 전역으로 나누어서 관리하고 있
다. 북부지역팀 9개소(유명산, 산음, 중미산, 운악산, 속리산, 오서산, 희리산, 용현, 상당산성), 동부지역
팀 12개소(청태산, 복주산, 용화산, 백운산, 삼봉, 용대, 방태산, 대관령, 미천골, 두타산, 가리왕산, 검봉산), 남
부지역팀 8개소(대야산, 칠보산, 청옥산, 검마산, 통고산, 운문산, 신불산, 황정산), 서부지역팀 8개소
(방장산, 덕유산, 운장산, 지리산, 남해편백, 회문산, 천관산, 낙안민속)로 시설되어 운영되고 있다.

자연휴양시설은 기본시설로서 진입로, 주차장, 산책로, 잔디밭, 야영장, 광장 벤치, 운동시설, 급수대, 오물처리장, 임간수련장 등이 있으며 특수시설로서 임산무판매장, 낚시터, 수렵장, 산지과수원, 조수사육장 등을 설치할 수 있다.

　　국립자연휴양림의 시설은 숙박시설(숲속의 집, 연립동, 산림문화휴양관), 편익시설(야영장, 전망대, 주차장, 캠프파이어장, 방문자안내소, 건강증진센터), 위생시설(취사장, 화장실, 샤워장, 탈의실, 오물집하장), 교육시설(숲속수련장, 야외교실, 자연관찰원, 식물원, 유아숲체험원, 교육체험관), 체육시설(운동장, 광장, 놀이터, 물놀이장), 기타 부대시설(사무실, 관리사, 매표소 등)로 되어 있다.

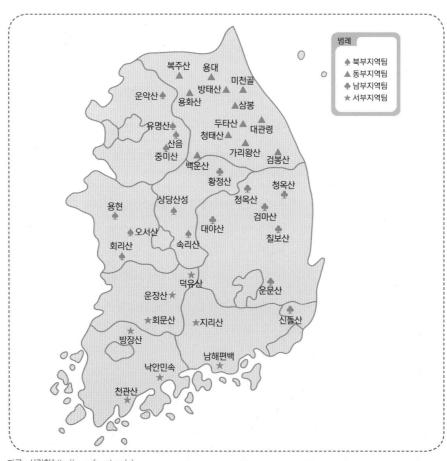

자료 : 산림청(http://www.forest.go.kr)

🎐 그림 4-1 _ 전국의 국유림 배치

숙박시설의 경우 총 782실로 4,554명의 수용력을 보유하고 있으며, 이 중 200명 이상을 수용할 수 있는 곳은 남해편백, 산음, 운문산, 칠보산 4개소이며, 천관산, 용대, 방태산, 상당산성, 중미산, 백운산의 수용력은 70명 미만으로 특히 천관산은 숙박시설 수용력이 57명으로 가장 적은 수용력을 가진 자연휴양림이다.

국립자연휴양림 특성화를 위해 중미산, 청옥산은 노후화된 숙박시설 철거 후 야영시설을 조성하여 2010년도부터 야영전문 자연휴양림으로 운영하고 있다.

1990년 개정된 구 산림법에 자연휴양림 지정과 조성에 관한 법적 근거가 마련됨에 따라 1991년 5월에 「산림청 고시 제91-11호」를 근거로 2013년까지 국립자연휴양림 총 92개소 1,448.5㎢를 지정하였으며, 조성은 조성중인 3개소 자연휴양림과 제주도 절물·서귀포를 포함하여 42개소에 지정면적은 전체 1,067.3㎢이다.

생태와 생태계에 관한 조사·연구 및 전시, 교육을 체계적으로 수행하고 올바른 환경의식을 함양하기위해 환경부 산화로 국립생태원을 운영 중에 있다. 위치는 충청남도 서천군에 위치하고 있다. 에코리움과 주변 생태전시장으로 구분되며 에코리움은 열대관, 사막관, 온대관, 극지관 등으로 나뉜다. 그리고 야외전시장은 금구리구역, 하다람구역, 고대륙구역, 나저어구역으로 나누고 있다.

국립생태원

※ 표 4-9 _ 전국의 국유림 현황　　　　　　　　　　　　2014.12.31. 현재

휴양림명	위치 (도. 군. 면. 리)	휴양림명	위치 (도. 군. 면. 리)
유 명 산	경기. 가평. 설악. 가일	통 고 산	경북. 울진. 서. 쌍전
복 주 산	강원. 철원. 근남. 잠곡	운 문 산	경북. 청도. 운문. 신원
산　음	경기. 양평. 단월. 산음	대 야 산	경북. 문경. 가은. 완장
중 미 산	경기. 양평. 옥천. 신복	지 리 산	경남. 함양. 마천. 삼정
운 악 산	경기. 포천. 화현. 화현	남해편백	경남. 남해. 삼동. 봉화
용 화 산	강원. 춘천. 사북. 고성	신불산폭포	울산. 울주. 상북. 이천
청 태 산	강원. 횡성. 둔내. 삽교	희리산해송	충남. 서천. 종천. 산천
백 운 산	강원. 원주. 판부. 서곡	오 서 산	충남. 보령. 청라. 장현
삼　봉	강원. 홍천. 내. 광원	용　현	충남. 서산. 운산. 용현
용　대	강원. 인제. 북. 용대	속리산말티재	충북. 보은. 장안. 장재
방 태 산	강원. 인제. 기린. 방동	황 정 산	충북. 단양. 대강. 올산
대 관 령	강원. 강릉. 성산. 어흘	상당산성	충북. 청원. 내수. 덕암
미 천 골	강원. 양양. 서. 서림	방 장 산	전남. 장성. 북이. 죽청
두 타 산	강원. 평창. 진부. 수항	덕 유 산	전북. 무주. 무풍. 삼거
가리왕산	강원. 정선. 정선. 회동	운 장 산	전북. 진안. 정천. 갈용
검 봉 산	강원. 삼척. 원덕. 임원	회 문 산	전북. 순창. 구림. 안정
칠 보 산	경북. 영덕. 병곡. 영	천 관 산	전남. 장흥. 관산. 농안
청 옥 산	경북. 봉화. 석포. 대현	낙안민속	전남. 순천. 낙안. 동내
검 마 산	경북. 영양. 수비. 신원		

자료 : 나라지표(www. index.go.kr)

3. 동굴 관광자원의 특색

1) 동굴의 관광적 가치

　　동굴은 웅장하고 신비한 지하경관, 지질과 희귀한 동굴생물의 생태관찰, 그리고 인류의 초기생활 등 학술조사의 대상과 전략기지의 저장고 및 특수작물의 재배 등 다양한 효용성을 지니고 있어 관광대상화가 활발하게 이루어지고 있는 추세이다. 동굴은 지상의 여러 자원 보다 특이한 요소가 많아 관광자원이 된다. 우리나라에도 많은 동굴이 개발, 이용되고 있다. 동굴의 분류방법은 생성원인이나 형성과정,

그리고 형태에 따라 다르지만 자연동굴과 인공동굴로 대별할 수 있다.

자연동굴은 생성원인에 따라 용암동굴, 석회동굴, 해식동굴, 기타 동굴 등으로 세분할 수 있다.

인공동굴은 인위적으로 시공된 동굴로써 원시주거, 산업, 군사적 목적 등에 의해 축조한 동굴이 많다. 한 예로써 중국의 혈거나 우리나라 선사시대의 수혈식 주거, 광산의 갱도, 북한이 인위적으로 조성한 땅굴 등이 대표적인 사례이다.

동굴의 관광가치는 동굴 내부의 독특한 지하경관이 동굴의 생성시기와 규모, 위치에 따라 그 성상을 달리하고 있는 점을 들 수 있다. 또한, 자연적으로 형성된 동굴내부에 역사적·문화예술적 의의를 함축한 것도 있다. 예컨대 스페인에 있는 알타미라 동굴벽화의 예술성이나 제주도 빌레못동굴과 같은 주거유적 등의 역사성을 말하는 것이다. 따라서 주요 동굴자원은 천연기념물이나 지방기념물로 보호되어 관광이미지를 더욱 높여준다. 더욱이 동굴내부의 온도가 계절에 따라 피서, 피한의 대상이 되는 것도 관광가치로서 인정될 수 있는 점이다.

우리나라의 동굴은 대개 고도가 낮은 산간이나 하천주변에 발달함으로써 관광객의 접근성이 비교적 유리한 편이다. 뿐만 아니라 동굴과 인접하여 다른 관광자원이 소재하는 경우가 빈번하여 광역적인 관광권역을 형성할 수 있어서 동굴자원의 관광가치성은 큰 것이다. 예를 들면, 울진의 성류굴은 백암온천과 관동 8경, 단양의 고수동굴은 단양 8경과 충주호, 영월의 고씨동굴은 장릉과 청냉포와 연결하는 관광권역을 형성하고 있다.

현재 우리나라의 자연동굴은 220여 개소로 파악되고 있으며 그 분는 강원도가 가장 많고, 충청북도, 제주도, 경상남도 순이며 이 4개도가 60% 이상을 차지하고 있다. 우리나라의 동굴관광자원은 자연동굴로서 반도부에 발달한 석회동, 제주도의 용암동, 해안과 도서에서 볼 수 있는 해식동이 있으며, 인공동굴로서 폐광지대의 갱도에 대한 관광가치를 부여할 수 있는 가능성과 미래에 각광받을 수도 있는 땅굴 등이 있다.

석회동굴은 다양한 내부구조를 이루고 있는 석순을 비롯하여 종유석, 석주 등의 경관미는 관광가치가 높다. 남한에 발달된 동굴 중에서도 단양의 고수동굴, 삼척의 초당굴, 울진의 성유굴, 영월의 고씨굴은 그 규모나 경관미가 훌륭하여 각 지역으로부터 관광객을 많이 유치하고 있다. 전국적으로 동굴미가 아름다운 것을 골라 천연기념물 및 지방기념물로 지정하여 보호·관리하고 있다.

※ 표 4-10 _ 전국의 동굴분포

연번	지역	명칭	연번	지역	명칭
1	영월군	고씨동굴	15	삼척시	초당동굴
2		대야동굴	16	강릉시	화암동굴
3		동대동굴	17		활기동굴
4	평창군	백룡동굴	18		만장동굴
5		비룡동굴	19		김녕동굴
6		비선동굴	20		협재동굴
7		서대동굴	21	제주도	빌레못동굴
8	울진군	성류동굴	22		미천동굴
9		연하동굴	23		쌍용동굴
10		옥계동굴	24		용천동굴
11	강릉시	용연동굴	25	단양군	고수동굴
12		월둔동굴	26		노동동굴
13		용담동굴	27	익산시	천호동굴
14		저승동굴	28		화순동굴

자료 : 나라지표(www.index.go.kr)

동굴이 천연기념물로 지정된 것은 강원도 삼척의 대이리동굴과 초당굴, 영월의 고씨동굴, 평창의 백룡동굴을 비롯하여 충북 단양의 고수동굴, 온달동굴, 노동동굴, 경북 울진의 성류굴, 전북 익산의 천호동굴이며 용암동굴로서 제주도 북제주군 김령굴 및 만장굴과 용암동굴지대가 여기에 속한다.

동굴이 지방기념물로 지정된 것은 강원도 영월의 용암굴을 비롯하여 연하(蓮下), 대야(大野), 정선의 화암과 비룡 등 12개 지역과 충북 단양의 천동굴, 경북 문경의 아산굴, 전남 화순의 아천산 천연동굴 등이다.

2) 동굴관광자원의 형성원인 및 분포의 특색

(1) 용암동굴

용암동굴은 지하 깊은 곳의 암장이 지표에 분출하면 이것은 Lava라고 한다. 이때 Lava가 화구에서 산지사면을 따라 정상에서 낮은 곳으로 흘러내릴 때 그 용암류는 공기와 마찰되어 외부는 냉각되고 굳어지나 내부는 그대로 방향을 계속하여 유출하게 된다. 이렇게 하여 내부에는 길다란 공동을 형성하게 되는데, 이것을 용암굴이라고 한다. 용암굴은 제주도의 화산지형에 발달하고 있는데 동굴 내부의 경관이 단순하고 수평적으로 긴 터널을 이루어 석회동굴에 비해 규모가 크다. 이보다 용암의 통로가 좁고 소규모인 것을 용암관이라 하며 용암 중에 함유되어 있는 가스가 증발하면서 막힌 동굴을 가스터널이라 한다. 용암동굴은 한라산이나 일본의 후지산과 같은 순상화산 및 용암대지에서 주로 발달하고 있으며 그 규모는 유동성에 따라 달라진다. 후지산은 유동성이 적은 산성용암이기 때문에 동굴의 길이가 최장 1.7km이고, 한라산이나 하와이의 마우나로아(MaunaLoa)산 등은 유동성이 큰 알칼리성 용암으로서 그 규모가 크고 길이가 긴 것이 특징이다.

용암동굴의 내부구조는 일시적인 화산작용으로 만들어진 공간이므로 석회동굴에 비해 단조로운 편이다. 동굴의 천장이나 측면의 벽에는 마그마가 흘러가면서 자국을 남겨 용이 기어가는 문양이 남아 있다. 쌍룡굴의 경우 천장에 두 마리의 용이 기어가서 만나는 자국이 있다. 협재굴의 경우 용암동굴로 생성되었지만 시간이 경과하면서 동굴내부의 용식작용에 의해 석순과 종유석이 형성되어 석회동굴모양으로 진전되고 있다. 이것은 바닷가의 패류풍화물질이 바람에 날려 동굴의 지표에서 물에 용해되어 동굴내부로 스며들면서 석회암 동굴내부에서 형성되는 지형이 만들어지고 있기 때문이다.

우리나라의 주요 용암지대는 개마고원 지대를 중심으로 하여 철원에 이르는 지역과 울릉도에 이르는 지대 그리고 제주도 지역이다. 특히 제주도 용암동굴의 형성은 용암의 유동방향과 일치하여 주로 북서 및 북동해안 지대에 분포하고 있다.

이런 용암지대에 형성된 대표적인 용암동굴은 애월면의 빌레못 동굴을 비롯하여 김녕의 사굴과 만장굴이 있고 그 외에 황금굴, 협재굴, 구런굴, 소천굴, 미천굴 등 100여개 이상으로 추정된다. 이들 제주도의 용암동굴은 천장의 높이가 높은 것도 있으나, 어떤 것은 3~5m에 달하며, 그 폭도 6~10m의 대규모적인 것도 있으며 길이도 10m에서 수 km에 달하는 것도 있다.

세계적으로 굴의 길이나 규모에 있어서 인정을 받고 있는 만장굴은 그 길이가 10.7km나 되어 관광동굴로서 이미지가 높다. 일반적으로 용암동굴은 동굴 내부가 단조로운 편이나, 만장굴은 곳곳에 용암류의 흐름의 변화로 이채로운 형태가 많아 관광객의 흥미를 끈다. 만장굴의 총 연장길이가 지금까지 6.8km로 알려져 왔으나 1977년 한일합동조사단에 의해 10.7km로 밝혀졌다. 아프리카 케냐에 있는 11km의 용암굴에 이어 세계 제2위의 규모라는 평가가 공인되었다.

제주도 쌍룡굴

제주도 협재굴

(2) 석회동굴

석회암(limestone)이란 지구의 표면을 이루는 암석들인 화성암, 변성암 및 퇴적암에 해당하는 암석으로서, 성분은 탄산칼슘($CaCO_3$)으로 이루어진 방해석(calcite)이란 광물로 이루어져 있다. 암석이란 퇴적물이 물리적 및 화학적 작용을 받아 고화된 것이기 때문에 석회암도 역시 탄산염 퇴적물이 암석화된 것이다. 현생환경에서 탄산염퇴적물은 주로 관광지로서 각광을 받고 있는 열대 및 아열대 기후 지역의 수심이 얕은 천해 환경에서 쌓이고 있다.

한반도에서 발견되는 석회암은 약 4-6억년전인 하부 고생대의 캠브리아기에서 오르도비스기에 한반도가 적도 근처인 저위도 지역에 위치하고 있을 때, 얕은 바다에 쌓인 탄산염 퇴적물이 암석으로 고화되었고, 그 이후 중생대에 한반도를 포함한 주변의 대륙이 태평양을 가로질러 이동하면서 아시아 대륙과 충돌한 후 융기되어 현 위치에 분포하는 것이다.

일반적으로 석회암지대에 빗물이 스며들면 용식작용을 일으켜 다양한 지형을 형성하게 되는데, 이런 지형을 총칭하여 카르스트지형이라 부른다. Karst라는 용어는 유고슬라비아 Karst지방의 해안에 이런 지형이 많아 이곳의 지명에서 유래된 것이다.

카르스트(Karst)지형은 석회암층의 분포가 지표에 노출되었을 경우와 지하에 묻혀서 빗물이 스며들어 형성된 두 가지 형태가 있다.

최초에 발견된 곳은 유고슬라비아 아드리안 해안의 20.250㎢에 걸쳐 있는 석회암 지대, 디나릭 카르스트이며 카르스트의 대표적인 곳이다. 카르스트지형은 형태는 다음과 같다.

- True karst: 유고슬라비아의 대부분의 지역이 이것에 속한다. 석회암층이 두꺼울 뿐 아니라 조륙 운동과 많은 강우로 인한 침식으로 2000mm이상의 고지에 수 천 개의 돌리네가 발달되어 있다. 석회암과 투수성 암석이 접하는 부분에는 polje가 발달되어 있고 지표에는 많은 karren이 발달되어 있다.

- 유수성 카르스트(Fluvio karst) : 유수의 작용과 카르스트 작용이 혼합되어 일어나는 곳으로 서부 및 중부 유럽 그리고 미국의 석회암 지역 대부분이 이에 속한다. 석회암층이 얇기 때문에 지하수의 깊이가 낮다. 이런 곳에는 shallow hole, blind valley, spring, 석회 동굴 등이 일반적으로 나타나고 있다.

- 빙하성 카르스트(Glacio karst) : 빙상 주변 또는 빙상 아래 또는 눈이 정규적으로 쌓였다가 녹았다 하는 한냉한 기후 지역에서 발달한 지형이다. 영구동토층을 가진 툰드라 지역에서는 지하에서의 물 순환이 거의 없기 때문에 동굴의 발달이 미약하다.

- 열대 카르스트(Tropical karst) : 강수량이 많고 증발량이 큰 지역에 발달하는 카르스트지형으로 지표에 포상 유수와 세류가 나타나기 때문에 지하동굴의 발달이 미약하다. 이런 지형은 동남아시아에 일반적으로 나타나는데 남부 중국에는 60,000㎢에 달하는 거대한 카르스트지형이 발달되어 있다. 열대 카르스트지형에서는 유수에 의한 침식작용이 우세하기 때문에 전형적으로 거대한 충적평원이 형성되어 있다.

석회암이 지표에 노출된 경우는 빗물이 석회암의 틈(절리)을 따라 용식되어 오목한 지형들(와지)을 형성하게 된다. 따라서 용식의 정도, 와지의 크기에 따라 돌리네(doline), 우발레(Uvale), 라피에(lapies), 테라로사(terra rossa) 등의 지형이 형성하게 된다.

- 돌리네(doline) : 석회암 중의 갈라진 틈으로 이산화탄소를 포함한 빗물이 스며들게 되면 석회암이 주성분인 탄산칼슘이 녹아 형성된 깔때기 모양의 웅덩이를 말한다. 크기는 직경 1m 내외에서 100m에 이르는 등 다양하다. 최근의 국제적인 정의에 따르면, 웅덩이 밑에서 경작할 수 있는 토양이 발달한 정도의 크기를 돌리네라고 부르기도 하였다. 돌리네의 저면에는 테라로사라고 불리는 토양이 발달한 경우가 많으며, 경작지로 이용되고 있다. 돌리네는 테라로사로 덮여서 보이지 않지만 그 가운데에는 물이 빠지는 배수구가 있는데 이를 침수혈(沈水穴 ; sinkhole)이라 한다. 싱크홀을 관서지방에서는 '덕', 강원도 평창군 대화지방에서는 '구단', 삼척지방에서는 '움밭', 충청북도 단양지방에서는 '못밭'이라고 부른다.
- 우발레(uvale) : 석회암 지역에 만들어진 돌리네가 더욱 침식을 받아 2개 이상의 돌리네가 연결된 것을 말하는데 우발라(uvala)라고도 한다. 장경이 1Km를 넘는 것도 있으며 토양이 생성되어 경작지로 이용되는 경우가 많다.
- 폴리에(polje) : 석회암 지역에서 볼 수 있는 기다란 요지(凹地)로서 우발레가 여러 개 합쳐져서 형성된 카르스트지형이다. 폴리에 밑바닥에는 계곡이 발달하여 지하수면에 달한 하천도 발달하고 때로는 호소가 형성되기도 하는데, 폴리

에가 발달한 분지 안의 계곡수는 지하수로 흡수되어 건천으로 변한다. 이때의 계곡을 맹곡(blind valley)이라고 하며 물이 지하수로로 빨려드는 구멍을 포노르(ponor)라고 부른다. 폴리에의 내부에는 많은 경작지와 취락이 발달하기 쉽다. 충청북도 단양군 매포에서는 폴리에를 '여우내'라고 부른다.

- 라피에(lapies) : 석회암이 노출된 지대에 빗물이 흘러내리면 그 조직에 따라 용식이 잘 되는 부분과 용식이 잘 안되어 남는 부분이 나타나게 된다. 이러한 작용이 계속되면 크고 작은 복잡한 소돌기(小突起)가 형성되는데 이것을 프랑스어로 라피에, 또는 독일어로 카렌(karren)이라 한다. 라피에는 차츰 발달하여 석회암 중의 절리 또는 구조선을 따라 선택적으로 용식을 하게되면 지표에는 작은 도랑이 생기고, 그 작은 도랑은 서로 교차하게 된다. 도랑과 도랑 사이의 암석은 차츰 돌출하여 수m 높이를 갖는 수많은 기형의 석탑(石塔)으로 임립(林立)하게 되는데 이것을 카렌펄트(karrenfild), 석탑원 또는 묘석 지형(墓石地形)이라고 한다. 카르스트지형에서 카렌펄트는 장년기 지형의 특징으로 지적된다.

- 테라로사(terra rossa) : 석회암이 용식작용을 받으면 탄산칼슘 성분은 제거되고 규산(SiO_2)과 철·알루미늄의 산화물 그리고, 점토 광물 같은 비가용성 불순물은 잔류하게 된다. 특히 규산은 쳐트(chert), 석영질 실트(silt)나 모래, 점토광물 등으로 잔류하게 되는데 이와 같은 불순물로 이루어진 석회암 지대의 붉은 점토질 토양을 테라로사라 한다. 테라로사가 붉은 색을 띠는 것은 주로 감철석으로 알려진 수화산화철 때문이다. 석회암은 회색 내지 회백색으로 테라로사와는 용식면을 경계로 접하고 있는 이들은 선명하게 구별된다.

카르스트지형의 발달 조건은 암석의 조직이 치밀한 반면에 절리가 많아서 지하수의 순환이 원활해야 한다. 암석의 조직이 치밀하지 않고 암석 전체가 투수성이 크면, 지표수 또는 지하수가 일정한 부분에 집중되지 않으므로 차별적인 용식이 일어나지 않아 카르스트지형 발달에 불리하다. 석회암 산지나 대지 사이에 깊은 하곡이 발달되어 있으면 절리나 성층면을 따라서 지하수가 쉽게 흘러 내릴 수 있기 때문에 용식작용이 원활하게 진행된다. 또한, 강수량이 풍부해야 하기 때문에 건조지방에서는 카르스트지형이 형성될 수 없다. 건조지방에 카르스트지형이 발달되어 있다면 그것은 습윤기후와 관련된 화석지형이라고 할 수 있다.

카르스트윤회(karstcycle)의 출발과 특징적인 발달을 위해서는, 큰 두께의 석회암이 해수면보다 충분히 높게 올려 있어야만 된다. 그러나 불용해성의 피복암이 있다 하더라도 카르스트윤회는 그것이 완전히 벗겨지기 전에 이미 그 윤회를 시작할 수 있다.

- 유년기: 노암 표면의 카렌 구식과 돌리네의 분포는 카르스트윤회에 나타나는 최초의 지형적 특색이며, 바로 이 돌리네들이 수적으로 늘고, 또 각 돌리네가 확대되는 시기를 유년기라고 한다.
- 장년기: 장년기 사이에는 작고 급사면을 이루는 돌리네들이 측방확장으로 연합된 우발라와 험으로 경관이 전환된다. 그리고, 우발라 바닥에는 맹곡들이 발달하는데, 맹곡은 급사면과 끝에서의 급벽을 이루며, 급벽 기슭에서는 표면류가 흘러 들어간다. 맹곡의 곡도부분은 수평적인 용식화랑이 내부로부터 점진적으로 하락함으로써 발달한다고 추정된다.
- 노년기: 우발라 사이의 능선이 낮아지고 잔존하는 험들은 완전히 고립되며, 지표면이 카르스트윤회에서 지형 발달을 통할하는 기준면이라고 추정되는 지하수면 가까이까지 낮아졌을 때 나타난다. 종말기에는 표면유수가 다시 나타나게 되고 경관은 준평원 모양을 띠게 된다.

한편, 석회암이 지중에 있을 때 빗물이 구조선이나 절리를 따라 지하로 스며들어 석회암을 용식시켜서 석회동굴을 형성하게 된다. 석회동굴에는 탄산칼슘($CaCO_3$)을 포함한 물이 공기에 증발되어 탄산칼슘 결정을 이룬다. 이때 동굴천장에서 하부로 매달리면서 형성된 것을 종유석이라 하고, 동굴바닥에서 천장을 향하여 형성된 것을 석순이라고 한다. 이런 현상이 장기간 계속되면 종유석과 석순은 점점 발달하여 상호 연결되는데, 이것을 석주라고 한다. 따라서 석주의 굵기와 길이는 동굴 생성시기의 척도가 되기도 한다. 종유석의 연도측정기준표에 의하면 직경

5mm, 길이 100mm의 종유석 형성 기간은 14년이며, 직경 3cm, 길이 50cm의 종유석은 1760년, 직경 10cm, 길이 1m의 종유석은 55,000년의 시간이 경과한 것이다.

세계적으로 카르스트 지형의 주요 분포지역을 보면 유고슬라비아의 Karst지방, 남프랑스의 Causses지방, 스페인의 Andalusia지방, Greece, Yucatan반도의 북부, 쿠바의 북부, 미국 Tennessee의 중부, 중국의 호남지방, Thailand, Burma, Celebes남부 Java, 일본의 추방동(秋芳洞) 야키요시다이가 유명하다.

석회암은 주로 방해석의 형태로 존재하는 탄산염광물이 50% 이상인 암석을 가리키고 카르스트지형이 발달하려면 탄산칼슘 60% 충분히 발달하려면 90%이상 포함되어야 한다.

카르스트지형이 충분히 발달할 만큼 탄산칼슘을 포함하고 있는 지층은 조선 누층군의 대석회암층이다. 이 지층의 분포지역은 강원도 삼척, 영월지역, 충청북도 단양, 제천, 경상북도의 문경지역이다.

이들 지역에 형성된 주요 석회동굴을 보면 미국 Kentucky주에 있는 Mammoth Cave, New Mexico주의 Colsbad Cave·Swiss Hollo Cave, France의 Grouffre, Yugoslavia의 Postojna Cave, 일본의 아기요시타이와 아기호도우 동굴이 있다.

우리나라의 석회동굴은 1,000여 개에 달하는 동굴이 있다. 그 중에 규모가 큰 것은 300여 개에 달한다. 대부분의 동굴이 고생대 대석회암통에 속하는 지반층에 발달하고 있기 때문에, 생성년도는 4~5억년 전의 것으로 추측하고 있다. 이들 동굴은 옛부터 신비로운 지하관정으로 알려져 왔으며, 우리 조상들의 신앙, 수도장 등이 성스러운 장소로 이용되기도 하였으며 때로는 피난처로 이용되기도 하였다.

석회동굴의 내부에는 광장, 종유석, 석순, 석주, 석회화단구, 호소, 폭포, 석교, 아라고나이트의 결정체 등 여러 가지 모양의 형상석이 만들어진다. 이러한 지형경관이 수직과 수평으로 발달하여 변화무쌍한 경관을 이루고 있어서 자연의 오묘함, 신비감을 잘 나타내고 있다. 동굴의 내부온도는 대체로 12~15℃ 정도이고 기온의 일변화 및 연변화가 거의 나타나지 않는 관계로 생물의 진화가 느리다. 동굴의 내부에는 박쥐, 봉사새우, 노래기 등이 있다. 우리나라의 대표적인 석회동굴은 삼척군 도계면 대이리의 관음굴과 환선굴, 영월군 하동면 진별리의 고씨굴, 단양군 대강면 고수리의 고수동굴, 울진군 근남면 구산리의 성류굴 등이다. 석회동굴 내부의 석회화단구에는 구슬모양의 돌이 있는데 이것을 어란석이라고 한다. 이 어란석은 해마다 조금씩 자란다.

우리나라에서 동굴에 대한 학술적 연구로서는 1958년 울진의 성류굴을 답사한 이후 우리나라의 일부 동굴을 답사하여 많은 연구가 이루어지고 있으며 관광자원으로 활용되고 있다. 우리나라의 주요 석회동굴은 평북의 동룡굴, 울진의 성류동굴, 영월의 고씨동굴, 용담굴, 정선의 화암굴, 비용굴, 삼척의 환선굴, 관음굴, 초당굴, 연지굴, 전북 익산 천호굴, 충북 단양의 고수동굴, 원출굴, 곰굴, 경북 문경의 과산굴 등이 있다.

단양 천동동굴

단양 고수동굴

(3) 해식동굴

해식동굴은 해안에서 끊임없이 일어나는 파도에 의하여 만들어진 동굴을 말한다. 특히 해안이 암석으로 형성되었을 경우 계속되는 파도는 암석을 침식하게 되고 절리나 균열이 생기면 이 부분은 다른 부분보다 빨리 파괴·침식되어 동굴을 형성하게 된다.

하천 양쪽에도 계속된 하천의 흐름에 의하여 암석이 침식되어 양안에 굴을 형성하는 경우가 있는데, 이것을 해식동굴이라 한다.

해식동굴은 대체로 해수면과 같은 지점에 형성하는 경우가 많으나 수륙의 변화에 따라 육지에 동굴이 생기는 경우도 있고 어떤 경우에는 바다 깊은 곳에 동굴이 형성되는 경우도 있다. 즉, 해수면상에 형성된 해식동굴이 육지가 융기하거나 반대로 바다가 침강하면 육지에 동굴이 형성하게 되고, 그와 반대로 육지가 침강하거나 바다가 융기하면 동굴은 수중에 형성된다. 우리나라의 동해안과 같이 융기된 해안은 해식동굴에 물이 빠진 이수해식동굴로 해발 4m상에 위치하며, 외국의 예로는 베트남의 호롱만에 있는 레만동굴이 있으며 이것은 해수면보다 25m 높은 지점에 위치한다. 제주도의 산방굴도 융기해안의 해식동굴이다.

한편, 해안이 침강하여 해식동굴의 일부가 침수되면 해면 밑으로 동굴이 위치하게 된다. 전남의 다도해에 있는 소규모 동굴에서 흔히 볼 수 있는 것으로 외국의 예로서는 이탈리아 카프리섬의 아쥬레(grotta azzura) 동굴이 대표적이며, 아드리아해의 해식동굴은 해수면에 완전히 침수된 해중동굴이다.

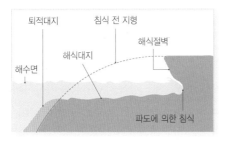

해안동굴 구조

해안동굴

우리나라에는 제주도, 남해안, 동해안에서 해식동굴이 분포되고 있다. 해식동굴로서 대표적인 것은 제주도 산방산에 있는 산방굴, 정방굴을 비롯하여 여수의 오동도굴, 남해도의 쌍홍문굴, 월성의 용굴이 있고 그 외에 울릉도나 독도에 많다. 이들은 대부분 해면보다 높은 육지 상에 발달되어 있다.

우리나라 해식동굴은 용암동굴과 석회동굴에 비하여 관광목적지로서 찾는이가 적다. 해양관광지로서 매력성이 있어 각광받는 관광지가 될 것이다.

3. 수변관광자원

1. 하천 관광자원

1) 하천 관광자원의 의의

하천은 산지지형과 조화된 명승, 경승지를 이루어 지자요산 인자요수(知者樂山 仁者樂水)라 하여 고대관광시대부터 각광받던 관광대상지였다. 현대관광에서도 하천의 유로에 하천 유람선이 운행되고 선형으로 이동하면서 하천의 주변경관을 감상하는 활동 또는 수상스포츠 활동 등이 활발하다. 스포츠는 유속이 빠른 하천을 이용하는 래프팅에서부터 수영, 요트, 보트, 수상스키, 카누 등에 이르기까지 점점 다양해지고 있다. 특히, 유럽을 위시한 대륙에서는 하도를 이용하는 교통체계에 의해서 관광권역을 형성하고 있으며 내륙관광뿐만 아니라 해양관광과 연계성을 갖게 한다. 세계적인 하천 관광자원으로서 독일의 라인강유역, 프랑스의 세느강유역, 미국의 미시시피강유역 등이 있다. 또한, 하천지형은 자연명승지로서 수변지형의 관광지가 발달한다.

하천은 기반암이 풍화·침식되어 하도가 만들어지고 산사면과 계곡, 평야 등의 하도를 따라 흐르는 유수에 의하여 형성된다. 하천 내부에서는 침식(Erosion), 운반(Transportation), 퇴적(Deposition)작용을 한다. 침식은 흐르는 하천의 침식력은 유량이 풍부할수록, 유속이 느려질수록 왕성하여 하천지형의 경관미를 구축한다. 즉, 하천의 상류방향으로 침식력이 작용하는 두부침식은 폭포의 발달에 영향을 미친다. 하천은 단단한 암석층(경암)과 연한 암석층(연암)이 접촉되어 있는 면을 따라 흐르면서 폭포를 이루고 상류의 급경사 지점에서 낙차가 큰 폭포의 경관은 장관을 이루어 매력적인 관광대상이 된다. 세계적으로 이미지가 높은 사례가 미국과 캐나다의 나이아가라 폭포, 브라질이구아스 폭포가 있다. 우리나라에서는 정방폭포, 오연폭포,

불일폭포, 천당폭포, 형제폭포, 옥녀탕폭포, 금선폭포, 구룡폭포, 달기폭포, 희방폭포, 명금폭포 등이 유명하다. 하상의 기반암층이 하부에 연한 암석층과 상부에는 단단한 암석층이 산지의 계곡을 따라 발달되어 있으며, 연한 암석층이 먼저 풍화·침식되어 작은 동굴이 만들어지고 그 다음으로 상부의 단단한 암석층은 결국 절리되어 암벽이 형성된다. 이러한 암벽 위로 하천의 유수가 있으면 폭포가 된다.

폭포에서 떨어지는 유수는 모래와 자갈을 도구로 폭포 밑의 하상을 연마하여 하상의 기반암을 원통이나 단지모양의 동그란 구멍을 만들게 된다. 이러한 하상의 와지(窪地)를 구혈(Pothole)이라고 한다. 또 폭포의 기반암은 파괴되어 깊게 파여 큰 소를 형성하게 되는데, 이것을 폭호(瀑壺)라고 부른다. 암벽을 낙하하는 물, 구혈과 폭호 등이 발달된 곳은 관광지로 선정되어 발달하게 된다. 하천이 산지나 구릉지를 곡류하여 흐르면서 계곡을 발달시켰고 하식애와 소(沼)를 형성하였다.

2) 우리나라 하천관광자원의 특색

우리나라 하천의 흐름은 북고남저와 동고서저의 산맥의 주향과 대체로 일지하여 서남방향이 대부분이다. 따라서 유로가 짧은 편이며, 평야지대를 사행하여 왕성한 퇴적작용으로 하상계수가 높은 하천이 많다. 더욱이 계절에 따른 수량의 변화가 크고 겨울 동안의 결빙 등으로 수상 관광활동에 불리한 조건도 있다.

우리나라는 하상계수(연중 하천수의 최소량과 최대량의 비)가 1:700이나 되어 세계 최대치이며 하천의 관광가치를 저하시키고 있다. 이것은 세느강 1:34, 다뉴브강 1:17, 미주리강 1:75, 미시시피강 1:119, 템즈강 1:8, 나일강 1:30과 비교할 하상계수가 너무 높은 것을 확실히 알 수 있다. 이것의 원인은 6, 7, 8월에 전체 강우량의 70% 이상이 집중하는 강우인 경우도 있으나 하천의 인위적인 관리를 잘못한 데도 그 원인이 있다. 다행히도 정부는 국토개발의 주안점을 4대강 개발에 역점을 두고 많은 다목적댐을 축조하여 큰 성과를 올리고 있다.

우리나라 하천은 유로의 변화가 심하다. 이것을 사행(蛇行)작용이라 하는데, 평야나 산간 등을 사행하는 유로(Meander)에는 라인강의 로렐라이 언덕, 양자강의 삼협,

나일강의 애스원이 그 예이다. 하천 상류에는 계곡을 따라 빠른 유속으로 측방침식이 왕성하여 절정을 이루는 예도 많은데, 영월의 청랭포, 충주의 탄금대, 부여의 낙화암, 여주의 신륵사, 서울의 북악팔각정, 절두산, 행주산성, 죽서루, 촉석루, 고석정 등은 사행유로와 주변의 경관이 결합되어 경승지를 이룬다. 이런 경승지는 금강, 영산강, 낙동강이나 동해로 흐르는 하천에서도 무수히 나타나 한국의 고유한 경관미를 구성하는 요소가 된다. 유속의 압력을 많이 받는 하식애의 산지나 구릉지는 하천의 양안에 위치한 대가 되어 하천경관을 조망하는 장소가 된다. 전망대로 선정된 대에 휴식하려는 관광객을 위하여 누각이 설립되어 놀이공간으로 발달하였다.

하천의 중상류에서는 모래와 자갈이 하상에 압력을 가하는 하방침식에 의해서 하상의 기반암을 노출시키고 기반암석을 마식하여 하도를 매끈매끈하게 한다. 이러한 반들반들한 기반암석이 반석을 형성하게 되면 계곡미를 향상시켜서 피서를 위한 놀이공간을 제공한다. 우리나라의 대부분 산지에서 발달한 하천은 하천의 양안이나 하상에 반석을 형성하여 관광지로 발달하였다. 이러한 조건을 가지고 있는 계곡은 백운동 계곡, 비금 계곡, 등선폭포 계곡, 천불동 계곡, 백담사 계곡, 토왕성 계곡, 소금강 계곡, 무릉 계곡, 한신 계곡, 피아골 계곡, 달궁 계곡, 안덕 계곡 등이다.

하천의 중·하류에서는 운반물질이 유석이 점점 느려져서 하상이나 하천의 양안에 토사를 퇴적시킨다. 운반물질이 하천의 양안에 퇴적될 경우 보호사면에 퇴적되며 또한 하천의 하상 일부가 주위보다 조금 높을 경우, 낮은 곳보다 퇴적량이 많아진다. 이때에 퇴적물의 일부가 수면 위로 나타나게 되고 퇴적되는 속도는 더욱 빠르게 진행되어 섬이 만들어지게 되는 것이다. 이러한 섬은 하천의 중간에 위치하게 되어 하중도(河中島)라 한다. 북한강의 하상에 흙, 모래, 자갈 등이 퇴적되어 하중도를 형성하고 있는 것이 중도(中島)이다. 중도가 위치한 춘천호반은 1969년 관광지로 지정되었고, 1987년 다시 국민관광지로 개발되었다. 중도는 아직도 취락이 입지하고 토지는 경작지로 이용되고 있지만 상당부분의 토지는 관광지로 이용된다. 중도에도 중도나루터가 있고, 청소년 야영장과 수영장이 있다.

하천의 하구에도 최적지가 형성되는데, 하천의 하구에 형성된 퇴적지는 하천의 유속이 격감하여 퇴적된 것이다. 이러한 퇴적지를 삼각주라고 부른다. 삼각주는 하천이 바다나 호수를 만나 형성되는 충적지형이며, 하나의 하천이 삼각주에는 여러 개의 분류(分流)로 나누어진다. 분류된 하천의 양안에는 자연제방이 발달하고, 그 뒤에는 자연제방보다 다소 낮은 배후습지가 만들어진다. 우리나라의 대표적 삼각주는 낙동강에 있는 섬들도 을숙도, 명호도, 신호도, 대저도, 일능도, 맥도를 들 수가 있다. 하천의 하류에는 겉의 표면이 반들반들한 둥근 암석을 많이 발견할 수 있다. 이러한 둥근 암석은 하천에 의하여 운반되면서 구르기 운동을 계속하였기 때문이다. 겉면이 일정하지 않고 돌출부가 많은 암석일지라도 하천에서 구르기 운동을 계속하면 몽돌이 된다.

우리나라 하천의 하구는 독일의 엘베강이나 런던의 템즈강과 같은 삼각강 (Estuary)의 형태를 이루고 있어서 내륙과 해양을 연결하는 연계 관광루트를 형성할 수 있는 유리한 자연조건은 갖추고 있다. 그러나 최근에 낙동강, 금강, 영산강 등은 하구언을 축조하여 강의 기능을 활용할 수 없는 실정이다.

한강, 낙동강, 금강, 영산강 등 4대강 유역에는 경승지, 정자, 서당, 서원, 수표석, 사찰, 시장 등이 있고 각 지역마다 독특한 놀이문화의 기능을 다할 수 있는 다양한 요소가 산재되어 관광대상의 역할을 하고 있다.

369개의 하천 중 174개가 국·도립공원에 해당하며 최대의 관광시장인 수도권의 북한강, 남한강일대는 국민관광지로 지정되어 하천의 관광이용도는 높은 편이다. 그러나 우리나라는 가항하천의 길이가 짧아서 하천수로를 따라 유행(遊行)할 수 있는 관광가치는 유럽대륙 등과 비교할 때 낮은 편이다.

우리나라의 하천은 유로가 짧고 면적도 좁은 편이며, 하방보다 측방침식이 우세한 하상이 높은 조건 때문에 수상스포츠나 수상관광권역을 형성하는 데 제약이 되고 있다. 이명박 정부는 인위적인 운하건설 계획인 한반도 대운하 계획이 되었으나 많은 문제점으로 인해 계획이 백지화 되었다. 만약 우리나라의 하천 자원의 관광가치를 증대 시킬 수 있는 새로운 관광개발 계획이 실현된다면 해안관광자원의 가치를 향상시킬 수도 있으나, 개발시 자원의 보호와 보존이 함께 고려가 된다면 그 가치는 좀 더 증가가 될 것이다.

동해안과 서해안 그리고 남해안의 낮은 구릉성 산지에서 발달한 작은 하천들은 해안에 모래를 공급하여 사빈을 형성하였고, 하천의 하구에는 사주의 발달로 석호가 형성되어 관광대상화되고 있다.

※ 표 4-11 _ 하천의 길이와 유역면적

길이순위	1	2	3	4	5	6	7	8
명칭	압록강	낙동강	두만강	한강	대동강	금강	임진강	섬진강
길이(km)	790	525	521	514	439	401	254	212
유역면적(km²)	31,739	23,860	10,513	26,279	16,673	9,886	8,118	4,897
길이순위	9	10	11	12	13	14	15	16
명칭	청천강	예성강	용흥강	재령강	영산강	성천강	만경강	형산강
길이(km)	199	174	135	129	116	99	98	52
유역면적(km²)	5,831	4,048	3,397	3,671	2,798	2,338	1,602	1,167

주 : 나라지표(www.index.go.kr)

2. 호수관광자원

1) 호수의 개념

호수 또는 호소로 번역되는 Lake는 라틴어 Lacus에서 유래된 것이다. 아프리카의 Nynanzas, 몽구의 Nor, 영국의 Tarn 등고 같은 지방어는 모두 이 같은 호수를 의미하는 말이다. 호수는 지형학적으로 "육지에 둘러싸인 지역에 존재하는 정수괴(靜水塊)로서 바다와는 직접 연결되어 있지 않은 것"으로 정의된다. 일반적으로 요지(凹地)에 물이 고인 곳을 호(湖), 소(沼), 혹은 지(地)라고 하는데, 호수의 크기는 일정하지 않으나 수심이 5m 이상인 것을 말한다. 소 혹은 소택(Swamp)은 수심이 5m 이하의 곳으로 늪이라고도 한다. 호수는 식생의 존재여부 등에 의해 호(湖), 소(沼), 연못, 소택, 습원 등으로 구분하여 칭하기도 한다.

호(Lake)는 호수 중앙의 수심이 5m 이상으로서 그 중앙부에는 수생식물이 존재하지 않는 경우를 말한다. 소(Weiher)는 최심부가 5m 이하, 보통 1~3m로서 수생식물이 번성한 것이며, 연못(Pond)은 이들 호소보다 작은 규모로서 일반적으로 인공적인 것을 지칭한다. 소택은 최심부가 1m 이하로서 호소 전역에 식생이 번성한 상태를 말하며, 습원은 이미 수초는 존재하지 않고 습지식물로만 가득찬 형태를 말한다.

바다와 연결되어 있는 경우일지라도 호소로 취급하는 경우가 있는데 이들은 흔히 석호라고 부른다. 세계 최대 호수는 카스피 해(37.1만km²), 최심의 호수는 바이칼호수(1,620m), 그리고 최고의 호수는 티티카카호(수면고도 3,812m), 최저의 호수는 사해(수면고도 392m)로 기록되어 있다.

호수 관광자원은 스위스 이탈리아의 빙하호, 미국과 캐나다의 오대호지역, 중국의 서호, 일본의 비파호, 아이슬랜드와 뉴질랜드의 빙하호 등에서 탁월하게 발달되어 있다.

2) 호수의 분류

(1) 성인에 의한 분류

호수는 형성원인에 따라 자연호와 인공호로 분류한다.

자연호는 못이나 늪보다 훨씬 크고 깊으며, 연안식물이 침입할 수 없을 정도로 수심이 깊은 것에 한정된다. 우리나라는 지각변동과 화산활동이 적고, 대륙빙하로 덮인 적도 없기 때문에 자연호의 발달이 미약한 편이다. 대표적인 자연호의 특징은 다음과 같다.

- 침식호 : 하천이나 빙하, 지하수 침식 혹은 용식작용
- 하식호 : 하천의 유로변동에 의해서 이루어진 것
- 석호 : 해안의 사주와 사취에 의해서 형성
- 폐색호 : 산사태 · 화산분출 · 하천이나 빙하 운반물질 등에 의해 골짜기나 강이 차단되어 형성
- 함몰호 : 지각변동에 의하여 지반이 밑으로 꺼져 내려 우묵하게 들어간 곳에 물이 괴어 이루어진 호수
- 칼데라호 : 화산 지형인 칼데라 바닥에 형성된 호수

• 화구호 : 화산의 화구에 형성

인공호는 저수지를 비롯하여 인위적인 제방축조나 방조재, 댐건설에 의해서 형성
된다.

침식호(낙동강 지천 병선천)

하식호(천연기념물537호: 춘천 한탄강 주상절리협곡)

석호(강원도: 경포호)

폐색호(중국: 경박호)

화산함몰호(일본: 시코츠호)

칼데라호(한국: 백두산)

(2) 수온에 의한 분류

호수의 물은 태양복사에 의해 가열되므로 표면수온은 일반적으로 그 때의 기온과 같지만 계절에 따라 다소 차이를 보인다. 표면수온과 관련하여 호수를 세 가지 유형으로 분류한다.

- 온대호(겨울철에만 수온이 4℃ 이하)
- 열대호(연중 4℃ 이상)
- 한대호(연중 4℃ 이하)

(3) 염분농도에 의한 분류

호수는 다른 육수와는 달리 정체수이므로 각종 염류의 용해도가 높은 호수가 많다. 따라서 호수는 그 염류의 용해량에 따라 함수호(Salt-Water Lake)와 담수호(Fresh-Water Lake)로 구분된다. 전자는 500mg/ℓ 이상의 염분농도를 갖는 경우를 말하며 후자는 그 이하의 농도를 갖는 호수를 말한다.

함수호가 형성되는 원인은 해안에 인접하여 해수가 유입되는 경우와 대륙 내부의 건조기후지대에 위치하여 증발량이 큰 경우 등으로 구분할 수 있다. 사해, 그레이트 솔트호 등은 후자의 대표적인 사례이다.

3) 우리나라의 주요 호수관광자원

우리나라에 발달된 호수 관광자원은 자연호가 희박하고 대부분이 인공호이다.

자연호는 동해안의 석호(Lagoon)와 화산지형에서 발달한 칼데라호와 화구호에 불과하다. 석호는 송지호, 청초호, 영랑호, 경포호 등 강원도 북동안에 집중적으로 발달되어 있다. 칼데라호는 백두산의 천지, 화구호는 한라산의 백록담이 해당된다.

인공호는 수해방지, 용수공급, 용수조절, 관개사업 및 발전 등 다목적의 치수사업의 일환으로 하천의 상류나 중류의 하폭이 좁은 지점을 선택하여 댐을 구축하여 이루어진 호수를 말한다. 우리나라 주요 댐의 발달은 4대강인 한강, 금강, 영산강, 낙동강 중심으로 발달하기 시작했다.

한강에는 북한강수계에 화천댐, 춘천댐, 의암댐, 소양강댐, 청평댐 등 5개 댐이 있고, 이 댐은 모두 다목적 댐으로 형성되어 홍수조절, 발전, 용수공급에 큰 역할을 하고 있다. 남한강댐으로서는 충주에 충주댐과 괴산에 괴산댐이 다목적댐으로 있어 한강의 수량조절에 큰 역할을 하고 있다.

금강수계에는 소규모의 댐으로 청양댐, 해월댐, 문천댐 등 3개 댐이 있고 담목적 댐으로는 대청댐이 있다.

영산강 유역에서는 나주댐, 광주댐, 장성댐, 담양댐 등 4개 댐을 두고 있는데, 이는 모두가 농업용수를 확보하기 위한 단일목적댐으로 담수규모가 작아 취약지구가 되고 있다. 섬진강 수계에는 주암댐이 대표적이다. 낙동강에는 다목적댐으로 안동댐이 있고 임하댐, 합천댐, 함양댐이 있으며 안동강 지류의 남강에 다목적댐이 있다.

방조제는 아산만의 아산방조제, 남양방조제 및 삽교방조제 등이 대표적이다. 최근에 방조제가 조성된 시화호는 수질이 악화되어 관광기능을 차치하고라도 호수 개발에 대한 시행착오가 지적되고 있다. 조성과정에 있는 새만금호의 경우도 수질과 관련된 논쟁이 있다. 호수는 흐르지 않고 정지된 상태의 물이기 때문에 장기적으로 수질보존의 문제를 신중히 검토해야할 것이다. 스위스의 레만호, 일본의 비파호처럼 기술적인 수질관리가 모범적인 사례도 있지만 이집트의 애스원호는 호수자원 개발에 실패한 것으로 평가되고 있다. 우리나라의 낙동강, 금강, 영산강 등의 경우에서 보존이 하구언 건설로 하천의 유로 전체가 호수화 되어 있는 상황에서는 철저한 수질관리만이 본래의 다목적을 달성하여 관광가치도 보장될 수 있다.

더욱이 호수자원은 관광대상화를 위해서 각종 관광편의 시설을 위시한 유람선 시설, 호반공원, 레크리에이션시설 등의 개발은 수질을 파괴하지 않는 범위 내에서 이루어져야 한다.

흐르는 물을 막아 보(洑)라고 부르는 수리시설을 보유하는 곳이 많다. 논산군 마전리에서 BC 5세기 경으로 추정되는 논 유적과 보의 유적이 발굴되어 우리나라에서는 가장 오래된 최초의 유적이다. 물론 옛날의 명칭은 천방(川防)·방천(防川)·축천(築川)·방축(防築) 등이었다. 그리

고 공동으로 사용하는 농민들이 모여서 수리계(水利契)·보계(洑契) 등을 운영해 왔다.

이명박 정부가 한국형 녹색 뉴딜을 내세워 '4대강 살리기 사업'이라고 이름 붙인 4대강 사업은 2008년 12월 29일 낙동강지구 착공식을 시작으로 2012년 4월 22일까지 추진한 대하천 정비 사업이다. 이 사업은 한강, 낙동강, 금강, 영산강 등 4대강을 준설하고 친환경 보(洑)를 설치해 하천의 저수량을 대폭 늘려서 하천 생태계를 복원한다는 것을 주된 사업 명분으로 하고, 그 밖에 노후 제방 보강, 중소 규모 댐 및 홍수 조절지 건설, 하천 주변 자전거길 조성 등이 이루어졌다. 사업초기 부터 현재까지 성공과 실패에 대하여 많은 갑론을박이 있다.

4대강의 보 설치 현황은 다음과 같다.

- 한강 : 이포보, 여주보, 강천보
- 낙동강 : 함안창녕보, 창녕합천보, 달성보, 강정고령보, 칠곡보, 구미보, 낙단보, 상주보
- 금강 : 백제보, 공주보, 세종보
- 영산강 : 죽산보, 승촌보

이포보

※ 표 4-12 _ 하천의 유형 및 특징   2019년 12월 31일

	습지명	대권역	행정구역	습지유형	특 징
1	우포늪	낙동강	경상남도	하천배후	람살 등록 습지, 자연생태계 보전지역
2	주남저수지	낙동강	경상남도	인공호	철새도래지
3	낙동강하구	낙동강	부산	강하구	문화재 보호구역, 자연생태계 보전지역
4	왕등재	낙동강	전라남도	산지	지리산(국립공원), 산지형 습지
5	밀밭늪	낙동강	경상남도	산지	천성산, 산지형 습지, 희귀동식물분포
6	화엄늪	낙동강	경상남도	산지	산지형습지, 희귀동식물분포
7	단조늪	낙동강	경상남도	산지	산지형 습지, 이탄지, 희귀동식물분포
8	대평늪	낙동강	경상남도	하천배후	함안(천연기념물 346호)
9	질날늪	낙동강	경상남도	하천배후	함안(천연기념물 346호)
10	박실지	낙동강	경상남도	인공호	합천(백조도래지, 1964-74) 철새도래지
11	달성습지	낙동강	경상북도	하천습지	철새도래지
12	구담늪	낙동강	경상북도	하천습지	낙동강변 식생대 발달
13	삼랑진늪	낙동강	경상남도	하천배후	훼손위험습지, 8만여평
14	화포습지	낙동강	경상남도	하천배후	면적넓음
15	선어대	낙동강	경상북도	하천배후	생물상 다양
16	황정 습지	낙동강	경상북도	하천배후	천연기념물 다수분포
17	장천늪	낙동강	경상남도	하천배후	
18	대암산 용늪	한강	강원도	산지	람살등록 습지, 자연 생태계 보전지역
19	철원 분지	한강	강원도	기타	철새도래지(두루미)
20	용늪	한강	경기도	하천	생태공원화대상지
21	한강 밤섬	한강	서울	하천	도심내 습지, 야생조류다수 서식
22	화절령	한강	강원도	하천	습지의 자연성 높음
23	대성리	한강	경기도	기타	상수원대책지역
24	한강어귀	한강	경기도	강하구	철새도래지, 천연기념물
25	시화호	한강	경기도	인공호	멸종 위기조류 서식(흰꼬리수리) ,보호야생종7종, 천연기념물 4종
26	산남습지	한강	경기도	하천	파주 (한강 하류) 재두루미 도래
27	초평도	한강	경기도	하천	군사시설보호구역
28	임진강하구	한강	경기도	강하구	철새도래
29	경안천	한강	경기도	하천	광주(역리, 오송계, 광동) 잘 발달된 수변식생대
30	누산리습지	한강	경기도	하천	생태공원 개발예정지
31	팔당호	한강	경기도	인공호	수생식물발달
32	대성동	한강	경기도	하천	임진강, 군사시설보호지역
33	임진각습지	한강	경기도	하천	임진강, 군사시설보호지역
34	운평리	한강	경기도	하천	철새도래

	습지명	대권역	행정구역	습지유형	특징
35	순천만	영산강/섬진강	전라남도	강하구	하구 갯벌 발달 철새도래지
36	영산강하구	영산강/섬진강	전라남도	강하구	갈대밭 잘 발달, 철새도래지
37	금호호	영산강/섬진강	전라남도	인공호	천연기념물 2종, 보호야생종 4종, 공룡화석지(천연기념물지정)
38	섬진강하구	영산강/섬진강	전라남도	강하구	철새도래지
39	광산리담수호	영산강/섬진강	전라남도	인공호	철새도래
40	영암호	영산강/섬진강	전라남도	인공호	오리류 다수 도래
41	옥정호	영산강/섬진강	전라북도	인공호	대형 인공호
42	고천암호	영산강/섬진강	전라남도	인공호	천연기념물 1종, 보호야생종 3종
43	수어천하구	영산강/섬진강	전라남도	강하구	자연상태유지
44	동진강하구	금강	전라북도	강하구	하구 갯벌, 철새도래지
45	만경강하구	금강	전라북도	강하구	하구 갯벌 발달 철새도래지
46	금강하구	금강	충청남도	강하구	하구 갯벌 발달 철새도래지
47	갑천상류	금강	대전	하천	남개연 집단 자생지
48	논산저수지	금강	충청남도	인공호	농업용저수지, 철새도래지(천연기념물 3종
49	용늪	금강	충청남도	인공호	수생식물군락 발달
50	부남호	금강	충청남도	인공호	철새도래지(천연기념물 6종 등 총 55종)
51	예당지	금강	충청남도	인공호	농업용댐
52	동림지	금강	전라북도	인공호	철새도래
53	대호호	금강	충청남도	인공호	철새도래
54	삽교호	금강	충청남도	강하구	철새도래
55	간월호	금강	충청남도	인공호	철새도래
56	화진포	동해	강원도	석호	멸종 위기조류 서식(흰꼬리수리), 보호야생종1종
57	무제치늪	동해	경상남도	산지	산지 습지, 자연 생태계 보전지역
58	경포호	동해	강원도	석호	멸종 위기조류 서식(흰꼬리수리), 보호야생종2종
59	향호	동해	강원도	석호	석호, 호소 저질 준설
60	송지호	동해	강원도	석호	보존상태 양호, 호소주변부 산불로 훼손

	습지명	대권역	행정구역	습지유형	특 징
61	영랑호	동해	강원도	석호	석호, 개발압력 가중지역
62	청초호	동해	강원도	석호	석호, 도심내소재 개발압력 가중
63	형산강하구	동해	경상북도	강하구	야생 조수 다수 서식
64	태화강하구	동해	경상남도	강하구	보호야생종 2종, 천연기념물 4종
65	광포호	동해	강원도	석호	수생식물 다양
66	매호	동해	강원도	석호	석호
67	안강습지	동해	경상북도	하천습지	잿빛개구리매, 검독수리, 참수리 서식
68	물영아리오름	제주도	제주도	산지	오름습지
69	물장오리	제주도	제주도	산지	수생식물이 잘 발달된 오름습지, 자연성 높음
70	동수악	제주도	제주도	산지	희귀야생난초(여름새우란)
71	성산포	제주도	제주도	강하구	멸종위기야생조류(저어새,노랑부리저어새), 보호야생종3종, 천연기념물 3종
72	하도리습지	제주도	제주도	기타	습지식물 발달, 철새도래
73	숭물팟	제주도	제주도	산지	국립공원지구내에 위치
74	금오름분화구	제주도	제주도	산지	북제주군 한림읍 금악리, 통발군락, 물부추군락, 맹꽁이, 양서·파충류, 경관
75	뱅디늪	제주도	제주도	산지	고산습지, 1100고지, 희귀식물, 양서·파충류
76	물가마왓	제주도	제주도	산지	한라산국립공원내 해발 1,800m에 위치 산지습지
77	1100고지	제주도	제주도	산지	오름습지, 국립공원내에 위치
78	사라오름	제주도	제주도	산지	오름습지
79	물찻오름	제주도	제주도	산지	오름습지

주 : 국가수자원관리종합시스템(www.wamis.go.kr)

3. 해안관광자원

1) 해안관광자원의 의의

해안관광자원은 해안(Coast), 연안(Shore Line), 바다(Marine), 섬(Island) 등의 지형요소로 구성된다. 해안지형은 성인상 침수(침강)해안과 이수(융기)해안으로 대별되고 각각은 경관의 차이가 크다.

침수해안은 해안선이 복잡하고 도서가 많은 것이 특징이며 스페인의 리아(Lia)지방에서 전형적인 리아스식과 노르웨이 해안에서 발달한 피오르드 해안에서도 볼 수 있듯이 해안의 고도가 낮은 편이지만 후자는 빙식곡(U자곡)이 침수되어 해안의 고도가 높은 것이 경관

피오르드해안

상으로 구별되는 것이 특징이다. 리아스식 해안에는 간석지가 넓은 편이지만 사빈도 발달하여 해수요강(海水尿綱)이 형성되고 무엇보다도 도서경관이 포함되어 풍부한 관광자원이 소재하게 된다. 피오르드식 해안은 웅장한 지형의 성상과 그 특이성에서 매력을 찾을 수 있다.

이수해안은 해안선이 단조롭고 암석이나 사빈으로 구성된다. 암석해안에는 해식애(Sea Cliff), 해안단구(Coastal Terrace), 해식동(Sea Cave), 파식대, 시스택(Sea Stack) 등이 발달하는데, 이것은 관광가치가 높은 해안경관을 구성한다.

우리나라의 해안의 해식애 자원이 발달한 대표적인 관광지는 강원도 통천군의 촉석정, 변산반도의 채석강, 부산의 태종대 등이다. 해식동굴이 발달된 곳은 제주도의 산방굴, 남해의 음성굴과 백명굴, 홍도의 슬금리굴, 오륙도의 굴섬 등이다.

사빈해안에는 사빈(Beach), 사취, 사주, 석호, 육계도, 육계사주, 사구(Sand Dune) 등이 발달하여 해수욕을 위시한 다양한 관광활동의 대상이 된다. 해수욕장은 500m 이상의 사빈과 25℃ 이상의 해수온도, 이른바 3S(Sun, Sea, Sand)조건과 관광편의시설이 입지할 수 있는 장소(Site)로서 사구의 조건도 필요하다. 세계적인 해수욕장으로서는 하와이, 자메이카, 인도네시아의 발리섬, 지중해의 시칠리아섬 등 무수히 많다.

특수한 해안지형으로서 산호초 해안은 산호초가 해안과 도서의 연변을 따라 발달한 것이다. 보초(堡礁)와 육지 산호초 간에 해면이 끼어 있는 거초(裾礁)가 있다. 도서의 경우 섬 전체가 물에 잠겨 산호초만 남게 되면 한초(環礁)가 된다. 환초가 융기하여 표면이 육지가 된 것을 융기환초 또는 탁초(卓礁) 산호초 해안은 우리나라에서

는 볼 수 없고 오스트레일리아 동부해안에 대보초가 대표적이고 하와이, 괌 등 대양상의 화산섬에서도 잘 나타난다.

해안지형은 자연경관자원을 형성하는 기초가 된다. 18세기에 영국에서 해수욕이 보급된 것을 계기로 해안 및 해상은 관광공간으로서 가치성이 인정되었으며, 바캉스가 대중화된 현대관광시대 이후에는 해안관광에 대한 수요가 날로 증대되고 있다. 유럽에서는 20세기에 이미 해안 리조트개발을 추진하여 해상의 관광공간화가 두드러지고 리조트의 이용자가 대중화되고 있는 추세이다.

해안관광자원은 연안의 푸르고 맑은 바다, 상쾌한 바람, 맑은 해안선, 온화한 기후 등을 갖춘 쾌적한 조건뿐만 아니라 이국적인 문화적 배경도 중요하다.

관광과 레크리에이션 활동은 관광지를 형성하고 있는 여러 가지 구성요소에 영향을 받게 된다. 해안지역은 산악지역과 같이 다종의 관광자원을 포함하고 있으며 특색있는 관광형태가 존재한다.

해안관광활동은 크게 두 가지로 볼 수 있는데, 하나는 해안경관을 보고 감상하는 것과 다른 하나는 해안이나 바다를 활동무대로 행동하는 관광으로 구분할 수 있다. 해안경관을 자연경관과 인문경관으로 구별하면, 자연경관은 다음과 같은 특징이 있다.

- 아름다운 백사장
- 기암이나 거석 및 단애(斷崖)의 경치
- 다도해, 해중, 해저의 경관
- 일출과 일몰의 광경 등

한려해상국립공원 및 다도해국립공원은 우리나라의 대표적 해상경관을 갖춘 관광지이며, 해중이나 해저관광도 미래의 해안관광대상으로서 흡인력이 높을 것으로 예상된다.

인문경관의 해안관광자원은 어촌의 감상, 어항 및 등대, 수산양식 및 가공 등이 이에 속한다. 이 밖에도 해안지역의 독특한 역사, 문화, 민속 등도 수변 여가자원으로서 관광가치가 매우 큰 것이다. 특히, 도서지역의 경우 역사적으로 육지와 격리된 생활양식의 고유성은 관광객의 유인력을 높일 수 있다.

해안은 해수욕장을 위시하여 보우팅, 요팅, 수상스키, 스킨스쿠버, 스카이 다이빙, 낚시 등 해상 및 해중활동 등의 스포츠 활동무대로서 의의가 크다. 전술한 바와 같이 오늘날의 관광은 보는 관광에서 행동하는 관광으로 그 형태가 변화하는 특징을 보이는데, 그 대표적인 것이 해안관광이라고 할 수 있다. 그러므로 해안관광은 청소년(신세대)들을 중심으로 스키관광과 더불어 크게 부각되고 있는 관광대상이다.

해안관광지로 가장 대표적인 것은 역시 해수욕장, 마리나, 해중공원 등인데, 최근 미국을 중심으로 한 세계 각국에서는 해안관광에 관심이 집중되는 추세이다. 우리나라는 삼면이 바다로 둘러싸여 있는 천혜의 요건을 갖추고 있으면서도 해수욕장 정도의 이용에 그치고 있는 현실을 감안하면 해안관광개발의 필요성이 제기된다. 미래의 관광은 해양시대의 패러다임에 부합되고 통일한국에 대비한 관광공간에 대한 구조를 계획해야 한다. 따라서 국토종합개발의 U자형(동, 서, 남해안) 축은 미래의 관광대상으로서 그 의의가 큰 것이며, 세계화를 지향하는 VPMS(블라디보스톡-부산-목포-상해) 벨트를 형성하는 것 또한 중요하다. 더욱이 북부와 대칭을 이루는 남부의 남해안 리조트 개발은 남북 간의 관광중심의 균형을 유지할 수 있는 방안이 된다.

2) 우리나라 해안관광자원

우리나라는 3면이 바다로 둘러싸인 반도국으로, 국토의 면적에 비하여 해안선의 길이가 대단히 긴 것이 특색이다. 동해안은 해안선이 단조로운 편이나 황해안과 남해안은 매우 복잡하여 심한 대조를 이루고 있다. 특히, 다도해로 불리는 서남해안은 이른바 리아스식 해안이다.

동해안은 태백산맥과 함경산맥이 해안을 끼고 있기 때문에 해안선이 비교적 단조로우나 곳에 따라서 다소의 출입이 나타난다. 북쪽에서부터 웅기만, 나진만, 청진만, 성진만, 영흥만, 영일만, 울산만 등의 만입이 잘 발달되어 있다. 동해안에는 깊은 수심과 맑은 물, 풍부한 어족, 관동팔경이나 해안선의 풍량과 질 좋은 해수욕장 그리고 온천과 동굴 등이 있어 다양한 관광활동이 가능하다.

황해안과 남해안에는 동해안의 만입보다 규모가 훨씬 큰 만과 바다로 돌출한 반도들이 많이 나타난다. 황해안에는 서한만과 경기만 등의 1차적인 만과 광량만, 대동만, 해주만, 남양만, 아산만, 가로림만, 천수만 등의 2차적인 만이 분포하고 있다. 여기에 웅진반도, 태안반도, 변산반도, 무안반도, 해남반도, 고흥반도, 여수반도, 순천만, 여수만, 진해만, 웅천만, 수영만, 부산만 등 반도와 만이 있으며 진도, 완도, 거금도, 돌산도, 남해도, 거제도를 비롯한 크고 작은 많은 섬들이 있다.

우리나라는 3,962개의 도서(島嶼)를 가지고 있으며 남한에만 3,444개가 있어 관광자원으로서의 개발이 시급하며 해안도 총 연장 8,700여 km로서 국토면적에 비해 비율이 높아 세계적이다.

해안과 도서를 중심으로 한려해상 국립공원, 태안해안 국립공원, 다도해해상 국립공원 등 3개의 국립공원을 지정하고 있다. 이들 섬에는 문화재, 천연기념물, 유적, 희귀동식물과 각종 민속자료 등이 보존되고 있으며 해양에 점적으로 분포하는 다도해 경관과 개별 도서의 고유한 경치 등은 관광자원의 보고가 되고 있다. 우리나라 대부분의 도서는 관광지로서 개발이 부진하여 실제로 관광객의 이용률은 낮지만, 도서가 갖는 잠재적 관광자원의 가치성은 매우 높게 평가할 수 있다.

지금까지는 생활권이 직접 미치지기에는 시간과 공간상의 제약으로 인식이 미약했지만, 섬에 대한 인식이 국토의 연장이라는 의미에서 뿐 아니라 국토개발이나 관광레저의 차원에서 수변관광자원에 대해 크게 부각되고 있다.

한편, 해수의 조석변화 때문에 동해안의 해안선은 대체로 일정한 부분에 머물러 있으나 황해안에서는 조위의 변동에 따라서 해안선이 주기적으로 이동한다. 파도가 동해안보다 비교적 잔잔한 황해안의 여러 만에서는 간조시 육지와 이어지는 간석지가 넓게 노출되는데, 이러한 곳을 근년에는 제방을 쌓아 간척사업을 벌여 새로운 간척지가 넓게 분포하고 있다. 간척지는 황해안 뿐만 아니라 남해안 일대에도 나타난다. 이와 같은 간척지에는 해안관광활동을 위한 토지이용계획이 수립되고 있다. 본래 서해안에 광범위하게 발달한 간석지는 모래해안에 비해 관광적 이용의 효율성이 낮았지만, 최근에 갯벌축제 등을 비롯한 이벤트 관광을 도입하여 새롭게 부상되고 있다.

남해안은 부산, 진해, 마산, 충무, 여수, 목포에 이르기까지 다도해를 이루고 있고 해안선의 굴곡이 심하여 독특한 해안경관을 지니고 있으며, 마리나 시설을 할 수 있는 조건을 갖추고 있다. 남해안에는 임해입지형의 중화학공업단지가 형성되어 산업관광자원과의 연계성도 유리하고 충무공의 전적지를 비롯하여, 각종 문화유적이 많아서 문화와 역사의 관광을 겸할 수도 있다. 또한, 온화한 기후조건으로 난대성 식물이 분포하고 활엽수도 탁월하며, 철새의 도래지가 많아 남국의 정취를 즐길 수 있다. 무엇보다도 남해안은 수온이 높아서 동계의 피한지의 이용 가능성과 하계의 관광이용 기간이 가장 길어서 관광 계절성을 극복할 수 있는 여지도 있다.

서해안은 해안선의 굴곡이 심하고 바다가 얕으며, 만의 형성이 대규모적이고 간만의 차가 극히 심하다. 이와 같은 조건은 조력발전이나 간척에 의한 국토확장에 유리하고, 곳에 따라서는 중공업 기지의 적지가 된다. 많은 관광지와 잠재적인 해수욕장이 있고 넓은 생산지와 배후지, 또는 도시가 있어 관광자원의 개발이 유리하고 또 그 필요성이 절실히 요구되는 지역이기도 하다.

서해안에는 지역에 따라 특색 있는 어종들이 생산되고 있다. 이들을 식도락에서부터 양식이며 채취, 바다낚시, 가공 등을 포함하여 관광대상화 할 수 있고, 곳곳에서 풍어제 같은 민속행사와 소박한 고유의 놀이문화도 관광대상화 하기에 적합한 자원이 된다.

3) 해수욕장 분포

해안선을 따라 형성된 사빈은 여름철 해수욕장으로 이용되고 있어 우리에게 가장 친숙한 해안지형 중 하나이다. 사빈은 모래로 이루어져 있으며 사령의 영향이 직접 미칠 수 있는 부분까지를 말하며, 해안사구란 사빈의 배후에 형성되는 모래언덕으로 사빈에서 바람에 의해 이동하여 오는 모래로 형성되며 사빈보다 대체로 높은 위치에 발달하여 사빈 배후에 식생경관을 이루기도 하는 지형이다.

사빈과 사구의 구성물질인 모래는 해안에 노출된 암석이나 근해의 해저에서 공급되기도 하지만, 대규모의 사빈은 주로 배후 하천에서 공급되는 모래의 공급량에 따라 그 규모가 결정되는데, 대규모의 것은 주로 동해안에 발달되어 있다. 동해는 수심이 깊고 파랑의 활동이 활발하여 태백산맥과 함경산맥에서 흘러내리는 하천들에 의하여 운반된 토사는 하구에 삼각주를 형성하지 못하고 해안을 따라 이동하면서 사빈과 사구를 형성하기 때문에 하처하구를 중심으로 규모가 큰 사빈해안이 잘 발달해 있다.

동해안에서는 주문진~강릉 사이 일련의 사빈이 거의 연속적으로 분포하는데, 이곳 해안에는 연곡천, 사천, 남대천 등 비교적 큰 하천들이 흘러든다. 또한, 이들 하천유역의 기반암이 주로 화강암이기 때문에 사빈의 모래가 석영, 장석 등의 광물성 퇴적물로 구성되어 있으며, 사빈의 색깔도 전체적으로 흰 빛을 띤다.

영일만에 발달한 사빈도 대체로 규모가 큰데, 이곳은 모래가 풍부하여 해안에서 내륙 쪽으로 모래의 이동이 활발하게 나타나기도 하는 곳이다. 동해안의 사빈 배후에 발달한 사구는 대부분 일렬로 배열되어 있으며 이 사구의 열(列)이 해안선과 나란히 발달한 곳도 발견된다. 한편, 이러한 사구열에는 해송이 발달한 사례가 많은데, 이것은 방풍림의 역할을 하기도 한다.

황해안에도 사빈이 곳곳에 발달되어 있다. 우리나라의 큰 하천들은 대게 황해로 유입되지만 심한 조차 때문에 이들 하천의 하구는 삼각강의 형태를 유지하고 하구의 토사는 사빈의 발달에 직접적인 영향을 미치지 못하는 경우가 대부분이다. 해안선의 출입이 심한 황해안에서는 태안반도나 안면도처럼 바다로 돌출해 있는 지역은 외해에서 접근하는 파랑의 영향을 직접 받아 해안에 사빈이 발달하므로 해수욕장으로 이용된다.

대천 해수욕장의 사빈은 주로 패사로 구성되어 있는데, 이러한 물질은 전적으로 근해의 해저에서 공급된 것이다. 태안반도와 안면도의 사빈은 현재 침식을 받아 후퇴하고 있으며 만리포와 몽산포 해수욕장처럼 작으나마 하천을 끼고 있어 모래를 공급받고 있는 곳에서만 사빈이 안정상태를 유지하고 있을 뿐이다.

황해안에서도 사구는 사빈과 결부되어 나타나는데, 만리포의 경우는 북서 계절풍의 강한 바람에 의해 모래가 산으로 불어 올라가면서 사구를 형성하기도 하며 소수의 사구열이 나타나는 경우도 있다.

사빈은 경기만, 남양만, 천수만 등지에서와 같이 외해에 직접 노출되지 않는 해안에서도 형성되고 있으나 이러한 해안의 사빈은 파랑의 작용이 활발하지 못하여 두께가 얇으며 길이가 짧고 전면에는 펄로 구성된 간석지가 나타나기 때문에 해수욕장으로는 적합하지 않다.

남해안은 도서(島嶼)가 맑고 해안선 출입이 매우 심하여 사빈의 발달이 미약한 편이다.

동해안은 북쪽에 강원도 고성군의 화진포 해수욕장에서부터 남쪽 경남 양산의 일광해수욕장까지 주요 해수욕장이 35개소나 분포하고 있다. 그 중에 강원도는 해안선이 길어 해수욕장이 전체인 20%인 19개소가 분포하고 있으며, 경상북도가 12개소, 경상남도가 4개소가 분포하고 있어서 우리나라 전국 주요 해수욕장 102개소 중 35개소(34.3%)가 동해안에 분포하고 있다.

남해안은 부산의 송정해수욕장에서부터 전라남도 진도군의 판매도 해수욕장까지 33개소(32.3%)의 해수욕장이 분포하고 있다. 그중에 부산광역시 5개소(4.9%), 경상남도 8개소(7.8%), 전라남도에 20개소(19.6%)가 분포하고 있다. 남해안은 해안의 굴곡이 심하여 세계적인 리아스식 해안을 형성하고 있으며 많은 도시가 소재하고 있을 뿐 아니라 오랫동안 해식에 의하여 형성된 해식애가 곳곳에 많이 발달되어 있어서 경치가 한결 아름답다.

❋ 표 4-13 _ 전국의 해수욕장 특징

지역	개소	주요 해수욕장	주요 특징
경기도 및 인천	27	을왕리, 하나개	• 해수욕장 수는 많지 않으나 드넓은 갯벌과 황혼의 아름다움이 일품
충 남	40	대천, 만리포, 몽산포, 무창포	• 대형 해수욕장이 많음 • 해안이 완만하고 파도 등 기상여건이 양호하나 해수가 탁류인 것이 단점
전 북	9	변산, 위도	• 해안이 완만하고 기후여건 양호 • 주위 경관 수려
전 남	84	송호, 명사십리(완도)	• 많은 해수욕장이 분포하나 소형 위주임 • 경관 수려한 도서형 해수욕장이 많음
경 남	38	상주, 진하, 일산, 학동	• 남해지역은 기후여건 양호하고, 기암절벽 등 주변 경관자원과 어우러짐 • 인근 도시지역 발달로 해수욕객은 많은 편
부 산	5	해운대, 광안리, 송정	• 도시근교형인 대형 해수욕장
경 북	44	칠포, 관성	• 포항, 경주 인근의 도시근교형 해수욕장이 많음
강 원	49	경포, 망상, 주문진	• 맑은 해수와 양질의 모래가 장점이나, 수심이 깊고 수온이 낮아 해수욕 기간이 짧은 것이 단점임 • 타 시 · 도에서 온 해수욕객이 많음
제 주	14	중문, 협재, 함덕	• 화산해안으로 흑색 사장이 많고 특히 패사로 이루어진 해수욕장이 분포
계	310		

주 : 나라지표(www.index.go.kr)

특히 이 지역에는 부산의 해운대와 태종대를 비롯하여 벚꽃의 진해시, 거제시 소재의 해금강의 해안경치, 이충무공의 전적지, 남해군의 남해대교, 여수의 진남관과 오동도 등 자연 및 인문관광자원이 소재하고 있어서 우리나라 최초로 해상국립공원으로 지정되었다. 따라서 남해안지역은 대도시들을 배경으로 하고 있기 때문에 해수욕장이 더욱 증가할 것으로 기대된다.

서해안은 북쪽으로 경기도의 실도 해수욕장에서부터 남쪽으로 전라남도 신안군 장목리 해수욕장과 목포시의 외달도 해수욕장까지 24개소(23.5%)가 발달하고 있다.

그 중 인천광역시에 2개소, 경기도에 4개소(3.9%), 전라북도에 3개소(2.9%), 충청남도에 9개소(8.8%)가 분포하고 있다. 한편, 제주도에는 제주시의 이호해수욕장과 서귀포시의 중문해수욕장을 비롯하여 10개소(9.8%)의 해수욕장이 섬 주위에 분포하고 있다. 해안별 해수욕장은 동해가 가장 많고 남해, 서해, 제주 해안의 순으로 발달하고 있다.

삼면을 가지고 있는 우리나라는 지역의 특성을 가진 해수욕장을 가지고 있으나 해수욕이라는 활동 이유 때문에 여름의 계절에 초점이 맞추어져 있다. 그러나 각각의 지역에서는 4계절 관광지로 변모하고자 많은 노력을 시도하고 있다.

4. 온천관광자원

1. 온천의 형성원인 및 분류

1) 온천의 형성원인 및 분류

온천(Hot Spring)은 지열로 인해 높은 온도로 가열된 지하수가 분출하는 샘을 말하는 것으로 휴양, 요양의 효과가 크고 주변풍경와 결합되어 관광자원으로서의 가치를 구성한다. 대개 화산대와 일치하는 지역에 주로 분포하고 있는데 화산국인 일본, 아이슬랜드, 뉴질랜드를 비롯해 미국, 캐나다, 에쿠아도르, 콜롬비아 등 남북아메리카 화산대와 중부유럽의 내륙국가에 많이 산재되어 있다.

세계적으로 유명한 온천은 독일의 바덴바덴(Baden Baden), 캐나다의 반프드(Banft), 미국의 옐로스톤 공원(Yellowstone Park), 일본의 아타미(熱海) 등이 있다.

온천의 형성원인은 다음 세 가지의 영역(Process)으로 볼 수 있다.

- 화산작용(지하 화산앙 가열-지표에 솟음)
- 지열(지하로 침수한 물이 더워지고 암석들의 화학변화)
- 단층열(습곡이나 지각운동으로 인한 열 때문에 만들어진 것)

광물질의 함유 정도를 가지고 온천여부를 정의하기도 하는데, 우리나라는 1/1000 이상의 광물질을 함유하고 있는 경우를 온천수로 정의한다. 그러나 광물질의 함유 여부를 기준으로 할 경우에는 광천수라고 부른다.

온천의 수원은 대부분 지표에서 스며들어간 순환수이며 극히 일부는 지하 마그마로부터 공급되는 천연수이다. 온천의 열원은, 화산지대의 경우 화산성 온천으로 그 원인인 분명히 밝혀져 있으나 비화산성 온천의 경우 열원이 확실히 밝혀져 있지 않다. 온천의 용출은 단층이나 절리와 같은 열하를 따라서 지하심층부에서 상승하여 지표에 나온 것으로, 직접 지표에 용출한 것도 있고 또 어떤 것은 얕은 곳의 투수성 지층 내에 수평적으로 유동하므로 구조선이나 단층, 열하, 투수성 지층의 분포지 및 이를 포함하는 지질구조선에 따라 온천이 분출한다.

일반적으로 지하에서 용출된 온수가 그 지역의 연평균 기온 이상일 경우의 샘을 온천이라고 하는데, 이때 온도는 채수 당시의 상태를 말한다. 따라서 온천수의 용출지점의 온도나 기후에 따라 온천의 개념이 달라질 수 있기 때문에 나라마다 온천의 기준이 다르게 나타난다. 우리나라는 일본과 같이 수온이 25℃ 이상의 광천은 모두 온천으로 인정하고 있다.

지하에 온천이 존재하는 것은 지표부의 지온과 화학성분을 정밀하게 관찰함으로써 인식이 가능하다. 특히 식물이 무성한 곳, 눈이 쌓이지 않거나 잘 녹는 곳, 뱀이 군생하는 곳, 너구리굴 등에서 김(수증기)이 나오는 곳 등은 주변보다 지온이 높다는 증거이므로 온천의 징후가 된다.

물의 화학성분이 특이한 장소 역시 온천이 존재할 가능성이 높은 곳이다. 석회화(Travertine)를 비롯하여, 수산화철, 수산화알루미늄 등 온천침전물이 부착된 곳이라든가, 물에서 특이한 맛과 냄새가 나는 경우 역시 지하에 온천수가 존재할 가능성이 높은 곳이다. 유화수소가 함유되었을 경우 계란 썩은 냄새가 나며, 이산화탄소가 함유된 물은 상쾌한 맛을 내고, 유리광산이 함유되었을 경우에는 시큼한 맛을 풍긴다.

우리나라에 온천이 용출되는 지역은 충북 수안보의 천개암·황해도의 마산온천·안남도의 용강온천·함북의 주을온천은 편마암을 기반암으로, 또 함북의 은율·길주·명천은 현무암과 조면암을 기반암으로 하는 것을 예외로 하면 주로 화강암을 기반암으로 하고 있다.

온천수(溫泉水)는 함북의 길주, 명천시를 연결하는 이른바 지구대에서 용출되는 경우도 있으며 이처럼 지각의 열하에서 용출되는 경우도 있지만, 일반적으로 기반암 내의 절리나 단층면에서 용출하는 것이 대부분이다.

온천의 열원으로 가장 많은 영향을 끼지는 것은 지열이다. 지온은 항온대에서 심도에 비례하여 증가하게 되는데, 일반적으로 지하의 증온율은 30~35m에 1℃로 보고 있다.

2) 온천의 분류

온천의 분류는 학자나 국가에 따라 차이가 있지만 일반적으로 온천수의 수온, 용출형태, 광물질의 용해도, 개발상태에 따라 구분하고 있다.

(1) 수온

온천수의 수온에 의해서 냉천(25℃ 이하), 미온천(25℃~34℃), 온천(34℃~42℃), 고온천(열천 : 42℃ 이상) 등으로 분류한다. 우리나라의 온천중 수온이 70℃가 넘는 것으로는 황해도의 정안(74℃), 안구(79℃), 백천(88℃), 마산(97℃)이며, 이 지대는 우리나라 최고의 온천대이다. 한편 남한에서 온도가 가장 높은 온천은 경남 창녕군 부곡온천(78℃)이고 가장 낮은 곳은 충청남도의 도고온천(25℃)이다. 우리나라 온천의 평균온도는 45.5℃로 나타나고 있다.

(2) 용출형태

온천의 용출형태에 따라 E. Suess(1904)는 용천과 간헐천(Geyser)으로 구분하고 있다. 용천은 온천수의 분출이 계속적으로 일어나는 온천을 말하며, 간헐천은 온천수가 일정한 시간간격을 두고 주기적으로 용출하는 형태의 온천을 말한다. 간헐천의 형성은 지하 깊은 곳에서 상승한 더운 물이나 과열수증기가 지표와 공동(空洞)간에 수압이 높아지면 분출하고 이 공동에 다시 새로운 지하수가 유입되어 재가열되는 동안은 간헐천의 휴식기가 된다.

오늘날 세계적으로 유명한 간헐천을 보면 아이슬란드의 Great Geyser, 미국의 Yellowstone, 뉴질랜드의 Waymang 등을 들 수 있다.

(3) 광물질 용해도

온천수 중 광물질의 용해도에 의한 것으로 물 1L 중에 1g 이상 고형물질이 용해되어 있으면 광천(Spa)이라 하고, 그 이하의 것을 단순천이라고 부르며, 탄산이 1g/kg 이상인 것을 탄산천이라고 한다. 또, 다량의 식염이 함유된 것을 염류천이라고 하며, 이는 다시 강염류천(식염 15g/kg 이상), 약식염천(5g/kg 이하)으로 구분된다. 그밖에 유황·황화수소 등이 함유된 유황천, 라돈(Rn)이나 라듐(Ra)이 함유된 방사능천 등이 있다.

(4) 개발상태

온천의 개발상태에 따라 자연형, 휴양(보양)형, 관광지형으로 구분한다. 자연형 온천지는 온천지의 자연상태와 사회개발형태를 비교할 때 자연상태가 더 많이 남아 있으나, 온천이 자연 그대로 용출하는 온천지로서 이것은 관광시장과 원격지에 위치하기 때문에 개발할 때까지는 많은 시간을 필요로 하는 곳에 위치하는 온천을 말한다.

휴양(보양)형 온천지는 자연형 온천지에 비하여 자동차나 기타 교통편을 이용할 때 접근성이 상대적으로 용이하며 그곳에 유입하는 관광객을 위하여 숙박시설이 발달한 상태로, 아직은 온천형태가 탕치 형태를 벗어나지 못한 상태의 온천을 말한다.

관광지형 온천지는 목적 자체가 휴양이나 보양적 목적에 있는 것이 아니고, 레크리에이션 목적의 관광객을 위하여 개발한 온천이다. 이것은 온천주변의 시설이나 온천객의 수용상태의 시설이 기업적으로 발달하는 형태의 온천지역을 말한다. 관광도시화 현상이 뚜렷하고 환락적 성격이 강하다.

이 밖에도 온천의 이용유형에 의해서 초보이용형태, 집적이용형태, 고도집적이용형태로 분류한다. 온천의 기능에 따라 일본의 야미무라(山村順次)는 탕치장의 단계(목욕탕 수준, 온천객이 지방주민들로 구성, 입탕객수 1년 10만 명 이하, 소규모 관광객), 휴양지 단계(연간 10만 명 이상의 입탕객수, 인근 대도시 주민까지 포함한 온천객), 휴양지 · 유람지 단계(수도권 관광시장과 결합된 것. 도내뿐만 아니라 도외의 유인력, 연간 50만~100만 명의 입탕객수), 온천 관광도시화 단계(수도권은 물론 전국적인 관광객 분포, 250만 명 이상의 온천객) 등의 분류방식을 제시하였다.

한편, 냉천은 광천 중 수온이 낮은 천으로 약수라고 하는데, 우리나라에서는 명승지가 되고 있다. 예를 들면 명암약수(국민관광지, 청주), 초정약수(공업입지), 부강약수(충남), 오색약수(설악산), 화암약수(정선), 방아다리약수, 달기약수(주왕산 국립공원) 등이 있다.

2. 온천의 분포와 의의

1) 온천의 분포

세계의 온천은 환태평양 조산대, 알프스 히말라야 조산대, 피레네 산지, 호주 북동부, 바이칼호, 아프리카 동부 · 남부 · 마다가스카르섬 · 남아프리카공화국 · 중국 대륙(동부) 등에 주로 분포하고 있다.

환태평양조산대의 일본열도로부터 북으로 캄차카 반도 및 알류우산열도를 지나서 알래스카, 아메리카 대륙의 서안을 달리는 로키, 안데스산맥에 연하여 온천이 집중한다. 또, 뉴질랜드와 피지, 솔로몬 제도는 그리로 필리핀 제도를 경유해서 타이완에 온천이 많다.

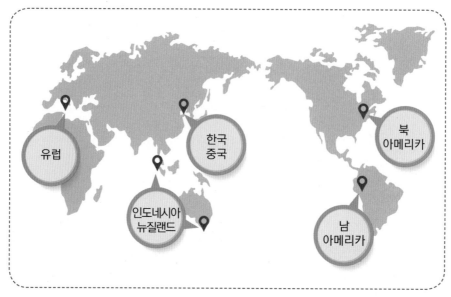

🔧 그림 4-2 _ 세계의 온천 분포도

이렇게 환태평양지역은 온천 집중지역으로 환태평양조산대, 화산대, 지진대와 일치한다. 온천형상을 제3기 이후의 신기조산대의 화산활동이 활발한 지역에서 탁월하게 나타나고 있다. 따라서 같은 성질을 가진 알프스 히말라야 조산대에 온천이 분포하여 피레네산맥에서부터 알프스산중, 아펜닌산맥, 카라카스산맥, 히말라야산맥을 경유해서 말레이반도, 인도네시아의 선다열도에 특히 집중되어 있는 것이다.

유럽 여러 나라의 온천군이 이런 연장선상에 있는 것처럼 화산도의 아이슬랜드도 마찬가지이다. 또한, 아트리아 동부의 리후트바레이(대지구대)는 고시기의 화산활동과 관련하여 온천이 많다.

한편, 화산활동과 관련이 없는 지역에서도 온천이 발달되고 있다. 예컨대 중국에서는 동부의 화북, 화중평원과 화남, 러시아의 바이칼호주변, 인도반도와 남아프리카, 오스트레일리아 북동부 등에 광범위하게 분포하고 있다.

2) 온천관광자원의 의의

동서양을 막론하고 온천은 치료를 위해서 사용된 역사가 있다. 유럽의 온천은 지금도 요양·보양적 이용이 그 중심을 이루고 있다. 미국과 뉴질랜드, 동남아시아 등지에서는 레크리에이션장으로서 온천수를 즐거움의 대상의 이용하고 있다.

유럽의 온천지는 독일이 바덴바덴(Baden Baden)을 위시해서 넓은 온천요양지, 보양온천지로서 확립되고 있다. 이 지역은 사회보장제도의 혜택을 받은 요양자가 호텔·펜션 등에서 장기체재를 하면서 온천요양을 한다. 그것을 위한 중심시설로서 온천치료관(Kur Mittel Haus : Cure Device House), 온천관(Bade Haus: Bath House), 온천보양관(Kur Haus: Cure House) 등이 광대한 녹색의 온천보양공원(Kur Park: Cure Park)과 일치하게 배치되어 있다.

한편, 호텔 중에는 온천요양시설을 가지고 있는 것도 있다. 유럽인들의 온천 이용 형태를 보면 일반적으로 요양보양객은 약 1~3주 간의 장기체재를 하면서 온천보양관을 이용하며 각종 목욕법으로 온천요양을 한다. 또한, 피로를 풀기 위해서 온천수를 즐기는 것이 일과가 되고 있다. 쿠아하우스에서 실내악과 온천보양공원의 일각에서 연주되고 있는 정적인 음악을 즐기는 사람들도 있다. 더욱이 울창한 녹음을 감상하고, 온천보양공원 내의 산보도로를 걷기도 하고, 벤치에서 휴식을 하기도 하며, 때로는 카지노나 경마 등에 참여하기도 한다.

식사는 호텔 내에서 하는 경우도 있지만 시가지를 산책하면서 감상하는 레스토랑에서 외식을 하는 경우도 흔하다. 이와 같이 온천에서 치료를 하기도 하고, 형부의 회복을 위한 전지(傳地)요양도 하리, 건강유지를 하는 것을, 현대사회에서 증가하고 있는 스트레스 해소의 방법으로 사용하는 사람들이 증가하고 있다. 유럽의 온천지는 예방의학적 견지에서도 큰 의의를 가지고 있는 것이다. 유럽의 국가에서의 온천은 지하로부터 용출온도 20℃ 이상의 따뜻한 샘을 말하는데, 이것은 우리나라의 25℃ 이상에 비해서 약간 낮은 온도로 설정된 것이다. 물론 단순한 지하수와 구별하기 위해서 용해물질의 함유치를 정하고 그것에 의해서 천질이 결정되고 있다. 일반적으로 유럽에서는 온천의 온도가 낮고, 광물질 용존량은 풍부하다. 특히, 간장병이나 위장병에 효과가 있다는 점에서 온천요법사의 지도에 따라 실시되고 있다. 온천지는 공기가 청정한 녹색의 수목이 분포하는 고지나 구릉지대에 주로 입지하여 기후요양지로 서의 기능도 겸하고 있다. 오늘날에는 알프스 산중에 동계스키장으로서 급속히 발전 하고 있는 온천지도 있고 단순한 요양, 보양온천지로부터 야외 레크리에이션지, 건강 을 증진하는 장소, 관광거점 등 새로운 기능을 더하여 서서히 변화되고 있다.

미국이나 캐나다는 온천지 발달 초기단계에서부터 일부 온천지에서의 온천요양 을 주제로 하던 것이 야외 레크리에이션이 활발해지는 것과 더불어 본래 온천 요 양의 의의를 상실해가고 있으며 대온천장이나 각종오락을 위한 온천욕으로 변화하 고 있다. 뉴질랜드에서도 마찬가지로 로드튜어(Road Tour)온천은 현지에서 주로 볼거 리의 대상이 되고 있으며 또, 난방용으로 이용되기도 한다. 뉴질랜드 북도의 넓은 지열지의 온천증기는 아이슬랜드나 이태리에서처럼 발전용으로 사용하고 유럽과 같은 온천의 이용은 거의 볼 수 없다.

남미나 동남아시아 등 개발도상국의 온천은 일부에서 질병요양을 위해 목욕수 로 사용하기도 하지만 대부분 레크리에이션을 위한 입욕이 주가 되고 있다. 그러나 오천욕장과 숙박시설 등의 관광시설이 구비되지 못한 경우가 많다.

한국에서는 타이완이나 일본과 마찬가지로 온천지가 단기체재의 관광지로서 성 립되고 대욕장이나 개별욕실의 입욕을 즐기는 사람들이 증가하고 있다.

중국에서는 2,600여 개의 원천이 발견되어 170개소의 온천요양지, 500개소의 온천요양소가 있고 피부병, 류마티스, 심혈관병, 위장병 등의 치료에 온천이 사용되 고 있다.

러시아에서 유럽제국과 마찬가지로 온천이 요양으로 이용되기도 하며, 대규모의 온천치료시설이 정비되어 있어서 다수의 탕치객이 방문한다. 온천지는 특히 코카 서스지방에서 흑해연안에 걸쳐서 많이 분포되어 있다. 즉, 피차코르, 키스로부오호 스크나 소치 근처에는 세계최대의 유화수소천이라고 하는 마체누타온천 등 유력 한 온천지가 분포하고 있다.

우리나라의 온천관광지의 형성과정은 요양, 보양지(탕치장)의 초보단계(조선시대 및 일 제 강점기)에서 온천관광지(1945~1970년대) 단계를 거쳐 온천관광 도시화(1980년대 이후)로 발전해 가고 있다. 그러나 한국의 온천지는 최근에 환락적 성격의 부정적인 측면으로 발전되는 양상도 보이고 있다. 천연의 온천자원이 갖는 본래의 기능을 유효하게 활용하여 온천의 보양적 관광대상화를 추진하는 것이 바람직하다.

3. 한국의 온천

1) 온천의 역사

한반도에서 온천의 발견 시기는 삼국시대로 소급되며, 초기에는 치료수로 이용하였다. 특히 온천과 관련된 지명을 갖고 있는 곳은 근대 이전에서부터 온천 이용의 역사가 있거나 온천 징후가 있는 것으로 판단할 수 있다. 즉, 온(溫)·정(井)·천(川)·부(釜) 등으로 된 지명이 전국에 약 426개소에 이른다. 조선시대 이후 온천의 발달은 왕족이나 귀족 중심으로 목욕수·치료수 등으로 이용한 사례가 많으며, 세종 대에는 온양·동래·유성 등의 온천 이용을 일반인에게 허락한 적도 있다. 온양온천은 질병치료에 효험이 있어 태조, 세종, 세조가 이곳에 거동하여 머무르면서 목욕하고 유숙한 어실이 있었다.

우리나라에서 온천이 관광지역으로 된 것은 1920년대 일본인들의 인공굴착에 의한 본격적인 온천개발 이후이다.

해방 당시 전국에는 42개소의 온천지가 있었는데, 이 중 남한에는 15개소가 개발되어 숙박시설과 목욕실을 갖추고 있었다. 해방 직후에는 온천이 지역주민의 목욕수에 불과한 이용행태를 보였으나, 국민관광의 발전과 함께 온천에 대한 수요가 증가함에 따라 새로운 온천공이 개발되고 숙박시설 및 각종 관광 편의시설을 갖추어 종합휴양관광지로 발달하고 있다. 1960년대 이후 국민관광개발 열기에 따라 현대적 관광지로 계속 발전하고 있다. 더욱이 종전의 치료보양적 기능에 더하여 위락관광적 성격이 강하게 나타나고 있는 것이 오늘날의 추세이다. 정부에서는 온천법에 의거하여 온천을 보양휴양지로 지정·개발하고 있다. 한국온천협회에 따르면 현재 442개의 온천지구가 있으며, 경북이 96개소로 제일 많으며 경남 51개소, 강원 48개소 등으로 형성되어 있다. 온천지구의 개발은 '80년대까지 24개소에서 '90년대에 28개소가 추가로 개발되어 현재 이용되는 곳은 515개소이고, 연평균 이용자가 100만 명 이상의 온천은 유성을 비롯하여 12개 지역이다. 그러나 과도한 온천공의 개발에 따른 지하수 오염문제 등 부정적인 측면도 제기되고 있다. 특히 1980년대에 부곡, 온양, 유성온천을 중심으로 관광도시화가 진행되면서 유흥관광지로 변천되는 특징을 보인다. 따라서 자연을 파괴하지 않는 범위 내의 온천개발의 과제와 온천 본래의 기능에 부합되는 유럽방식의 요양, 보양의 이용행태를 유지하는 것이 요구된다.

2) 온천의 분포와 수질

남한에 분포하는 온천은 제3기 화산대에서 벗어난 비화산성열원의 온천이 주류를 이루고 있으며, 대부분이 화강암지대에 분포하고 있다. 특히 남한의 온천밀집지역은 한반도의 중서부(온양, 도고, 유성, 이천온천)와 중동부(척산, 오색, 덕구, 백암, 수안보온천) 및 남동부(경산, 도곡, 마금산, 동래, 해운대온천) 등지로 충남북과 경남북에 밀집·분포하고 있다. 우리나라 온천수질의 특성은 거의가 저농도의 약알칼리성의 단순천으로 되어 있다. 이 같은 수질의 특성은 그 근원이 배화산성에 속하고 있어 열원(Magma)으로부터 어떤 특질의 광물질공급도 거의 받지 않는 데서 기인한다. 즉, 우리나라 온천은 천수가 기원이 된 지하수형 온천이므로 그 근원은 지하심부의 열원으로부터 다른 특질의 혼합이 거의 없는 상태에서 심부암석과의 반응에 의해서 본질이 결정된 것이다.

수온상으로 온천분포를 살펴보면, 동남부에 위치한 경남 부곡이 54~78℃로 남한 제일의 고온천이고 이천, 도고, 경산, 오색 등은 20~39℃ 이하로 저온천형에 해당된다. 이밖에 중간형인 온양, 덕산, 유성, 수안보, 백암, 덕구, 동래, 해운대, 마금산, 척산 등은 40~60℃이다. 따라서 충남·북과 경남·북 일대에 분포하는 온천들은 거의가 고온천형에 속함을 알 수 있다. 우리나라 온천의 열원이 되고 있는 화강암의 분포는 전국토의 60%를 차지하고 있기 때문에 최근에 온천지구의 설정지역은 전국적으로 확대되고 있으나 저온의 온천이 많은 편이다.

※ 표 4-14 _ 전국 온천개발 및 운영

시·도	계<이용업소>	신고수리<이용업소>	보호지구지정			보호구역지정			개발계획수립<지구>	연간이용인원<천명>	지정면적	
			계<이용업소>	이용중<이용업소>	개발중	계<이용업소>	이용중<이용업소>	개발중			보호지구<단위:천m²>	보호구역<단위:천m²>
합계	449 (528)	140 (13)	143 (397)	68 (397)	75	166 (118)	119 (118)	47	88	57,338	197,998	3,028
서울	10 (9)	2 (1)	1 (1)	1 (1)	0	7 (7)	7 (7)	0	0	2,279	150	61
부산	35 (74)	9 (3)	3 (51)	2 (51)	1	23 (20)	22 (20)	1	2	7,225	2,967	256
대구	14 (10)	2 (0)	3 (2)	2 (2)	1	9 (8)	8 (8)	1	3	1,723	1,785	63
인천	16 (1)	8 (0)	4 (0)	0 (0)	4	4 (1)	1 (1)	3	0	47	4,655	80
광주	3 (2)	0 (0)	2 (1)	1 (1)	1	1 (1)	1 (1)	0	1	305	950	2
대전	1 (58)	0 0	1 (58)	1 (58)	0	0 (0)	0 (0)	0	0	2,508	939	0
울산	11 (10)	3 (1)	4 (6)	4 (6)	(0)	4 (3)	3 (3)	1	2	1,112	3,818	723
경기	48 (20)	10 (0)	19 (8)	7 (8)	12	19 (12)	12 (12)	7	10	3,629	23,184	321
강원	55 (31)	22 (1)	16 (19)	8 (19)	8	17 (10)	10 (10)	7	11	3,963	20,972	358
충북	21 (33)	5 (0)	11 (32)	4 (32)	7	5 (1)	1 (1)	4	7	1,786	19,635	48
충남	32 (91)	17 (1)	12 (88)	7 (88)	5	3 (2)	1 (2)	2	8	11,636	11,937	71
전북	27 (4)	11 (2)	13 (2)	2 (2)	11	3	0	3	7	428	21,757	77
전남	18 (44)	6 (1)	8 (42)	5 (42)	3	4 (2)	2 (2)	2	7	2,528	13,017	142
경북	94 (79)	23 (2)	31 (43)	18 (43)	13	40 (34)	34 (34)	6	24	11,071	50,748	409
경남	51 (58)	17 (0)	11 (43)	5 (43)	6	23 (15)	15 (15)	8	5	6,804	14,620	320
제주	13 (4)	5 (1)	4 (1)	1 (1)	3	4 (2)	2 (2)	2	1	294	6,864	97

자료: 행정자치부(2016), 전국온천현황.

한국의 온천수는 지질구조대가 투수층의 대수층 역할을 하려 상승하는 유형에 속하기 때문에 용출열수의 양은 많지가 않다. 그러므로 몇 개의 온천공 시추로 양수가 시작되면 수위가 곧바로 낮아지는 현상이 여러 온천에서 나타나고 있다. 따라서 오늘날 우리나라의 온천수는 거의 온천 목욕수로 이용되고 있으며 온천수가 40℃ 미만일 때는 보일러로 가열하여 이용하고 있는 실정이다. 각 온천에서 온천공 소유권자들은 보다 고온의 열수를 학보키 위한 심부의 시추를 계속하고 있는 실정이다. 이와 같이 온천지마다 심부를 계속 시추하고 자연적으로 순환되는 양을 무시하여 과잉 양수가 계속된다면 필연적으로 온천공(孔)은 점점 깊어지고 온도의 저하, 수질의 변화가 일어나게 되어서 결국에는 고갈상태를 면치 못할 것이다.

온천수를 효율적으로 이용하기 위한 온천의 적정한 이용과 보호가 필요하며, 온천지에 대한 효율적인 관리가 중요한 과제이다.

관광자원론
Tourism Natural Resource Economics

Chapter
05

Tourism Natural Resource Economics

문화 관광자원

• Chapter 05 •

문화 관광자원

 ## 1. 문화와 문화재

1. 문화의 개념과 본질

문화(文化, Culture)는 일반적으로 한 사회의 주요한 행동양식이나 상징체계를 말한다. 문화는 사회사상, 가치관, 행동양식 등의 차이에 따른 다양한 관점의 이론적 기반에 따라 여러 가지 정의가 존재한다. 인간이 주어진 자연환경을 변화시키고 본능을 적절히 조절하여 만들어낸 생활양식과 그에 따른 산물들을 모두 문화라고 일컫는다.

문화는 음악, 미술, 문학, 연극, 영화와 같은 예술분야에서 두드러지게 나타난다. 사람들은 문화상품으로서 대중문화, 유행가와 같은 것들을 소비함으로써 문화를 접하기도 한다. 인류학 사회 전반의 기술, 예술, 관습, 양식 등 보다 광범위한 것들을 가리키는 용어로서 문화를 정의한다. 그러나 현대사회에서 소비재로서의 문화상품은 문화의 다른 분야에 막대한 영향을 미치고 있다.

인류학자들은 정형화할 수 있고 기호로서 의사소통할 수 있는 인간의 능력을 문화라고 정의한다. 한편, 동물학에서는 문화를 동물 생태계에서 위치하고 있는 인류의 행동양식으로 이해하기도 하며, 고고학은 역사적 유적에 집중한다. 또한 사회인류학은 사회 제도와 인간의 상호관계로서, 문화인류학에서는 규범과 가치로서 문화를 다룬다. 예를 들어서, 성수(聖水)는 보통의 물과 같은 것이 아니다. 그것은 보통 물과 구별되는 어떤 가치를 지니고 있으며, 이 가치는 많은 사람들에게 특별한 의미가 있는 것이다. 어떻게 하여 보통 물이 성수로 되었을까? 그 대답은 간단하다. 인간이 그 물에 의미를 부여하고 중요성을 결정한 것이다. 물론 이런 의미는 다른 사람들에게 의해서 이해될 수 있거나, 만약 그렇지 않다면 그 물은 그들에게 아무런 중요성을 부여할 수 있다. 또한, 그것을 이해하는 것을 포함하는데, 의미는 행동(Acts)으로 부여될 수도 있다. 예를 들어, 북미해안의 콰키우틀족이 행하는 포틀랏치 상징행위는 물건이나 행위 그리고 색깔로써도 표현할 수 있다. 빨간 색깔은 용기를 표시하는 뱃지일 수도 있고, 비자본주의 이데올로기 또는 사회조직을 표시하는 색깔일 수도 있다. 그리고 흑색은 반드시 상(喪)을 표시하는 색깔로 사용된다.

일반적으로 모양, 색깔, 맛, 소리, 물건, 행동 등 상징행위에 현상인 것이다. 인간을 모든 다른 종의 동물들과 구분시키는 것이 바로 이러한 부류의 사물과 사건들이다. 즉, 이러한 현상들이 바로 모든 문명 또는 문화들을 구성하는 재료가 되고 있다. 상징물은 상징행위의 산물, 상징행위에 의거한 사물 혹은 사건으로 정의해도 무방하다. 인간과 문화는 불가분의 관계에 있다. 인간 없이는 문화가 있을 수도 없고, 문화를 갖지 않은 인간도 있을 수가 없다. 따라서 문화의 모든 행위는 인간적인 활동인 것이다.

인간을 상징행위를 하는 한 동물로 규정하고, 상징행위와 관련하여 문화를 정의한다. 문화는 바로 인간의 상징행에 의하여 비로소 성립된 것이다. 문화의 다양성은 인종, 혹은 특수한 인간집단과 관련하여 나타난다.

문화(Culture)는 인류학의 선구자인 영국인 에드워드 테일러(Tylor)에 의해서 정의하였으며, 하나의 용어가 되었다. 그의 저서 '원시문화(Primitive Culture, 1871)'에서 문화를 "지식, 신앙, 예술, 법률, 도덕, 관습, 그리고 사회의 구성원으로서 인간에 의해 얻어진 능력이나 습관들을 포함하는 복합적인 총체"로 기술하고 있다. 테일러(Taylor)는 문화란 인간만이 갖는 독특한 것이며, 인간과 다른 동물들 간에는 근본적인 차이가 있다는 점을 분명히 했다. 매우 통속적 개념의 하나는 문화란 마음 속에 존재하는 개념들로써 구성되어 있다는 것이다. 인간이 만든 모든 것이 문화라는 것을 말해주는데, 이 정의는 포괄적이며 광의적 표현이다.

스펜서(Spencer)는 "문화는 역시 집합적인 의미로 볼 때, 역사적으로 학습된 인간행동과 활동양식들의 총합이다."라고 정의를 내린바 있다(1973). 이 정의는 인간의 행동과 모든 활동 양식의 총합이라는 식으로 표현하여 포괄성을 내세웠지만, 타일러보다는 압축된 개념이다. 바르노우(1979)는 문화를 "한 사회의 구성원들에 의해서 공유된 학습된 행동"이라고 말한바 있다. 이는 문화의 학습성을 강조하고 있다.

문화는 언어, 종교, 생계, 의식주 양식, 결혼형태, 풍속, 도시·농촌의 거주양식 등으로 이루어진 생활양식의 총체이다. 어떤 지역에 자리잡고 오랫동안 살아온 평균적 인간집단이나 민족의 의식주 그리고 전래적인 조형물(장승 등)들은 그 구성원들에 의해서 장구한 세월 동안에 걸쳐 만들어지고 다듬어진 문화의 일부이다. 이것들을 묶어서 우리는 민속이라고 한다. 문화집단은 민속문화와 대중문화로 구분되며, 양 집단이 갖는 특이성, 즉 새로운 문화체험을 추구하는 관광객에게 매력적인 목적물인 동시에 관광대상이 된다.

따라서 문화는 다음과 같은 특징이 있다.

- 공유성 : 어떤 집단이 일반적으로 가지고 있는 행동이나 사고방식

- 상대성 : 문화의 질적인 것, 상급문화와 하위문화, 원주민 문화

- 축적성 : 윗 세대의 경험된 지식에 의해서 이루어진 것(문헌, 유적, 유물 등)

- 전체성 : 문화를 구성하는 다양한 속성의 전체

- 다양성 : 서로 다른 야상의 문화이지만 긴밀한 관계

- 가변성 : 시간경과와 사회발전에 따라 변화하는 것, 문화접촉으로 진화(문화접변에 의한 문화의 동화, 중층화, 문화의 복합 등도 포함)

- 학습성 : 개별적인 학습과정으로 형성(인간은 모국어를 갖고 태어난 것이 아니라 학습의 결과)

2. 문화관광자원

문화관광자원은 민족문화의 유산으로서 대표적으로 문화재 자원과 박물관 두 가지를 들 수 있다. 이 가운데 문화재 자원은 보통은 역사적 가치가 큰 것으로서 가치가 민족문화의 유산을 지칭한다. 특히 역사적, 또는 전통적 가치가 큰 것으로 생각하고 있으며 역사적 자원 혹은 전통적 자원이라 한다.

문화재란 말은 독일어의 'Kulturgiiter'이며, 그 원뜻은 민족문화의 유산으로서 보존할만한 가치가 있는 것을 가르키며, 문화재라는 용어가 일반적으로 사용하게 된 것은 제2차 세계대전 이후이다.

중국에서는 일찍이 우리나라의 문화재보호법에 상당하는 '물문보호법'이 제정되어 있었고 서양에서는 Cultural Assets, Cultural Property, 즉 문화재라는 용어가 상당히 오래 전부터 사용되었다. 일반적으로 보급된 용어가 아니고 특수한 용어로 쓰여졌기 때문에 그때그때 그 말이 가지는 내용은 한정적으로 통용되는 경우가 많았다. 반면에 역사적 기념물, 역사적 유적 혹은 전통적 예술과 같은 역사적 · 전통적이라는 용어는 일반적으로 널리 쓰여졌다.

문화재에 관한 국제적 인식은 UNESCO의 제창으로 1954년에 제정된 '무력 분쟁시의 문화재 보호를 위한 조약'에서 문화재 정의는 근원과 소유자의 특징과 상관없이 다음과 같이 주장하고 있다.

- 역사적 또는 예술적 의의가 큰 건조물군, 가치있는 각종 서적
- 박물관, 도서관, 기록보관소와 그 밖의 건조물
- 문화재가 다수 소재하는 집중지구(역사적 센터)

문화재는 일반적으로 역사성이 있다. 따라서 우리나라의 문화재보호법(1962년 재정)이 사적에 대하여 명승을, 유형문화재에 대하여 무형문화재를 각각 문화재로서 동등하게 취급하고 있는 것은 자연의 존엄성과 위대함을 인식하고 역사와 전통을 중시하는 민족성의 발로라 말할 수 있다.

한 국가의 자원을 평가할 때 우리는 그 나라의 천연자연과 산업자원에 국한하고 중시하는 경향이 있는데 그 밖의 유형·무형의 중요한 문화자원을 망각하는 수가 있다. 한 사물이 이미 현실적 이용가치가 없어져다 하더라도 역사적·문화적 가치는 그대로 유지되고 있거나 증대되는 경우도 있으며 관광자원으로서 새로운 가치를 지니게 되는 경우도 많다는 사실을 유념해야 한다.

3. 문화재의 현황과 분포

1) 우리나라 문화재의 현황 1) 우리나라 문화재의 현황

문화재는 우리 민족의 유구한 자주적 문화정신과 지혜가 담겨 있는 역사적 소산이며 우리의 문화를 소개할 수 있는 관광자원이다. 따라서 문화재보호법에 의해 지정되며 그 종류는 유형문화재, 무형문화재, 기념물, 민속자료로 구분된다.

※ 표 5-1 _ 문화재의 구분

분류	항목	내용
유형 문화재	• 건조물 • 미술공예품 • 고고자료	• 건축물, 교각, 석탑,회화, 조각, 공예품, 서적, 고문서, 출토품
무형 문화재	• 예능 • 공예기술	• 연극, 음악, 무용, 도예, 칠기, 금공염직, 목죽공
기념물	• 유적 • 경승지 • 천연기념물	• 패총, 주거적, 고분, 산지 궁지, 성지 정원, 교각, 협곡, 산악, 동물, 식물, 지질, 광물
민속자료	• 유형민속자료 • 무형민속자료	• 의식주, 생업, 신앙. 연중행사의 물건 • 의주식, 생업, 신앙. 연중행사의 습과

　　문화재 중 가치를 크게 지닌 것을 지정하여 지정문화재라 하는데 지정문화재는 국가지정문화재, 시·도 지정문화재, 문화재자료로 구분된다.

　　국가지정문화재는 문화체육관광부장관이 문화위원회의 심의를 거쳐 지정하는 것이고, 시·도 지정문화재는 시·도지사가 그 관할구역 안에서 국가지정문화재로 지정되지 않은 문화재 중 보존가치가 있다고 인정되는 것을 시·도지정문화재로 지정할 수 있다. 또한 문화재자료는 시·도지사가 국자지정문화재, 시·도 지정문화재가 아닌 문화재 중 향토문화 보존상 필요하다고 인정되는 것을 문화재자료로 지정할 수 있다.

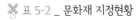

표 5-2 _ 문화재 지정현황

(2019년 12월 31일 현재)

	2015	2016	2017	2018	2019
국보	317	328	331	336	342
보물	1,842	2,060	2,107	2,146	2,188
사적	491	495	500	505	513
명승	109	109	110	112	113
천연기념물	455	456	457	459	461
국가무형문화재	122	135	138	142	146
국가민속문화재	286	294	297	299	300
계	3,622	3,877	3,940	3,999	4,063

출처: 문화재청(https://www.cha.go.kr)

2018년 12월 말, 전국에 소재하고 있는 박물관과 미술관의 현황은 <표 5-3>과 같다.

❈ 표 5-3 _ 전국 박물관과 미술관 현황

(2018년 12월 31일 현재)

		2012	2013	2014	2015	2016	2017	2018
박물관	1관당 인구(명)	67,573	68,849	68,646	65,805	62,384	60,105	58,903
	국립	32	32	33	39	40	47	49
	공립	326	326	328	332	339	341	349
	사립	287	287	290	315	351	361	371
	대학	95	95	94	94	96	104	104
	계	740	740	745	780	826	853	873
미술관	1관당 인구(명)	292,421	268,149	269,165	218,417	219,274	223,885	204,871
	국립	1	1	1	1	1	1	1
	공립	39	39	39	50	54	56	67
	사립	124	124	124	140	150	157	168
	대학	7	7	7	11	14	15	15
	계	171	190	190	202	219	229	251

자료: 나라지표(www.index.go.kr)

문화재는 조상들이 남긴 건물·조각·공예품·서적·서예·고문서 등의 유물·유적 가운데 역사적·예술적 가치가 높거나 역사 연구에 자료가 되는 유형문화재, 민속문화재(민속자료), 기념물, 연주·무용·음악·공예·기술 등에서 역사적·예술적 가치가 높은 무형문화재 등을 통틀어 일컫는 말이다. 대한민국에서는 문화재를 아끼고 보호하여 후세에 잘 물려주기 위해 문화재보호법을 1962년에 제정하여 관리하고 있다.

문화재는 유형·무형의 문화적 소산으로서 역사상·예술상·학술상 가치가 큰 것으로서 2019년 12월 기준으로 4,063점의 문화재가 분포하고 있다. 또한 이들을 집대성하여 전시해 놓은 국립박물관이 서울특별시, 부산광역시, 광주광역시 경주시, 공주군, 부여군 등 15개 지역에 설치되어 있으며 지역의 특수성 또는 문화적 배경에 따라 사설 및 특수박물관도 개설되고 있다. 그리고 이들이 분포하는 지역을 중심으로 그 토지를 사적지와 종교용지로 용도 지정하여 보호·관리하고 있다.

문화재는 지정문화재와 비지정문화재로 나눌 수 있다.

(1) 국가지정문화재

국가를 대표하는 문화자원으로서 국가지정문화재는 국보, 보물, 사적, 명승, 천연기념물, 중요무형문화재, 중요민속자료 등으로 2019년 12월 기준 전국적으로 총 4,063점이 있다. 유형별로는 보물이 차지하는 비중이 가장 높으며 다음이 사적, 천연기념물, 보물, 중요민속자료, 중요무형문화재, 명승 등의 순으로 구성되어 있다.

국자지정문화재가 가장 많이 분포하는 지역은 서울특별시로 전체의 약 25%를 차지하고 있으며, 다음은 경북으로서 약 18%가 소재하고 있다. 전남과 경남, 경기, 충남 등지에 비교적 많은 분포율을 보이고 있으며 전북에도 상당수 분포하고 있다. 반면에 제주를 비롯한 많은 광역자치단체는 그 비중이 매우 낮은 편이다.

한편 국가지정문화재의 유형별 분포실태를 살펴볼 때, 국보는 315점이 분포하고 있으나 이 중 약 절반이 156점이 서울에 집중하고 있다. 그리고 호암미술관이 소재하는 용인은 물론 신라의 경주, 벽제의 공주를 중심으로 전체의 37%가 분포되어 있다. 모두가 옛 국가의 수도이다. 과거 국가의 수도라는 측면으로 본다면 지역적인 편중이 있다고 볼수 있다.

보물의 경우도 1,813점이 분포하고 있으나 서울, 경주, 용인 등 3개 지역에 전체의 약 60%인 950점이 분포하고 있어 지역적인 특화도가 높은 것으로 나타나고 있다. 이밖에 전통가옥이 밀집하고 있는 안동 및 경주와 고찰이 소재하는 승주, 여주, 합천, 구례 등지도 상대적으로 그 비중이 높으며 대구, 부산 등에도 비교적 많은 보물이 소재하고 있다.

국가지정문화재 중에서 두 번째로 많이 지정되어 있는 사적은 전국에 491점이 분포하고 있다. 사적이 높게 분포하는 지역도 서울시와 경주시로서 상대적으로 높은 집중도를 보이고 있으며 서울과 근접하는 강화 및 고양에도 비교적 높은 분포율을 보이고 있다. 백제의 도읍지였던 부여에도 사적으로 지정되어 있는 문화재가 많은 것으로 나타났다.

천연기념물은 학술적으로 귀중하며 보호할 가치가 크다고 인정되는 동물·식물·지질·광물 등을 말한다. 우리나라의 천연기념물은 주로 식생과 지질구조와 관련된 것이 많으며, 그 분포에 있어서도 특정지역에 고도로 집중하기 보다는 도시와 농어촌지역에 걸쳐 비교적 고르게 분산되어 있다. 그러나 서울, 부산, 울릉, 괴산, 안동, 통영, 북제주, 삼척, 담양 등지에는 다른 지역에 비하여 상대적으로 지정된 사례가 많은 편이다.

의식주·생산·생업·교통·운수·통신·교역·사회생활·신앙·예능·오락·유희 등의 민속과 관련된 것 중 중요한 것으로, 7개 유형(국보·보물·국가무형문화재·사적·명승·천연기념물·국가민속문화재)으로 구분되는 국가지정문화재 중 하나이다. 기본적으로 민속문화재란 의식주·생업·신앙·연중행사 등에 관한 풍속이나 관습, 이에 사용된 의복·기구·가옥 등으로 우리만의 생활사가 갖는 특징을 잘 보여주고 전통적인 생활사의 추이를 이해함에 있어 그 가치와 의미가 인정되는 것을 말한다. 민속문화재에는 중요민속문화재 외에도 지방자치단체가 보존가치를 인정하여 문화재로 인정한 시도민속문화재가 있다. 1962년 문화재보호법이 제정될 때 '중요민속자료'라는 용어가 사용되다가 2010년, 2월 문화재보호법이 개정(2011년 2월 시행)되면서 '중요민속문화재'로 변경됐다. 이후 2017년 3월, '국가민속문화재'로 이름이 바뀌어 현재에 이르렀다. 2016년 말, 기준 국가민속문화재로 지정되어 있는 문화재는 '덕온공주당의(국가민속문화재 제1호)', '강릉 선교장(국가민속문화재 제5호)', '삼덕리마을제당(국가민속문화재 제9호)' 등 약 290건이 있다.

따라서 천연기념물로 지정할 수 있는 자연물은 한국 특유의 이름있는 서식지 및 생장지·석회암지대·사구·동굴·건조지·습지·하천·온천·호수·도서, 학술적인 가치가 큰 나무, 원시림, 고산식물지대, 중요한 화석 표본 등이다. 천연보호지역은 보호해야 할 천연기념물이 풍부한 일정 구역을 설정한다. 전라남도 홍도, 강원도 설악산, 제주도 한라산, 그 밖에 대암산·대우산·향로봉 등이 천연보호구역이다. 1933년 천연기념물 제도가 시행된 후 총 155가지가 지정되었다. 이를 1962년 재정비하는 과정에서 많은 수가 해제되었다. 2008년 천연기념물 명칭 기준이 바뀌어서 각 천연기념물의 공식 명칭이 크게 변했다.

중요 민속자료 역시 서울, 안동, 경주 등 전통성이 강한 지역에 전체의 약 45%가 분포하고 있어 높은 집중도를 보이고 있으며 승주, 보성, 남제주 등지에도 비교적 많이 분포하고 있는 것으로 나타났다. 이들 지역은 대부분 지방고유의 독특한 풍속이 전래되어 온 농어촌지역들이며 특수박물관이 입지하고 있는 서울시는 그 성격이 다르다.

연극이나 음악, 무용, 공예, 기술 등 그 밖의 무형의 문화적 소산인 국가지정 중요 무형문화재는 총 114종, 보유자는 366명이 지정되어 있다. 기능보유자는 17%인 62명이 서울에 거주하고 있으며 부산, 통영, 제주, 진도 등지에도 전국적으로 문화예술이 전승되고 있는 것으로 나타났다. 그리고 양주, 서천, 당진, 익산, 임실, 담양, 창녕, 고성 등지에도 각각 2종씩 분포하고 있음은 주목할 만한 사실이다.

역사적·예술적 가치가 있는 건축물이 보존되어 있거나 독특한 지형 또는 지질 때문에 경관이 아름다운 경관이 아름다운 곳으로서의 명승이 전국에 72점이 분포하고 있다.

(2) 시·도지정문화재

지방적 차원의 문화자원으로서 시·도지정문화재는 시·도유형문화재, 시·도무형문화재, 시·도민속자료, 문화재자료 등으로 2018년 현재 전국적으로 총 6,146점이 지정되어 있다. 이 중 유형문화재와 문화재자료가 대부분을 차지하고 있으며 다음은 시·도기념물, 시·도무형문화재, 시·도민속자료 등의 순으로 구성되어 있다.

시·도지정 문화재가 가장 많이 분포하는 지역은 경남과 경북으로서 약 33%가 소재하고 있으며 그 다음으로 전남, 전북 등의 순으로 분포하고 있다. 시·도지정문화재가 상대적으로 집중하고 있는 곳으로 공·사립박물관이 건립되어 있는 서울, 부산, 대구 등 대도시인 경우와 역사적·종교적 유적지가 풍부한 양산, 안동, 합천, 강릉 등지이다. 시·도기념물은 경남을 비롯하여 경주 등지에 비교적 많이 소재하고 있다. 전남의 영암, 고흥, 해남, 담양일대 그리고 부여, 공주, 논산으로 이어지는 백제문화권 및 대전과 강화, 여주, 용인 등 경기일원도 비슷한 분포율을 보이고 있다.

또한 서민의 생활상을 이해하는 데 좋은 자료가 되는 시·도민속자료는 330점이 지정되어 있으며, 주요분포지역으로서는 안동, 영덕, 봉화 등 권문세가들이 거주하였던 경북 내륙지방과 호남 해안지대의 부안, 무안, 영암 등지이며 서울에도 상대적으로 집중적으로 분포하고 있다.

4. 국가지정문화재의 종류

1) 보물

문화체육관광부는 문화재위원회의 심의를 거쳐 유형문화재 중 중요한 것을 보물로 지정할 수 있으며 그 구체적인 내용은 다음과 같다.

(1) 건조물

① 목조건축물

•당탑, 궁전, 성문, 전묘, 사우, 서원, 누정, 향교, 관아, 객사, 민가 등으로서 역사적·학술적·예술적·기술적 가치가 큰 것

② 석조건출물류

•석굴, 석탑, 전탑, 부도 및 석종, 비석, 석등, 석교, 석단, 석빙고, 천성대, 당간 지주, 석표, 석정 등으로서 역사적·예술적·기술적 가치가 큰 것

(2) 전적·서적·고문서

① 전적류

- 사본류는 한글서적, 한자서적, 저수고본, 종교서적 등의 원본이나 우수한 고사본 또는 이를 계통적·역사적으로 정리한 중요한 것, 관본류에 있어서는 판본 또는 관목으로서 역사적 또는 판본학적 가치가 큰 것
- 활자본류는 활자본 또는 역사적·인쇄사적 가치가 큰 것

② 서적류

- 사경, 어필, 명가필적, 고필, 묵적, 현과, 주련 등으로서 서예사상 대표적인 것이거나 금석학적 또는 사료적 가치가 큰 것

③ 고문서류

- 역사적 가치 또는 사료적 가치가 큰 것

(3) 회화·조각

- 형태, 품질, 기법, 제작 등의 현저한 특이성이 있는 것
- 우리나라 문화사상 각 시대의 귀중한 유물로서 그 제작이 우수한 것
- 우리나라 회화사상 또는 조각사상 특히 귀중한 자료가 될 수 있는 것
- 특수한 작가 또는 유파를 대표한 중요한 것
- 외래품으로서 우리나라 문화에 중요한 의의를 가진 것

(4) 공예품

- 형태, 품질, 기법 또는 용도에 현저한 특성이 있는 것

- 우리나라 문화사상 또는 공예사상을 가진 각 시대의 귀중한 유물로서 그 제작이 우수한 것
- 외래품으로서 우리나라 공예사상 중요한 의의를 가진 것

(5) 고고 자료

- 선사시대 유물로서 특히 학술적 가치가 큰 것
- 고분(지석묘 등을 포함)·패총 또는 사지·유물 등의 출토품으로서 학술적으로 중요한 자료가 될 수 있는 것
- 전세품으로서 학술적 가치가 큰 것
- 종교, 교육, 학예, 산업, 정치, 군사, 생활 등의 유적 출토품 또는 유물로서 역사적 의의가 크거나 학술적 자료로서 중요하거나 제작상 가치가 있는 것

(6) 무구(武具)

- 우리나라 전사상 사용된 무기로서 희귀하고 대표적인 것
- 역사상 명장이 사용하였던 무구류로서 군사상 의의가 큰 것

2) 국보

문화체육관광부는 보물에 해당하는 문화재 중 인류문화의 견지에서 그 가치가 크고 유례가 드문 것을 문화재위원회의 심의를 통해 국보로서 지정할 수 있다.

- 보물에 해당하는 문화재 중 역사적·학술적·예술적 가치가 큰 것
- 보물에 해당하는 문화재 중 제작연대가 오래되고 그 시대의 대표적인 것
- 보물에 해당하는 문화재 중 제작의장이나 제작기술이 우수하여 그 유래가 적은 것
- 보물에 해당하는 문화재 중 형태, 품질, 제질, 용도가 현저히 특이한 것
- 보물에 해당하는 문화재 중 특히 저명한 인물과 관련이 깊거나 그가 제작한 것

3) 무형문화재

문화체육관광부는 문화재위원회의 심의를 거쳐 무형문화재 중 중요한 것을 무형문화재로 지정할 수 있다.

다음 각 호의 1에 해당하는 것으로서 역사상·예술상 가치가 크고 향토색이 현저한 것이다.

- 연극 : 인형극, 가면극
- 음악 : 제례악, 연례악, 대취타, 가곡, 가사 또는 시조의 영창, 산조, 농악, 잡가, 민요, 무악, 범패
- 무용 : 의식무, 정재무, 탈춤, 민속무
- 공예기술 : 도지기 공예, 마미공예, 금소공예, 화각공예, 장신공예, 나전칠공예, 제지공예, 목공예, 건축공예, 피혁공예, 지물공예, 직물공예, 염색공예, 옥석공예, 자수공예, 복식공예, 악기공예, 고공예 등
- 기타 의식 · 놀이 · 무예 · 음식제조 등
- 제1호 내지 제3호 규정에 예능의 성립 또는 구성상 중요한 요소를 이루는 기법이나 그 용구 등의 제작 · 수리 등의 기술

4) 사적, 명승, 천연기념물

문화체육관광부는 문화재위원회의 심의를 거쳐 기념물 중 중요한 것을 사적, 명승 또는 천연기념물로 지정할 수 있다.

(1) 사적

- 유사 이전의 유적 : 패총, 유물포함층, 주거지(수혈주거지, 부석주거지, 동혈주거지 등), 지석, 입석, 고분 등의 유적으로서 학술적 가치가 큰 것
- 제사 · 신앙에 관한 유적 : 사지, 사우지, 제단, 사고지, 진묘지, 향교지, 기타 제사, 신앙에 관한 유적으로서 학술적 가치가 큰 것

- 정치·국방에 관한 유적 : 성곽, 성지, 책채, 방루, 진보, 수영지, 관문지, 봉수대 및 유지·고전장·군읍리·궁전지에 관한 유적으로서 학술상 가치가 큰 것
- 산업·교통·토목에 관한 유적 : 고도(옛길), 교지, 둑, 제방, 요지, 사상지, 식물재배지, 석표 기타 산업 교통·토목에 관한 유적
- 교통·사회·사업에 관한 유적 : 서원, 사숙, 자선시설, 석각, 기타 교육·학예에 관한 유적으로서 학술상 가치가 큰 것
- 분묘, 비 등 : 분묘, 비, 구택, 원지, 정천, 수석 기타 중요한 전살지 등으로서 학술상 가치가 큰 것

(2) 명승

- 저명한 건물이 있는 경승지 또는 원지
- 화산, 화초, 단풍 또는 조수, 어충류의 서식지
- 저명한 협곡, 해협, 곶, 급류, 심연, 폭포, 호수 등
- 저명한 해안, 하안, 도서, 기타 경승지
- 저명한 풍경의 전망지점
- 특색있는 산악, 구릉, 고원, 평원, 하천, 화산, 온천지 등

(3) 천연기념물

① 동·식물

- 한국 특유의 동식물로서 저명한 것 및 그 서식지·생장지
- 석회암지대, 사구, 동굴, 건조지, 습지, 하천, 호수, 폭포의 소, 온천, 하구 도서 등 특수지역이나 특수환경에서 서식하거나 생성하는 특유한 동·식물군 및 그 서식지·생장지 또는 도래지
- 진귀한 동식물로서 그 보존에 필요한 것 및 그 서식지·생장지
- 한국 특유의 축양동물

- 학술상 가치가 큰 사총, 명목, 거수, 노수, 기형목
- 대표적 원시림, 대표적 고산식물 지대 또는 진귀한 삼림상
- 진귀한 식물의 자생지
- 저명한 동식물의 분포의 경계가 되는 것
- 유용 동식물의 원산지
- 귀중한 동식물의 유물발견지 또는 학술상 특히 중요한 표본과 화석

② 지질·강물

- 암석 또는 광물의 생성원인을 알 수 있는 상태의 대표적인 것
- 거대한 석회동 또는 저명한 동굴
- 특이한 구조로 되어 있는 암석 또는 저명한 지형
- 지층단 또는 지괴운동에 관한 현상
- 학술상 특히 귀중한 표본
- 온천 및 냉광천

③ 천연보호구역

천연보호구역은 11개소로 대한민국의 천연기념물로 지정되어 관리되고 있다.

5) 중요민속자료

문화체육관광부장관은 문화재위원회의 심의를 거쳐 민속자료 중 중요한 것을 민속자료로 지정할 수 있다.

(1) 지정자료는 다음과 같으며 한국민족의 기본적 생활특색이 있어야 하는 공통적 특징이 있다.

- 의·식·주에 관한 것 : 궁중·귀족·서민·농어민·천인 등의 의복, 장신구, 음식용구, 광열용구, 가구, 사육용구, 관혼상제용구, 주거, 기타 물건 또는 그 재료 등
- 생산·생업에 관한 것 : 농기구, 어렵구, 공정용구, 방직용구, 작업장 등
- 교통·운수·통신에 관한 것 : 운반용의 배, 수레, 역사 등
- 교역에 관한 것 : 계산용구, 계량구, 간판, 점포, 간찰, 화폐 등
- 사회생활에 관한 것 : 증답용구, 경방동구, 형벌용구 등
- 신앙에 관한 것 : 제사구, 법화구, 봉납구, 우상구, 사우 등
- 민소지식에 관한 것 : 역류, 점포용구, 의료구, 교육시설 등
- 민속예능·오락·유회에 관한 것 : 의상, 악기, 가면, 인형, 완구, 절귀용구, 도구, 무대 등

(2) 민속자료를 수집·정리한 것으로서 그 내용은 다음과 같다.

- 역사적 변천을 나타내는 것
- 시대적 또는 지역적 특색을 나타내는 것
- 생활계층의 특색을 나타내는 것

(3) 민속자료가 일정한 구역에 집단적으로 소재한 경우에도 민속자료의 개별적인 지정에 갈음하여 그 구역을 다음의 기준에 따라 집단 민속자료 구역으로 지정할 수 있다.

- 한국의 전통적 생활양식이 보전된 곳
- 고유민속행사가 거행되던 곳으로 풍경이 보존된 곳
- 한국건축사 연구에 중요한 자료를 제공하는 민가군이 있는 곳
- 한국의 전통적인 전원생활의 면모를 간직하고 있는 곳
- 역사적 사리 또는 전설·설화와 관련이 있는 곳

• 옛성터의 모습이 보존되어 고풍이 현저한 곳

(4) 예비 문화재 제도

현재의 문화재가 등록문화재로 인정받기 위해서는 50년 이상 지나야 문화재로 인정된다. 그러나 50년을 채우지 못한 근현대 문화유산의 경우 보존·관리가 제대로 이뤄지지 않아 훼손되는 일이 잦았다. 이로 인해 50년을 넘기지 않아도 예비 보존하는 제도를 문화재청은 도입하였다.

2. 사찰 및 민속자료

1. 가람의 종류

금당(金堂) 중앙에 봉안한 부처님의 형상에 따라 불사의 명칭을 각각 달리 하고 있다. 즉, 주존불(主尊佛)이 석가여래불(釋迦如來佛)일 경우에는 미륵전, 대비로자나불(大毘盧遮那佛)일 경우에는 대적광적(大寂光殿), 아미타여래(阿彌陀如來)에는 극락전, 또는 무량수전, 관세음보살인 경우에는 원통전(圓通殿)이라고 한다. 극락전과 무량수전은 아미타여래의 성질에 따라 구별된다. 즉, 중생들에게 무한한 수(壽)를 베풀어주는 무량수아미타(無量壽阿彌陀)를 봉안했을 경우에는 무량수전이고, 또 빛을 주는 무성광방호타(無星光防護陀)일 때에는 극락전이 되는 것이다.

이와 같이 법당의 명칭은 어디까지나 주전(主殿)일 때에만 적용되며, 부속법당일 경우에는 전(殿)의 이름이 달라지는 것이다. 즉, 봉안한 부처님의 이름에 따라 미타전, 원통전, 관음전 등으로 구분된다. 법당에서 세 번 절하는 것은 ① 부처님(佛) ②

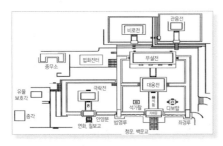

불국사 배치도

사찰의 일반적인 배치

불도(法) ③ 스님(僧)에게 하는 것으로 '삼보(三寶)'에 귀의한다는 뜻을 나타내는 예식이다. 우리나라의 삼보사찰은 불보(佛寶)사찰 통도사, 법보(法寶)사찰 해인사, 승보(僧寶)사찰 송광사 등이다.

통도사는 경상남도 양산군에 소재하는 영취산을 주산으로 하는 절로서 신라의 자장율사가 당나라로부터 부처의 사리와 가사를 받아와서 646년에 창건한 것이다.

경상남도 합천군의 가야산 해인사에는 고려대장경을 보관하는 대장경판고가 국보 제52호로 지정되어 있으며, 이 건물을 법보전(法寶殿)이라 한다.

전라남도 순천시 송광면의 조계산에 있는 송광사는 보조구사 이후 15국사(國師)가 배출되었기 때문에 승보종찰이라고 한다.

2020년 1월 현재 전국의 사찰 수는 약 17,100여 개로 추정되고 있으며 이 중 전통사찰로 지정 등록된 사찰은 968개 사찰로 전체 사찰 대비 5.7% 비율을 차지하고 있다. 문화관광자원으로서 사찰의 의의는 우리나라 문화재 중에서 90%가 불교문화와 관련된 것이고, 60%가 사원 내에 소장하고 있다는 사실이다. 따라서 사찰은 우리나라의 대표적인 문화재로써 많은 비율을 차지하고 있다. 한국의 사원은 중국이나 인도 등과 다르게 유교문화를 교육하는 기관으로 성장하였으며 우리의 고유한 특성을 가지고 있다. 이것은 한국의 사원이 주변의 산림, 계곡 등과 조화를 이루면서 무릉도원의 경지를 이루어 '산좋고 물좋은 곳은 전부 승려들에게 점령당하고 있다.'라는 속담처럼 거의 명산이나 경승지에 위치하고 있는데서 연유한다.

2. 사찰의 경관

삼국시대의 우리나라 사찰은 중문, 탑, 금당과 강당이 1열로 나란히 배치된 것이 기본형이다.

우리나라 사원은 산지가람형으로써 신라 말에 도입된 선종의 영향과 풍수지리설에 따른 배치로 수도생활에 적합하도록 설립된 특징을 보이고 있다. 사원배치에서 선방, 조사각의 전각은 선종사찰의 특징을 반영하는 것이고 수덕사의 승방명칭에서 나타나는 청련당, 백련당은 풍수지리설의 좌청룡, 우백호를 상징하고 있다. 또한 법주사는 속리산을 수덕사는 덕숭산을, 내장사는 내장산을 각각 배후주산으로 하여 평탄면이나 완만한 경사를 이용해서 입지하여 경전에서 말하는 자유실현을 위한 공간을 형성하고 있다. 따라서 사원은 민족고유의 산악신앙을 기초로 하여 사문 속에 불교의 독특한 사상과 상징성을 내포하여 산은 인간계보다 높은 이상향을 추구한다는 수미산 중심의 세계구조의 우주관에 입각한 조형체계를 갖추고 있다. 한국의 사원배치에서 보편적으로 나타나는 수직과 수평의 원리에 따른 전각당우의 배열은 공통적인 특징이다. 수직원리에 의하여 일직선상으로 배열되는 일주문-사천왕문-종, 고, 누각-대웅전-산신각에 이르는 건물들이 점층적 상층구조를 이루고 있다.

✖ 그림 5-1 _ 사찰배치의 원리

이 밖에도 부도전과 탑비, 석등을 비롯한 부속건물이 질서정연하게 배치되어 사원경내는 방형 또는 장방형의 형태를 이루고 있다. 수평원리에 따라 불전법당으로서 대웅전을 위시하여 약사전, 능인전, 극락전, 관음전 등의 배치와 보살전 법당으로서 명부전과 원통보전이 배치된다. 이와 같은 가람배치는 중국 한대의 천문오행사상에서 영향을 받은 것으로 보는 시각도 있다. 한편, 대웅전과 근접해서 배열되는 명주전과 삼성각은 한국 사찰에서만 볼 수 있는 고유성으로 인정되고 있다. 또한 우리나라 사원은 공통적으로 산내에 암자를 말사로 두고 있어서 독특한 산사경관을 형성하고 사암은 배후주산(背後主山)의 규모에 따라 통합된 분산을 이루어 소상(疎狀)형을 이룬다. 산과 사찰이 불이(不二)의 관계로 조화된 한국의 고유경관을 형성함으로써 국민관광지뿐만 아니라 국제관광지로 부상할 수 있는 여건을 갖추고 있다.

1) 내장사

내장산의 내장사는 일주문을 경계로 하여 내측의 산내에는 내장사를 위시하여 암자가 배치되어 있다. 내장사의 사원 경내는 일주문-사천왕문-정혜루-대웅전 방향으로 일직선상의 규칙성을 보이며, 극락전, 관음전, 명부전 등이 소규모로 배치되고 있어 사찰의 법난의 역사를 반영하고 있다. 가을에 일주문에서 사천왕문에 이르는 200m의 단풍터널이 형성되어 전국적인 규모의 관광객을 유인한다. 그러므로 내장사는 일주문내에 상징적 관광자원이 소재하고, 등산로 입구에 위치하여 반드시 관광객의 탐방코스가 되는 특징이 있다.

2) 법주사

속리산 내에는 법주사를 위시하여 11개의 사암이 분포되어 100여 명에 달하는 승려들의 수선도장이 되고 있다. 법주사의 사원배치는 속리산과 사내천을 각각 배산임수로 하고 소분지를 이루는 평탄면상에 남북으로 200m, 동서로 150m의 범위로 장방형을 이루고 있다. 종교적 의미의 수직원리에 입각한 배치구조는 향해수의 의미를 부여할 수 있는 사내천 계류상의 수정교에서 금강문-천왕문-팔상전-대웅전의 건물이 산지방향으로 일직선상의 규칙성을 보이고 있다.

이 가운데서도 독특한 구조를 나타내는 팔상전은 목조와가이며 정면 5간, 측면 5간의 형태를 갖추었으며 초창시기는 불분명하지만 국내에서 유일한 5층 목탑으로 문화재적 가치가 인정되어 국보 제55호로 지정되고 있다. 이것이 법주사 경내의 대표적인 역사적인 경관이 되고 있다. 대웅전을 중심으로 좌우에 조사전과 선원이 배치되어 유식학이 성행했던 법상종 사찰의 역사성을 입증하고 있으며, 대웅전 서편에는 한국 사원에서만 볼 수 있는 고유한 성격의 전각으로서 명부전과 산신각이 별동으로 배치되고 있다.

사원 경내의 중앙부에 위치한 팔상전 동편으로 요사체 4개 동이 ㄱ, ㄷ, ㅡ자형 등의 동(棟)배치형을 나타냄으로써 전체적으로 'ㅡ'자형의 평면구조를 나타내고 있다. 팔상전의 서편에는 33.3m 높이의 거대한 미륵입불상이 위치하여 사원경내의 상징적 경관이 되고 있다. 따라서 법주사의 사물(寺物)은 팔상전을 중심으로 하여 남편의 입문, 북편의 불전법당인 대웅전 동편에는 요사, 서편에는 불상 등이 균형있는 배치를 이루어 성역의 경관을 갖추고 있다. 이것이 문화관광의 대상물로써 관광객 흡인 요인으로 작용하는 것이다. 한편, 금강문 입구의 수정교 서편에는 비구니(여승)의 도장으로 수정암이 위치하고 있어서 승려의 성별에 따라 사암이 분화되는 특징을 보인다. 속리산 내에 분산 배치되고 있는 암자는 별도의 산사경관의 전형을 이루고 있다.

3) 수덕사

수덕사의 사원배치는 종교적 의미의 규칙성에 바탕을 두면서도 동(棟)배열에 있어서 다소 차이를 보이고 있어서 가시적 경관이 독특하다. 즉, 덕숭산을 배후주산으로 하여 고도 130~155m의 완만한 경사지에 입지하고 있는 수덕사 경내는 남측 입구의 일주문(고도 130m)에서부터 대웅전(고도 155m)에 이르면서 성스러운 장소로 서의 상징적인 종교경관을 이루고 있다. 종교의식의 중추적 역할을 담당하고 있는 대웅전을 중심으로 전면에는 선방이 배열된 조인정사(祖印精舍)가 배치되고 양측에는

─자형의 명부전과 청련당, ㄷ자형의 백련당이 배치되고 있다. 그 한 가운데에 석등이 있고, 조인정사 전면 양측에는 고각과 조각이 위치하고 있으며, 황하루를 사이에 두고 7층 석탑과 3층 석탑이 배열됨으로써 질서정연하게 정돈된 방형의 형태를 갖추고 있다.

대웅전은 정면 3간, 측면 4간의 주심포식 맞배지붕의 형태로 고려조에 축조된 것이다. 그리하여 수덕사 대웅전은 건축양식과 역사적인 가치를 인정받아 국보 제49호로 지정되었으며, 이것이 곧 상징적 관광자원이 되고 있다.

본사에서 서쪽으로 계곡을 사이에 두고 위치한 견성암(여승당)은 고도 170~175m의 평탄면상에 입지하여 2층의 인도식 석조건물을 비롯한 대·소건물 9개 동이 배치되어 있다. 여기에는 남쪽으로(고도 130m) 100m 정도의 거리를 두고 선수암(4개동), 극락암(2개동)이 각각 위치하고 있으며, 일주문에서 50m거리에 고승 '일엽'이 기거했던 환희대(4개동)가 위치하고 있어서 비구의 수도장인 본사와는 별도로 비구니의 암자를 형성하고 있다. 그리하여 사암은 승려의 성별구분에 의한 통합과 분산을 이루면서 본사를 꼭지점으로 하여 삼각형 모양을 이루고 있다. 일주문에서 덕숭산 산정방향의 등산로 700m 지점(고도 340m)에는 수덕사 창건시기와 일치하는 것으로 알려진 정혜사를 위시한 금선대, 향운각, 소림초당 등 8개 동의 ─자형 건물이 배열되고 있다.

사암의 평면형태는 수덕사 경내를 통과하는 등산로 방향으로 본사에서 약 350m 거리에 완경사 산록과 평탄면사에 입지하면서 전체적으로 소상형(疏狀形)을 보이고 있다. 즉, 일주문에서 시작하는 등산로를 따라 덕숭총림에 배치된 사암의 문화경관이 자연경관을 보완하여 소위 복합형 관광자원을 창출하고 있는 것이다. 따라서 사원은 비구(60명)와 비구니(120명)의 수선도장일 뿐만 아니라 참배객과 관광객의 흡인요인으로 작용하고 있다.

3. 장승

한민족의 역사이고 오래인 만큼 민속자료도 풍부하다. 그러나 오늘날 귀중한 문화적 자산이며 관광대상으로서 의의가 큰 민속자료들은 미신이나 금기로 멸시받아 점점 사라져 가고 있는 실정이다. 우리의 생활 속에 전승되어 온 생활자료는 모두 민속자료라 할 수 있으나 문화재보호법에 규정되어 있는 민속자료란 의식주, 생업, 신앙, 연중행사 등에 관한 풍속, 습관과 이에 사용되는 의복, 기구, 가구, 그 밖의 물건으로서 국민생활의 역사를 이해하는데 필요한 자료이다. 그러나 문화재보호법에 규정된 민속자료라 할지라도 너무 광범위하므로 여기에서는 장승과 당에 대하여 언급하고자 한다.

1) 장승의 개념과 특징

장승의 기원에 대하여 정확한 연대는 알 수 없으나 신라 경덕왕 때(759년) '장생표주(長生標柱)'라는 장승을 세웠다는 기록이 있다.

장승은 본래 나무나 돌로 만든 기둥모양의 몸통 위쪽에 신(神)·장(將)의 얼굴을 새기고, 몸통에는 그의 역할을 나타내는 글을 써서 길가에 세우는 신상(神像)으로서, 위협적인 수호신장이거나 진압신 또는 노신(路神) 등의 개념으로 민속신앙의 대상인 주물(呪物)이다.

중부지방에는 돌장승이 드물고 나무장승이 주축을 이루고 있으며, 몸기둥에 '천하대장군(天下大將軍)' '지하여장군(地下女將軍)'의 글씨가 새겨져 있다. 돌장승의 명칭은 지방마다 달라 호남과 영남에서는 '벅수', 제주에서는 '돌하루방', 중부지방에서는 '장신', '수살', '수살막이', '수살목', '살막이' 등으로 불린다.

원시신앙에서 보는 선돌(立石)·솟대(立木)의 숭배나 상고사에서 볼 수 있는 '각목위신(刻木爲神)', '각목작부인상(刻木作婦人像)' 등으로 기록된 우상숭배의 습속이 있어서 점차 고을과 마을에서도 나무로 귀신을 새겨 모셔놓고 음식과 술을 차려 바치며 제(祭)를 지내고 풍악과 춤으로 즐겁게 하며, 초자연적인 주력(呪力)을 가진 신선이 된다고 생각했다. 신선의 이름을 '법수(法首)'라고 하였는데, 법수는 '벅수'라고 변음되어서 영·호남지방에 많이 남아 있는 수호신이며 고갯길이나 고을의 성문 또는 마을을 지킨다. 중부에서는 장신(將神)이라고도 한다.

고대인에게는 나무와 돌이 생성의 상징이기 때문에 그 자체가 숭배의 대상이 되었다. 목주형(木柱形) 장승은 민족신앙의 솟대에서, 석비형(石碑形) 장승은 입석(선돌)에서 그리고 돌무더기는 누석단에서 기원하였다. 민간의 고유 종교로서 큰 나무 또는 돌조각을 세우거나, 작은 돌을 쌓아서, 이것을 경내 수호신의 경계표시로 하는 신앙이 있고, 또 그것들은 상당한 위력을 가진 것이었다. 따라서 장승은 민족신앙에서 그 기원을 찾을 수 있고, 그 목주장승에 무장(武將)의 조상(彫像)이나 문자를 새긴 입석은 발전된 형태이고, 초기에는 단순한 한 개의 나무기둥이었다. 여기에 끈질긴 생명력으로 시간을 새기고 서있는 장승의 아름다움은 종교적 심성으로서, 소박하고 단순한 장승의 미에는 민족고유의 정서와 사상이 깃들어 있다.

　　장승은 기능에 따라 경계를 표시하는 이정표로서의 장승과 수호신으로서 악귀를 막는 신앙적 의미를 갖는 장승 두 가지가 있다. 장승이 사찰 입구에 세워져 있는 경우에는 사찰 경내의 경계표식이 되고 또 길가에 세워진 장승은 이정표의 역할을 하고 있는 것이다. 그러나 장승이 사찰입구나 마을입구에 세워져 있는 것은 단순히 경계나 거리만을 표시하는 것이 아니고 신앙적 의미를 가지고 악귀나 잡병, 부정을 막기 위해서 세워 두었다는 것이다.

　　신라 이래로 우리 조상들은 풍수지리설과 도참사상에 의하여 산천비보의 장생표를 세웠다. 이 장생표는 장생이라고 하였으며, 고려조까지 세웠으나 억불숭유의 조선조 때에는 세운 사례는 별로 없다. 장승이라는 명칭의 시원이라고 생각되는 신라·고려시대의 사찰 장생표들은 도선구사의 풍수지리설에 의하여 자연적인 산천 지맥의 성국을 인위적으로 비보하여 길국을 형성하기 위하여 사탑과 비보장생표 등을 세웠다.

　　장생의 형태는 석적(石磧)·석비(石碑)·목주(木柱) 등의 모양으로서 법수와는 달리 신(神)·장(將)의 얼굴을 새기지 않았기 때문에 우상(偶像)이 아니지만 장승 명칭의 근본이라고 생각되어 장승의 범주에 넣은 것이 관례가 되었다.

　　광의적인 의미에서 장승의 특징은 다음과 같다.

　　• 위협적인 얼굴을 새긴 민속 원시신앙의 신상인 법수·벅수 또는 장신·수살 등

과 미륵·돌부처 등으로 불리면서도 불상이 아닌 석상 등의 부락수호신으로 길가에 우신(隅神)들(면각이 없어도 천하대장군 등 명문이 있거나, 입석이라도 법수·벅수 또는 장승이라고 부르고 있는 것 등을 포함)

- 신라 때부터 고려 초기의 기록에 나타난 것으로 현재까지도 몇 기(基)가 남아 있는 국·왕가의 원찰사원에 세웠던 비보장생(裨補長生)인 '장생표주(長生標柱)', '장생표탑(長生標塔)', '장생표(長生標)', '국장생(國長生)', '황장생(皇長生)' 등에서 수사적인 부분을 제거하고 공통부분인 장생으로 호칭할 수 있는 것. 문헌과 유물에서 볼 수 있는 귀신, 장군 등의 면각(面刻)이 없는 석비(石碑)·석적(石磧)·목주형(木柱形)의 '사찰장생' 등

- 고려중기 이후부터 나타났다고 생각되는, 신장(神將)의 면각이 있는 장승으로서 장생(長桂)→장승(長丞)·장성(長城)·장선(長善) 등의 명칭으로 불리면서 주로 노표(路標)나 경계표, 금표(禁票) 그리고 사원을 지키는 장승과 풍수 비보(裨補: 수살·수구막이·골막이 등)의 기능을 가진 장승들이 있다.

- 사찰장생이 단절된 뒤에도 조선조 때에 생긴 사찰의 호법(護法)을 위한 장승들도 있다.

- 동자 또는 유아가 조각되거나, 남근형으로 조성된 석상 또는 목각상으로서 아들 낳기를 빌고, 아울러 풍년을 기원하기 위한 장승(祈子, 祈豊)들이 있다.

2) 장승의 형태

현재 남아 있는 장승·법수는 각 시대와 지방마다 그 표정이 동일하지 않다. 풍채 좋고 위엄 있는 선이형 얼굴, 무섭고 험악한 귀신얼굴, 눈을 부라렸으면서도 여유있게 미소짓는 장군의 얼굴 등 인간이 지을 수 있는 희노애락의 모든 표정을 총망라하고 있다. 그 이유는 각 장승·법수의 기능이 벽사(辟邪)부터 기자(祈子)에 이르기까지 다양하고 서민들이 믿는 속신의 대상이 천차만별이며, 전문적인 석공의 기술이 아닌, 마을 공인을 뽑아 사정에 맞게 주문을 하고 면각을 하였기 때문에 각 지방·각 지역마다 상이한 표정을 짓고 있음은 지극히 당연한 일이다.

법수는 시대와 지방 그리고 각기 다른 기능에 따라 얼굴모양이 동일하지 않기 때문에 공통점을 찾기란 쉽지가 않다. 법수의 얼굴은 그때그때의 마을공인이 그 법수의 기능에 걸맞는 얼굴을 상상하여 나름대로 제작했을 것이다. 외적의 침입을 막기 위한 부락수호의 법수라면 무서운 장군의 얼굴을 조각하였을 것이고, 마을의 풍요 및 기자 따위를 바라는 법수는 염원하는 얼굴로 표현했을 것이다. 법수의 인상은 험악하지도, 경박하지도, 그렇다고 온화하고 자비롭지만도 않은 바로 모든 악귀를 예지와 초능력으로 쫓아낼 수 있는 근엄한 인상이다.

귀신·도깨비·사람 등의 얼굴을 가진 우상을 신앙의 대상으로 삼았던 서민들의 민속신앙이 장승으로 상징되고 있다.

법수의 얼굴은 선인계가 주류를 이루면서도 벽사 신상(神像)으로서의 시각적인 위적상의 효험을 기하여 귀신가면을 썼으며, 근세에 이르러서는 경제의 쇠퇴로 인한 기예의 퇴보와 숭유정책에 따른 사원공사의 위축으로 인하여 석수나 목수의 기술이 퇴보하고 인원도 격감하여 작품성이 떨어지는 것을 여러 곳에서 볼 수 있다. 이러한 소박한 수법으로 조각한 법수의 다양한 표정은 그런대로 우리에게 친근감을 주기도 하며, 선량한 농어민의 자화상을 보는 듯한 느낌을 주기 때문에 즐거운 마음으로 감상할 수 있다.

장승, 법수에는 성별이 뚜렷하다. 대부분의 경우에는 남녀 2기가 한쌍이 되어 마주보고 서 있거나(대립), 나란히 서 있다(병립). 대립은 도로 양쪽 또는 마을입구의 좌우산에서 볼 수 있는데, 100m 이상의 거리로 떨어져 있는 곳도 있다(경기도 광주 엄미리 새말). 예외적으로 남우 2기(실상사 입구, 돌하루방), 단기(통영시 독벅수) 등이 있다.

형태로 보면 남우(男優)는 벙거지형의 관모를 쓴 것이 많고 목장승은 포두나 묘목을 쓴 것이 많으며, 모자를 쓰고 있지 않은 것도 있다. 여우(女優)는 대체로 민머리형이 많은데, 족두리형도 있으며 미녀를 꽂은 쪽진 머리도 있다. 얼굴의 표정은 역시 남우가 더 험상궂고 여우는 어딘지 모르게 애교가 있고 미소까지 보이는 것이 많다. 또한 남우에 한하여 수염이 있는데, 콧수염은 목장승에서만 볼 수 있으며 음각으로 파거나, 모류(毛類)로 만들어 붙이는 방법을 쓰고 있다. 턱수염은 양각하여 입체적으로 표현하였고 숱이 많으며, 땋아서 멋있게 S자형으로 구부리거나 3조로 나누어 길게 드리우기도 하였다.

대부분의 법수 · 장승은 남녀의 구별이 있고 그 구별의 기초적 판단은 관모 및 수염의 유무와 표정의 강유(剛柔)라고 하였는데, 이러한 전제하에서도 구별이 힘든 경우도 있다. 그 대표적인 예가 돌하루방이다. 그 관련된 이야기는 "이름이 하루방이라 남성

장승

이다. 벙거지형 모자를 썼으니 남성이다. 표정이 험하니 남성이다."라고 하는 경우가 많다.

장승의 기능이 벽사일 때에는 마을을 침범하려는 잡귀, 사신들이 법수 얼굴의 험상이나 장신(將神)의 용며에 겁을 먹고 달아나게 하기 위하여 무섭게 성낸 얼굴을 조각하여야 했다. 목법수는 남녀 표정의 차가 별로 없으나 석장승의 경우는 현저한 차이가 있다.

- 남우는 이마에 가로 두세 줄의 파형 주름살이 그려진 것이 대부분인데, 여우는 천자형 주름살이나 신경질적인 형태로 찌푸리고 있다.
- 눈은 둥글게 부릅뜨고 눈알이 툭 튀어나온 것은 공통인데, 눈 둘레의 선은 남우가 한 줄인 데 여우는 두 줄인 경우가 많다.
- 코는 남우가 크고 주먹같으나 여우의 콧등에는 주름살이 더 많다.
- 입의 개폐상태에 관한 남녀 구별은 하등 관련이 없으나 여상의 입 언저리에는 미소를 띠고 있는 듯 보이는 것이 많다.

장승 · 법수를 만들었던 재료는 나무와 돌, 두 가지이다. 소나무를 장승 · 법수의 목재로 가장 많이 사용하였는데, 소나무는 우리나라의 전역에서 다량으로 산출되는 침엽수이므로 당연한 이치이다. 그러나 침엽수 재목은 부패와 파열이 심하여 내구성에서 제약이 되었다.

산이 깊고 임상이 좋은 마을에서나 사유림이 많은 사찰에서는 좋은 나무를 쓴

예가 많다. 승주 선운사 입구의 밤나무로 된 장승은 1904년에 세워 90년이 넘도록 노천에 서 있었다. 이런 이유는 노천인 경우 음습한 지점을 피하고 통풍이 양호한 위치에 설치한 것이 보존수명이 길어지기 때문이다. 또 한 가지는 매몰부분의 표면을 태워서 세우면 부패에 예방효과가 있으며 황토칠이나 청색칠은 다소간 방부제 역할을 한다. 돌무더기에 꽂아 세우는 방법도 배수가 잘 되므로 보존수명을 연장할 수 있다(해남 대흥사 목장승). 사찰에서 세운 석장승은 우리나라에서 가장 흔한 암석인 화강암을 사용한 것이 제일 많다. 화강암에 불교석물을 조각한 경험이 많고 슬기로운 석공이 창작적 기예를 발휘하여 훌륭하고 멋이 있는 장승을 만들었다. 수십기의 석장승·법수가 제 각기 특징과 개성이 뚜렷하고 모작하였다고 보이는 작품이 전무하다는 것은 경이적인 사실이다. 우리 민족의 조형기예가 숙련이라기보다는 창조성이 뛰어났고, 모방이라기보다는 개발에 노력한 근거를 이 장승·법수들에서 뚜렷이 볼 수 있다. 즉, 웅장한 것, 익살스러운 것, 소박한 것, 볼수록 구수하고 멋이 있다. 화강암 이외의 돌로 만든 것은 수성암으로 만든 것을 볼 수 있는데, 질이 위약하여 조각은 용이하나 풍화작용의 속도가 빨라 변모가 심하게 되는 경우가 있다(통영 어촌의 벅수들, 무안군 몽탄면 목우암 장승 등).

제주도의 돌하르방은 화산지형 특유의 흑갈색 현무암으로 만들어졌는데, 이 돌은 조각하기는 쉽지만 견고하지 않은 단점이 있다. 그렇기에 소형 돌하르방을 현무암으로 제작하여 관광 토산품으로 판매하기도 한다. 제주도의 장승인 돌하르방은 제주도를 표상하는 상징물로 이미지화 되어 가고 있다. 이처럼 반도부에 소재했던 장승도 복원하고 '천하대장군, 지하여장군' 등의 표식과 이정표 등의 용도로 이미

돌하르방

지를 제고하게 되면 한국을 상징하는 고유한 매력물이 될 수도 있다. 경남 통영의 독벅수·쌍벅수, 전남 나주의 불회사, 운흥사의 돌장승 등이 유명하고 고려 선종 2년(1085년)에 건립된 경남 통도사의 국장생석표는 보물 제74호로 지정되어 있다. 장승은 가장 한

국적인 풍물로 인정할 수 있으며, 민중 속에서 정신적 기층을 이루고 있는 민간신
앙이다.

4. 당(當)

동제는 부락에서 집단적으로 행해진 민간신앙의식을 말한다. 종교의 주요한 기
능 중의 하나가 개인으로 하여금 그 사회에 종속한다는 일체감을 불러 일으켜 집
단의식을 강화시키는 것이라면, 동제는 원초적인 토착신앙 의식이었다고 생각할 수
있다. 동제는 자연부락을 중심으로 부락민 전체가 추렴하여 공공의 금기를 지키며,
부락민 전체가 추렴하여 공동의 금기를 지키며, 부락민 공동의 평안과 행복을 비
는 제사이다.

제(祭)의 형태는 부락민을 대표하는 나자 제관이 심야에 제당에 올라가서 제를 지
내고, 동민을 위하여 소지를 올리는 것인데, 지방에 따라서는 동민 전체가 참여하
거나, 농악대까지 동원하는 제의식을 했던 경우도 있다. 이 모든것들은 유교식 가
제(家祭)와 비슷하나, 목욕재계하는 등 금기를 엄하게 지키는 것은 전국 어디에서나
공통적이다. 마을에 따라 지역에 따라 다르지만, 대체로 남자만이 참여하는 사례
가 많고, 제주(祭主)는 물론 제사에 참여하는 사람들은 여러 가지 금기사항을 따라
야 했다. 가령 제사 전후에는 남녀관계를 하지 않는다든가, 몸에 종기같은 병이 있
거나 나쁜 행위를 한 사람들은 참석하지 못한다. 특히 여자의 경우 월경 중에 있는
자는 참여를 엄금하는 곳도 있다.

제비(祭費)는 당산답이라고 하는 부락민 공동소유의 논밭이 있었기 때문에 여기
에서 제비를 충당하거나 그렇지 못한 경우에는 공동추렴에 의해 마련했다. 이 같은
의례절차 때문에 제사 후에 누리게 될 산신의 축복도 공동으로 누리게 된다고 믿
고 있었다.

다른 하나는 직업적인 무당이 집집마다 다니면서 제비를 염출하여 동네를 위하
여 하는 굿의 형태이다. 이것은 서울·중부·해서지방의 강신입무(降神入巫)들에 대

한 '도당굿'과 영·호남지방의 당골무당에 의한 '별신굿' 두 가지 형태가 있다. 도당 굿은 무당의 열두거리 굿을 말하며 무당에 의해 진행된다. 참여하는 사람들도 아 녀자들이 주종을 이루며 유교식 가제와는 다른 형태이다. 이 굿은 경기도 장단 고 랑포 등 고려시대의 수도였던 개성을 중심으로 한 중부지방에 널리 분포되어 있다. 별신굿은 전통적 세습무로 부락민들의 요청에 의해서 부락민들의 안녕을 빌던 굿 의 형식이다.

별신굿은 도당굿보다 부락제와 관념적으로 일치하는 점이 많을 뿐만 아니라 극 적인 요소가 상당부분 돋보인다. 이러한 점들은 강릉 단오굿이나 은산 별신굿 등 에서 보여진다. 이처럼 여러 유형의 부락굿 중에서도 가장 원초적인 것으로 우리의 생활주변에 남아 있는 것은 역시 별신굿이다.

도당굿은 세습무인 당골(전남)이나 무당(경남)보다 나은 강신입무들로 한층 발전된 형식이었던 것으로 보이기 때문이다.

위지 동이전의 고대 제천의식은 곧 별신굿으로 지칭하고 있다. 부여의 영고, 고구 려의 동맹, 예의 무천, 마한의 천신제는 별신굿 형태의 부락제와 일치하는 것으로, 특히 마한의 천신제는 현재 전국적으로 행해지는 별신굿 또는 정숙형 부락제와 유 사하다.

부락제는 부락 수호신에게 제사를 지내어 마을의 안녕과 풍년을 기원하는 제이 다. 남녀노소들로 하여금 일체감을 일으켜서 사회제도를 굳건히 하고, 공동사회의 기능을 살려가자는 것으로 우리 조상들은 동제를 지냄으로써 신에 대한 믿음을 키웠고, 고동축제형식으로 공동체의식을 키워 왔던 것이다.

이러한 고유한 전래의 종교의식은 전통문화재로 지정되어 보호되기도 하지만, 현 대문명과 외래종교에 의해서 파괴되어, 그 본질은 대부분이 잊혀져서 지금은 하나 의 부수적인 마을행사를 위해서 연출되는 정도에 불과한 실정이다.

우리나라에 불교가 처음 들어온 시기는 4세기 말이지만, 구체적 활동을 개시한 때는 대체로 5세기 초에 이르러서이다. 불교는 본래 전승되던 고유 민간신앙과 자 연스런 결합과정을 거치면서 강한 뿌리를 내릴 수 있었는데, 불교가 우리의 민간신앙과 결합하게 된 것은 일반대중과의 강한 유대관계를 맺기 위한 것이었다. 그렇지만 결과적으로 민간신앙이 불교와 동화된 것이 아니라 불교로부터 어떤 형태를 취했던 것으로 민간신앙 형성에 영향을 주었다. 즉, 민간에서는 음력 사월 초파일이나 칠석제가 되면 사찰에 가서 예불을 올렸으며, 부처님을 위한 것 외에 단순한 믿음의 발상에서 생겨난 구체적 형체인 산신각이나 칠성각이 그것이다. 사찰에 가면 본전 뒤에 조그만 집에 산신각이나 칠성각이란 현판이 부착되어 있는데 때에 따라서 산신각, 칠성각이 나란히 건립되어 있는 경우도 있다.

당(堂) 안에는 산신과 칠성신의 화상이 있는데, 산신은 백발노인이 호랑이를 깔고 앉아 있거나 데리고 있는 모습을 하고 있으며, 칠성신을 고깔을 쓰고 장삼을 입은 일곱 명의 화상을 일컫는다. 이 그림을 통해서 살펴보면 흔히 동네 부락민에 의해 모셔지는 서낭신과 연관이 있는데, 특히 서울지방의 무신도에서는 그 특징이 나타나고 있다. 더욱이 칠성신은 국사당이나 사신성황당, 할미당 등의 무신당에서도 곧잘 보여지고 있는데 기능면에 있어서는 그 유사성이 더 크다.

산신은 고대 부족국가에서 모셔지던 천신의 계통이며, 칠성신은 우리의 고안 해신이 도교로 신격화된 것으로 이들 산신, 수신이 우리나라 민간신앙의 근간을 이루고 있다. 이처럼 여러 유형의 유사종교 중에서도 유독 산신과 칠성신만이 불교사찰 안에 건립된 이유는 이들이 우리나라 민간신앙의 대표적인 존재였기 때문이다.

이러한 신들은 복합적 성격을 띠고 있으므로 농경의 안녕과 부락민의 번영을 함께 기원했으며, 이점은 부락단위 민간생활의 심성과 종교적인 인시의 한 형태일 수도 있었다.

따라서 우리나라에 분포되어 있는 여러 유형의 민간신앙 가운데서도 이 부락제만큼 중요한 위치를 차지하는 것은 없다. 부락제가 지니는 독특한 집단성의 사회의식 때문에 일제시대에는 탄압의 대상으로 수난을 당하기도 했으며 또한 별신굿 같은 큰 형태의 부락제는 미신이라 하여 타파되기도 했다.

부락제를 행했던 시기는 다른 민속행사가 대체로 그랬듯이 정월 초순경부터 보름까지가 많다. 때에 따라서는 추석이나 봄 가을로 택일하여 지냈던 경우도 있지만 매년 한 번씩 의례적으로 행하여졌다.

제사가 끝난 이후에는 보편적으로 한 판 신명나는 굿판을 벌였는데 초저녁에 시작해서 밤 늦도록 계속하는 것이 보통이었다. 제사를 지내는 동안이나 제사의 전후에 농악패가 동원되거나 또는 며칠씩 굿을 행하기도 하여 부락공동체의 산물인 축제가 열렸다. 현재까지 대규모로 전승되고 있는 별신굿으로는 강릉 단오굿이 있다.

강릉 단오굿의 관노가면무극은 1976년 중요무형문화 제13호로 지정되어 있는 놀이이며, 단오(端午)의 '단'은 처음이란 뜻을 지니고 있고 '오'는 오일을 의미하고 있지만 그보다도 농업에 있어서 중농제에 해당되는 것이다. 이는 곧 오월에 파종을 마치고 천신에게 제사를 올렸던 전통을 그대로 계승한 민속이라고 한다. 단오제는 음력 3월 12일의 신주를 빚는데서부터 시작하여, 4월 보름날 성황신을 맞이하고 5월 6일의 화산까지 20여일 동안 대규모로 열렸던 축제로 특히 오월 초하루부터 엿새까지가 절정이다.

주신으로 모셔지는 대관령 국사성황은 대관령 산꼭대기에 칠성당, 수비당과 함께 성황사 건물 안에 신상(神像)으로 모셨다. 국사성황은 검은 갓을 쓰고 말을 탄 모양을 하고 있는데 말고삐를 마부가 잡고 서 있으며, 좌우에는 호랑이 두 마리가 서 있어 성황의 신격이 산신임을 보여준다. 4월 보름날 호장과 무당들이 성황당으로 올라가 우거진 숲 속에서 흔들리는 나뭇가지를 꺾어 성황목을 앞세우고, 국사성황님을 모셔 강릉시 남문동에 있는 여성황당에 머물게 하였다가 단오굿의 제당으로 옮겨 굿을 하게 했다. 남신인 국사성황을 여성황과 동침시켰던 이같은 행위는 강원도 해변가 부락제당에서 흔히 볼 수 있는 현상이다.

이같은 부락제의 대상 신(神)은 대체로 산신이었으며 산신은 고대부족국가 시대의 친선제 계통의 유습으로 보여지며, 당집을 짓고 위패나 화상을 모셨다. 그 옆에 당목과 돌무더기가 있어 신앙심과 원시성을 지니고 있는 곳이 되었으며 돌무더기만이 있거나 당나무만이 있는 경우 또는 두 가지가 함께 있는 경우도 있다. 또한 특수한 몇몇 지역에는 장승이나 솟대를 신체로 삼아 지냈다.

전북의 남원군 운봉과 경남의 통영시에서는 돌장승을 부락의 수호신으로 모시고 부락제를 지냈으며 전북의 부안지방에서는 솟대를 신체로 삼아 지냈다. 부안읍에 서있는 석조신간은 1689년에 세운 것으로 현존하는 것 중에서 가장 오래된 것인데, 그 양식이 특수하며 중요민속자료로 지정·보호되고 있다. 이 신간을 당산이라고 하는데 '할아버지 당산'과 '할머니 당산' 두 쌍이 서있게 되며 할아버지 당산은 꼭대기에 오리를 조각하여 올려 놓고 있으며, 할머니 당산은 돌기둥에 비문과 오리를 조각하고 있다.

나무로 만든 솟대는 전국 여러 곳에서 장승과 함께 볼 수 있으며, 돌로 만들어 세운 것은 이것 외에는 현재까지 볼 수 없다.

조상들은 이처럼 부락제를 통해 신의 보호를 받았고 공동체적 축제를 통해 건전한 놀이를 발전, 전승시켜 왔다. 부락제가 탄생되는 사회적 배경 속에서 떼 놓을 수 없는 것이 불교이며 불교도 외래 종교로서의 불교가 아니라 토착종교로서 민간생활 문화의 근간이 되었을 시기부터 부락단위 '삶' 공동체적 구성이 자연스럽게 형성되기 시작하였다.

우리나라의 샤머니즘은 처음부터 원시 또는 고대 종교로서 자생적으로 발전하고 있었기 때문에 일종의 전 신화단계의 종교로서 이후 모든 종교의 인격적 내지 우상적 종교의 신격화 및 신화의 발생에 결정적 역할을 했다. 이 점이 불교와 신화 그리고 그것이 구체적 삶의 모습인 부락제의 성격을 명료히 하는 데 기여하게 된 것이다.

1) 신당(神堂)

민간신앙에서 신을 모셔놓고 위하는 집, 당집 혹은 당이라고도 한다. 명칭에 있어서 경기도·충청도 지방에서는 산신당·산제당이라는 이름이 많이 쓰이고 서낭당이라고 부르기도 한다. 강원도를 중심으로 하는 산악지대나 동해안 일대에서는 서낭당이라는 이름이 제일 많이 쓰이며, 호남지방과 영남지방에서는 당산이라는 이

신당

름이 지배적이다. 서울 시내에도 수십 개소가 있는데, 한강변 마을에서는 부군당이라고 부르는 경우가 많다. 시기적으로 보면 촌락공동체의 수호신당을 일제강점기에는 부락제당이라고 불렀고 광복 후에는 동제당로 통칭하고 있다. 그런데 제주도에서는 동제당이 훨씬 다양해져서 전통적 민간신앙의 원형과 그 변화된 모습을 보여주고 있다. 즉, 대표적인 종류는 본향당으로 대개 마을마다 하나씩 있고 마을 공동의 수호신당 구실을 한다. 한편, 해안지방에서는 개당·돈지당·해신당이 많이 존재하는데, 개당은 포구를 지켜주는 수신당이고, 동지당은 선창에 모셔진 당이며, 해신당은 마을사람들이 바다에 관한 일을 기원하는 당이다.

동제당의 형태는 전국적으로 가장 보편적인 것인 신목(神木)만 있는 자연상태의 것이다. 나무의 종류는 소나무나 느티나무들이 많고 그것들은 대개 거목들이다. 이 나무 밑에는 돌로 된 제단이 소박하게 마련된 경우들도 있고, 때로는 그 신목 옆에 조그마한 사당 건물이 지어진 예들도 있다. 그 당집이 큰 건물로 된 경우도 있는데, 이때는 신목이 있는 경우도 있고, 신목이 아주 없는 경우도 있다. 큰 당집이 생기면 그 안에 흔히 신상그림을 모시거나, 아니며 나무로 만든 위패들을 모신다. 지금은 보기 어렵지만 이 당집 안에 신체의 상징으로 방울이나 서낭대·신기들을 모시는 경우들도 있었다. 또, 가끔 흙으로 굽거나 쇠로 만든 작은 말 형태들을 모신 경우는 지금도 볼 수가 있다. 그리고 굿당, 신당의 특징은 다음과 같다.

• 굿당이라고 하는 것으로 서울시내의 할미당이나 국사당이 그 예이다.
• 무당 집안의 별채나 방에 만들어 놓은 것으로 무신도 무구·무복·무악기들을 모셔 둔다.
• 전국의 약수터나 영천이라는 고에 세워져 있는 용신당이 있다. 이 당 안에는 용신할머니·용궁부인·용궁애기씨 등의 무신들이 모셔져 있는데, 이러한 용녀신

의 관념은 신라 시조신화 '알영부인신화'와 많은 유사성을 보이고 있다. 경주의 알영부인 탄생기념 비각 바로 옆에는 지금도 화강암 판석으로 덮여 있는 우물이 있다.

- 산신각으로 불리고 있는 것으로 그 안에 대개 산신도가 모셔져 있다. 서울시내의 보현산신각이나 대관령의 산신당이 그 예이다.
- 촌락공동체의 수호신당으로 전국에 산재하여 있고 수요도 제일 많다. 전통적 농어촌 사회서 많은 영향력이 있었던 이런 동제당들은 지방마다 다양한 차이를 보이고 있다.

2) 당산제(堂山祭)

당산제는 주로 호남·영남에서 행해지는 마을의 제사이다. 마을의 수호신인 당산신(당산할아버지와 당산할머니)에게 마을의 풍요와 형안 등을 기원하는 지역공동체적 의례이다. 당산굿·동제·당제라고도 한다. 제일(祭日)은 주로 음력 정월 대보름이나 정초가 가장 많고 그 밖에 10월 보름에 제사를 지내기도 한다.

영양군 마을축제

또한, 다른 동제와 마찬가지로 마을의 풍년과 평안을 위한 제의의 성격과 마을사람들 모두가 참여하여 즐김으로써 축제의 성격도 지니고 있다. 신성기간동안 마을사람들은 얽혀있는 감정을 해소하는 화해의 장(場)을 마련하고 마을의 구성원 모두가 참여하여 일체감을 가짐으로써 지역공통체의 유대를 강화시키고, 노동의 힘든 생활에 활력을 주는 청량제의 구실을 한다.

전라북도 고창읍에 있는 오거리 당산 중에서 중앙동, 중거리, 하거리의 세 할아버지당과 경상남도 통영시 삼덕리 장군보에 있는 장군당이 민속자료로 있다. 제주도에는 당 500이란 말이 전하고 있으나 불타 버린지 오래고 오늘날에 와서는 제주도

화북동에 해신사만이 지방문화재로 지정되어 있다. 고창 중앙동의 할아버지당은 시장 복판에 돌을 깎아 세웠고, 높이 382m의 석간에는 순조 3년(1803)에 세운 것으로 되어 있으며 할머니당은 동쪽으로 300m 떨어진 곳에 있었다고 하나 지금은 당목만 남아있다.

중거리 할아버지당은 중앙동에 있고, 하거리 할아버지당은 당집이 없으며, 높이 645m의 비석과 당목만이 남아 있을 뿐이다. 옛날에는 당 주변에 넓은 공지가 있었다고 하나 지금은 집들이 들어서 있어서 신앙의 대상이 되는 엄숙한 분위기는 사라지고 말았다. 하거리당은 정월 초하루 자정에 제사하고, 중거리당은 정월 보름 자정에 제사지내고 있다. 이 세 할아버지당은 당집이 없고 당의 표시로써 마치 탑처럼 생긴 화강암의 화표가 세워져 있는 것이 특징이다. 우리나라의 당은 국사당과 서낭당이 있어 다 당집이 있거니와 그 외에는 큰 당목이 있거나 적석단으로 되어 큰 마을, 큰 괘 또는 나루터나 항구 같은 곳에는 그 수를 헤아릴 수 없을 정도로 많으나 고창의 당 같은 경우는 드물다. 더욱이 원래는 할아버지당과 할머니당이 모두 있었다고 하나 다섯 거리에는 열 개의 당이 있었던 셈이며 꼭 부부를 형성시키는 등 음양에 맞게 배치하여 '민속석 공예'에 관한 학술적 가치를 지니고 있다.

통영시 삼덕리의 장군봉에 있는 부락당은 장군당이라고 부르며 그 옆에 천제당이 있고 통영시내로 통하는 길 좌우에 돌장승이 서 있다. 장군당 안에는 장군의 화상과 대소의 목마가 보존되어 당으로서의 갖출 것은 다 갖추고 있다.

장군당이란 갑옷을 입은 장군상을 모시고 있는데서 유래한 것이나 장군봉, 장군당, 장군상은 모두 '장군'으로 일관했는데 통영시는 바로 이순신 장군이 수군을 거느리고 왜적을 싸운 해역이기에 현지 사람들도 그 장군을 이순신 장군으로 숭상하고 있다.

장군당의 신령은 효험이 대단하며 치성을 드리는 사람이 많을 뿐만 아니라 산 전체를 신성시하고 있다. 산에서 부정한 일이나 나무를 함부로 꺾

거창 오거리 당산제 축제

는 것조차 금기되어 있다. 목마는 장군이 타고 다니는 말로 길이가 155m, 높이가 93cm나 된다고 한다.

한국의 당과 유사한 일본의 신사(神社)는 일본의 독자적인 종교인 신도(新道)의 신을 제사하는 건물로 전국에 8만개소 이상이 존재한다. 신사의 입구에 건축된 문이 '도리(鳥居)'인데, 이 독특한 형태는 가장 일본적인 상징경관으로 볼 수 있다. 신사는 일본식 축제인 마쯔리(祭リ)와 더불어 외래객으로 하여금 이문화체험의 요구를 충족시키는 관광대상물이 되고 있다.

3. 성곽

1. 성곽의 발달

1) 성곽의 발달

성곽은 외적을 방어하기 위해서 축조한 건축물로 고대, 중세를 통해서 만들어진 사회공동체의 평화를 보장해주는 시설이었다. 현재 고고학적 발굴에서 가장 오래된 것으로 인정되는 성곽도시(城郭都市)는 이스라엘의 예리코로 그 성벽은 B.C. 8000년 이전의 것으로 판명되었다. 이 밖에 지중해의 동해안이나 소(小)아시아에서도 거의 같은 연대의 유적이 발견되었다. BC 4000년 경에는 고대 메소포타미아의 티그리스강(江)과 유프라테스강 일대에 수메르인(人)이나 아카드인의 성곽도시가 번영하여 그 유적이 많이 발굴되었다. 성곽도시는 또한 고대의 이집트·인도·중국에도 출현했다. 이들 고대 문명권에서는 그 후 여러 민족이 흥망성쇠를 거듭하고, 수

많은 왕조가 흥망하였지만 성곽도시나 성새(城塞)의 구상은 계속 전승되어 근세에까지 이르렀다. 성(城)은 원시인이 적이나 야수를 막는 원시적 방어물에서 시작되었으나, 그 후 농경·목축 등 경제활동을 하면서 일정한 토지에 정주(定住)하게 되자 주거를 지키는 주거방어의 형태를 낳아 주거의 집합체인 취락(聚落) 방위로 발달하였고, 이것은 점차 성곽도시로 확대되어 갔다.

경제의 발달과 함께 인간사회의 계급화가 진행되어 권력자가 출현하자 권력자의 주거를 특별히 방어하는 사적(私的)인 주거방비가 거관(居館)·거성(居城)·왕궁(王宮)의 형태로 발달하였다. 한편 주거를 위한 방비가 아니고 순전히 전투상의 필요에 따라 방어물로 구축하게 되었으니 처음에는 목책(木柵)아니 녹채(鹿寨: 가시울타리) 같은 간단한 것이었으나 뒤에는 중국의 만리장성이나 영국에 축조된 하드리아누스의 장성(長城)과 같은 방책(防柵)으로 발달하였다. 성은 원래 인간의 평화에 대한 소망 또는 자기방어본능 등에서 연구되기 시작한 것이지만 나중에는 집단적 싸움인 전쟁에서 방어적 구축물이 되었고, 동시에 도시국가나 왕후·영주 등의 세력신장의 기지로서 역할도 하였다. 성은 전란 속에서 발달한 축성기술에 의하여 유럽에서 중세로부터 근세에 걸쳐 현저한 발달을 이룩하였다. 또한 성은 위력있는 대포(大砲)의 출현과 정세의 변화 등에 따라 군사적 구축물인 요새(要塞)와 일상생활의 건조물인 성관(城館)·거성 등으로 분리되어 발달·쇠퇴하여 왔다.

2) 유럽의 성곽

유럽에서 '성(Castle)'이라는 말은 왕이나 영주가 그 영토 안에 구축한 요새를 가리킨다. 그러나 이 말은 때로 영국의 도섯(Dorset)주(州)에 있는 메이든성과 같은 선사시대의 토루(土壘)를 가리키기도 하고, 현대에는 각국마다

유럽의 성곽

그 형태는 다르지만, 당당한 대저택이나 시골에 있는 귀족·부호의 저택을 가리키

는 경우도 있다. 유럽에서 성이 독자적 형식으로 발달하게 된 것은 중세 이후의 일이며, 대략 11세기에서 13세기에 걸쳐 봉건사회 지배자의 무장된 주거지로서 점차 견고한 것으로 발달하였다. 일반적으로 중세의 성은 세 가지의 역할을 지닌 건축물이다.

- 영주의 주거
- 지역의 방어시설로서의 한 요소
- 비상시 백성들의 피난처 등의 역할

영국이나 프랑스에서 흔히 볼 수 있는 초기의 성은 성터 주위에 해자(垓字)를 파고 그 파낸 흙을 쌓아올려 원추형의 대지(臺地: Motte)를 구축하고 그 정상에 목졸 탑상(塔狀)의 건물(Keep 또는 Donjon이라고 한다.)을 세우거나 아니면 대지에 접촉시켜 목책이나 해자를 둘러치는 간단한 것이었다. 서유럽에서 보이는 초기 모습은 사각형 또는 직사각형 평면의 건물이며, 거기에는 우물 · 사실(私室), 창고, 기타 장기간 농성에 필요한 모든 설비가 갖추어져 있었다. 수차에 걸친 십자군 원정에 의하여 동방의 축성술을 알게된 서유럽의 기사(騎士)들의 체험은 12세기 말엽부터 본국의 축성술에 반영되었다. 북프랑스의 가야르성은 장대한 성으로 알려져 있으며, 그 후 이러한 형의 성새건축은 13세기를 통하여 더욱더 개량되었다. 프랑스의 쿠시성(1917년 파괴)도 골짜기를 내려다 보는 대지에 세운 걸작이었다. 독일에는 암산(岩山) 위에 세운 팔켄베르크성이 있으며, 영구의 예로는 런던탑 · 원저성 · 에든버러성 등을 들 수 있다. 중세기 말에서 15~16세기에 걸쳐 화기(火器)의 사용이 급속히 발달하게 되자 종래의 방어시설로는 효과가 없게 되어 그때까지 성이 지니고 있던 주거와 요새를 겸했던 두 가지 기능이 분리되어 성은 순전히 군사상의 요새와 거관으로서의 저택으로 나누어졌다. 르네상스 시대 르와르강 유역에 세워진 성관(城館)들은 중세의 축성술을 배경으로 하는 아름다운 경관을 이루어 문화 관광자원의 중요한 요소가 되고 있다.

3) 중국의 성곽

중국 시안성벽(西安城)

중국은 B.C.2000년 경 황하강(黃河) 유역에는 이미 성곽도시가 생겼다. 중국은 대체로 평야가 많은 나라이므로 도둑이나 외적의 침입을 막기 위하여 일찍부터 성곽도시, 도성(都城)의 발달이 현저하였다. 중국의 성은 두 가지 유형으로 분류되는데, 그 하나는 성곽도시이며 다른 하나는 순전히 국경방위를 위한 선식축성(線式築城)으로 성오(城塢) · 성채(城砦) · 성새(城塞) · 성책(城柵) · 성장(城障) · 성보(城堡) · 성루(城壘) 등 여러가지로 불리며 만리장성은 그 대표적인 형태이다. 성곽도시는 수도(首都) 뿐만 아니라, 지방도시 · 촌읍에까지 축성되어 도성(都城) · 읍성(邑城) 등으로 불렸으며 대소 규모의 차이는 있으나 형식에는 큰 차이가 없었다. 역사적으로 중요한 도성으로는 주(周)나라의 호경(鎬京) · 진(秦)나라의 셴양(咸陽), 한(漢)나라의 장안(長安) · 위(魏)나라의 뤄양(洛陽) · 촉(蜀)나라의 청두(成都) · 오(吳)나라의 건업(建業: 南京) · 수(隋)나라의 대흥(大興: 長安) · 당(唐)나라의 장안(長安) · 원(元)나라의 대도(大都: 北京) · 명(明)나라의 금릉(金陵: 南京) · 청(淸)나라의 베이징(北京)이 있었다. 성내에는 일반 민가 외에 왕의 궁성 · 정청(政廳) 등이 있고 때로는 왕의 별궁도 있었다. 주나라의 호경은 한쪽 길이가 4km의 정사각형의 성벽에 둘러싸이고 중앙에 궁성이 있었다. 북위(北魏)시대의 뤄양성은 성의 주위가 35km나 되었고 청나라의 베이징성은 내성과 외성으로 나뉘어 그 총면적은 약 64km²에 이르고 많은 성문과 내부에는 자금성(資金城), 황성(皇城)이 있었다. 이들 도성은 방어의 주체가 그 성벽에 있으며, 성벽의 폭은 기저부(基底部)가 약 5m에서 10m, 상부는 2m에서 5m가 통상이고, 높이는 대개 7m에서 10m 정도이나, 난징(南京) · 베이징의 성은 20m나 되는 것도 있다. 성벽 위에는 보랑(步廊)이 설치되고 성가퀴가 있으며 후세에는 요소요소에 탑을 세우기도 하였다. 견고한 성문 위에는 성루(城樓)가 설치되고 옛날에는 성문 앞에 다시 옹성(甕城)이라는 소곽(小郭)의 방어벽을 구축하였는데, 때로는 이것을 성문 안쪽에 구축하기도 하였다. 성벽 주위에는 통상 해자(垓子)가 있었고 성벽의 구축재료는 처음 흙벽돌이 사용되었으나 후에는 벽돌이 사용되었다. 만리장성은 북방민족의 침입에 대비하여 중국 북쪽 변경에 구축된 방책으로 그 축성은 B.C. 700년 무렵에 시작되어 진나라 시황제(始皇帝) 때 완성된 다음 역대 왕조에 의하여 개축 수리가 행하여졌다. 현재 남아 있는 장성은 명나라 때 개축한 것으로 총길이가 2,500km에 이르고 있어 세계 토목사상 최장의 구축물로서 중국의 상징적 관광대상물로 이미지가 높다.

4) 일본의 성곽

일본은 근세에 이르러 지방의 영주인 다이묘(大名), 소묘(小名) 등의 무장이 자신의 거성으로 구축한 성곽이 각처에 잘 보존되어 있는 나라이다. 7세기 다이카노카이신(大化改新) 무렵, 한국의 산성축성법이 전래되어 주로 대외적인 방어성책이 변경에서 이루어졌다.

일본 '히메지성'

북동지방에는 책(柵)과 성(城)이 설치되고 남서지방에는 토루(土壘), 석축(石築) 등을 갖춘 산성이 구축되었으며 지금도 남서지방에 유적으로 남아 있는 고고이시(神護石)는 한국의 산성과 매우 흡사한 형태다. A.D. 645년 고토쿠(孝德天皇)때 축조된 나니와도성(難波都城)은 중국 당나라의 장안성(長安城)을 모방한 일본 최초의 당식(唐式) 도성이었으며, 이러한 형식은 후지와라쿄(藤原京), 헤이조쿄(平城境)로 전승되었다. 중세에 들어와 몽골군의 내습이 있었고 이를 방어하기 위하여 치쿠젠(築前: 福岡縣), 나가통(長文: 山口縣)해안에 구축한 석루(石壘)는 장성식(長城式)으로 일본에서는 그 유례가 없는 것이다. 근세에 이르러 성은 단순히 적을 막기 위한 것만이 아니고 그 지방의 정치경제의 중심을 겸한 다이묘들의 거성으로서 크게 발달하여 전국 각지에 성이 출현하고 그 외곽에는 백성들의 부락이 형성되었는데, 현재 일본의 대도시의 대부분은 이들이 발전된 것이다.

이와 같은 거성은 성곽의 지형에 따라 산성(山城), 평산성(平山城), 평성(平城) 등으로 구분된다. 산성의 예로는 다카하시성(膏梁城: 岡山縣)·오카성(岡城: 大分縣)·돗토리성(鳥取城: 鳥取縣) 등이 있고, 평산성으로는 아즈치성(安土城: 滋賀縣)·히메지성(姬路縣: 兵庫縣)·와카야마성(和歌山城)·히코네성(彦根縣: 滋賀縣)·구마모토성(熊本城)·고치성(高知城) 등이 있다. 또한 유명한 오사카성이나 일본 천황의 거성인 황성은 평산성과 평성의 중간적인 형태이다. 이들 일본성은 성곽을 둘 또는 세 구역으로 나누어 혼마루(本丸)를 중심으로 하여 그 외곽을 니노마루(二の丸), 산노마루(三の丸) 등을 배치하고, 대개는 성에 깊은 해자를 두르고 있다. 중심부에는 덴슈카쿠(天守閣)라 불리는 높은 누각이 3층 또는 5층으로 솟아 있으며, 옛날에는 이곳이 성주의 거관(去官)이었다.

5) 우리나라의 성곽

한국의 성곽

우리나라의 사적(史籍) 중에서 가장 많은 수를 차지하는 것이 성 또는 성지(城地)이다. 이처럼 많은 성이 언제부터 만들어지기 시작하였는지 그 연대는 분명하지 않다. 다만 B.C.194년에 위만(衛滿)이 왕검성(王儉城)에 도읍을 정하고 위만조선을 건국하였다는 기록이 있고, B.C.18년에는 백제의 온조왕(溫祚王)이 위례성(慰禮城)에서 즉위하였다는 기록으로 보아 성은 오래 전부터 한국에 있었던 것으로 추정되나 그 성이 어떠한 형태의 성이었는지는 알 길이 없다. 다만 백제 초기에 축성된 풍납토성(風納土城: 서울 강동구 풍납동)과 A.D.132년(개루왕 5년)에 축성된 북한산성은 지금도 사적으로 남아 있어 당시의 규모를 짐작케 한다. 그 후 삼국시대를 통하여 나라마다 많은 성을 축조하였고, 그 중에서 신라의 삼년산성(三年山城)과 월성(月星)은 유명하다.

한국의 축성술은 이 무렵부터 발달하기 시작한 것으로 보이며 한국의 지형과 환경에 적응하는 독특한 방식으로 발전하였다. 한국의 성을 종류에 따라 구분하면 도성, 읍성, 산성, 행성(行城: 長城)과 잡성 등으로 나눌 수 있으며, 그 중에서도 산성의 수가 압도적으로 많은 점이 일본에 거성이 많은 점과 매우 대조적이다.

산성을 비롯한 이 성곽들은 우리나라 고유의 형식을 계승하여 독자적인 발달을 이루어 왔으므로 그 역사적인 성격이나 면모에 있어서 가장 한국적인 특색을 나타내고 있다고 할 수 있다. 일본의 성곽 제2차 세계대전 후 관광자원으로서 재인식되고 향토문화의 중심으로서 의식이 높아지는 가운데 각지의 성곽을 대대적으로 복원하였다. 일본의 성곽은 일본인들의 마음의 고향으로서 역사에 대한 회고의 장소가 되고 현대사회의 휴식의 장소가 되어 근년에 방문객이 많다. 우리나라에서도 고유한 관광자원의 개발차원에서 역사적·문화적 의의가 큰 성곽의 복원에 관한 논의와 관심이 요구된다. 더욱이 최근에 구상중인 한국, 중국, 일본을 연계하는 이른바 '오리엔트 관광크루즈'가 이루어진다면 한·중·일을 비교하는 문화관광요소 중에 성곽 테마관광을 대비한다는 의미에서 성곽에 대한 이해가 더욱 절실하게 필요한 때라 하겠다.

2. 성곽의 종류

1) 도성(都城)

도성은 한 나라의 도읍(都邑)을 둘러싼 성곽(城郭)·왕성(王城)을 뜻하기도 한다. 우리나라에서는 삼국시대 백제의 부여와 고구려의 평양에는 외곽을 두른 나성(羅星)의 일부가 잔존하고 있어 도성이 축조되었음을 알 수 있다. 한국에서 기록상 처음 보이는 도성은 고조선의 왕검성(王儉城)이나, 그 구조는 확실히 알 수 없다. 당시 도성은 군사상 방어에 편리한 산중턱에 축성되고, 그 부근에 비교적 조밀한 인구가 모여 취락생활을 영위하였을 것으로 추정된다. 그 뒤 고구려의 경우 처음에는 평지의 왕궁과 산성으로 분리되었으며, 왕은 평상시에 평지의 왕궁에 있다가 유사시에는 산성으로 들어가 농성(籠城)하였다. 후기에는 산성과 왕궁이 서로 결합되어 평양의 내성과 외성으로 발전하였으며, 넓은 시가지를 포용하는 나곽(羅廓)이 있었던 것으로 알려져 있다.

백제 역시 초기에는 평지에 나성(羅星)을 쌓고 한성(漢城)이라 불렀고, 부근에 산성을 가지고 있었던 것으로 보인다. 백제의 나성은 낮은 토루(土壘)이지만 평양성은 내부를 돌더미로 구축하고 그 위에 다시 흙을 높게 쌓아올린 웅대한 규모를 가졌다. 후기에는 산성과 나성이 결합되었는데, 이는 사비성(지금의 부여)을 통해서도 알 수 있다.

신라는 초기에 월성(月城)·금성(金城)은 평상시 왕이 거처하는 곳이었으나, 도성을 축조하지 않고, 대신 월성을 비롯하여 경주를 둘러싼 산 위에 남산산성·선도산성(仙桃山城)·명활산성(明活山城) 등을 배치하여 국토를 수비하도록 하였다.

고려의 도성인 개경(開經)은 풍수지리설에 따라 송악산(松嶽山) 아래 터를 잡아 60리에 걸치는 사성으로 외곽방어선을 삼고 있는데, 성벽은 지형에 따라 높낮이가 일정하지 않아 낮은 곳은 거의 방어에 쓸모가 없을 정도였다고 한다. 이 도성은 말기에 나성이 허물어지자 다시 내성(內城)을 축조하였다. 고려의 도성제도는 그 형태가 중국의 도성과는 달리 전통적인 산성 위주인 한국의 성곽 전통에 따른 것이었으며, 이러한 전통은 한양 도성으로 이어졌다.

조선시대의 도성은 풍수지리상 서울의 내사산(內四山)이 되는 북악산·인왕산·남산·낙산을 연결하여 쌓았다. 도성 성벽의 높이는 일정하지 않으나 높은 곳은 12m에 이르며 동성남북에 4대문을 두었고, 그 중간 중간에 4소문(四小門)을 두었다. 처음 성을 쌓을 때는 18.9km에 달하였으며, 동대문 북쪽에서 숙정문을 지나 창의문과 돈의문 사이, 그리고 남대문 남동쪽의 남산에서 광희문 북쪽까지의 일부 성곽은 1975년부터 10.88km를 복원하였다. 이 성은 1395년(태조 4) 윤9월에 도성축조도감을 설치하고 전라도·경상도·강원도·서북면·동북면 등지에서 동원된 11만 8700명의 장정

낙산공원

을 투입하여 1396년 1월부터 2월까지, 그리고 또 8월부터 9월까지 두 차례의 농한기를 이용하여 축성하였다. 그러나 세월이 지남에 따라 붕괴되고 그 관리도 허술했으므로, 세종·숙종·영조 때 대대적인 보수작업을 벌였다. 세종 때 남산에서 인왕산까지 32만 2400명을 동원하여 석축으로 개축하였는데, 축성법이 발달하여 직사각형의 긴 네모로 돌을 다듬어 바닥에 깔고, 위로 올라갈수록 점차 작은 돌을 쌓아 건설하였다. 또 인왕산 북동쪽과 삼청공원 뒤 낙산구간은 숙종 때 쌓은 것으로, 직사각형 돌을 꼭꼭 맞추어 일정한 규격으로 쌓았다.

1910년 국권을 찬탈한 일본은 도시계획이 시급하다는 명목으로 곳곳의 도성을 파괴하였는데, 동대문·서대문·남대문 일대의 성벽은 이때 거의 없어졌다. 1970년대에 서울특별시 도성복원위원회가 설치되어 성벽 복원사업을 추진해 왔으나 동대문과 광희문 사이, 남산 북쪽에서 인왕산 남쪽까지 완벽하게 복원은 하지못했다. 그러나 복원을 하고자 많은 노력을 하고 있다.

또한, 조선 정조 때 축조한 둘레 약 5km의 석축으로 된 수원성(水原城)은 그 규모와 형식에 있어 문화재적 가치가 세계적으로 인정되어 UNESCO지정 세계문화재로서 그 역할과 기능을 하고 있다.

2) 읍성

지방도시를 방어하기 위한 읍성을 어느 때부터 축조하기 시작하였는지 밝히기는 쉬운 일이 아니다. 산이 많아서 산성이 발달된 우리나라에서는 일단 유사시에 주거지를 버리고 산성으로 피난하는 방책이 오래도록 계속되었던 것이다. 통일신라 때에는 지방

부산 동래읍성

소경을 비록하여 주·군·현성 등을 축조한 흔적들이 도처에 남아 있다. 우리나라의 지방읍들은 대개가 배후에 있는 주산에 의지하여 취락을 형성하였다. 고려 때

에는 동해안에는 여진족의 침입과 왜침이 잦았으므로 국토방위를 산성과 읍성의 중간형으로서 평산성(平山城)인 주진성(州鎭城)이 점차 증설되었다.

이러한 추세에 따라 내륙지방의 읍성들도 역시 비슷한 평산성의 형식으로써 축조되기 시작한 것이다. 평탄한 평지에 축조된 읍성들은 조선 초에 이르러 비로소 나타나기 시작하였다. 그 중에서 대표적인 것은 경주읍성과 경상남도의 언양읍성 그리고 충청남도 해미읍성 등을 들 수 있다. 이들은 중국의 성곽의 형식을 모방하였기 때문에 형태가 방형(方形)을 이루고 있는 것이 특징이며 성벽은 석축으로 구축되었다. 그 밖의 읍성들도 조선시대의 것은 모두가 석축이며 이전의 토축으로 구축되었던 읍성들도 대부분이 석축으로 개축되었다. 그러나 위에서 말한 평산성이 아닌 순수한 평성으로 된 읍성은 조선 전기부터 나타나기 시작하였으며 그 대표적인 예로 경주읍성과 언양읍성(彦陽邑城)을 들 수 있다. 그 밖의 읍성들도 조선시대의 것은 모두 석축으로 축조되었고, 먼저 토축이었던 것도 대부분 석축으로 개축되었다.

읍성의 기능은 주로 행정과 군사적 측면이 서로 복합되어 있기 때문에 그 기능의 효율적 수행을 위한 독특한 경관구조와 입지상의 특징이 있다. 경관은 성곽과 통치, 군사, 교육, 종교 등의 목적에 필요한 관아가 집중되고 있다. 경기도 양주의 경우 동헌을 비롯한 부속기관과 객사, 향사, 옥사, 훈련청, 향교 등이 주변에 배치되고 있는데, 이 건물들은 성곽과 더불어 읍성의 상징이며 주축적인 경관요소가 되고 있다. 읍성 주변에는 성곽과 더불어 읍성의 상징이며 주축적인 경관요소가 되고 있다. 읍성 주변에는 진산과 남산이라고 부르는 방어요충지를 확보할 수 있는 분지지형이 근세사회를 통하여 전형적인 읍성 입지로 선택되었다.

3) 산성

산성은 한국의 성곽형식에서 가장 초기의 것으로 태뫼식과 포곡식으로 구분하여 왔다. 이것은 산성의 입지조건과 지형의 선택기준에 따라 분류한 방법이다. 전자의 형식은 산봉우리를 중심으로 하여 그 주위에 성벽을 두른 모습이 마치 머리에 수건을 동여 맨 형태로 보이기에 부르게 된 이름으로서 대개는 규모가 작은 산성에 채택되고 있다. 높은 산 위에 구축된 경우도 있으나 평야에 가까운 구릉상에 자리 잡은 것도 있으며 경주의 월성, 대구의 달성과 같이 평지에 낮은 독립 구릉을 이용한 것도 있다. 산성의 둘레는 400~600m 가량 되는 것이 보통이나 때로는 800m이 넘는 것도 있다. 성벽

부산 금정산성

은 토축으로 한 것이 많으며, 그것을 2중 혹은 3중으로 둘러 구축한 것도 볼 수 있다.

고려는 건국 초부터 북방에 대한 영토 확장을 적극 추진하였으므로 대동강 이북의 국경지대에는 많은 주진(州鎭)이 설치되었다. 이 주진들에는 성을 축조하고 남쪽으로부터 병력과 백성들을 이주시켜서 변경에 대한 방위에 힘썼다. 이들 서북계 및 동북계의 주진성 형식으로는 이른바 평산성(平山城) 또는 반산성(半山城)이라고 부르는 것이 오늘날까지 전한다. 평산성이라고 하는 것은 평지에 자리잡은 읍의 주위에 두른 성벽에 일부가 산위까지 연장된 것을 말한다. 말하자면 평지성과 산성의 중간형식으로 볼 수 있는데 성벽 자체의 구조는 토축으로 된 것이 많다.

포곡식이라는 것은 내부에 넓은 계곡을 이용한 산성을 말하는데, 계곡을 둘러싼 주위에 산릉을 따라 성벽을 축조한 것이다. 성내에 흐르는 물은 평지에 가까운 곳에 마련된 수구를 통하여 외부로 유출되며 성문도 이러한 수구 부근에 설치되는 수가 많다. 성내의 최고봉에 장대를 만들어 주위를 바라볼 수 있게 하고 평탄한 지형을 골라 군창 등의 건물을 두었다. 성벽은 대개가 견고한 석벽으로 축조되었으나 백제의 부소산성은 토축이며 공주의 공산성도 후세에 보수하여 축조된 부분은 석축이지만, 당시 처음 축조한 그대로 남은 부분은 토축인 것으로 큰 산성들은 후대에 축성한 것이 대부분이다. 조선시대의 포곡식 산성중에는 5,000~6,000m 내지 10,000m가 넘는 대형 산성들이 적지 않다. 이들은 가공한 석재를 사용한 완전한 석축성벽과 장방형 석재로 구축된 성문을 갖추고 있다.

현존하는 이들 산성으로는 임진왜란 때의 행주산성(幸州山城)·병자호란 때의 백마산성(白馬山城)·남한산성 등을 비롯하여 부여의 성흥산성(聖興山城)·부소산성(扶蘇山

城) · 청마산성(靑馬山城) · 청산성(靑山城) · 석성산성(石城山城) · 건지산성(乾芝山城) · 공주 공산성(公山城) · 경주 남산성 · 부산성(富山城) · 명활산성 · 주산산성(主山山城) · 물금증산성(勿禁甑山城) · 화왕산성(火旺山城) · 목마산성(牧馬山城) · 김해 분산성(盆山城) · 함안 성산산성(城山山城) · 성주 성산산성(星山山城) · 양산 신기리산성(新基里山城) · 북부동산성(北部洞山城) 등을 들 수 있다. 조선시대에는 세종 때 4군 6진의 설치로 확정된 국토의 경계를 방어하기 위하여 여러 곳에 소규모의 행성들이 축조되었다. 이들은 천연의 지형을 이용하여 적이 침입하기 쉬운 영로(嶺路)를 차단할 목적으로 설치된 것이 많다. 이러한 행성은 병자호란 이후에도 다시 논의되어 영조 때 압록강에 연한 영토에 많은 행성이 시설된 일이 있었다.

이 외에도 서울 동쪽 한강변에 있는 백제시대의 풍납토성은 평지에 축조된 토성이며, 임진강의 적성면(積城面)에 있는 육계토성(六溪土城)도 이와 비슷한 토성인데 그 축조연대는 알 수 없다. 특수한 것으로는 임진왜란 때 경남 연해지방에 주둔한 왜군들에 의하여 축조되어 몇 개소에 남아 있는 일본식 성곽을 들 수 있다.

4) 행성(장성)

7,250km(현재 2,500km)의 행성인 중국의 만리장성에 비견하기는 어렵지만 우리나라에서도 장성을 축조했던 역사가 있다. 고구려는 영류왕 14년(631)에 동북쪽의 부여성으로부터 남쪽으로 요동지방의 해안에 이르는 1,000여리에 장성을 축조하였다고 한다. 백제에서도 신무왕 때에 청목령 서쪽에다 관방(關防)을 설치하였다. 신라는 성덕왕(826)때 발해왕의 국경지대에다 3백여리의 장성을 축조한 바 있었다. 그러나 현재 우리가 실제로 볼 수 있는 유적으로서는 신라가 왜구를 막기 위하여 축조한 관문성(경상북도 월성군 외동면)이 남아 있을 뿐이다.

고려시대에 이르러 거란과 여진에 대한 대비책으로서 압록강구에서부터 두만강구인 동해안의 정평에 이르기까지 소위 천리장성을 축조한 사실은 너무나도 유명하다. 이 장성은 압록강과 청천강과의 분수령을 이용하였는데, 산정을 이용한 부분은 토축에 의거하고, 평지는 석축으로 되어 있으며 정평 부근에서 조사한 토축장성

은 내황(內隍)과 외황(外隍)시설을 갖추
고 있음이 밝혀졌다.

만리장성

조선시대의 행성으로는 세종 때에 4
군 6진의 설치로서 확장된 국토의 경
계를 방어하기 위하여 여러 곳에 소규
모로 축조된 사실이 있다. 이들은 자연
의 지세를 이용하여 외적들이 넘어오
기 쉬운 고갯길을 차단하려는 목적으로 한 것이 많다. 이러한 행성은 병자호란 이후
에도 다시 거론되어 영조때에 평안북도의 압록강 연안의 고갯길에도 다수의 행성을
설치하였다.

5) 잡성

서울 동부의 한강변에 위치한 풍납성은 평지에 축조한 백제시대의 토성이다. 임
진강변인 적성면에 있는 육계성도 이와 비슷한 토성이나 그의 축조연대는 밝혀지
지 않고 있다. 그 이외에도 평지에 자리 잡은 토성으로서 낙랑토성을 비롯하여 대
방군치로 추측되는 봉산군의 당토성과 용강군, 영흥군 등지에는 한의 군현 때 축
조된 중국식 토성들이 아직도 남아 있다.

3. 도성계획과 관광

1) 중심의 상징과 위치선정

Mircea Eliade(1907-1986)는 중심이 지니고 있는 구조상의 상징기능은 다음과 같다.

- 하늘과 땅이 만나는 곳, 성산(Sacred Mountain)은 세계의 중심
- 모든 사원 · 궁전 · 성도는 성산
- 이러한 곳은 하늘과 땅, 그리고 지하세계가 서로 만나는 지축(Axis Mundi)

우리나라의 태백산(백두산), 일본의 후지산이 각각 민족의 성산, 또는 영산으로 알려져 왔고, 폐쇄적인 옛날에는 광주에서 무등산, 대구에서 팔공산, 부산에서 금정산이 인접하고 있어 주민들의 성스러운 중심을 표상했을 것이다.

인디아 사람들은 세계의 중심을 수미산(Meru)이라고 여기고 그 위에 북극성이 있다고 생각한다. 도시를 건설할 때 최고의 신이 거주하는 수미산의 위치를 상징하면서 중심을 설정하고, 그 곳에 9층의 계단식 사원을 배치한다.

메소포타미아인들은 하늘과 땅을 연결하는 이러한 산을 대지의 산(The Mountain of the Lands)이라고 했고, 팔레스타인에 있는 타볼(Tabor)산은 Tabbur, 즉 배꼽을 뜻하는데, 배꼽은 모태를 상징하고 모태는 창조의 근원이요, 중심이요, 원형인 것이다. 기독교인들에게는 세계의 중심이 골고다(Golgotha)산인데, 이곳은 아담이 창조되고 동시에 묻힌 우주의 정상이기도 하다.

중심에 대한 한(한자)문화권의 사고는 '기(氣)'로 표현된다. 특히, 중국과 한국에 있어도 도성을 계획하는 사람들은 그 땅의 '기'가 적합한가를 세심하게 알아본다. '기'는 쉽게 말해서 우주의 호흡이고 원기이며, 여기에서 음양이 배태한다. 결국 '기'는 '태극'이요 만물의 근원인 '대지의 배꼽'과 같은 것이다. 도성의 번영은 한 마디로 기의 장소적 흐름 여부에 달려있는 것이다. 이 흐름은 지형에 따라 공간적으로 변이할 뿐 아니라 천체의 동향·회전에 따라 시간적으로도 변이한다. 이러한 기의 시공적 양상을 분석하는 학문이 이른바 풍수술이고, 이것을 특권적으로 행하는 자를 지관이라고 했다. "생기(生起)는 바람에 실리어 흩어지고, 물에 닿으면 머무는 까닭에 바람과 물, 즉 풍수라 하는 것이다." 따라서 풍수의 방법은 물을 얻음이 첫째요, 바람을 막음이 그 다음이라 하였다. 즉, 생기에 대한 장풍득수(藏風得水)에서 온 말이다. 만물의 조화력을 갖는 생기는 그 모태가 대지이고 대지가 포육력을 갖는다. 그래서 땅 속에는 항상 기가 흐르고 있고, 기가 충만한 곳이 음택풍수의 혈(穴)로 선택되고 양기풍수의 궁궐터로 선택된다.

북경의 자금성은 전형적으로 이를 상징한다. 이는 동서남북이 교차되는 축도(軸道)의 중심에 자리 잡고 있으며 성벽은 자색으로 도장했다. 자색은 세계의 중심에서 빛나는 북극성의 휘광을 상징하고 있으며, 자금성의 바로 천장에 성신(星辰)의 중심인 북극성이 있다고 생각한다. 따라서 자금성에는 하늘과 땅을 매개하는 천자가 위치한다. 옥좌 앞에서는 3단의 대리석 대좌가 있어서 알현의 공간으로 쓰이고 삼단의 지붕을 통해서 하늘과 통하도록 궁궐은 높고 웅장하다. 옥좌의 주변은 중앙을 상징하는 황색을 칠해서 장식했다.

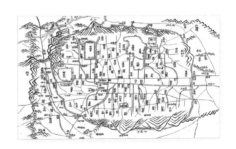

한양의 도성 계획

한(漢)문화에 있어서 중심상은 궁권 이외에 신단수·서낭당·하늘나무 등이 있다. 인디아와 앙코르문화는 궁권 대신에 사원으로 상징된다. 그것은 종교와 정치의 우위에 따라 어느 쪽이 선택되느냐가 결정하였다.

중심상인 궁궐의 배산(背山)을 두고 가까운 곳이면 주산(主山) 또는 진산(鎭山)이라 하고, 먼 곳에 있으면 이것을 조산(祖山) 또는 종산(宗山)이라고 한다. 이것은 국도(國都) 선정에서는 크게 관심을 두는 부분으로 낙양의 망산, 평양의 모란봉, 개경의 북안, 한양의 북악, 경주의 소금강산이 모두 진산에 해당한다. 진산은 양기(陽氣)를 진호(鎭護)하는 산이란 뜻인데, 양기를 점함에 있어서 산을 필요로 하는 것은 신이 왕림하는 곳이요 산상이요, 도성이나 부락의 보호신을 진좌(鎭坐)하는 곳이 산이기 때문이다. 만약에 넓은 평야나 해변과 같이 산이 없는 곳에서는 노(老)수목을 신단수(神檀樹) 또는 하늘나무로 삼아 진산을 대신한다.

혈(穴)이나 궁궐의 전면에 내수구(內水口)와 외수구(外水口)가 있고 안산(案山)과 조산(朝山)이 있어 하나의 형국을 이룬다면 한양을 예로 할 때, 삼각산(조산) → 북악산(진산) → 궁궐 → 청계천(내수구) → 남산(안산) → 한강(외수구) → 관악산(조산)은 전체로 합일하는 상징적 방향이요, 축이다. 즉, 이 축은 궁궐과 같은 성소에 이르는 통로인데 여러 단계를 거쳐야 이를 수 있는 험난한 길이다. 실제로 그 길은 하나의 통과제의(Rate of the Passage)와 같은 것이기 때문이다. 중심에 이르자면 물(내수구, 외수구)을 건너야 되고, 높고 웅장한 궁궐은 다시 진산이나 조산을 통하여 비로소 하늘에 닿을 수 있으니 천당길과 같다. 나일강에서 피라미드에 이르는 길, 인디아의 타지마할

(Tajmahal)의 십자수로와 모슬렘(Mausoeum)건물, 마야문명의 Kukulcan신전과 성정(聖情: Cenote)은 水 → 신전, 궁 → 天으로 연결되는 축으로서 우리의 내·외 수구 → 궁전 → 진산 → 조산의 연결 축과 비유된다. 경주에 있어서 소금강 → 탈해왕릉 → 전랑지(殿廊地) → 토성지 → 반월성 중심부 → 남산을 잇는 선은 묘하게도 경주를 남북으로 나누는 축선이 되어 있다.

공간을 조직화하는 이 축선은 중심이나 성에 이르는 통로이기 때문에 통로 가운데 요소들을 상호간에 통일하여 더 큰 전체에로 합일시키는 하나의 상징적 방향을 나타낸다. 또한, 동서와 남북의 축선은 중심에서 합일함과 동시에 중심에서 발하는 휘광과 같다.

2) 사분세계관(四分世界觀)

자기를 에워싸고 있는 공간은 상하, 좌우, 전후로 방향이 구별된다. 유크리드(Euclid)공간에서는 이들이 모두 등질성(等質性)이지만 인간이 지각하는 공간은 서로가 이질적 의미를 갖는 심리적 장이 되고, 인간의 경험세계를 표상한다.

방위체계는 인간의 외적 환경으로서의 질서를 부여하는 수단으로 작용할 뿐 아니라 그러한 질서있는 환경 내에 인간이 거주함으로써 심적 평안과 생활의 안정을 꾀하게 되며, 이러한 사고는 개인의 주거 건축뿐만 아니라 사원·도성·국가행정의 조직 등 모든 측면에 '중심과 사분(四分)'이라는 거의 공통된 우주도식으로 표현되는 것이다.

우주를 사분하는 사상은 동서양을 막론하고 범문화적 현상으로 나타난다. 인디아 사람들은 중심의 수미산을 두고 사방에 북주·남주·서주·도주가 있다. '현장'의 대당서역기에도 사주가 있는데, 서쪽의 상(象)주, 남쪽의 보(寶)주, 북쪽의 마(馬)주, 동쪽인 인(人)주라고 하였다.

북경은 당초부터 4구로 분할되어 있으며 청조는 시내에 사성군단을 두어 동성구는 청색군기, 서성구는 백색군기, 남성구는 주색군기, 북성구는 황색군기로 표상된다. 자금성 내 옥좌 주변이 황색이고 우리 경복궁의 근정전 앞 문살이 금색인 것처럼 세계의 축은 항시 휘광을 발하기 때문이다. 정상익의 동국지도를 보아도 왕도 한양이 포함되는 경기도는 순황, 충청도는 홍백, 전라도는 순홍, 경상도는 청홍, 강원도는 순청, 호아해도는 순백, 평안도는 백흑, 함경도는 순흑으로 되어있다. 이것도 중앙의 순황(純黃)을 제외하면 청(靑)·홍(紅)·백(白)·흑(黑)의 사분(四分)세계이다. 결국 도성계획에 있어서 이러한 구도는 중심의 상징과 자연적으로 연결되는 것이며 중심에서 발하는 태양의 휘광이 사방을 지배한다는 뜻이다.

신라의 왕경도 분황사 십리로를 동서푹, 중앙대로를 남북측으로 간주할 경우에 사분세계가 된다. 수도 한양은 오행(五行)의 水, 金, 火, 木, 土의 순에 따라 동부·서부·남부·북부·중앙으로 나누어지고, 이들은 각각 仁, 義, 禮, 智, 信의 오덕(五德)을 상징하며, 청룡(靑龍), 백호(白虎), 주작(朱雀), 현무(玄武), 황룡(黃龍)의 오방신(五方神)으로 표현된다. 그래서 동대문을 흥인지문(興仁之門), 서대문을 돈의문(敦義門), 남대문을 숭례문(崇禮門)은, 북문을 소지문(昭智門)이라 했고, 중앙에 보신각을 둔 것이다.

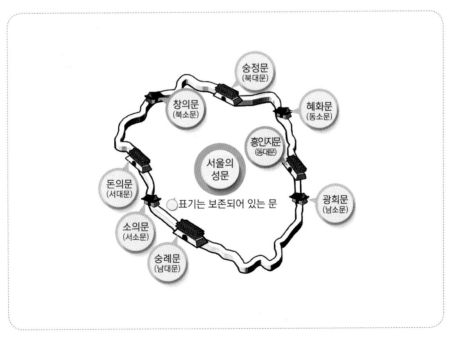

🎋 그림 5-2 _ 서울의 성곽

인디아의 도성 역시 중심은 수미산을 상징하는 사원이 있고 북쪽에 브라만, 동쪽에 쿠샤트리야, 남쪽에 베샤, 서쪽에 슈우도가 주거하도록 사분되어 있으며, 각각 白 · 赤 · 黃 · 黑색으로 표징된다.

타일랜드의 수도 '방콕'이란 어원이 '하늘의 왕도' 또는 '수호신의 도시'란 뜻에서 온 것인데, 방콕의 왕궁은 역시 동서남북 사방의 세계를 향하여 있다. 이 곳 사람들은 본래 동쪽에서 탄생하여 남쪽에서 살다가 서쪽에서 사망하여 북쪽에서 화장된다는 사고와 상징적으로 연관되기 때문이다. 이같은 사분적 세계관은 건물이 십자로 교차되고, 교차된 부분은 계단상 첨탑이 솟아 있으며 첨탑의 바로 아래에 왕좌를 배치하는 건축사상에 반영되고 있다.

사분적 세계관은 유럽 사람들에게서도 볼 수 있다. 고대 로마의 로물루스(Romulus)가 로마로 예정된 신성의 장소 요지(凹地, Mundus)에 서서 지팡이로 사방을 표시하여 도시를 일단 사분했다는 전설이 있다. Roma Quadrate(로마 방격)란 우주의 정연한 질서를 도시계획 또는 토지구획에 반영한 것으로 남북축도를 Cardo, 동서축도를 Decumanus라 하여 사분세계의 기준으로 삼는바, Cardo는 북극성을 따른 것이고, Decumanus는 태양의 궤도를 따라 방향이 정해진 것이다. 그리하여 사분된 하나하나의 일정한 한정공간을 Templum이라고 부른다. 이와 같이 사분된 세계는 중심으로부터 발하는 태양이 휘광(輝光)을 상징하기 때문에 흔히 '태양적 세계관'이라고도 한다.

옛 사람들이 생각하는 도시윤곽은 원형 아니면 정방형의 양대 패러다임이다. 고대 로마를 비롯한 많은 도시는 전자에 속하고 중국 고대의 도성은 후자에 속한다. 우리의 도성은 본래 중국의 것을 모방하고 있으나 지형의 특성에 따라 위곽(圍郭)을 축조하였기 때문에 대체로 불규칙한 원형에 가깝다.

본래, 중국 사람들의 우주관에 천공은 원으로 표상되고, 대지는 방형으로 상징된다. 천원지방(天圓地方)이란 곧 하늘이 둥글고, 땅은 평탄한 방형인 것을 말하는 것이다.

3) 대치와 조화의 세계

중국의 도성에 각종 시설의 배치는 대칭적이고 조화로운 원리에 입각한다. 좌에 천단이 있으면 우에 지단이 있고 일단이 있으면 월단이 있다. 북경을 예로 든다면 좌에 태묘(太廟)가 있고 우에 사직단(社稷壇)이 있는데 전자는 현재 노동인민문화궁이 되어 있고, 후자는 중산공원이 되어 있다. 조상을 모시는 전자는 하늘이며 양이고, 토지와 곡물직신을 지모(地母)라 하여 후자는 음으로 표현된다. 양과 음이 대치적으로 존립함으로써 균형과 조화를 이룬다. 그래서 중국인들이 사물을 보는 근본시각은 음양의 조화이다. 심신의 질병은 음양의 불화에서 오는 것이요, 농사의 농토도 음양의 화·불화, 사람끼리의 갈등도 음양의 불화에서 온 것이다. 따라서 묘지 선택과 가옥의 건축, 사원·궁궐의 건축을 비롯해서 도성의 계획축조에 이르기까지 음과 양의 조화를 꾀하려 노력했던 것이다.

결국 음양은 시공상의 상반되는 구체적 양상, 즉 음은 땅, 구름, 비, 여성, 겨울, 내면성, 물 등 그늘진 것을 가리킨다면 양은 빛, 열, 봄, 여름, 남성, 하늘 등을 가리킨다. 역경에 의하면 이 양자 중 한 원리가 지배하면 나머지 하나는 피지배자가 되는 이른바 오행상생(相生)·오행상극(相克)이란 순환의 질서를 만들고 있다. 음양은 서로가 상대방을 보완하거나 약화시키며 주기적으로 변하기 때문에 질서와 조화가 유지되고, 이러한 질서와 조화의 원리를 감응이라고 한다. 음택풍수에서 혈은 어버이(地母)요, 시신은 아들에 비유되고, 음양이 중화되는 혈이란 어버이와 아들이 잘 감응하여 자손에게 영화가 돌아간다는 뜻으로 해석된다.

한(韓)문화권의 도성에서 전조후침(前朝後寢)은 조당(朝堂)이 남쪽의 양이라면 궁권은 북극성 아래 북편위치의 음이다. 또한 면조후시(面朝後市)도 정치와 경제가 각각 궁의 전후에 배치되는 대치와 조화의 원리인데 전자가 양이고 후자가 음이다. 중심과 사방주변이 대칭과 조화되고, 도성의 사변 성문이 청룡(동문)-백호(서문), 현무(북문)-주작(남문)으로 대치, 조화를 이룬다. 중국을 비롯한 한반도에 있어서는 이러한 현상이 음양풍수설로 체계화되어 대규모의 도성계획에 반영될 정도의 큰 문명력으로 뒷받침이 되었다.

📍 세계유네스코 문화유산(UNESCO World Heritage Site)

1. 정의

유네스코 세계 유산(UNESCO World Heritage Site)은 유네스코에서 인류의 소중한 문화 및 자연 유산을 보호하기 위해 지정한 것이다. 1972년 11월 제17차 정기 총회에서 채택된 "세계 문화 및 자연 유산 보호 협약"에 따라 정해진다. 세계 유산 목록은 세계 유산 위원회가 전담하고 있다. 세계 유산은 역사적으로 중요한 가치를 가지는 문화 유산과 지구의 역사를 잘 나타내고 있는 자연 유산, 그리고 이들의 성격을 합한 복합 유산으로 구분된다.

2. 세계 유산 선정 기준

첫째, 독특한 예술적 혹은 미적인 업적, 즉 창조적인 재능의 걸작품을 대표하는 유산
둘째, 일정한 시간에 걸쳐 혹은 세계의 한 문화권 내에서 건축, 기념물 조각, 정원 및 조경 디자인, 관련 예술 또는 인간 정주 등의 결과로서 일어난 발전 사항들에 상당한 영향력을 행사한 유산
셋째, 독특하거나 지극히 희귀하거나 혹은 아주 오래된 유산
넷째, 가장 특징적인 사례의 건축 양식으로서 중요한 문화적, 사회적, 예술적, 과학적, 기술적 혹은 산업의 발전을 대표하는 양식
다섯째, 중요하고 전통적인 건축 양식, 건설 방식 또는 인간 주거의 특징적인 사례로서 자연에 의해 파괴되기 쉽거나 역행할 수 없는 사회·문화적 혹은 경제적 변혁의 영향으로 상처 받기 쉬운 유산
여섯째, 역사적 중요성이나 함축성이 현저한 사상이나 신념, 사진이나 인물과 가장 중요한 연관이 있는 유산

3. 세계 자연 선정 기준

첫째, 특별한 자연미와 심미적 중요성을 지닌 빼어난 자연 현상이나 지역
둘째, 생명체의 기록, 지형 발달과 관련하여 진행 중인 중요한 지질학적 과정, 또는 중요한 지형학적, 지문학적 특징을 비롯하여, 지구사의 주요 단계를 보여주는 매우 훌륭한 사례
셋째, 육상, 담수, 해안 및 해양 생태계와 동식물군의 진화 및 발달과 관련하여 진행 중인 중요한 생태학적, 생물학적 과정을 보여주는 훌륭한 사례
넷째, 과학적 또는 보전적 관점에서 뛰어난 보편적 가치가 있는 멸종 위기종을 포함하는 곳을 비롯하여, 생물 다양성의 현장보전을 위해 가장 중요하고 의미있는 자연 서식지

4. 유네스코 인류구전 및 무형유산

유네스코 인류구전 및 무형유산 걸작(UNESCO Masterpieces of the Oral and Intangible Heritage of Humanity), 줄여서 인류무형문화유산은 유네스코가 지정하는 구전 또는 무형유산 이다. 2001년 19개 유산이 처음 지정되었고, 2003년 28개, 2005년 43개가 추가로 지정되었다.

📍 유네스코 한국의 세계유산

이름	사진	소재지	시기	유네스코 지정번호 (지정일)
불국사와 석굴암		경상북도 경주시	신라시대(774년)	736(1995년)
해인사 장경판전		경상남도 합천군	신라시대(802년)	737(1995년)
종묘		서울특별시 종로구	조선시대(1394년)	738(1995년)
창덕궁		서울특별시 종로구	조선시대(1405년)	816(1997년)
수원화성		경기도 수원시	조선시대(1796년)	817(1997년)
경주역사유적지구		경상북도 경주시	신라시대	976(2000년)
고창 · 화순 · 강화 고인돌 유적		전라북도 고창군 전라남도 화순군 인천광역시 강화군	청동기 시대	977(2000년)

이름	사진	소재지	시기	유네스코 지정번호 (지정일)
조선왕릉		서울특별시 경기도 강원도	조선시대 (1392~1910년)	1319(2009년)
경주 양동마을과 안동 하회마을		경상북도 안동시 경상북도 경주시	조선시대	1324(2010년)
남한산성		경기도 광주시	조선시대	1439(2014년)
백제역사유적 지구		전라북도 익산 충청남도 공주 충청남도 부여	삼국시대	1477 (2015년)
산사, 한국의 산지승원		경상남도 양산시, 경상북도 영주시, 경상북도 안동시, 충청북도 보은군, 충청남도 공주시, 전라남도 순천시, 전라남도 해남군	7세기-9세기	1562(2018년)
한국의 서원		경상북도 영주시 (소수서원), 경상남 도 함양군(남계서 원), 경상북도 경주 시(옥산서원), 경상 북도 안동시(도산 서원), 전라남도 장 성군(필암서원), 대 구광역시 달성군(도동서원), 경상북 도 안동시(병산서 원), 전라북도 정읍 시(무성서원), 충청 남도 논산시(돈암 서원)	16세기-중반부터 17세기	1498(2019년)

📍 **유네스코 한국의 인류무형유산**

2001년 19개 유산이 처음 지정되었고, 2003년 28개, 2005년 43개가 추가로 지정되었다. 이후 17개가 추가로 지정되었다.

- 종묘제례 및 종묘제례악 (2001년 지정)
- 판소리 (2003년 지정)
- 강릉단오제 (2005년 지정)
- 강강술래(2009년 지정)
- 남사당놀이(2009년 지정)
- 영산재(2009년 지정)
- 제주 칠머리당영등굿(2009년 지정)
- 처용무(2009년 지정)
- 가곡 (한국 음악)(2010년 지정)
- 대목장(2010년 지정)
- 매사냥(2010년 지정) – Falconry(매사냥) 동시지정국가 – (Belgium, Czech Republic, France, Spain, Morocco, Mongolia, Qatar, Republic of Korea, Saudi Arabia, Slovak Republic, Syrian Arab Republic, United Arab Emirates)
- 택견(2011년 지정)
- 줄타기(2011년 지정)
- 한산모시짜기(2011년 지정)
- 아리랑(2012년 지정)
- 김장 (2013년 지정)
- 농악(2014년지정)
- 줄다리기(2014년지정)
- 제주해녀문화(2016년지정)
- 씨름 (2018년 지정) 동시지정국가 – (대한민국, 북한)

유네스코세계지질공원

이름	사진	소재지	지정일
청송지질공원		경북 청송군 일원	2017년
무등산지질공원		광주광역시, 담양군, 화순시 일원	2018년

유네스코 한국기록유산

- 「조선왕조실록(朝鮮王朝實錄)」(1997)
- 「불조직지심체요절(佛祖直指心體要節)」하권(2001)
- 「승정원일기(承政院日記)」(2001)
- 「고려대장경판 제경판(高麗大藏經板 諸經版)」(2007)
- 「조선왕조 의궤(朝鮮王朝 儀軌)」(2007)
- 「동의보감(東醫寶鑑)」(2009)
- 「1980년 인권기록유산 5·18 광주민주화운동 기록물」(2011)
- 「일성록(日省錄)」(2011)
- 「난중일기(亂中日記)」(2013)
- 「새마을운동 기록물」(2013)
- 「고려대장경판 제경판」(2015)
- 「한국의 유교책판」(2015)
- 「한국의 조선통신사에 관한 기록」(2017)
- 「조선왕실의 어보와 어책」(2017)
- 「국채보상운동 기록물」(2017)

산림문화자산

산림문화·휴양에 관한 법률 제2조에 따라서 산림 또는 산림과 관련되어 형성된 것으로서 생태적·경관적·정서적으로 보존할 가치가 큰 유형·무형의 자산을 말한다.

산림문화자산은 지정 주체별로 국가 산림문화자산, 시·도 산림문화자산으로 구분되고, 유형별로는 숲, 나무, 자연물, 기록물 등을 포함한 유형산림문화자산과 구전, 민간신앙 및 민속, 전통기술 및 지식 등을 포함한 무형산림문화자산, 그 밖에 산림청장이 필요하여 지정하는 산림문화자산으로 구분된다.

「산림문화·휴양에 관한 법률」에 근거하여 국가 산림문화자산 지정을 추진하고 있다.

국가 산림문화자산 지정 현황 : 홍릉숲, 대관령 특수조림지, 방동약수 및 음나무 등 9건 지정을 시작으로 담양 메타세콰이아 가로수길 외 6건 지정하였다. 국가 산림문화자산은 보호시설 설치와 주기적인 관리를 통해 훼손을 막고 교육·관광 자원으로 활용이 가능하다.

📍 **국가산림문화유산**

지정번호	명칭	소재지	면적	지정날짜
2014-0001	홍릉숲	서울 동대문구 청량리동 산1-1 외 7(임야)	35ha	2014.03.20
2014-0002	화천 동촌 황장금표	강원 화천 화천읍 동촌리 산11(임야)	1ha	2014.03.20
2014-0003	영월 법흥 황장금표	강원 영월 수주면 법흥리 590-3(도로)	1ha	2014.03.20
2014-0004	평창 평안 봉산동계표석	강원 평창 미탄면 평안리 산102(임야)	1ha	2014.03.20
2014-0005	인제 미산 산삼 가현산 서표 1	강원 인제 상남면 미산리 100-1(하천)	1ha	2014.03.20
2014-0006	인제 미산 산삼 가현산 서표 2	강원 인제 상남면 미산리 351-1(하천)	1ha	2014.03.20
2014-0007	대관령 특수조림지	강원 평창 대관령면 횡계리 산1-1(임야)	311ha	2014.03.20
2014-0008	방동약수 및 음나무	강원 인제 기린면 방동리 34-5(대지)	1ha	2014.03.20
2014-0009	인제 한계 황장금표 및 황장목림	강원도 인제군 북면 한계리 373(전) 및 강원도 인제군 북면 한계리 산1-1(임야)	245ha (1개소)	2014.12.1

지정번호	명칭	소재지	면적	지정날짜
2015-0001	담양 메타세쿼이아 가로수길	전남 담양군 담양읍 학동리 577-9	메타세쿼이아 408주	2015.8.21
2015-0002	완도수목원 가시나무 숯가마터	전남 완도군 군외면 대문리 산109-1	1식(5기) (5.1m x 4.5m)	2015.8.21
2015-0003	해남 관두산 풍혈 및 샘	전남 해남군 화산면 관동리 산70-2	11곳	2015.8.21
2015-0004	울진 소광 황장봉산 동계표석	경북 울진군 서면 소광리 산1	1	2015.8.21
2015-0005	강릉 노추산 삼천 모정탑	강원도 강릉시 왕산면 대기리 산3번지 (임야)	3,000여기 (500m에 분포)	2016.1.5
2015-0006	금강 발원지 뜬봉샘	전북 장수군 장수읍 수분리 산109 일원 (임야)	1개소 (지름 100cm)	2016.1.5
2015-0007	위봉폭포	전북 완주군 동상면 수만리 산35-4, 산35-1(임야)	높이 60m 2단 폭포	2016.1.5
2015-0008	섬진강 발원지 데미샘	전북 진안군 백운면 신암리 산1(임야)	1개소 (지름 40cm)	2016.1.5
2015-0009	나주 불회사 비자나무와 차나무 숲	전남 나주시 다도면 마산리 산212-13 (임야)	비자나무 16,000본, 차나무 33ha	2016.1.5
2016-0001	울릉 도동 향나무 (울릉석향)	경북 울릉군 울릉읍 도동리 산4(임야)	1본	2016.11.16
2016-0002	천관산 동백나무 숯가마터	전남 장흥군 관산읍 부평리 산 109-1외 1필(임야)	7개소	2016.11.16
2016-0003	순천 고동산 산철쭉 자생지	전남 순천시 송광면 장안리 산 270 외1필(임야)	6,600본	2016.11.16
2016-0004	유달산저수·저사 댐과사방시설	전남 목포시 온금동 6-2 (수도용지)	1개소	2016.11.16

지정번호	명칭	소재지	면적	지정날짜
2016-0005	고흥나로도 편백 숲	전남 고흥군 봉래면 예내리 산87-141(임야)	9,000여본	2016.11.16
2016-0006	부안 서림공원과 임정유애비	전북 부안군 부안읍 서외리 산1-1(임야)	1개소	2016.11.16
2016-0007	남원 구룡계곡 구룡폭 구곡	전북 남원시 주천면 호경리 470-19 외 4필(구거,하천)	1개소	2016.11.16
2016-0008	남원 신기마을 비보림과 축성표석	전북 남원시 운봉읍 신기리 408-7번지 외2필(임야)	1개소	2016.11.16
2016-0009	부안 봉래곡 직소폭포	전북 부안군 변산면 중계리 산95-10 외2필(임야, 하천)	1개소	2016.11.16
2016-0010	남원 남계 닭뫼 비보림	전북 남원시 이백면 남계리 1136-1 외1필(도로)	1개소	2016.11.16
2016-0011	신안 반월 당숲	전남 신안군 안좌면 반월리 237 임(임야)	2,377m²	2016.11.16
2016-0012	밀양 안촌마을 당산숲	경남 밀양시 삼랑진읍 행곡리 1266-1(임야)	소나무외 5종 29본	2016.11.16

📍 농업유산

세계 각지에는 오랜 세월에 걸쳐 지역 사회나 풍토, 기후 등과 같은 환경에 적응하면서 발달하고 형성되어 온 농업적 토지이용은 물론이고, 전통적 농업과 관련되어 이루어진 다양한 농경문화, 경관 등이 존재한다. 무분별한 개발, 생산성 강화만을 강조하는 대규모 생산, 빈곤 및 인구 증가 등으로 전통적이고 독창적인 농업적 토지 이용, 농업관련 문화·경관, 생물다양성 등이 방치되어 크게 손상되고 있다. 또 그로 인하여 지속가능한 농업 유지가 커다란 도전을 받고 있다.

국제연합식량농업기구(FAO)는 지역의 독특한 농업적 토지 이용과 다양한 농경문화·경관, 생물다양성을 일체화된 농업시스템으로 유지 보전하고, 다음 세대에 계승하는 것을 목적으로 하는 '세계중요농업유산(GIAHS: Globally Important Agricultural Heritage System)'제도(2002년)를 실시하고 있다.

우리나라도 국가중요농업유산제를 추진하고 잇으며 그동안의 추진사항은 농림축산식품부는 2011년 9월 '(가칭)농업·농촌유산제도' 도입 추진 계획, 그리고 '2012년 4월 농어업 유산제도

시행 계획'을 각각 발표하였다. 그리고 2012년 12월 농어업 유산을 효과적 체계적으로 관리하기 위하여 농림축산식품부장관 고시 「농어업유산 지정 관리 기준」을 제정하였고, 2012년 12월 국가농어업유산의 지정 등과 관련된 사항을 심의하기 위해 장관 소속으로 "농어업유산심의위원회"를 설치하였다.

2015년 2월 3일 「농림어업인 삶의 질 향상 및 농산어촌개발 촉진에 관한 특별법」 제30조의2에 국가중요농업유산의 보존·활용에 대한 규정이 신설되어 완전한 법적 근거를 갖추었다. 국가중요농업유산으로 지정될 수 있는 대상은 농업·농촌의 다원적 자원 중 100년 이상의 전통성을 가진 농업유산으로 보전·유지 및 전승할 만한 가치가 있는 것, 또는 특별한 생물다양성 지역으로 규정되었다. 즉, 경작지, 산림, 염전 등과 같은 유형적인 것은 물론이고, 유형적인 것과 농법·농문화·사회조직 등과 같은 무형적인 것이 복합된 것, 또는 유형·무형적인 것과 마을·산·강·경관 등이 복합된 것이 대상이다. 국가중요농업유산으로 지정받기 위해서는 「농어업유산 지정 관리 기준」에서 규정한 차별성·역사성 등 고유의 특성을 갖추고, 또 지역적·분야별 대표성이 있는 것으로 가치성, 지역사회와의 파트너쉽, 지역사회 발전과 연계된 효과성의 3개 분야와 관련 7개 항목에서 제시한 사항을 충족시켜야 한다.

📍 국가농업유산의 지정기준

구분	항목	내용
유산의 가치성	역사성	• 100년 이상 전부터 농어업인의 농어업활동에 의해서 형성되었을 것 • 미래에 존속 가능하고 존속할 만한 가치가 있을 것
	대표성	• 지역별·분야별로 대표성이 있을 것 국제적, 국가적, 지역적 수준의 대표성 • 경관(어메니티)이 수려하여 관광·휴양 상품성이 있을 것
	특징	• 토지이용 및 수자원 관리 등의 분야에 독특하고 현저한 특징이 있을 것 • 공동체의 농어업 지식체계와 기술 • 농어업 활동을 통한 식량 등 산출물 • 토지·수자원이용 형태 또는 생물다양성 보전 등
파트너쉽	협력도	• 지방자치단체와 주민의 추진의지와 사업비분담 등의 유지관리 계획이 있을 것
	참여도	• 보전, 유지, 전승을 위한 지역사회주민(NGO 포함)의 자발적 활동 및 참여가 있을 것

구분	항목	내용
효과성	브랜드	• 국가농어업유산의 지정에 따라 지역이미지와 지역의 브랜드 가치가 향상되는데 기여할 수 있을 것
	활성화 또는 생물 다양성	• 국가농어업유산의 지정에 따라 지역이미지와 지역의 브랜드 가치가 향상되는데 기여할 수 있을 것 • 지역의 전통적인 농법의 결과로 생물다양성이 다른 지역에 비하여 높거나, 특징적인 작물이 서식할 것

2013년 1월 전남 청산도의 구들장 논과 제주도의 돌담밭 지정을 시작으로, 2014년 6월 전남 구례의 산수유농업과 담양의 대나무밭, 2015년 3월 금산 인삼농업과 하동 전통 차농업이 국가중요농업유산으로 지정되었다. 그리고 전남 청산도의 구들장 논과 제주도의 돌담밭은 2014년 4월 세계중요농업유산(GIAHS)에 등재되었다.

📍 우리나라의 농업유산

연번 (지정연도)	명칭	지역	내용
* 제1호('13)	청산도 구들장 논	완도청산도 전역 (5.0ha)	• 급경사로 돌이 많고 물빠짐이 심하여 논농업이 불리한 자연환경에 적응하기 위해 전통 온돌방식을 도입, 독특한 구들장 방식의 통수로와 논 조성
* 제2호('13)	제주 밭담	제주도 전역 (542ha, 22,108km)	• 돌, 바람이 많은 척박한 자연환경을 극복하기 위해 밭담을 쌓아 바람과 토양유실 방지, 농업 생물다양성, 수려한 농업경관 형성
제3호('14)	구례 산수유농업	구례군 산동면 (228ha)	• 생계 유지를 위해 집과 농경지 주변 등에 산수유를 심어 주변 경관과 어우러지는 아름다운 경관 형성, 다양한 생물 서식지, 시비와 씨 제거 등 전통농법
제4호('14)	담양 대나무 밭	담양읍 삼다리 (56.2ha)	• 다양한 생물의 서식지이며 대나무숲은 독특한 농업경관 형성, 죽초액과 대나무숯을 활용하여 병충해 방제 및 토양개량 등 전통농법

연번 (지정연도)	명칭	지역	내용
* 제5호('15)	금산 인삼농업	금산군 일원 (297ha)	• 인삼재배의 최적지, 재배지 선정, 관리, 재배, 채굴, 가공 등 전통농법 유지, 주변 산과 하천이 어우러지는 경관 형성
* 제6호('15)	하동 전통 차농업	하동군 화개면 일대 (597.8ha)	• 생계유지를 위해 1,200년 동안 전승된 전통적인 농업, 풀비배 등 전통방식의 차 재배 유지, 차밭 주변의 산림과 바위가 어우러지는 독특한 경관 형성
제7호('16)	울진 금강송 산지농업	울진군 금강송면 북면 일대(14,188ha)	• 왕실에서 황장봉산으로 지정 관리, 산림을 보호하기 위해 송계와 산림계를 조직하여 관리, 주변계곡과 기암괴석이 어우러져 아름다운 경관 형성
제8호('17)	부안 유유동 양잠농업	부안군 변산면 유유동 일대 (58.9ha)	• 뽕재배에서 누에 사육 등 일괄시스템이 보전·관리되고 친환경적 뽕나무 재배, 생물다양성, 주변 산림과 뽕나무밭이 조화된 우수한 경관
제9호('17)	울릉 화산섬 밭농업	울릉군 일대 (7,286ha)	• 급경사지 밭을 일구면서 띠녹지를 조성하여 토양유실 방지하고 주변 산림지역의 유기물을 활용하였으며, 울릉에 자생하는 식물을 재배하였고, 산림과 해안이 어우러지는 패치형태의 독특한 경관
제10호('18)	의성 전통수리 농업 시스템	의성군 금성면 등 4개면 일원	• 삼한시대 조문국시대부터 2,000년의 농업역사를 가지고 있는 금성면 일대는 약 1,500개의 제언이 축조, 이를 통해 농업용수를 저장·활용함으로써 이모작 전환시스템 구축
제11호('18)	보성 전통 차 농업시 스템	보성군 일원	• 새끼줄을 기준삼아 경사지 등고선에 따라 간격과 수평을 맞추는 계단식 차밭 조성 기술과 경관 형성

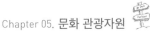

연번 (지정연도)	명칭	지역	내용
제12호('18)	장흥 발효차 청태전 농 업시스템	장흥군 일원	• 반음반양의 차 재배환경 조성 및 친환경 농법, 발효차 전통 제다 지식체계, 굽는 과정이 추가되는 독특한 청태전 음다법 등 구축·전승
제13호('19)	완주 생강 전통 농업 시스템	완주군 일원	• 겨울철 생강종자 보관을 위해 토굴을 활용한 저장시스템으로 농가의 아궁이 열을 이용한 온돌 방식, 수직강하 방식 등이 있음
제14호('19)	고성 해안 지역 둠벙 관개 시스템	고성군 일원	• 농업용수 공급을 위해 둠벙을 조성하고 활용하여 빗물이 바다로 빠져나가는 해안지역의 자연적 특성 극복
제15호('19)	상주 전통곶감	상주시 일원	• '상주둥시' 전통 품종보

*'는 세계농업유산으로 지정

"강릉 노추산 삼천 모정탑'은 차옥순 할머니가 1986년부터 2011년 세상을 떠나기 전까지 26년간 홀로 쌓은 돌탑이다. 결혼 후 아들 둘을 잃고 남편이 정신질환을 앓는 등 집안에 우환이 끊이지 않자 가정의 평화를 기원하며 3000개의 돌탑을 쌓았다고 해 '삼천 모정탑'이라는 이름이 붙여졌다.

'금강 발원지 뜬봉샘'은 금강이 시작되는 발원샘으로 고을의 재앙을 막고 풍년을 기원하기 위해 산에 뜸을 뜨듯이 봉화를 올렸다는 설(이 경우 '뜸봉샘'으로 표기)과 조선 태조 이성계가 백일기도를 하다 조선 건국의 계시를 받은 곳이라는 설이 전해져 내려온다.

'위봉폭포'는 전북 완주 위봉산성에 위치한 높이 60m의 2단 폭포로 주변의 기암괴석과 울창한 물줄기, 깊은 계곡의 경치가 빼어나다. 우리나라 판소리 8명창 가운데 한명인 권삼득이 수련했던 곳으로, 산림과 우리의 소리가 어우러진 곳이다.

'섬진강 발원지 데미샘'은 섬진강의 발원지로 전북 진안에 있는 샘이다. 예부터 데미샘이 있는 봉우리를 '천상데미(천상으로 올라가는 봉우리)'라고 했는데 데미는 봉우리(더미)의 전라도 사투리로, 이 샘이 천상데미 아래에 있다해 '데미샘'이라는 이름이 붙여졌다. '나주 불회사 비자나무와 차나무 숲' 역시 국가산림문화자산으로서 가치가 높다. 불회사의 비자나무와 차나무 단지는 한국 다도의 중흥조인 초의선사가 마셨던 차나무가 집단 생육되고 있는 곳이다.

Chapter
06

Tourism Natural Resource Economics

복합 관광자원

1. 농촌관광자원
2. 도시 관광자원

복합 관광자원

1. 농촌관광자원

1. 농촌관광

1) 농촌관광(Rual tourism)의 배경

유럽에서는 1980년대 후반부터 선전원주의(Neo Ruralism)의 시대가 도래하여 농가나 농촌, 지방마을들이 휴가를 위한 리조트로서 역할을 담당하게 된다. 전후(戰後)에 바캉스법이 제정된 여가 선진국에서는 60년대부터 해안리조트라든가 스키 리조트가 대규모로 개발되었으나, 70년대에는 그것들의 환경파괴가 사회문제화되었고, 80년대의 거품경제가 조정되면서 자연이나 문화를 접하는 채재형의 관광지를 재검토하게 되었다. 일본에서는 90년대부터 거품경제가 해소되는 과정에서 리조트 개발 붐의 상황이 일변하였다. 즉, 농촌관광(Green Tourism)의 진흥으로 중산간지(中山間地)대책이라는 정책이 농림수산성의 시책에 포함되었을 뿐만 아니라 환경청이 제안한, 도시민의 전원관광 참가를 위한 '고향 일구기', 건설성의 수제품 리조트 그린 투어리즘이 추진되고 있다. 이같은 현상은 환경부담을 줄이면서 농촌지역 주민의 삶을 향상시키기 위한 산업구조의 변화 및 지역의 새로운 경제적 효과를 가져올 수 있다는 점에서 정책적 과정에 기대가 올라가고 있다.

농촌관광을 식량생산뿐만 아니라 농촌환경의 유지·보전이나 아름다운 자연경관을 만들어온 농업의 공익적 역할을 궁극적으로 그린 투어리즘은 대량관광(Mass Tourism)에 따른 관광의 부정적 영향을 극소화하는 대안관광의 하나로서 큰 의의를 갖는다.

농촌에서는 부족한 일손을 얻을 수도 있고, 도시민과 농촌주민의 유대와 행정기관 및 기업의 연계로 환경 및 경관보존에 기여할 수 있다. 미래지향적인 농업과 농촌을 만들어 가는 과정으로 농촌관광은 아름다운 고향의 옛모습을 바탕으로 한 전원 리조트를 구축하는 일이 될 것이다.

생명 영위 이미지로서의 농촌관광은 농촌 지역을 목적지로 삼는 것으로 생명을 기르고 치유하는 푸르름의 가치에서 착안이었다고 볼 수 있다. 해안 리조트 관광은 Blue, 스키 리조트는 White, 도시 리조트는 Light라는 식으로 관광은 각각의 목적지(Destination)의 이미지에 의해 구분될 수 있다.

1960년, 1970년대의 대량관광(Mass Tourism)시대에는 인공적인 대규모시설에 단체관광객이 몰려들어 비일상적인 생활을 구매한 것이다. 이러한 상업주의에 불만스러워하던 개인이나 가족, 친구들과 농촌에서 제2의 일상생활로서의 휴가를 보내는 것이 80년대 이후에 주로 나타나기 시작하였으며 이런 현상중 하나가 그린 투어리즘(green tourism)이다. 농촌관광을 목적으로 하는 관광객이 증가하는 것은 교육정도의 향상, 역사·문화유산에 대한 관심의 증대, 여가기회의 증대 등에서 비롯된다. 더욱이 농촌의 접근성이 개선되고, 건강에 관한 관심 증대, 등에서는 비롯된다. 자연식품이나 유기농식품 등의 특수한 식품에 대한 수요가 증가하고, 옥외생활을 즐길 수 있게 하는 하이테크놀로지 제품의 보급, 환경보호인식의 고양, 스트레스로부터 벗어나기 위한 자연에 대한 욕구증대 등이 그린투어리즘을 출현이 된 배경으로 볼 수 있다.

80년대 후반에 농촌지역의 지역주민의 입장에서도 관광객 수용의 필요성이 생겨났다. 지방 산업의 침체로 추가적 고용·소득이 필요했기 때문이다. 87년에서 89년까

지의 3년간만 보더라도 영국 내의 농가소득은 감소했고, 89년 말의 베를린 장벽붕괴
후에는 동부유럽으로부터의 수입이 급증하는 등으로 농업경제는 타격을 받았다.

90년대에는 GATT(General Agreement on Tariffs and Trade)에서 농업분야의 교섭이 있었
다. 특히 규제완화라든가 공공투자·보조금이 삭감되고 지역경제의 재정은 피할
수 없었지만 관광산업이 성장가능성이 높아졌다. 지방자치단체에서도 관광산업에
마케팅과 개발전략에 적극적으로 뛰어 들었다.

19세기 영국민의 관광목적지는 크게 해변의 리조트, 내륙의 온천지, 그리고 촌락
으로 나뉘어졌다. 하지만 번성했던 곳은 블라이튼이나 블랙 풀 등의 해안 리조트
뿐이었고, 왕족·귀족이 사교를 겸하여 휴양하던 내륙의 온천지는 대중에게는 인
기가 없었으며, 의료전문가들도 온천의 효용에 대해 의문을 표시하는 등 리조트로
는 성장하지 못했다. 촌락은 대도시 주변부를 당일치기로 잠깐 들러보는 것 말고는
리조트로 이용되는 일이 거의 없었다. 이러한 상황은 19세기부터 20세기 후반까지
동일한 형태를 보이고 있었다. 그러나 1960년대 이후 레저와 여행의 세계에는 혁명
적인 변화가 생겼다.

- 외국여행의 증가
- 국내 해안 리조트여행의 인기 쇠퇴
- 역사적 유산이 있는 곳이나 도시로의 문화교양적 여행의 증대
- 농가와 농촌, 지방의 마을들이 휴가를 위한 리조트로서 새로운 역할을 담당하
  게 되어 농촌관광의 중요성이 증대

농촌관광(Rural Tourism)이 관심을 받는 이유는 다음과 같다. 휴가형태들이 다변화
되고 있으며 농촌에서 휴가를 보내는 것이 소득수준과 교육수준이 높은 계층에
완화하고, 또한 지방의 소매업이나 버스·열차 운행 등의 서비스업을 돕기 위하여
농가와 지역산업계, 정부공공기관이 농촌지역에서 휴가를 보낼 수 있도록 많은 정
책·홍보를 하도록 애써왔다. 이러한 특징은 특정한 국가, 지역에만 한정된 것이 아
니라 구미(歐美)의 선진국에서 공통적으로 나타나는 현상이다.

※ 표 6-1 _ 농촌관광과 대중 관광의 비교

구분	Rural Tourism	Mass Tourism
일반적특징	• 개발속도가 느림 • 소규모적 단계로 진행 • 적정화(Optimization)가 목표 • 사회적·환경적 수용력 제고 • 통제되고 계획된 관광 • 장기적 여행기간 • 가치지향적 인식 • 질적 관광	• 개발속도가 빠름 • 대규모적 단계로 진행 • 최대화(Maximization)가 목표 • 사회적 수용력 제고 • 통제되지 않은 비계획적 관광 • 단기적 여행기간 • 가격지향적 인식 • 양적 관광
관광자행동	• 혼자, 가족 그리고 친구와 여행 • 시간적 여유가 있음 • 적당한(도는 느림) 교통수단 • 현장에서 자연스러운 결정 • 지방적 라이프 스타일 • 관광지가 결정 • 체험이 중심 • 능동적 행동 • 개방적 접근 • 새로운 지식추구 • 조용한 관광활동	• 대규모 단체여행 • 시간적 여유가 없음 • 빠른 교통수단 • 고정된 프로그램 • 함축된 라이프스타일 • 관광자가 지시받음 • 구경이 주심 • 수동적 행동 • 수동적 접근 • 우월감, 기념품이나 선물 • 시끄러운 관광활동
관광개발전략	• 먼저 계획, 다음이 개발 • 지역간 협력 • 집중개발 전략 • 기존정주권에서의 개발 • 훌륭한 경관의 보전 • 확고하고 제한된 개발 • 지역개발업자에 의해 개발 • 지방의 잠재력에 따라 고용 • 생태적·사회적 그리고 경제적 모든 요소를 종합적으로 검토 • 개발 업자가 사회적 비용부담 • 교통계획은 대중교통수단에 의존 • 평균수요에 맞는 수용력 • 자연적·역사적 대상물을 유지 • 고유시설 • 낮은 기술과 선택적으로 상업화된 시설	• 기획없이 개발 • 단지 지역수준의 기획 • 분산개발전략 • 기존정주건 밖에서의 개발 • 가장 훌륭한 경관지역의 집약적 개발 • 정확히 알 수 없는 미래수요를 위한 개발 • 외부개발업자의 개발 • 주로 비지역주민의 고용 • 경제적 배경에서만 검토 • 관광부분으로 노동력 유입되어 농업쇠태 • 지역사회가 사회적 비용부담 • 높은 계절적 수요에 맞는 수용력 • 자연적·역사적 대상물 제거 • 도시적 시설 • 높은 기술수준과 상업화된 관광시설

자연환경이나 지역상회와 공존할 수 있는 관광개발의 추진을 향하여 90년대 부터 영국정부는 지속가능한 관광개발을 향한 정책지원을 시작하였다. 지속가능한 농촌관광을 위해서 강조되는 전략적 행동은 다음과 같다.

- 환경과 지역문화의 보전
- 지역의 강점과 특징을 살리는 전략
- 주위의 협력을 얻어낼 수 있는 체제를 만들어 파트너십을 발휘
- 지역의 수준에 맞는 스케일
- 행정을 주체로 한 교통·정보 등의 기간시설를 정비
- 서비스, 조리법, 지역학 등의 전문기술 지식의 트레이닝과 교육
- 목표를 정한 마케팅
- 당일형의 관광객보다는 반체류형 관광객을 늘이려는 노력
- 농가의 환대 향상

2) 우리나라의 농촌관광

우리나라 농촌관광개발의 시초라고 할수 있는 관광농원 개발은 1984년에 12개의 관광농업개발 시범지구에 조성되었으며 대부분의 관광농원의 경우 경제성있는 수익모델이 정립되지 못할 뿐만아니라 농가 소득증대에도 크게 기여하지 못하여 대부분 적자경영을 탈피하지 못한 실정이다. 이같은 특징은 먹거리 위주의 획일적 상품개발, 내방객 연중이용 곤란, 지역주민의 공동참여를 통한 운영 미비, 농업 부대시설 이용도 저조, 편의시설 및 기반시설의 과도한 투자, 그리고 운영자금과 경영마인드 부족에 따른 경영악화 등 많은 문제점들을 나타나고 있다.

농촌관광은 2002년부터 시작한 농촌관광마을 사업부터 본격적으로 추진되고 있다. 농촌관광마을 사업은 2011년말 기준으로 전국에 1,700여 개의 농촌관광마을이 조성되었다. 1994년 「농어촌정비법」 제정을 통해 농어촌민박이 도입되었으며, 2008년에는 「도시와 농어촌 간의 교류촉진에 관한 법률」이 제정되어 마을단위 농촌관광사업을 추진할 수 있는 제도적 기반이 마련되었다.

영양 도곡 숲 풋굿

청양 동막골축제

　　농촌관광개발은 정부가 융자하여 지원하는 방식으로 도시민의 여가활동을 농촌으로 흡수하여 농가 소득증대를 추구하는 관광농업을 시범적으로 추진한 것이 계기가 된다. 이것은 1984년 시작 당시에 12개소에서 '87년에는 52개소, '90년에는 140개소, '93년에는 186개소, '96년에는 332개소로 증가하고 있는 추세이다. 관광농원의 지역별 분포는 전국적으로 균등한 배분으로 선정되고 있으면서도 수도권의 경기지역이 적은 편이고 농도(農道)인 전남이 62개소로 18.7%의 높은 점유율이 보인다. 강원도는 1987년에는 10개소로 19.2%의 가장 높은 비율을 보이다가 '90년에 14.2%, '96년에 12.0%로 감소하는 경향을 나타내고 있다. 농촌관광자원을 효율적으로 개발하고 농촌관광활동의 질적인 면을 고려하는 관점에서 다양한 유형의 개발사업이 필요하다.

표 6-2 _ 농촌관광개발의 유형

구 분	유형분류
법제도	농촌휴양단지, 관광농원, 주말농원, 농촌민박마을
입 지	산촌촌락형, 농촌마을형, 해안어촌형
이용형태	생산수단대여형, 농산물채취형, 이용장소제공형
개발방식	민관합동개발형, 공공주도개발형, 민간주도개발형

자료 : 한국관광공사(1996), 농어촌 관광개발 활성화방안 연구.

농촌지역에 지원되는 대표적인 사업은 1990년에는 농촌휴양단지 조성사업, 1991년에는 민박마을 지원사업이 추가되어 1996년까지의 농촌관광개발 사업현황을 보면 관광농원이 332개소, 휴양단지 11개소, 민박마을 163개소로 전체 506개소에 이르며 1997년 91개소, 1998년 이후에 579개소를 각각 확대 지정개발할 예정으로 전개하는 데는 3천억 원 이상의 국고융자를 계획하고 있는 실정이다.

농촌의 폐교시설을 활용하여 자연생태학습장, 청소년 수련시설 등 교육목적이나 농촌의 소득증대를 위한 사업을 실시하였고, 1999년부터는 임대대상을 미니콘도미니엄이나 주말농장을 위한 용도로서 민간개발사업자에게 임대할 수 있는 특별법 등을 통해 사업이나 이용을 할 수 있도록 하고 있다. 단일 도농교류 확대로 학교에서는 농촌체험학습 등을 확대하고 있다. 따라서 농촌관광은 복융합, 6차산업으로서 농촌지역 활성화 및 지역자원 활성화에 큰 역할을 하고 있다.

2. 외국의 농촌관광

1) 독일

독일인이 가지고 있는 전원에 대한 관심은 어느 민족보다도 강하여 "독일인은 산에서 태어나서 언젠가는 산으로 돌아간다."는 말로 표현되는 바와 같이 산림과 초원에 대한 향수를 가지고 있는 민족이라고 말할 수 있다. 휴가목적지를 선정할 때, 있는 그대로의 자연상태에서 산책이라든가 농촌 그 자체의 자연에 대한 관심 등 자연환경과 풍경에 높은 관심을 가지고 있다. 이러한 독일인의 국민성이 환경애호 사상의 관광을 탄생시키는 동기가 되고 있다. 농가에서 휴가를 보내려는 이들의 대부분은 어린아이들을 동반한 가족여행의 형태로 이루어지고 있다.

독일의 그린 투어리즘(Green Tourism)은 그린 투어리즘이라고 표현하지 않고 루럴 투어리즘(Rural Tourism)는 또는 농업관광(Agricultural Tourism)이라고 한다. 용어에서 보듯이 일반적으로 전원에서의 휴가와 농가에서의 휴가로 구분된다.

전원휴가는 조그마한 호텔과 식사가 곁들인 가족동반의 펜션(Pension) 등에서 1주일 정도 휴가를 보내는 것을 말한다. 농가에서 휴가는 농촌민박 등의 휴가시설에서 지내는 것이다. 이러한 농가에서의 휴가는 대부분이 자연발생적으로 생겨난 역사를 가지고 있다. 따라서 독일의 그린 투어리즘의 대상은 유명한 관광지나 고급호텔이 소재하는 곳보다는 가능한 원시적 자연경관이 잘 보존된 전통적인 농촌이그 대상이 되는 것이 대부분이다.

농촌관광의 시작은 독일 남부 바이에른주에서 시작되었다고 하며, 이 지역은 오스트리아에 접하고 있는 알프스 산악지대이기 때문에 농업조건이 불리하여 과소문제가 심각하였다. 과소문제 해결을 위한 바이에른 주정부의 농업진흥정책은 다음과 같다.

- 교육수준의 향상
- 농가 간의 협력
- 농업기반과 농촌생활기반의 정비
- 판매제도의 개선
- 농촌적 자연환경의 유지

이러한 정책 중에서 무엇보다 흥미를 끄는 것은 다섯 번째의 농촌적 자연환경의 유지에 대한 정책이다. 토지이용계획, 자연환경계획, 산림기능계획, 이렇게 세 가지 측면에서 자연이 농민만의 것이 아니라 국민전체의 재산으로 인식시켜서 농촌의 자연을 유지해 나간다는 정책이었다. 정책의 발상 저변에는 농촌적 자연환경이라고 하는 것이 단순히 자연만을 가리키거나 목초지의 보존만이 아니라 그 지역이 갖고 있는 모든 생명체가 생존할 수 있는 환경으로서의 보전이 국민의 사회적 책임이라는 인식을 갖게 하는 것이었다. 농업생산을 우선으로 하는 시대에서는 농업대국인 독일에서도 이러한 정책의 변화는 오랜 시간이 걸렸다. 독일연방정부는 '70년대 여러 가지 농업구조개선정책을 발표했지만, 바이에른주에서 제창한 "농업은 만인을 위해서"라고 하는 발상이 받아들여지기까지는 '70년대 후반에 들어와서야 이해되었고, 이러한 농업과 관광의 접목은 조건이 나쁜 지역에서 농촌과 농업을 지킬

수 있다는 운동으로 인접한 주지역으로 확산되었다. 따라서 농가에서 시작된 숙박
업의 겸업농가는 증가하게 되었고 "농가에서 휴가를"이라고 하는 슬로건으로 집약
되었다.

농촌관광(Rural Tourism)의 특징은 농가, 농촌공간에서 휴가를 충실히 보내는 데
에 있다. 현재 농촌의 휴가시설로는 농가의 민박을 비롯하여 승마, 골프장, 스키
장, 테니스 등 스포츠 시설, 산책로 등이 있지만, 이러한 것들은 환경조건이 뛰어
나고 우수한 자연환경을 정비하는 데서 이루어지고 있다. 또한, 지역주민을 위한
다목적 온천시설이나 향토박물관, 음악당도 있으며 이러한 시설들은 공공시설로
서 방문객도 레크리에이션 수단으로 이용할 수 있다. 농가 자체적으로 숙박과 식
사 이외에 사유지를 활용해서 승마와 캠프장 또는 오토캠프장 등의 시설을 설립하
는 농가가 많아지고 있다. 숙박시설에도 여러 종류가 있다, 빈방을 빌려주는 민박
(Private Zimmer), 휴가용으로 집전체를 빌려주는 임대대가(Ferinwohnung), 여관(Gasthaus),
Vostus(Pension), 간이호텔(Motel), 유스호스텔(Youth Hostel) 등 다양하다. 더욱이 독일의
그린 투어리즘에서 빼놓을 수 없는 것은 농가식당의 육성이다. 이것은 민박과 더불
어 자영겸업을 육성해 나가는데 중요한 사업이 된다.

농촌관광에서는 농지정비를 하는데 있어 환경보전이 우선이라고 한다. 프랑스
등 유럽제국의 농촌관광은 어디까지나 휴가환경을 정비하고 진흥하는데 역점을
두는 반면, 독일은 농지정비와 연계한, 특히 1976년에 제정한 자연보호에 따른 경
관 보호 전법은 독일농업에 큰 영향을 주었다. 이것은 농촌개발의 촉진과 지역활성
화에 관한 사업을 시행함에 있어서 농지정비법의 범위 내에서 취급되어야 한다는
것이다. 따라서 농촌지역 정비를 농산물 생산공장 및 생활의 공간으로서 이해는
물론 여가공간으로써 이해가 되어야 한다.

2) 프랑스

프랑스에서는 1936년에 연간 법정 연차유급휴가 제도가 정착되면서 주휴이외
유급휴가를 갖는 것이 가능하게 되었다. 제2차 세계대전 후에는 법정 유급휴가일

이 증가해서 1981년에는 최저 휴가기간이 5주간이 되어 이 시기부터 장기휴가가 정착되었다.

프랑스에서는 농촌에서 많은 휴가를 보낸다. 일요일에는 상점의 영업이 법률로 금지되어 있는 프랑스 도시는 식당도 문을 닫는 곳이 많고 거리도 한산하여 많은 사람들이 교외의 농촌으로 향하게 된다. 봄에는 산림에서 프랑스를 탐색하고, 여름에는 개울근처에서 피크닉을 즐기고, 가을에는 잼을 만들기 위해서 나무열매를 따기도 하고 산림과 목장에서 버섯따기 등 자연에서 생활하는 습관이 있다.

전통적으로 농업국인 프랑스에서는 농지가 국토의 60% 정도이며 프랑스인들에게 있어 농촌은 고향이고, 농가에서 신선한 식료품을 구입한다. 따라서 도시민도 농촌에 대한 강한 애착을 갖고 있기 때문에 농민에 대해서도 자기들의 생활철학을 살리고 지켜주는 존재로 인정한다.

18세기의 계몽사상가 루소는 "자연으로 돌아가라"고 제창했고, 프랑스의 귀족들 사이에는 농촌에서의 생활을 즐기는 것이 유행했었다. 근세까지만 해도 수렵을 즐기기도 하고 산림과 전원을 레크리에이션 장소로 활용한다는 것은 사회적 지위가 높은 사람들에게 한정되었다. 일반인이 자연에서 레크리에이션을 즐긴다는 것은 최근의 일이다.

많은 사람들은 태양을 찾아서 지중해 연안으로 떠나고 해변지역에서 휴가를 지낸다는 것은 비용이 많이 들기 때문에 봉급생활자들은 적은 비용으로 오랫동안 휴가를 보낼 수 있는 숙박시설이 필요하게 되었다. 이와 동시에 농촌의 건축물과 문화를 지키자는 운동을 추진하는 사람들이 증가하여 관광객을 위한 새로운 형태의 관광을 제창하게 되었다. 이것이 그린 투어리즘의 시작이다.

1949년 전쟁에 의해서 황폐한 농촌에 있는 조그마한 호텔들을 복구하기 위해서 'Loge Auberge France' 전국연맹이 조직되었고 수년 후 농업회의소 상임회의는 농업관광협회를 설립했다. 그리고 농촌의 전통 농가를 관광객에게 대여해 주는 대가민박이 등장해서 본격적인 민박조직인 '지드 더 프랑스'가 탄생했다.

지드 더 프랑스에 가입할 수 있는 조건은 농촌(인구 2,000명 이하)에 있는 민박으로 창립목적은 다음과 같다.

- 농촌에 있는 노후주택의 복구유지
- 농촌인구의 유출방지
- 양질의 저요금숙박을 제공

농업성(農業省)은 농민이 농장에 있는 주택을 개조하거나, 본래 부지의 범위 내에서 개축하여 도시민에게 대여하도록 보조금을 지급했다. 이것은 농민에게는 부수입의 수단이 되었고, 도시민들과 교류할 수 있는 계기를 만들었다. 1959년에는 가족이 휴가를 보낼 수 있는 숙박시설을 제공하는 가족 휴가촌 협회도 설립되었다.

그 후 농업성은 민박사업의 보조를 줄여서 지드 더 프랑스 전국연맹으로 발전시켰고 연맹창립 후 최초로 발행한 안내서에는 150농가 정도가 민박으로 기재되었지만, 장기 휴가가 일반화됨에 따라서 저가요금의 민박수요와 비례해 연맹가입되는 수는 증가하고 있다.

프랑스는 세계적인 관광국이고 작은 군·읍·면에도 관광안내소가 있어서 민박과 농가의 관광사업도 이러한 조직에 의해서 국내외의 관광객에게 널리 소개되고 있다.

농촌관광의 발전은 농촌의 문화를 지키고 농민생활수준의 향상을 도모하며 도시민에게는 장기 휴가를 저렴하게 할 수 있는 숙박시설을 제공할 뿐만 아니라 외화를 획득할 수 있는 수단이 되고 있다.

농촌관광은 정부의 경제계획에 의해서 시작되었다. 경제개발 5개년 계획에는 그린 투어리즘에 관한 항목이 포함되어 국토정비 지방개발국의 협력으로 정부의 자금지원을 받을 수 있는 큰 정비계획이 실행되었다.

프랑스에서는 1971년 농촌관광진흥센터에 있는 '농촌관광의회(CPTR: Conference Permanetedu Tourism Rural)'가 탄생됨에 따라 농촌관광이 정착하는데 기여하였다. TER은 관광관련단체, 관련 각 지방자치단체, 은행 등 30여 개 조직이 회원으로 가입되어 있다. TER은 농촌관광과 관련된 여러 조직의 정보교환과 공동협의의 장이 되기도 하고 그린 투어리즘 촉진을 위해서 행정기관에 제안하고 있다. 가입조직인 전국자전거연맹은 프랑스 전 국토에 3,500km의 자전거 코스를 만들어 도보여행자와 함께 이용하게 만들었다. 꽃이 아름다운 마을을 표창하는 협회도 있고, 오래된 건축물을 아름답게 꾸미는 마을이 가입하는 협회도 있다. 또한, 프랑스에는 관광농촌에 종사할 인재를 육성하는 센터와 농업학교가 전국의 각 지역에 설립되어 있다.

농민이 실제로 관광에 관한 관심을 갖게 된 것은 1977년으로서 1981년에는 농업관광협회에서 관광사업에 종사하고 있는 농가를 지원하기 위해 "농가에 어서 오십시오"라는 상표에 네트워크를 조직하면서부터이다. 농민이 참여하는 관광사업은 1988년 법률적으로 농업활동의 일부로 간주하게 되었으며, 농업관광협회는 적극적으로 농가의 관광활동을 지원하고 있다.

프랑스 민박의 특징은 그린 투어리즘의 역사에서 본 바와 같이 농촌의 노후화한 집을 보존하기 위한 수단으로 민박사업이 시작되었다. 지드 더 프랑스에서는 가맹자에게 관광안내책자와 팜플렛 등을 민박에 비치하도록 지도하고 있다. 특히 민박에서는 체재기간이 길기 때문에 가까운 병원과 상점, 아침 시장이 열리는 요일, 간단한 향토요리책, 관광객 안내책(각국의 언어) 등도 유인물로 정

프랑스민박등급

리해서 비치해 놓는다. 민박경영자는 가까운 농가식당의 정보와 독특한 향토의 생산물을 직접 구입 할 수 있는 농가의 주소 등을 안내하기도 한다. 연맹에서 발행한 전국안내서에는 만족도를 조사하는 앙케이트 용지가 비치되어 있고, 민박경영자는 이용자의 의견을 물어서 좋고 나쁜 점을 가리지 않고 소속지방협회에 보고할 의무를 가지고 있다. 이러한 이용자의 의견은 연맹의 품질관리부에서 집계하여 분석결과를 민박경영자들에게 전하여 준다.

민박의 등급은 프랑스 호텔이 별의 수로 나누는 것처럼 민박은 보리이삭으로 표시해서 1~4등급으로 분류한다. 물론 이삭의 수가 많으면 가옥과 환경조건이 좋고 쾌적성이 우수하다고 볼 수 있다.

프랑스의 농촌관광은 해변지역의 장기휴가 관광객에게 저렴한 숙박시설을 제공하는 데서부터 시작되었다. 이러한 역사적 배경 때문에 전원지역은 가난한 사람들이 장기휴가를 보내는 곳이라는 이미지가 남게 되었다.

농촌의 숙박시설 중에는 요금이 싸고 질도 떨어지는 곳도 있는 것이 사실이다. 이

러한 나쁜 이미지에서 탈피하기 위해서 농촌에도 질 좋은 고급 서비스가 제공되도록 진흥활동이 진행되고 있다. 그래서 관광성에서는 세계 각국에서 프랑스를 방문하는 관광객이 증가하고 있고 해변과 산악지역의 관광객을 위한 수용태세가 부족한 것으로 판단하여, 전원지역의 관광을 더욱 발전시켜서 외래적 목적지의 분산을 도모하고 있다.

관광객 중에서 다수의 지역주민과의 직접적인 접촉을 통해서 프랑스를 알 수 있는 민박을 선호하는 경향이 있다. 전원지역에서 휴가를 보내는 것을 좋아하는 인접 국가들의 관광객은 프랑스 농촌관광을 발전시키는 원동력이 되고 있다.

한편, 프랑스 국내관광에서도 사람들이 혼잡한 유명한 관광지보다 조용한 전원지역이 스트레스를 해소할 수 있고 건강에도 좋다고 생각하는 풍조가 생겨나서 농촌관광이 발전되고 있다.

농촌의 최대 매력은 조용히 휴식을 취할 수 있는 장소라는 점이다. 전원의 휴가자들은 근교를 산책하면서 자연을 접촉하고, 성(城)과 교회를 방문하고, 도서를 즐기기도 하고, 향토요리를 먹는 등의 활동을 통해서 즐거움을 얻고자 한다. 최근 프랑스 농촌에는 승마, 테니스, 골프 등의 스포츠를 즐길 수 있도록 하는 등 다양한 기능을 도입하면서 농촌지역에 부가가치를 높이고 있다.

3) 일본

1970년대 이후 일본에서는 농촌진흥시책의 일환으로서 관광개발이 중시되고 있지만, 특별히 관광 레크리에이션 자원을 갖고 있지 않은 농촌에는 후루사토(古里村) 운동을 도입, 추진하여 과소대책을 수립하였다. 관광이라는 수단을 통해 교류의 새로운 수단으로 삼는 지역진흥 방식이 채택되었다.

도시민과 농촌주민의 교류형태는 도시민이 농촌을 방문하고 농촌생활의 체험을 통하여 상호교류를 한다는 것이기 때문에 관광보다도 진일보한 교류의 내용이 함축되어 있다. 일본의 경제기획청은 1971년 4월에 '농·임·어업의 제3차 산업화에 관한 조사연구위원회'를 발족시키고 '72년 3월에는 연구성과를 '녹색의 공간'으로서 제창하여 주목을 받았다.

1971년 7월에는 농림성에 의한 '자연휴양촌'계획이 공표되는 등 농촌의 3차 산업화 구상이 공해 → 자연보호, 과밀 → 과소라고 하는 사회경제적 문제를 배경으로 대두하였다. 그래서 이러한 제창이나 제도의 근간이 되는 사상은 농촌의 고정관념에 대한 가치관의 전환이었다. 농촌은 본래 농업생산의 장이고 노동인력을 공급할 수 있으며, 제조상품의 최종적인 소비장소에서 출발하였다. 따라서 그 특징은 다음과 같다.

- 자연환경의 보전 및 배양작용
- 자유시간공간의 제공
- 국민정서의 함양 기능
- 사회의 안전기능 등의 새로운 기능을 적극적으로 기대

녹색의 공간계획에 전후하여 시작한 '자연휴양촌'은 농민과 농촌환경을 자원화하여 농촌의 관광 레크리에이션화, 즉 도시와 농촌의 교류에 의한 농촌의 진흥을 도모하고 있다. 한편, 도시와 농촌의 교류라는 관점에서 민박촌은 교류의 현실을 반영하고 있다. 예컨대 스키장의 민박이나 해수욕장의 민박 등은 매년 성수기가 되면 일정한 규모의 관광객을 확보하고 있다. 그러므로 스포츠, 레크리에이션에 입각한 민박촌이 증가하고, 일부의 민박촌에서는 간이숙박지가 아닌 여관·모텔지역으로 변모하는 사례도 나타난다. 결국 민박지역은 교류 가능성이 부여되어 교류관계를 지속시키는 데 반영하고 있다. 민박중심의 교류형 관광농촌은 관광 레크리에이션과 본질적인 차이가 있지만 그 판별은 용이하지 않다.

관광농촌의 유형은 다음과 같다.

- 스키입각형
- 해수욕입각형

- 주유지입각형
- 온천입각형
- 종합 레크리에이션
- 자연휴양촌제도 의존형
- 후루사토촌 의존형
- 협동정비 운영사업 의존형
- 레저협정 의존형
- 특별정민제도 의존형
- 기타 민박형
- 복합형 등 다양한 형태로 나타나고 있다.

1970년대 중반 이후 일본 내에서 전국적으로 확산된 후루사토 제도는 과소지역의 관광활성화가 주된 동기이고 지역주민에 의해서 전개된다.

후루사토 운동의 선구였던 삼도정(三島町)은 과소지역에서의 인구유출에 고민하던 정(町) 당국이 정민(町民)이 적극적으로 참가하는은 관광개발정책으로서 이 제도를 고안하였다.

고도성장의 절정기에 일본의 농·산촌지역에서는 과소화가 진행되어 커다란 사회문제가 됨으로써 그 대책이 고려되었다. 그러한 사례지역의 하나로서 1950년의 7,721명을 피크로 1960년 5,803명, 1970년 4,108명, 1975년 3,766명으로 감소 일변도를 보여, 이때까지는 정(町) 자체의 존재도 위험한 상황이었다. 즉, 엽연초나 양잠업, 오동나무의 생산을 제외하면 특별한 산업이 없어 정 당국으로서도 타산업의 진흥, 예를 들면 정(町)의 80%를 점하는 삼림의 활용과 축산 그리고 2차 산업의 도입 등을 적극적으로 추진한다.

당시에 도시지역에서는 여가의 활용방안에 대한 논의가 활발하여 과소지역의 새로운 산업의 도입으로서 관광을 지향하는 것은 자연스러운 것이었다. 그러나 자본도 빈약하고 관광잠재력도 높지 않은 정(町)에 있어서는 통상의 개발형태는 바라볼 수도 없고 또한 민간주도에 의한 대규모의 개발에도 비판적인 의견이 제기되었다. 이러한 상황을 답습하여 개발의 방향은 지방자치단체가 주도하여 정(町)을 개발하는 제도를 만들고 정민(町民)도 적극적으로 참여하는 것으로 하여 구체적인 시책을 지향하는 다양한 검토가 이루어졌다. 이러한 과정 속에서 생겨난 것이 후루사토 운동이다.

후루사토 운동은 제도의 참신함과 인간성의 풍부함, 자연의 회복 등을 희구하는 시대의 흐름에 편승하여 큰 호응을 얻었다.

회원모집은 정(町) 및 동양신탁은행이 담당하고 후루사토 희망자는 1만 엔의 연회비를 내고 특별정민이 된다. 특별정민에게는 여러 가지 특전이 부여되고 정(町)은 회원수입을 가지고 지역의 관광 레크리에이션시설을 정비한다. 즉, 임간학교, 산채농원, 과실농원, 유보도, 승마, 자전거도로, 바비큐시설, 캠프장, 스키장, 야구장, 테니스장, 풀장, 노인휴양홈(후루사토 莊), 후루사토요(窯) 등이다. 이러한 시설의 관리운영은 후루사토 진흥공사가 담당한다. 진흥공사는 후루사토를 갈망하는 특별정민에게 후루사토가(家)(민박으로서 사례금 정도의 요금 지불)를 소개하고 현지안내 등을 담당한다. 町民은 후루사토가를 제공하고 특별정민과 교류 및 친목을 도모하는 역할을 한다.

삼도정(三島町)에서는 1974년에 609명의 회원이 모집되었고, 그 후 이와 유사한 町, 촌(村)이 각지에서 증가하였으며, 후루사토 운동의 경제효과로서 1974년 2,000만엔의 수입은 1981년에 약 1억 엔으로 신장하였고, 이 금액은 삼도정의 주 산업의 하나인 담배 생산액에 필적할 만한 것이었다. 후루사토 운동의 성공은 관광산업의 승수효과와 관광객과 지역주민과의 결합, 행정당국과 지역주민이 일체가 되어 추진하여 얻은 결과이다.

삼도정(三島町)은 오랫동안 임업을 주생업으로 생활하여 왔지만 일본경제의 급격한 발전이 이곳의 산업, 경제를 크게 변화시킨 것이다. 이 지역은 미래의 발전을 내다보는 후루사토 운동을 전개하여 새로운 정의 생활방식을 시도해 보고자 한 것이다. 즉, 주민들이 빈곤한 생활도 개의치 않고 삼도정에 사는 것을 행복하게 느끼는 정으로 만들고, 자연을 애호하는 인간성을 추구하는 사람들에게 심리적 안정과 휴식을 제공하는 정이 되고자 하였는데, 이것이 후루사토 운동의 요체라고 생각한다. 이곳에는 특별히 우수한 명소가 있는 것도 아니며, 다만 누구에게나 줄 수 있는 자연과 따뜻한 인심이 있다.

고향, 그 자체는 아름다운 자연이 있는 것과 동시에 인간의 온정이 있다. 따라서 지역주민과 자치단체는 남아 있는 유일한 것을 지키고 육성하여 가는 것이 바로 정의 출신자로서 정을 떠나서 활동하고 있는 출향인을 중심으로 자연과 인간성을 요구하는 도시주민의 협력과 지원을 필요로 하였다.

삼도정에서는 인간성이 풍부한 정(町)을 만들어 나가는 것을 목표로 설정하고 4,000주민을 비롯하여 이 운동을 이해해 주는 도시주민과 힘을 합하여 새로운 인간사회와 이상의 후루사토를 창조하고자 한 것이다. 삼도정은 '후루사토를 요구하는 사람에게 후루사토를', '여기에 머무르는 사람에게 광명과 희망을'이라는 표어를 제창하여 후루사토 운동에 협조를 구하고 있다. 따라서 입화하는 도시주민은 준정민으로서 '후루사토가'에 숙박하여 친지가 되고 친교를 지속한다는 것을 내세우고 있다. 말하자면 농촌주민과 도시주민의 심리적 교류에 초점을 둔 것이다.

 알아두기 여주 은아목장

아이들과 즐거운 목장 체험 떠나요!

1970~80년대, <초원의 집>이라는 미국 드라마가 우리나라에서 큰 인기를 누린 적이 있다. 미국 동화작가 로라 잉걸스 와일더가 쓴 소설을 원작으로 한 드라마다. 나 역시 어릴 적에 드라마 <초원의 집>을 봤던 기억이 난다. 워낙 어릴 때라 자세한 내용은 잘 생각나지 않지만, 푸른 대초원을 배경으로 했던 그 이미지만은 머릿속에 남아 있다.

은하목장의 전경

까마득하게 잊고 지냈던 이 드라마가 불현듯 떠오른 건 은아목장에서다. 경기도 여주에 자리한 은아목장에 도착했을 때, 갑자기 드라마 <초원의 집>이 떠올랐다. 몇십 년 전 아득한 기억의 한 자락이 훅 치고 올라왔다. 초원 위의 집을 배경으로 삶을 개척해가는 한 가족의 이야기를 보여주는 드라마와 이미지가 무척 닮았다.

은아목장은 '마님'이라는 별명을 가진 목장주의 꿈에서 시작됐다. 그녀는 1983년 스물아홉 살 때 남편을 설득해 여주로 내려왔다. 남편과 함께 텐트를 치고 살면서 젖소 세 마리를 키우기 시작했다. 그게 은아목장의 시초다. 남다른 노력과 열정을 기울인 끝에 목장은 조금씩 자리를 잡아나갔다. 그리고 '지은'과 '지아'라는 두 딸을 낳아 키웠다. 목장에서 뛰놀며 자란 두 딸의 이름에서 한 글자씩 따 '은아목장'이라는 이름을 만들었다. 지금은 엄마가 된 두 딸들이 함께 목장을 운영하고 있다.

목장에 들어서면 언제나 활기가 넘친다. 두 딸의 아이들이 목장에서 뛰놀며 자라고 있기 때문이다. 드넓은 목장에서 마음껏 뛰놀며 자라는 아이들의 모습이 자유로움 그 자체다. 은아목장 체험객이 되면 누구나 그 자유를 만끽할 수 있다. 넓은 초원을 마주하는 순간, 아이들은 신체의 자유를, 어른들은 마음의 자유를 흠뻑 누리게 된다.

📍 소젖 짜고 송아지 우유 먹이며 동물과 교감하다

은아목장은 일반인들을 위한 다채로운 체험 프로그램을 운영한다. 가장 기본적인 체험은 낙농 체험이다. 먼저 소젖 짜기부터 시작한다. 목장길을 따라 걸으면 이내 젖 짜기 체험장에 도착한다. 순해 보이는 어미 젖소 한 마리가 먹이를 먹고 있다.

"이 소의 이름은 '라봉'이에요. 젖 짜기 체험은 아무 소나 대상으로 할 수가 없어요. 소들 중 순한 아이를 특별히 골라야 해요. 젖을 짜기 전에 라봉이를 어루만지며 '아 예쁘다, 아 예쁘다' 하고 얘기해주세요."

진행을 맡은 은아목장 둘째 딸이 말한다. 아이들이 먼저 소젖 짜기를 체험한다. 진행자의 설명대로 라봉이의 유선을 어루만지며 "아, 예쁘다, 아, 예쁘다" 하고는 부드럽게 쭉 눌러 젖을 짠다. 아이들은 젖이 쭉 나오자 마냥 신기해한다. 소젖을 짜본 아이는 들뜬 목소리로 "엄마, 소젖이 따뜻하고 부드러워요"라고 소감을 얘기한다. 어른들도 아이들만큼 호기심 가득한 표정으로 소젖을 짜본다. 체험을 마친 뒤에는 잘 기다려준 라봉이에게 "고마워"라는 인사도 잊지 않는다.

소젖 짜기 체험이 끝난 뒤에는 소여물 주기, 송아지 우유 주기, 말 먹이 주기 등의 체험이 진행된다. 소에게 여물을 주는 과정에서 처음에는 큰 소가 무서워 가까이 가지 못하고 근처에서 주저하는 아이들도 있다. 그러면 소들이 긴 혀를 내밀어 아이 손에 있는 여물을 알아서 가져가기도 한다. 아이들은 소 혀가 생각보다 훨씬 길다는 사실을 체험을 통해 생생히 깨닫는다.

송아지 우유 주기 체험은 초원에서 진행된다. 집중력과 힘이 요구되는 시간이기도 하다. '어린 송아지가 힘이 얼마나 세겠어?'라고 생각하면 오산이다. 우유통을 빠는 힘이 정말 대단하다. 그래서 아이들끼리 하기보다는 부모와 함께 체험한다. 체험객들이 잘 준비하고 있다가 송아지가 우유 한 통을 먹고 난 뒤 바로 다음 통을 연결해주는 것도 중요하다. 배가 차지 않은 송아지는 인내심이 부족하기 때문이다.

"우리 아기들이 아직 어려서 멋모르고 행동하는 경우가 있으니깐 이해해주세요."

진행자의 농담 섞인 안내가 이어진다. 우유를 입에 묻힌 채 더 달라고 조르는 송아지의 모습이 떼쓰는 어린아이처럼 귀엽기만 하다. 송아지 두 마리가 체험객들의 우유통을 모두 해치우고서야 우리로 들어간다. 아이들은 송아지가 들어가자 못내 아쉬운 표정이다. 그다음 '벨라'라는 이름을 가진 할머니 말에게 당근 주기 체험을 하면서 아쉬움을 달래고 목장에서 즐거운 한때를 보낸다.

은하목장의 동물과의 교감·체험

은아목장에서는 동물들과 교감하는 체험 외에 우유로 다양한 음식을 만들어보는 체험도 진행한다. 아이스크림, 치즈, 피자, 밀크소시지 등 여러 가지 먹을거리를 만들어볼 수 있다. 낙농 체험 프로그램에 포함된 아이스크림 만들기는 남녀노소 누구나 좋아한다. 별다른 기구 없이도 간단한 방법으로 아이스크림을 만든다. 얼음과 소금, 스테인리스 그릇 2개, 거품기, 우유만 있으면 준비 끝. 큰 그릇에 얼음과 소금을 비율대로 넣고, 작은 그릇에 우유와 딸기 맛 가루나 초콜릿 가루, 녹차 가루 등을 첨가하면 된다. 그런 다음 쉬지 않고 우유를 저어주기만 하면 아이스크림이 만들어진다.

아이들은 아이스크림을 먹겠다는 일념으로 쉴 새 없이 거품기를 휘젓는다. 팔이 아프면 가족들과 서로 번갈아가며 한다. 그렇게 열심히 젓다 보면 어느새 우유가 슬러시 형태를 거쳐 부드러운 아이스크림으로 변신한다. 아이들은 이 체험을 통해 '소금이 어는 점을 더 낮춰준다'는 과학적 원리도 배우고 달콤한 아이스크림도 맛본다. 별다른 첨가물 없이 목장에서 갓 짜낸 우유로 만든 아이스크림이라 건강한 맛이다.

피자 만들기 체험 역시 건강한 재료를 사용한다. 목장에서 직접 만든 밀크도우와 소스, 피자치즈를 기본으로, 이 지역에서 생산된 각종 채소를 이용한다. 아이들이 고사리손으로 도우를 밀고 소스를 바르고 각종 채소와 치즈를 얹어 피자를 만든다. 오븐에서 피자가 구워져 나오면 스스로 뿌

듯한 표정이다. 손수 만든 피자와 목장에서 제공하는 요거트로 행복한 점심식사를 즐긴다.

목장 체험의 하이라이트 중 하나인 치즈 만들기도 놓치지 말자. 미리 준비해놓은 커드(우유의 단백질을 응고시킨 것)로 생치즈를 만드는 체험이다. 커드에 뜨거운 물을 부은 뒤 주걱으로 잘 섞는다. 그런 다음 치즈를 얇게 펴서 늘인 뒤 소금을 뿌리고 모양을 만든다. 치즈를 쭉쭉 늘여 소금을 뿌리는 이 과정을 아이들이 가장 좋아한다. 여러 가지 모양을 낼 수도 있다. 길쭉한 모양의 스트링 치즈부터 매듭 모양의 뜨레차, 머리카락 땋은 모양 같은 루디니 등을 만들어보자. 루디니 만드는 법을 시연할 때는 아이들이 '엘사 머리'라며 좋아한다. 아직 모양 만들기가 어려운 어린 아이들에게는 간단한 달팽이 모양 치즈 만드는 법을 알려준다. 조물조물 만든 치즈를 입에 넣으면 입안에 고소한 풍미가 가득하다. 좋은 재료를 사용하고, 더구나 내 손으로 만든 음식이니 어찌 맛있지 않을까?

치즈 만들기까지 체험하고도 떠나기 아쉽다면 밀크소시지 만들기에도 참여해보자. 은아목장에서 짠 원유와 이 지역에서 생산된 돼지고기를 이용해 소시지를 만들어본다. 우유와 고기, 각종 향신료를 잘 섞은 뒤 소시지를 감싸는 껍질인 케이싱에 넣고 실로 묶어주면 완성된다. 양손에 내가 만든 치즈와 소시지를 들고, 초원에서의 추억을 가슴에 품고 집으로 돌아가는 길, 모두가 한마음으로 뿌듯하다.

은하목장의 체험프로그램

은하목장은?

은아목장은 경기도 근교에 위한 여행로 가족들과 다녀오면 좋은 여행지입니다. MBC에서 인기리에 방영 된 "아빠 어디가?" 촬영 장소 및 많은 매스미디어의 배경으로 나타나서 더 유명하기도 합니다. 이 목장은 농촌진흥청 및 경기도 농업기술원에서 지정한 체험학습형 목장입니다. 1차산업인 목축업, 2차산업인 치즈 등 유가공, 3차산업인 관광체험 등이 결합된 6차산업인 복융합을 위해 노력하는 대표적인 목장이며 우리나라를 대표하는 농촌관광 지역 중 하나입니다.

※ 본 내용은 한국관광공사 홈페이지 「대한민국 구석구석 행복여행」에서 소개한 내용을 수정 보완하였습니다.

3. 농촌경관자원

1) 농촌경관의 특성

농촌이 관광대상으로서 특별한 의의를 가질 수 있는 것은 그것이 국지적 생활세계의 영역으로 의식되는 장소이기 때문이다. 특히 고유한 환경과 지역역사로 점철되고 누적된 전통촌락일 때 그 같은 의미는 더욱 뚜렷해진다. 농촌공간의 각 부분마다에 거주자들의 특별한 체험을 통하여 여과된 고유한 의미가 부여된 세계, 즉 '체험된 세계'이다.

관광의 탁월한 매력이 체험이고, 관광산업의 요체로서 체험산업 즉, 경험을 파는 미래학자 토플러에 의해서 일반화되고 있다. 이는 모든 관광의 탁월한 매력은 이(異)문화적 체험이고 모든 인간이 관광대상에 갖는 감각은 선택적임을 보여 주는 것이다.

문화관광을 통한 문화비교와 올바른 문화적 이해는 문화충격의 영향을 극소화할 수 있으며 국제적 문화체험을 극대화할 수도 있는 것이다. 관광자는 참여관찰이나 생활탐구관광을 타문화를 학습하는 최상의 방법으로 삼고 있다. 이렇듯 관광자들은 관례와 일상성에서 벗어나 새로운 것을 찾으며 경험하고 싶어한다.

거주자들의 일상적 생활체험과 결부되어 경관과 영역이 하나의 의미단위로 개별화되어 다른 영역과 구분될 때 장소의 실재가 인정된다. 하나의 균질적인 공간이 아니라 이와 같은 의미로 차별화된 공간을 통하여 세계를 투영하려할 때, 전통촌락의 장소성에 관심이 기울어지는 일은 당연하다.

우리나라의 전통농촌은 거의 예외없이 경관과 영역의 상징화로 충만된 장소를 형성하고 있다. 마을의 영역화가 풍수의 국면으로 상징화되거나 혹은 그것이 없더라도 배후의 진산은 있기 마련이다. 고목·숲·바위·들·못이나 샘물 등의 자연경관들은 말할 것 없고, 비각·가묘·누각·정자·장승 등의 사회적인 경관구성물들이 상징적 경관을 이룬다. 경관이나 영역의 상징화란 그것들의 의미화이며 동시에 공간의 장소화이다. 이와 같이 구체적 체험을 통하여 장소를 만들어 가는 촌락민, 즉 체험적 장소구성자들의 장소체험은 단순히 자연환경만을 대상으로 하는 체험이 아니다. 그것은 그때의 역사적 상황의 소산인 사회적 조건과 그러한 사회적 조건과 더 넓은 맥락을 통하여 결합된 공시적 가치관에 투영된 환경체험이다. 여기에 자연과 문화가 복합된 관광대상이 소재하고 있다.

2) 가옥의 건축재료

농촌경관을 구성하는 주축적 요소는 가옥이며, 특히 가옥을 축조하는 재료에 따라 가시적 경관이 지역적 차이를 나타낸다. 그러나 현대사회에서는 가옥재료의 외형경관이 획일적인 것으로 변모하여 지역차이는 점차로 줄어들고 있는 실정이다. 본래 전통의 농촌가옥은 그 지역의 자연조건과 산업기능에 따라 독특한 가옥의 재료 등이 발달하여 관광대상의 매력물이 된다. 세계 각국에서는 전통가옥에 대하여 자국의 문화유지 차원에서 보존하거나 관광상품개발의 차원에서 모형화하여 지역관광의 상징적 경관이 되기도 한다. 우리나라에서도 서울의 남산골, 가회동 그리고 경북의 하회 마을을 위시하여 전국에 걸쳐서 한옥마을 보존사업이 추진되고 있으며, 용인의 민속촌과 같이 모형화하는 방식도 채택되고 있다.

(1) 죽(竹)·엽재(葉材) 가옥

베트남을 중심으로 한 동남아시아에서는 평지와 산지를 가리지 않고 죽재와 엽재를 주로 사용하는 Bungalow 구조가 보편적이다. 이것은 열대의 지리적 환경에서 쉽게 취득할 수 있는 대나무와 야자잎을 가옥재료를 활용함으로써 개성 있는 가옥경관을 보여주고 있다.

(2) 초재(草材) 가옥

초재 가옥은 자연적으로 생장하고 있는 잔디, 새, 억새, 갈대, 왕골 등 초근(草根) 식물을 이용하여 축조된 가옥을 말한다. 초재는 주로 지붕을 덮고 땅바닥을 까는 데 이용되나, 특히 냉온대지방에서는 인류문화의 초기단계에서부터 이용된 것이었다. 우리나라의 상고대에 초옥토실(草屋土室)이 있었다는 기록으로 보아서 수혈식 주거의 단계에서부터 이미 초재로 지붕을 덮고 있었음으로 추정한다. 한국의 전통농촌의 상징적인 가옥으로서 초가삼간은 자연적 초재가 아닌 볏짚을 가리키는 것이다. 자연적 초재의 대표적인 것은 제주도의 새지붕인 것이다.

아르헨티나의 Pampas와 북미의 Prairie지방에는 잔디집(Sod House)이 보편적이었다. 이 지방은 반건조기후가 발달하여 단초가 자라기 때문에 지토(芝土)를 동시에 떠다 벽체와 지붕을 엮었다.

(3) 목조 가옥

목재는 건축용재로 널리 이용되고 있으나, 목조 가옥은 삼림지역의 상징적인 인문경관으로 볼 수 있다. 목조 가옥은 가옥 전체가 거의 목재로 쓰여진 통나무집에서 그 기원을 찾을 수 있으며, 시베리아지방의 침엽수림이 탁월한 Isbas도 전형적인 목조 가옥이다. 이와 같은 관점에서 침엽수림 지역인 스칸디나비아반도, 시베리아, 캐나다 중부, 미국의 북부와 알래스카는 목조 가옥의 분포중심을 이루고 있다. 이 밖에도 일본의 북해도지방, 중국의 만주지방, 한국의 동북부지방에도 목조 가옥이 발달되어 있다. 우나나라에는 상고대에 이미 판자집(板屋)이 출현되었다는 기록이 있고, 산간의 화전지대에는 원목으로 급조한 귀틀집이 있었고, 너와지붕이 있다. 너와집은 현재 강원도 도계읍을 중심으로 분포되어 있으며 민속촌으로 지정되어 보호받고 있다. 또한, 삼림이 울창한 울릉도에는 비교적 잘 쪼개지고 부식에 강한 고래솔, 엄나무 등으로 너와를 만들어 지붕을 잇고 누목형(累木型) 귀틀집을 축조하고 있음이 나리동에서 조사되었다. 일본에도 한국의 너와와 같은 판즙(板葺) 또한 목피(木皮)지붕의 경관이 탁월하다.

(4) 토조 가옥(Mud Brick House)

토조 가옥은 주로 지중해 연안의 아프리카와 중동 등 석재가 없는 건조기후에서 검토를 재료로 하여 축조된 것을 말하다. 건조지역에서는 점토와 수분이 적당히 혼합되면 날이 갈수록 단단해지는 까닭에 점토가 보편적인 건축재료로 이용되어 토조 가옥은 건조지역의 상징적인 인문경관이 되고 있다. 토조 가옥이 집중 분포된 중동지방에서 시리아에는 Dome형의 지붕이, 이집트에는 슬라브형의 지붕이 각각 나타나고 있다.

(5) 석조 가옥

자연석도 지역성격을 잘 표현하고 있는 건축재료가 되고, 이것 역시 주변에서 쉽게 얻을 수 있는 환경에서만 용재로서 가능하였다. 석조 가옥(Stone House)은 세계 도처에 분포하고 있으나, 지역에 따라 암석의 종류, 이용방법, 경관구조가 각각 다르게 나타나고 있다. 석재가 탁월한 건축재료로 등장하고 있는 곳은 남부유럽이다. 이곳은 가옥을 위시해서 교회, 방벽, 도로 등 거의 모든 시설물이 석재로 되어 있으므로 이것이 고유한 문화경관을 이루고 있다. 대개 바람이 많은 해안지역의 석조 가옥은 탁월한 특징이 있다. 예를 들면, 한국의 남해안의 도서와 제주도, 영국 서해안의 오두막집(Cottages)은 이를 증명하는 경관이 있다.

3) 농촌경관의 유형

농촌경관은 가옥의 배치상태를 지표삼아 외곽선을 직선으로 그은 기하학적 형태로 유형을 구분할 수 있다.

(1) 괴촌(Compact Settlement, Cluster Village)

취락을 구성하는 기본요소들이 무질서하고 불규칙하게 특정장소로 군집된 것으로 자연발생적인 것이다. 우리나라의 농촌경관은 대부분이 괴촌에 해당하며, 유럽의 경우도 Haufendorf로 통용되는 괴촌이 존재하고 있다. 인간사회는 혈액에 바탕을 둔 응집력을 갖고 있으므로 이것이 첫째의 밀집원인이 된다. 둘째는 자연조건과 관련하여 물이 있는 Wet Point에 괴촌은 성립한다.

괴촌마을 형태   히말라야 마을

유럽의 괴촌에는 중앙에 교회가 들어서고 그 주변으로 농가와 창고, 정원들이 둘러싸고 있다. 교회는 기독교 문화와 관련하여 출생시에 세례를, 성년이 되면 혼례를, 사망시에는 장례를 치루는 통과의례뿐만 아니라 교육기능까지 갖고 있어서 마을의 중심지(Center) 역할을 하고 있다.

아프리카의 농촌은 도로와 대지, 경지가 구획되지 않은 채 자연발생적인 괴촌경관을 이루고 있다.

(2) 광장촌

호소와 삼림 등 자연제약에 의하여 원래 소촌이 발달되어 있었다. 그러나 중세사회로 이행되면서 단결력과 공동의식이 필요하게 되어 소촌이 해체되고 광장과 경지가 결합된 광장촌이 새로이 계획·설립되었다. 광장의 형태는 원형, 삼각형, 사각형, 계란형(卵形) 등으로 다양함을 보이고 있으나 공유지와 녹지공간(Green Space)으로서 공통점이 있다. 따라서 영어권에서는 광장촌이 'Green Village'로 통용되며, 경우에 따라서는 녹지공간이 도로를 따라 조성되었다는 의미에서 Street Green Village(Strassenangerdort)로 불린다.

광장은 기능면에서 주민들이 물심양면으로 유대를 강화할 수 있는 축제장소로 계획하되, 교회와 종각, 집회소를 설치하는가 하면 가축의 공동사육장으로 이용하였다. 광장 주변에는 농가가 배치되고, 그 배후지에 기하학적 경계가 명료한 개인소유의 경지와 삼포식 농업경영에 맞춘 공동의 경지(Gewann)가 규칙적으로 배열되어 있다.

광장촌

(3) 환촌(環村)

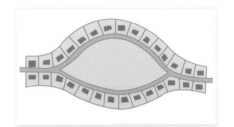

삼포식 농업지역에 광장촌과 대조적으로 엘베강 동부의 곡초식 농업지역에서는 환촌이 발달하였다. 환촌은 슬라브사회에서 기원한 것으로 추정되고 있으며 그 규모는 다양하다. 4~5개의 소수농가가 녹지공간으로 둘러싸여 있는 농촌이 있는 반면에 많은 농가가 집결하여 대촌을 이루고 있는 것도 있다. 크고 작은 환촌에는 환상의 광장을 중심으로 교회가 설치되어 촌락 공동생활을 위한 장소를 제공하고 있는 것이 공통적이며 이것은 광장촌

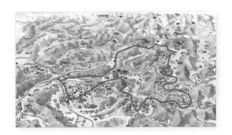

환촌의 형태

과 다를 바 없다. 그러나 광장촌과 다른 기능으로서 광장은 가축을 공동사육하는 야간 목장, 전란에 대비한 시설공간으로 중점이용하는 데 차이점이 있다.

환촌은 야간목장 주변에 농가배치가 둥그렇게 이루어진 것은 비단 동부유럽뿐만 아니라 목축지역의 공통된 농촌경관으로 보여진다. 즉, 아프리카의 Kral도 목축과 관련된 환촌의 성격을 띠고 있다. 여기에서 농가는 환상의 열을 이루며 야간목장으로 이동되는 공유지를 에워싸고 있기 때문이다. 이스라엘의 Kibbuz도 환촌형이다.

(4) 열촌(列村)

경지와 도로가 직각으로 배치되고 도로변에 농가가 편재된 형태가 열촌(Linear Long Lots Village)이다. 촌락의 규모는 5~6개의 농가가 집결된 소규모의 것에서부터 100여 개의 농가로 구성된 것까지 다양하다. 열촌의 발생을 서기 900년경으로 보고 있다. 그 근거로서 네덜란드의 간척지 조성을 위하여 인공제방이 등장한 것이 이 시기이기 때문이다. 개척기술을 가로와 수로를 따라 열상(列狀)의 신천촌(新田村)이 형성되고 있는데, 이는 전형적인 열촌의 경관이다. 즉, 도로를 따라 직각으로 농가마다 거의 균등한 면적의 경지(Long Lots)가 배치되고, 전면에는 농가, 배후에는 삼림이 규칙적이며 일관되게 연결되고 있다. 우리나라에도 일본인에 의해 조성된 전라북도의 옥구와 김제의 간척지에 도로와 수로변에 농가가 입지한 열상이 나타나고 있다.

열촌 형태

4. 향토음식자원

1) 향토음식의 개념과 관광가치

향토음식은 그 지방에서 생산되는 재료를 그 지방의 조리법으로 조리하여, 과거로부터 그 지방사람들이 먹어온 것으로 현재에도 그 지방사람들이 먹고 있는 것이라 할 수 있다. 이러한 향토음식은 오랫동안 그 지방에 전해져, 불특정한 지방민들에게 전수되어 그 고장의 풍속이나 습관 그리고 인정(人情)에 의해 길러진 것이기 때문에 향토라는 심리적 이미지를 강하게 표출한다.

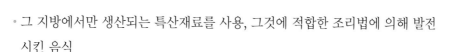

- 그 지방에서만 생산되는 특산재료를 사용, 그것에 적합한 조리법에 의해 발전 시킨 음식
- 그 지방에서 많이 생산되거나 타지방으로부터 많이 공급받을 수 있는 재료를 사용하여 적합한 조리법에 의해 발전시킨 음식
- 전국 각지의 어디에나 있는 흔한 재료를 사용하더라도 조상들의 생활형태, 기후, 풍토 등 지역적 특성이 반영된 특유의 조리법이나 타지방과 차별적으로 발전한 가공기술을 이용하여 발전시킨 음식
- 옛날부터 그 지방 행사와 관련하여 만든 음식으로 오늘날까지 전해져 오는 음식

중국, 프랑스, 이태리, 스페인 등 자기 향토에 대한 자부심과 맛있는 음식에 대한 희구심이 남달리 강한 나라에서는 오랜 옛날부터 조리법이 발달하여 고유한 음식들이 다양하게 개발되었다. 이러한 음식들을 세계 여러 곳으로 전파되어 세계인의 사랑을 받고 있는 한편, 본고장에서는 관광객에게 각광을 받는 관광자원이 되고 있다.

중국요리와 프랑스요리가 세계 각지에서 인정받아, 이들의 찬란한 식문화와 미식의 즐거움을 추구하는 열의는 세계적으로 높다. 중국에서는 이미 은대에 궁내 주사를 거쳐 재상이 된 윤이란 거물이 있었다고 한다. 한대에 이르러 張英이 역대 식문화를 종합하여 '식경'을 펴냈다. 당송시대에는 유구의 '다경'을 비롯하여 음식에 관한 적지 않은 서적이 간행되었고, 청대에 와서는 시인 원보가 '수원식단'이라는 조리교본을 남기고 있다. 중국은 음식에 관계되는 기록과 문헌이 기타 문화의 그것 못지않게 다채롭고 풍부하다.

프랑스요리의 발전의 역사는 쌍벽을 이루고 있는 중국요리보다 훨씬 미천하다. 프랑스요리는 오랫동안 왕실과 귀족의 독점물이었다가 대혁명(1789년)이후에 비로소 일반에 개방되면서 구태를 일신했다. 몰락한 궁정과 권문에서 거리로 나오게 된 일류 요리인들이 신흥세력인 시민계급을 상대로 개척한 미각과 내용 위주의 새로운 요리가 오늘의 프랑스요리의 모태가 된 것이다. 17세기부터 각지의 요리를 소개

하는 조리교본과 안내서가 나왔으며, 나폴레옹 1세의 유럽정복과 3세의 산업혁명
으로 부유해진 시민계급의 힘을 기반으로 프랑스요리는 레스토랑이란 새로운 기
구를 통해 확실히 뿌리를 내렸다.

제3공화정부(1870년) 수립 후 프랑스는 정치가, 사업가를 위시해서 학자, 변호사,
의사, 작가, 예술가 등 유능한 시민들의 활동으로 근대민주사회의 선도자로서 번영
의 시대를 맞았는데, 각 분야의 문화가 발달됨에 따라 이미 뿌리를 내리고 있던 프
랑스요리가 찬란한 꽃을 피웠다. 때를 맞추어 각 지방의 호텔과 레스토랑을 소개
하는 믿을 만한 여행안내서가 계속 출판되었고 미식에 관한 체계적인 서적이 간행
되었다. 식도락의 일화와 그 정의를 내린 사람으로 유명한 브리아 사봐랭의 '미각
의 생리학'과 호화저택 몽테그리스토 장에서 많은 친구들에게 미식을 대접하다 파
산한 알렉산드르 뒤마의 '요리사전'은 이 시기에 발간된 책들로서 고전의 자리를
굳히고 있다. 이에 따라 각 지방에는 미식을 찾는 여행자들이 늘고 파리의 레스토
랑들은 미식가의 뒤를 쫓는 시민들로 가득 찼다. 한편 장인정신이 투철한 요리인들
은 자질향상을 위해 요리학원을 개설하면서 자격심사까지 실시했다.

20세기 많은 미식가들의 모임이 생겨났다. 미식가연맹, 향토요리미식협회 14인
회, 한접시회, 미각심리학자협회, 제1토요일회 등이 유명하였고 여성단체들도 있었
다. 이러한 권위 있는 미식가 단체의 활동이 프랑스 요리의 발전을 더욱 촉진시키
는 작용을 했다.

향토음식은 단순히 관광객에게 미식의 즐거움을 제공하는 차원에서만 관광적으
로 가치가 있는 것은 아니다. 경제, 사회, 문화 등 여러 가지 여건 변화에 따라 오늘
날 향토음식은 여러 가지 면에서 소비자의 각광을 받는 관광자원으로 부상하고 있
으며, 공급자의 측면에서도 경제적인 측면 이외에도 여러 가지 면에서 유익성이 큰
효과적인 지역발전수단으로 인식되기 시작하고 있다.

2) 고유한 농촌문화자원

한 민족의 식생활은 긴 역사의 조류 속에서 환경적인 영향을 받으며 형성되어 온

민족 특유의 문화적 유산이다. 문화라고 하면 곧 회화나 음악, 문학, 무용 등을 생각하게 되지만 사실상 음식도 고유한 문화요소이다. 음식은 언어와 같이 그 나라를, 그 땅을 표현하는 얼굴로서 언어보다도 좋은 얼굴을 하고 있으며, 서로 다른 민족이나 각지의 사람들이 언어를 통하지 않고서도 서로를 이해할 수 있는 요소를 지니고 있다. 음식은 말이 없지만 그 나라의 힘, 정치, 경제 그리고 풍토, 갖가지 문화가 함축적으로 표현되고 있다.

음식은 토지의 산물이며 기후풍토에 의해 좌우된다. 우리의 조상들은 자신이 거주하는 토지에서 생산된 원료를 사용해서 그 토지의 풍토에 부합되는 요리를 해왔다. 인간은 자급자족하는 생활 속에서 불편을 느끼면 무한한 지혜를 발휘하게 된다. 식생활에 있어서도 영양가 등의 과학적인 방법은 몰랐으나 부족되기 쉬운 영양분을 교묘하게 보충하고 이치에 적합한 조리법을 고안해 내면서 발전된 것이다. 즉, 한랭한 지역에서 겨울에 대비한 저장식품·절임식품이 발달하고, 산간벽지에서는 산채요리가 발달하는 식으로 인간이 환경에 적응해 온 역사를 통해서 이루어진 문화적 산물이 향토음식이라고 할 수 있다.

일본의 경우에는 수년 전부터 "향토음식을 새로이 다시 보자"라는 운동이 각지에서 행해지고 있다. 이것은 지방문화의 부흥과 직결되기 때문에 관광상품의 개발이라는 차원 이상의 큰 의의를 갖는다. 음식문화의 국제화와 더불어 더 중요한 사실은 우리 고유의 향토음식을 부각시킴으로써 방법으로 지역문화 창달에 기여할 수 있다는 것이다. 예컨대, '일촌일품(一村一品)'과 같은 방식의 '일촌 일종 토속음식운동'도 전개할 필요가 있다.

향토음식은 여행의 즐거움 가운데 상당한 비중을 차지하는 것으로서 '금강산도 식후경'이란 말이 있듯이 식사는 여행 중의 필수적인 활동으로서 여행경험의 근간을 이루며 이는 또한 상당한 경비지출을 동반한다.

2009년 한국관광공사는 외래객 11,912명을 대상으로 실시한 설문조사의 결과를 보면 우리나라를 방문한 외래객의 1인당 평균소비액 1,124달러 중 176.3달러가 식사 및 식료품비로 지출되었다. 식사는 외래객 소비액의 1/5을 점하는 중요한 지출 항목이며 그것도 쇼핑, 유흥 등과는 달리 필수적으로 지출해야 하는 기본적인 경비이다.

향토음식이 고유한 전통문화자원으로서 관광적 가치가 있다는 사실은 다음의 조사에서도 입증된다. 한국여행 중 인상 깊었던 점으로 '고유한 음식(응답률 50.6%)'이 '친절한 국민성(응답률 55.4%)'에 이어 2위를 차지하였다. 그리고 '고유한 음식'은 방한목적별로 볼때에도 특히 관광목적으로 우리나라를 방문한 외래객들에게 있어 42.1%로 쇼핑 56.5% 다음으로 높게 나타났다. 3위인 '경제적 여행비용(38.4%)', 4위인 '가까운 거리(37.6%)', 5위인 '아름다운 자연경관(22%)'보다 '고유한 음식'이 관광목적으로 외래객들에게 쇼핑 다음으로 인상깊게 느껴졌다는 것은 우리나라의 고유한 음식이 관광자원으로서 가치가 높다는 사실을 시사하는 매우 중요한 사실이다.

일본에서는 향토음식을 '마을부흥(무랑 오끄시)'의 중점수단으로 삼는 지방자치단체들까지 나타나고 있다. 이렇듯 농촌지역마다 고유한 향토음식은 농촌관광자원의 주요한 요소로써 작용한다.

2. 도시 관광자원

1. 도시 관광자원의 의의와 요소

1) 도시 관광자원의 의의

도시는 자연적 조건과 발전과정과 문화적 차이 등에 따라서 기능과 행태 및 경관상에서 특성을 반영하고 있다. 따라서 도시 관광자원에 있어서 매력있는 대상이 되기도하며 관광지의 배후지나 거점의 역할이 있다. 물론 각각의 도시에 따라서 관광목적지로서의 역할과 성격 및 상대적인 중요성에 있어서는 차이가 있고 관광객들의 성향과 도시의 규모 및 기능, 도시를 둘러싸고 있는 주변지역의 성격과 개발 정도 등에 따라 다를 수도 있다.

그러나 대부분의 대도시는 관광목적지로서 확고한 기능과 위치를 차지하고 있다. 이같은 도시로 널리 알려진 파리, 런던, 로마, 서울, 북경 등이 세계적으로 유명한 도시이며 관광지도의 역할과 기능을 한다고 볼 수 있다. 최근 국내외관광의 주요한 형태 중 하나는 도시관광(Urban Tourism)으로 그 기능적 특성을 관광도시화하여 활기를 띠고 있는 것은 좋은 사례가 된다. 따라서 국내외 관광에 있어서 관광객의 이동이 대도시를 향한 집심적(centripetal) 형태를 보인다는 점에서 도시관광자원의 중요성이 커지고 있으며 세계의 대도시는 관광목적지의 하나로서 관광객을 유인하고 있지만 도시관광에 대한 인식의 부족으로 관광지의 분류에서 제외되어 있다. 그 결과 도시관광은 관광목적지로서 연구는 아직까지 미진하다. 이는 도시의 역할과 기능으로만 생각은 했지만 관광목적지로서 역할과 기능은 간과한 것으로 판단된다. 도시관광에서 도시의 역할과 기능으로 강조하여 관광목적지로서 연구는 미진한 수준이다.

도시관광에서 창출되는 고용인력은 표준사업분류(Standard Industrial Classificate)등급이나 항목 안에 나타나지 않기 때문에 경제적인 효과 및 고용효과 등에 대하여 명확하게 파악하기 힘들다는 평가가 있다. 이같은 이유는 고용인력이 계절성이나 일시적인 역할 때문에 효과성에 의문이 드는 것이 그 이유이다.

또 하나의 이유는 관광의 특징에서 찾을 수 있다. 관광이 이동을 전제로 하기 때문에 도시로의 이동이 관광으로 볼 수 있는가에 대한 문제로 나타나고 있다. 도시에 있는 박물관, 미술관 등은 관광자원으로서 관광객의 유인요소도 되지만 지역의 역할용공간으로서 기능을 하고 있다.

산업구조의 변화가 1980년대 이후 제조업에서 서비스업으로 재편되고 있다. 관광이 대도시 산업도시를 쇄신(urban regeneration)하는 데 최선의 대안으로 인정되었기 때문이다. 관광이 도시가 성장과 변화를 할 수 있는 환경을 조성하였다고 볼 수 있다. 그 결과로 인구증가와 여가의 증가 그리고 교통의 증가로 이어진다.

또한 관광자원을 가지고 있는 도시의 구도심인 경우 매력적인 관광자원을 다수 보유하고 있으며 도심의 이미지 개선이나 손상된 경관을 회복하고자 하는 노력이 두드러게 나타난다. 우리나라의 경우 이같은 현상이 서울, 부산, 대구, 대전 등 대도시 중심으로 나타나고 있다.

그러나 관광산업의 성장을 하는데 여러 가지 특징이 있지만 경제적 가치에 의해 지역개발이나 도시개발에 그대로 적용되는 것이 일반적이다. 국내에서도 지방자치제 이후 많은 지방자치단체에서 지역발전을 도모하고자 관광과 연계하는 경우가 많다. 도시내부의 관광활동은 내부의 새로운 경제활동으로서 기능을 할 수 있으며 이는 도시의 또 다른 미래를 위한 활동일 수도 있다. 따라서 이러한 기능과 역할을 위해 지역에 관광을 도입하는 것은 좋으나 지역의 자원과 사정에 적합한 내용들을 도입해야한다.

2) 도시관광의 주요 매력물(Alternations)

도시는 외래객을 유인할 수 있는 관광요소가 다양하며 풍부하다. 이와 같은 요소 중에서 도시의 상징성과 고유성(origination)을 부각시킴으로써 도시관광을 진흥화할 수 있다.

Verbeke(1988)는 도시의 관광상품을 역사적인 건물, 도시경관, 박물관, 화랑, 극장, 스포츠와 행사로 정의해 왔다.

Butler(1991)는 다음과 같이 도시관광의 매력물(attractions)에 등급이 있다고 주장한다.

- 국제적인 인식(International recognition), 전 세계로부터 사람들을 끌어들이는 많은 요소(Many elements of appeal and attracting people from all over the world), 피라미드같이 제한되거나 특별한 흡인요소(Limited or special appeal, such as the Pyramids)
- 폭넓은 흡인요소를 가진 국가에 대한 인식(National recognition with specialized appeal)
- 지역의 흡인요소(Regional appeal)
- 지방의 흡인요소(Local appeal)

도시가 보유하고 있는 다수의 관광요소는 수십 년, 수백 년의 시간경과에 의해서 생성되고 발전되어 온 역사적 산물이기 때문에 그 위치는 도시계획과 무관하게 존재하는 경우도 많다. 즉, 도시관광자원은 특정장소에 집중되기보다는 분산되어 있는 특징이 있다. 관광매력물(attractions) 중 다수는 오랜 역사의 유산인 도심지에 있다. 반면에 좀 더 최근에 건설된 또 다른 다수의 흡인요소는 다양한 유형으로 도시 내부구조의 특성에 따라 입지가 결정되고 있다. 수많은 편의시설이 지역사회의 욕구를 충족시키기 위하여 설립되었으며 몇몇 시설을 공원에 위치하거나 대학과 같은 공공기관과 관련되어 있다.

(1) 도시경관

도시경관은 외부적 환경이며 문화적 대상으로서 의미가 있기 때문에 도시 관광의 강력한 흡인요소가 된다. 도시경관은 자연환경이나 건축물, 공작물 등의 인공환경의 시각적 표현이지만, 도시의 사회, 경제활동, 분위기, 문화적 정치 등의 총체적 체험을 내포하는 종합적인 개념이다. 도시경관의 구성요소는 도시경관과 관련이 깊은 오픈스페이스(open space)·도시기반시설·도로·건축물 등이 주된 대상이지만, 광역적 차원의 자연지형 보존·가구적 차원의 장치물에 이르기까지 매우 다양하다. 특히, 건물의 건축술, 오픈스페이스의 배열 그리고 도시지역의 전망(길, 가로수길 등이 길게 내다보이는 경치) 등은 도시를 방문케 하는 중요한 자원적 요소가 된다.

Margaret(1991)은 "Venice, Rome, Istanbul, Marekesh, Carthage, Tangiers, Paris, Rio de Janeiro, Moscow, Syndey를 처음 방문하였을 때의 도시의 자원들은 타지역에서 볼 수 없었던 광경을 가지고 있다. 도시 내부에서 역동적인 자원이 있으며 이러한 자원들 중 어떠한 자원들이 상징성이 있고, 이러한 자원간에 서로를 연결시켜주며 많은 감동을 주는 자원들로 조합된 가장 크고, 가장 다양하며, 가장 복잡한 자원들로 연결되어 있다."고 하였다.

또한 도시들이 관광목적지로서 중요한 역할을 한다. 특히 도시들은 자신의 도시 나름대로의 도시와 좀 더 넓은 세계를 위한 성공의 상징물들이다. 도시들은 도시 내부의 빌딩과 구조물 등에 의해서 이미지가 창출된다. 예를 들면, 파리의 에펠탑

(Tour Eiffel), 뉴욕의 자유의 여신상(Statue of Liberty), 런던의 타워브릿지(Tower Bridge), 시드니의 오페라 하우스(Opera House) 등이 대표적이다.

각각의 고층건물들은 인상적인 skyline을 만들면서 도시들의 전형적인 특징이 되고 있다. 고층건물은 시각적으로 획기적인 경관으로서 독특한 형태와 뾰족한 지붕과 함께 나타나는 건축물들이 도시를 대표하는 이미지이다. 이러한 고층건물들은 전후 현대적인 건축을 통하여 강화되어 왔다. 타워(tower)와 고층건물들은 도시의 뚜렷한 상징물일 뿐만 아니라 또 다른 관광흡인요소를 이루면서 도시의 조감도를 감상할 수 있는 전망대(vantage point)를 제공한다. 뉴욕(World Trade Center), 시카고(Willis Tower), 토론토(CN Tower), 서울(63빌딩, 롯데월드타운타워) 등이 대표적이다.

건물의 실내도 관광자원으로 기능을 한다. 실내디자인은 중앙홀(Atriums), 유리전망, 승강기, 유리지붕 등으로 표현되는 시설들은 미국에서부터 시작해 많은 사람들의 관심을 끌었다. 서구지역의 항구의 쇠퇴와 하류로의 이동은 수변지역을 도심지 부근의 재개발 지역 중 가장 유망한 지역으로 만들었다. 도시사막의 오아시스로 비유되는 도시하천변은 삭막한 도시경관을 보완해줄 수 있는 가치성이 높은 도시관광자원 중 하나이다. 특히 도시의 편의성만 강조한 결과 도시다운 경관을 상실하고 평균화, 균일화되어 무표정한 얼굴이 된 도시를 재생할 수 있는 자원으로서 수변을 평가할 수 있다. 결과적으로 도시가 갖고 있는 수변자원은 자연경관을 모방(analogy)하는 방식에 의해 도시경관의 자연성과 색채의 안정성을 추구할 수 있다.

과거 도심지역의 특성과 향수를 불러일으키기 위한 활동이 활발하게 진행 중에 있으며, 지역의 과거와 현재의 관광스토리를 공감하는 원도심 관광이 진행 중에 있다. 원도심 관광의 대표적인 지역은 부산광역시와 대전광역시이다.

(2) 회의 및 전시시설

회의와 전시의 개최는 도시관광을 활성화시키는 주요한 활동이다. 회의와 박람회의 방문객들은 일반 관광객의 평균치 이상의 소비를 함으로 연중 경영이 가능한 성장산업으로 인식되고 있다. 따라서 회의와 박람회는 도시관광의 기반으로서 그 가치가 크게 인정되어 전후(戰後)에 새로운 회의장과 박람회장이 여러 도시에서 설립되고 있다. 이 시설물은 도시의 힘을 상징하는 상징물로서 여겨지기 때문에 도시 간의 경쟁 또한 치열하다.

회의(Meeting)와 전시(exhibition)는 별개의 사항으로 간주되어질 수 있지만 이들의 관련성은 점점 증대되고 있다. 많은 회의들이 전시를 포함하므로 회의장은 전시 목적의 공간을 마련하고, 박람회장은 그 부지 안에 회의시설들을 갖추고 있다. COEX, BEXCO 등에서 보듯이 회의와 전시를 함께 할 수 있는 시설들이 있다. 국내에는 12개 도시에 15개의 회의·전시시설이 건립되어 운영 중에 있으며 매년 6월에 발표한 국제협회연합 보고서(International Meetings Statistics Report)는 2017년 기준으로 한국을 2년 연속 1위로 선정되었다.

회의는 정부회의, 정당집회, 회사전략모임, 종교집회, 심포지엄, 노동조합의 연례회의, 전문적이거나 사회적인 모임에 이르기까지 다양하다. 회의의 성격에 따라서 다르지만 규모면에서 보면 평균적으로 참가인원은 10명에서 부터 20,000명 이상에 이르기까지 다양하다. 컨벤션(Convention)은 보통 규모가 큰 모임(보통 1,000명 이상)을 위하여 사용된다.

컨벤션을 위한 숙박시설의 필수조건은 예상되는 참석인원을 수용하기에 충분한 규모의 큰 방이나 홀이다. 그러나 특별조명, 마이크로폰, 스피커, 영상장비, 동시통역시설, 연회를 포함한 음식제공 업무 같은 특별시설들도 필요하다.

컨벤션을 설립할 때 고려해야 할 조건은 숙박시설을 위시해서 경기장, 시민회관, 콘서트 홀, 극장시설, 대규모 및 소규모의 홀 등을 들 수 있고, 이밖에도 접근성이나 도시의 매력성(수도, 역사, 휴양, 문화, 테마파크, 교통시설 등)도 대표적으로 고려해야 한다. 이같은 컨벤션의 건립요건을 감안하여 생각해보면 도시관광의 강력한 흡인요소로서 역할을 하는 것으로 판단할 수 있다.

국제협회연합(UIA)의 2017년 세계 국제회의 개최 순위에서 한국이 2년 연속 1위를 기록했다. 국제협회연합 보고서에 따르면 2017년 한 해 동안 전 세계에서 총 1만 786건의 국제회의가 개최됐다. 한국은 1천297건의 국제회의를 개최해 세계 1위를 기록했다. 세계 시장 점유율도 9.5%에서 12.6%로 3.1%포인트 상승했다. 한국은 2014년 4위(636건), 2015년 2위(891건), 2016년 1위(997건)에 이어 올해 2년 연속

1위 자리를 유지했다. 세계 도시별 개최 순위에서는 서울이 싱가포르(1위·877건), 브뤼셀(2위·763건)에 이어 3위(688건)를 기록했다. 부산은 8위(212건)로 작년보다 6계단 상승했고, 제주는 17위에서 15위(139건)로 순위를를 나타내고 있다.

이처럼 도시가 컨벤션도시로 성장을 하기 위해선 국가와 도시가 갖추고 있는 여건이나 성격도 중요하지만, 중앙정부 및 지방정부의 정책인 국제회의 개최 지원 서비스 강화, 국제회의 유치 마케팅 및 홍보활동 다각화, MICE(Meeting, Incentive Travel, Convention, Exhibition)산업 지역균형 발전 유도, 지역특화 컨벤션 육성 등 지속적인 육성정책들이 한 몫 하고 있다.

(3) 4차산업혁명과 관광

세계경제포럼(World Economic Forum:WEF)인 다보스포럼의 주요 논의 과제는 '4차 산업혁명'이었다. 다보스포럼에서는 제 4차 산업혁명을 '3차 산업혁명을 기반으로 한 디지털, 물리학, 바이오 분야의 융합'이라고 설명하였다. 1차 산업혁명은 기계화였으며 2차 산업혁명은 대량생산체제, 3차 산업혁명은 정보기술(Information Technologies; IT)을 이용한 자동화체제이며 4차 산업혁명은 디지털 혁명으로써 그 주된 특징인 산업 간의 융합으로 인해 창조된 새로운 결과물이라고 할 수 있다. 3차 산업혁명 때는 IT를 기반으로 한 지식정보의 사회로써 정보확산과 무형의 지식이 빠르게 전달되고 공유되는 것이 중심이었다. 4차 산업혁명의 주된 특징은 융합으로써 그 중심에는 정보통신기술을 통한 사물들의 지능성(intelligence)과 초연결성(super connected)에 있다.

예를 들면, 바이오 기술, 인공지능, 3D프린팅, 사물인터넷(Internet of Things; IoT) 등의 융합된 서비스가 있을 수 있다. 우리 사회는 스마트폰 시대에 맞게 빌딩, 홈 인텔리전트와 생활가전 지능형 기기의 연결, 자동차 및 에너지분야의 연결, 삶과 관련한 개인 건강관련 데이터의 생성과 분석, 그리고 O2O(Online to Offline)의 최적화된 쇼핑방식이 플랫폼(platform)안에서 연결되어 지능적인 사회로 발전하고 있다. IoT와 인공지능의 결합으로 하나의 단순한 물리적 통합시스템을 뛰어넘어 보다 스마트 한 방식으로 구축·운영 될 수 있을 것이며, 공공 인프라와 비즈니스 디지털 생태계화의 연결은 생산과 소비 그리고 관광을 하나의 디지털 생태계로 묶는 방식으로 발전하고 있다.

ICT(Information & Communication Technology)의 발전에 따라 급격하게 등장한 것 또한 IoT(Internet of Things)기술이라고 할 수 있다. IoT는 언제 어디서든지 사물을 인지하고 관리하고 모니터링할 수 있도록 연결된 네트워크로써 실시간으로 상호작용하게 할 수 있다. 관광의 맥락에 있어서도 관광목적지와 관광경험과 관련한 정보를 탐색하기 위하여 스마트 장치를 사용하고 이는 흔히 빅데이터로 알려진 다차원적이고 방대한 자료를 창출시킬 수 있다. 관광관련 조직들은 이러한 과거 관광객들이 남긴 빅데이터를 기반으로 관광객들의 관광도시에서의 경험을 증진시킬 수 있는 가치있는 통찰력을 얻을 수 있다. 또한, IoT는 방대한 데이터를 교환할 수 있는 플랫폼을 창출할 수 있기 때문에 관광분야에서도 이와 같은 IoT 기술을 접목시킬 수 있다. 사물인터넷 기기를 활용한 스마트 호텔도 등장할 수 있으며, 빅데이터를 분석해 고객에게 맞춤형/실시간 서비스를 제공한다거나, 핀테크(FinTech)를 이용해 결제 시스템을 편리하게 만드는 등 ICT가 활용될 수 있는 분야는 무궁무진하다. 지금 현재 우리나라에서 추구하고 있는 IoT 북촌한옥마을과 같이 관광상품을 과거보다 첨단화 시킬 수 있으며 유명 문화재나 관광명소에 VR(virtual reality)이나 AR(augmented reality)을 활용해 관광객들의 경험을 풍부하고 재미있게 만들 수 있다.

스마트 시티로 유명한 바르셀로나의 경우 가우디 관련 명소들을 AR과 VR을 통해 기존의 가우디 체험과 다른 경험을 관광객들에게 제공하고 있으며 이를 통해서 또 다른 관광수익을 창출하고 있다. 이와 같이 4차 산업혁명의 주된 결과물인 IoT 기술은 관광산업과의 융합을 통해서 새로운 결과물을 창출할 수 있다. 또한, 기존 스마트폰 시대와는 또 다른 스마트 관광이 재탄생되고 그 영역이 확장될 수 있으며 이를 토대로 구축된 스마트 관광도시는 기존 관광객들에게 색다른 매력을 제공해 줄 수 있을 것이다(구철모, 2016).

2. 여가 · 레크리에이션 이용

1) 여가·레크리에이션적 이용

급격한 산업화와 도시화 과정에서 형성된 현대도시는 과도하게 인공화 · 조직화되어 도시민으로 하여금 일상생업을 위한 활동에 몰두하게 함으로써 오히려 생활의 질이 극도로 저하되는 현상이 나타나고 있다. 이에 시민 간에는 비인간적으로 병든 도시환경을 되살리려는 수요, 거대한 도시 속에서 왜소해지고 위축된 인간의 자아를 회복하고, 미래 창조의 원동력을 충전하고자 하는 수요, 인간의 으뜸가는 욕구인 '자아실현의 욕구'를 달성하여 문화적 존재로서 각자의 잠재역량을 최대한 발휘하여 생활과 환경의 주인의식을 갖도록 하려는 수요가 발생하였다. 현대도시에 있어 이러한 수요는 '여가활동'으로 표현될 것이며, 이 여가활동은 일상생활에서 벗어나 자연과 문화에 자신을 투여하고, 역사 속에 자신을 투영함으로써 자아를 재창조하는 활동으로서 풀이되어야 할 것이다.

특히, 공원은 이러한 수요에 대응하는 효과적인 수단으로서 19세기 서양의 산업화과정에서 창출되어 보급되었으며, 우리 도시의 공원도 예외가 아니다. 그러나 우리나라는 근대화 과정을 자율적으로 추진하지 못하였기 때문에 공원이나 녹지 또한 다른 도시계획 또는 도시계획시설과 마찬가지로 일종의 '수입품'으로 인식하고 그 중요성을 실감하지 못했다는 데에 문제가 있다

'오픈 스페이스'인 공원과 녹지는 여가활동공간 제공을 통한 시민생활의 질과 도시의 생태적 기반조성을 통한 도시환경의 질을 높이고, 도시 공간구조의 틀을 제공하며, 도시경관의 질을 높이는 효용성을 지니고 있다. 특히 최근에 대두되고 있는 '환경적으로 건강하고, 지속 가능한 개발(EESD)'을 실천하는 주요한 수단으로서 새로운 효용성을 되찾고 있는 것이 공원과 녹지이다. 다시 말해서 생태도시를 만들고 가꾸는데 필수적인 요소로서 공원과 녹지의 중요성이 강조되고 있다.

도시민의 일상생활이 더욱 기계적인 것이 되고, 도시의 복잡하며, 차량이 증가하

여 도시환경이 오염되면, 도시민은 그만큼 온화함에 대한 필요성이 절실하다. 미국의 통계에 의하면 미국민의 레크리에이션 요구는 매년 거의 4%씩 증가하고 있다고 한다. 만약 공원이나 녹지를 확대·개량해 나가지 않으면 인간은 스스로를 파괴해 버리는 패러독스의 딜레마가 상존하게 될 것이다. 인간활동에 의해서 가장 먼저 파괴될 위험성이 있는 것은 다름 아닌 도시민이 회고할 수 있는 장소나 가장 매력이 있는 장소이다.

공원은 도시의 과밀과 혼잡, 주택난, 환경오염, 생활의 긴장(Stress) 등의 도시문제에 대응하기 위한 '도시 속의 자연'이라는 역할이 있다. 본래 공원은 전원적·자연적인 풍경 속에서 정적인 위락을 즐기는 장소를 의미했으나, 이후에 정적인 활동은 물론이고, 동적이며 능동적인 위락활동의 기능이 가미되어, 최근에는 환경보호 측면에서 완충녹지 또는 차폐녹지의 기능까지 포괄하는 개념으로 확대되고 있다. 공원의 입지도 초기에는 주로 경관이 수려한 곳에 우선을 두었으나 활동적·능동적인 위락활동이 부각되면서 근린주구(Neighborhood Unit)단위를 토대로 한 소규모 도시공원이 주류를 이루게 되었고 자연경관 조건보다는 공원의 위치, 거리와 면적기준 등이 오히려 더 중요한 입지요소로 등장하였다.

현존하는 공원의 평온함을 보존 또는 확대하기 위해서는 가능한 어린이의 놀이와 스포츠 그리고 예술활동을 하기에 적당한 새로운 공간이 필요하다. 건물이 전혀 없는 부지를 오픈 스페이스(Open Space)로 바꾸는 것도 고려할 필요가 있다. 건물이 아직 세워지지 않은 기존부지의 쾌적성을 향상시킴으로써 레크리에이션용 부지를 확장하는 것도 한 방법이 될 수 있다. 그린벨트가 지닌 가능성은 매우 복잡하게 이해되어 런던의 그린벨트는 경우(약 40,47㎢) 200분의 1이 현재 레크리에이션에 이용되고 있을 뿐이다. 더욱 적극적인 계획은 그린벨트가 있는 토지의 Amentity와 레크리에이션적 활용을 증가시킬 수 있다.

2) 공원과 녹지

공원은 크게 도시공원과 자연공원으로 나누어진다. 도시공원은 도시계획구역 안에서 도시의 자연경관 보호와 시민의 건강, 휴양 및 정서 생활의 향상에 기여하기 위하여 도시계획법과 도시공원법에 의해 설치된다.

공원과 녹지의 환경적 특성 중에서 가장 큰 의의는 건축물·구조물 등이 희박하여 대부분이 공지상태로 유지된다는 것이다. 도시공원 안의 건폐율은 매우 낮으며, 녹지 안의 건폐율은 거의 0%에 가깝다. 이런 점에서 공원은 녹지와 함께 말 그대로 "지붕이 없이 하늘을 향해 있다."는 오픈 스페이스의 개념에 합당하다고 볼 수 있다.

공원은 원래부터 있는 자연 그 자체이거나 또는 인위적으로 조성한 '녹화지'와 목적에 알맞게 설립한 시설로 구성된다. 이것을 공원시설이라 하며 공원의 이용 목적에 알맞은 건축물, 구조물, 조경시설 등으로 이루어진다. 그리고 공원시설이 설치되지 않은 부지는 수목, 잔디, 지피식물 등으로 녹화된다. 하지만 녹지는 인공이 거의 가미되지 않고 자연식생이 좋은 곳에 조성한다. 이런 점이 공원과 비슷하면서도 차이가 나는 녹지의 형질상 특징이다.

또한 공원은 울타리를 설치하거나 지형·지물, 수목, 수면 등으로 주변과 구획하여 일정한 경계를 갖는 것이 보통이다. 공원 중에서 가장 기본적인 근린공원이나 어린이공원은 그 경계 안에서 일어나는 행위를 엄격히 제한한다는 차이가 있다. 다시 말해서 공원은 주로 시민의 이용에 의의가 있다면, 녹지는 주로 자연환경의 보존 자체에 의의가 있다. 공원이나 녹지 모두 이러한 목적에 맞지 않은 행위를 원천적으로 배제하기 위하여 그 안에 설치하는 건축물이나 구조물의 기능, 크기, 형태 등을 엄격히 제한하고 있다.

도시공원과 녹지는 도시계획시설의 일종이므로 우선 도시계획법에 적용을 받는다. 공원녹지계획을 입안하거나 변경하는 것은 도시계획법에 의한 도시계획사업으로 시행된다. 이와는 별도로 도시공원법이 제정되어 있어 공원녹지의 유형·구조·설치 및 시설기준·운영 및 이용 등을 제어하고 있다.

3. 도시공원자원

1) 도시공원의 유래와 개념

(1) 도시공원의 유래

도시 속의 공원, 정원, 즉 도시공원의 연혁은 고대에까지 소급될 수 있다. 기원전 10세기경부터 서아시아의 왕들이 언덕에 나무를 심고 짐승을 사육했던 수렵원인 Parc가 오늘날 Park의 어원이 되었다고 볼 수 있으며 이미 그때에 공원의 개념이 있었음을 알 수 있다.

오늘날과 같은 의미의 공원, 'Public Park'는 산업혁명의 결과로 서구에서 시작되었다고 말할 수 있다. 즉, 10세기부터 시작된 산업혁명의 결과로서 예기치 않게 나타난 급격한 도시의 팽창, 과밀혼잡, 주택난, 환경오염, 생활의 긴장 등 도시문제에 대응하기 위해 영국의 경우는 사원을 공개하고, 미국의 경우에는 새롭게 만들어 낸 것이 공원의 시작이다.

산업혁명 이전의 도시는 규모가 작았기 때문에 도시 안팎에서 '자연'과 접할 기회가 많아 굳이 공원이 필요없었다고 해도 과언이 아니었다. 그러나 산업혁명 이후의 도시는 갑자기 만들어진 거친 인공환경일 수 밖에 없었다. 그래서 자연과 접하고 여가생활을 즐길 수 있는 '자연'의 모습을 축소, 모방한 공원을 도시 내에 만들고자 하는 생각이 시민에게 설득력을 얻게 되었던 것이다. 그러므로 산업혁명 이후의 '자연 속의 도시'라는 발상에서 공원이 조성되기 시작하였다고 할 수 있다.

고대 Greece시대에 있어서 공원는 대단히 중요한 역할을 했다. 신에게는 작은 숲이 바쳐지고, 신전에서는 정원이 부속되어 있었다. 페르시아에서 돌아온 크세노폰(Xenophon)은 페르시아왕인 Pairkaeza, 즉 향기가 높은 관목과 꽃이 피는 과수에 둘러싸인 낙원을 칭찬했다. 현재 사용되고 있는 낙원이란 말은 여기서 나왔다. Julius Caeser는 Rome로 가져온 정원을 로마 사람에게 기증했는데, 이것은 기록에 남아 있는 가장 오래된 기증행위의 예이다.

Parce 또는 Park라고 하는 말은 원래 수렵용 동물이 살고있는 둘러싸인 땅을 의미했다. London에 있는 10개의 왕립공원은 예전에는 왕의 수렵장 혹은 궁전의 정원이었다. 중세도시에 있어서 상당수의 경우 완전한 농업의 기반이 확보되어 있어 포위 공격에 대비하여 조성된 성벽의 내부에는 밭, 과수원, 채소원 등이 있었다. 1480년에 Vienna는 "하나의 광대한 낙원이었다. 거기에는 아름다운 포도원, 과수원, 채소원, 양어장, 수렵장, 정자 등이 있었다."고 묘사되어 있다.

다음 세기가 되면서 형식을 중시하는 프랑스식의 표현방식을 대신하여, 영국식 조경법의 등장과 동시에 Enclosure운동과 로맨틱한 자연추구 등이 나타났다. 18C의 정원설계가 현대 도시공원의 기초가 된 정원, 화단, 잔디 등에 영향을 미치게 되었다. 현재 복잡다원해지고 있으며 정원이 개성있는 예술작품으로 설계되어 설치되고 있지만, 규격화되어 설계설치된 공원은 원하지 않고 있다. 결국 사람들은 모든 종류의 공원을 계획 및 조성 할 수 있고 더욱이 다양성이 중요한 것이다. 각각의 공원이 서로 다른게 조성되는 것은 당연하며 바람직하다. 공원이 도시에 있어서 역할과 그 목적을 명확하게 판단하는 것이 필요하다. 공원의 가능성은 무한하고 관광자원으로서 활용가치는 높다고 할 수 있다. 따라서 공원의 설계라는 주제만으로도 여러 권의 책을 출간한다고 견줄 만큼 폭이 넓다고 할 수 있다.

(2) 도시공원의 개념

사회가 변천하고 환경이 변해감에 따라 사회에서 통용되는 여러 개념도 달라지듯이 공원의 개념도 시대가 변하면서 다르게 인식되어 왔다. 1920년대 중반까지만 해도 공원이라 함은 시민이 평상시의 번잡한 환경으로부터 도피하여 평화스러운 전원적·자연적인 풍경 속에서 정적인 위락을 즐기는 장소를 의미했으나, 이후에는 정적인 활동은 물론 동적이며 능동적인 위락활동의 공원기능이 가미되었고, 최근에는 도시 공해가 급증함에 따라 환경보호 측면에서 완충녹지 혹은 차폐녹지의 기능까지 포괄하는 개념으로 확대되고 있다.

공원의 입지도 초기에는 주로 경관이 수려한 곳에 우선을 두었으나 능동적인 위락활동이 부각되면서 근린주구 단위를 토대로 한 소규모 도시공원이 주류를 이루게 되었고 자연경관 조건보다는 공원의 위치, 거리와 면적기준 등이 오히려 더 중요한 입지요소로 등장하였다. 따라서 도시에서의 공원은 양적인 면도 중요하겠지만 시민들이 쉽게 접근하여 효과적으로 이용할 수 있느냐 하는 효용의 측면이 보다 중요하게 되었다.

우리나라의 도시공원에 대하여 법률적인 정의는 도시자연경관의 보호와 시민의 건강·휴양 및 정서생활의 향상에 기여하기 위하여 「국토의 계획 및 이용에 관한 법률」 제30조에 따라 도시관리계획으로 결정된 공원과 도시자연 공원구역으로 구분한다.

우리나라에 공원이 도입된 유래는 1940년대 「조선시가지계획령」에 의한 '경성부 시가지공원계획'에서 공원은 시민보건을 위한 시가지 계획의 목적 달성상 가장 중요한 시설이라고 명시하였다. 그리고 공원의 정의에 대해 기술하기를 '시민의 휴양, 오락, 아동의 교육 또는 도시의 미관에 공하는 외에 일조, 화재 등에 대해서는 방화선이 되어 연소를 방지하고 또 피난처로서 필요불가결의 시설이다."라고 하였다. 여기에서 도시공원을 피난처로 표현한 것은 전시에 발생하는 도시의 공습에 대비하여 도시공간을 방공적으로 구성하는 것이 필요하였기 때문이다. 그러나 1967년에 제정된 공원법에는 "공원이란 자연 풍경지를 보호하고 국민의 보건, 휴양 및 정서생활을 향상시킴에 기여한다."라고 규정하고 있으며 "도시공원이라 함은 도시계획법에 의한 도시계획시설로서 설치하는 공원 및 녹지를 말한다."라고 규정하고 있다. 1940년의 공원 개념과는 달리 도시방재, 즉 안정성에 대한 구절이 공원의 정의에서 없어졌다는 것을 보여주는 것이다.

2013년 개정된 도시공원 및 녹지에 관한 법률에서 정의하는 도시공원의 정의를 보면, "도시지역에서 도시자연경관을 보호하고 시민의 건강·휴양 및 정서생활을 향상시키는 데에 이바지하기 위하여 설치 또는 지정된 것"이라고 정의하고 있으며 결과적으로 "시민의 보건, 휴양, 정서생활의 향상에 기여하고 도시민의 위락활동에 이용되는 장소로서 도시의 건전한 발달과 공공의 안녕, 질서 및 공공복리의 증진을 목적으로 지방자치단체가 주로 설치하는 녹지공간이라 할 수 있다."라고 하고 있다. 이처럼 공원의 개념은 위락적·교육적 측면, 역사·문화적 측면, 경관적·생채적 측면, 안정성 측면 등을 내포하고 있다.

따라서 공원의 개념을 종합해 보면, 도시공원이란 환경의 보호를 통해 도시민의 건강·위락활동·교육 그리고 공공의 복리를 증진시키는 녹지공간의 일종으로 도시민이 용이하게 접근할 수 있는 최소한의 구조물과 자연물로 구성된 장소를 총칭하는 것으로 볼 수 있다.

오늘날 도시의 생활환경은 녹지와 오픈 스페이스의 급격한 감소에 따라 악화일로에 있으며 공해와 오염 등에 대한 위해성도 현저히 증대하고 있으므로 이에 대한 휴식공간의 확보가 시급한 과제로 부상되고 있다. 따라서 도시공원을 확충하여 도시민에게 휴식과 만남의 장소를 제공하고, 도시 경관미의 개선, 위락기능의 제공, 공해방지 효과 등을 기할 수 있도록 해야 할 것이다.

2) 도시공원의 유형과 시설

(1) 도시공원의 종류

도시공원의 종류는 다음과 같다.

① 생활권공원 : 도시생활권의 기반이 되는 공원의 성격으로 설치·관리하는 공원

- 소공원 : 소규모 토지를 이용하여 도시민의 휴식 및 정서 함양을 도모하기 위하여 설치하는 공원
- 어린이공원 : 어린이의 보건 및 정서생활의 향상에 이바지하기 위하여 설치하는 공원
- 근린공원 : 근린거주자 또는 근린생활권으로 구성된 지역생활권 거주자의 보건·휴양 및 정서생활의 향상에 이바지하기 위하여 설치하는 공원

올림픽 공원   코펜하겐 공공 공원

② 주제공원 : 생활권공원 외에 다양한 목적으로 설치하는 공원

- 역사공원 : 도시의 역사적 장소나 시설물, 유적·유물 등을 활용하여 도시민의 휴식·교육을 목적으로 설치하는 공원
- 문화공원 : 도시의 각종 문화적 특징을 활용하여 도시민의 휴식·교육을 목적으로 설치하는 공원
- 수변공원 : 도시의 하천가·호숫가 등 수변공간을 활용하여 도시민의 여가·휴식을 목적으로 설치하는 공원
- 묘지공원 : 묘지 이용자에게 휴식 등을 제공하기 위하여 일정한 구역에 「장사 등에 관한 법률」 제2조 제7호에 따른 묘지와 공원시설을 혼합하여 설치하는 공원
- 체육공원 : 운동경기나 야외활동 등 체육활동을 통하여 건전한 신체와 정신을 배양함을 목적으로 설치하는 공원
- 그 밖에 특별시·광역시·특별자치시·도·특별자치도 또는 인구 50만 이상 대도시의 조례로 정하는 공원

(2) 도시공원의 면적 및 설치기준

1인당 공원면적 기준은 다음과 같다.

- 도시지역 : 당해 도시지역 안에 거주하는 주민 1인당 6m² 이상

- 개발제한구역·녹지지역을 제외한 도시지역 : 당해 도시지역 안에 거주하는 주민 1인당 3m² 이상

표 6-3 _ 설치 기준

공원구분	설치기준	유치거리	규모
1. 생활권 공원			
가. 소공원	제한 없음	제한 없음	제한 없음
나. 어린이공원	제한 없음	250미터 이하	1천5백제곱미터 이상
다. 근린공원			
(1) 근린생활권근린공원	제한 없음	500미터 이하	1만제곱미터 이상
(2) 도보권근린공원	제한 없음	1천미터 이하	3만제곱미터 이상
(3) 도시지역권 근린공원	공원의 기능을 충분히 발휘할 수 있는 장소	제한 없음	10만제곱미터 이상
(4) 광역권근린공원	공원의 기능을 충분히 발휘할 수 있는 장소	제한 없음	100만제곱미터 이상
2. 주제공원			
가. 역사공원	제한 없음	제한 없음	제한 없음
나. 문화공원	제한 없음	제한 없음	제한 없음
다. 수변공원	하천·호수 등의 수변과 접하고 있어 친수공간을 조성할 수 있는 곳	제한 없음	제한 없음
라. 묘지공원	정숙한 장소로 장래 시가화가 예상되지 아니하는 자연녹지지역	제한 없음	10만제곱미터 이상
마. 체육공원	공원의 기능을 충분히 발휘할 수 있는 장소	제한 없음	1만제곱미터 이상
바. 조례가 정하는 공원	제한 없음	제한 없음	제한 없음

현행 도시공원법에 규정된 도시공원의 기본 유형은 모두 다섯 가지로 어린이공원, 근린공원, 도시자연공원, 묘지공원, 체육공원이다.

※ 표 6-4 _ 근린공원의 특성

근린공원의 구분	설치 기준	유치거리	규모
근린생활권 근린공원	제한없음	500m 이하	1만m² 이상
도보권 근린공원	제한없음	1000m 이하	3만m² 이상
도시지역권 근린공원	해당 도시공원의 기능을 충분히 발휘할 수 있는 장소에 설치	제한없음	10만m² 이상
광역권 근린공원	상동	제한없음	100만m² 이상

시민생활과 도시환경의 질에 가장 중요한 역할을 하는 것이 근린공원이다. 현행 법규에서 근린공원은 이용권과 면적의 범위가 지나치게 커서 도시의 중앙공원 같은 대공원에 해당하는 근린공원(광역권 근린공원 내지 도시계획구역 근린공원)과, 그야말로 근린 규모의 소공원(근린생활권 근린공원)을 모두 망라하고 있다. 근린공원은 그 범위가 지나치게 넓어서 '근린'이라는 개념에 적합하지 않다든지, 도심과 같이 상주인구가 많지 않은 곳에 적용하기 어렵다든지, 1만m² 이하의 토지는 이용자와 관계없이 어린이공원으로 조성할 수밖에 없다는 결함이 있다.

어린이공원은 이용자가 어린이로 되어 있지만, 사실상 주택가에서 일종의 소공원과 같은 기능을 하고 있고, 택지개발이나 주택지 개발사업을 할 때 도입되는 어린이놀이터와 비슷하여 이 역시 개선이 필요하다. 도시 자연환경의 질적으로 보존하는 데 중요한 역할을 하는 도시자연공원은 녹지, 녹지지역, 개발 제한구역 등과 중복되거나 혼동되는 등의 문제점도 있다. 묘지공원은 비슷한 도시계획시설인 운동장과 그 관계가 불분명하다는 결함이 있다.

'주제공원(Theme Park)'은 대개 놀이기구 위주로 구성된 위락공원(Amusement Park)이다. 주로 도시계획구역권의 근린공원이나 광역권 근린공원 내의 한 구역에 따로 설치되거나 실제로는 유원지이면서 공원이라는 이름을 상하기 때문에 종종 혼란이 일어난다. 그러나 중요한 것은 일반 사람들은 이러한 법제상의 분류와는 관계없이 도시 내의 모든 자연자원을 공원으로 인식하고 이용하고자 한다는 점이다.

우리나라는 최초로 서울에 파고다공원이 조성된 이래 각 도시마다 도시계획으로 도시공원을 설치하여 현재는 전국에 약 8,500개소의 도시공원이 지정되어 있다. 그런데 우리나라의 도시공원은 이용자의 접근이 용이하지 않아 도시외곽의 자연공원 위주로 구성되어 있으며 계획된 공원조차 77%가 조성되지 않은 상태이기 때문에 여가대상으로서 쉽게 접근하여 이용할 수 있는 공원은 매우 적은 형편이다. 뿐만 아니라 이미 조성된 공원은 불합리한 위치와 분포, 공원시설의 결여, 접근성 불량, 관리의 부실 등으로 공원기능을 효과적으로 발휘하지 못하고 있는 실정이다. 6대 도시의 공원률은 서울 제외한 나머지가 전국 도시의 평균에 미치지 못하며 도시자연공원과 근린공원이 많다. 공원율이 1.8%로 가장 낮은 광주는 근린공원이 93%로 가장 높다. 도시자연공원과 근린공원의 비율은 서울, 인천, 대전에서 대체로 6:3의 비율로 부산은 역으로 3:6, 대구는 8:2로 근린공원 비율이 낮다. 1인당 도시공원 면적은 대전이 30.9%로 가장 높고 서울, 부산이 각각 8.7, 7.9%로 가장 낮다 이것을 독일의 뮌헨(29.2%)이나 영국의 런던(25.6%)과 비교하면 1/3 수준에도 미치지 못한 실정이다. 따라서 도시의 인구 수에 적정한 공원구역을 확충함으로써 1인당 공원비율을 확보해야 하는 것이 매우 중요한 도시관광개발의 과제이다.

(2) 도시공원의 시설

도시공원에 관한 도시계획이 결정된 그 도시공원이 위치한 행정구역을 관할하는 시장 또는 군수는 그 도시공원에 관한 조성계획을 입안하여 설치 및 관리하여야 하며, 시장 또는 군수 이외의 자는 대통령이 정하는 바에 의하여 도시계획법 제24조 제1항의 규정에 의한 허가를 받아 도시공원 또는 공원시설을 설치할 수 있도록 하고 있다.

도시공원이 설치 및 면적규모의 기준은 건설교통부령에 의한 도시공원법시행 규칙에 의해 정하고 있다. 도시공원의 면적기준은 당해 도시계획구역 안에 거주하는 주민 1인당 $6m^2$ 이상으로 하고 개발제한구역, 자연녹지지역 및 생산녹지지역을 제외한 도시계획구역 안에 있어서의 도시공원 면적기준은 당해 도시계획구역 안에 거주하는 주민 1인당 $3m^2$ 이상으로 하고 있다. 공원의 기능은 환경이 제공하는 '자연 공급', 주이용자인 인간이 요구하는 '여가활동의 장소 제공', 그리고 공원의 배경이 되는 지역사회가 요구하는 '지역중심성(집회공간 제공, 상징성 제공 등)'이 있고, 그것에 따른 시설들이 다수 있게 마련이다. 또, 대공원인 경우나 묘지공원인 경우에는 주변환경의 개발을 촉진시키거나 억제시키는 기능도 있다. 각 공원의 기능과 시설은 이러한 일반기능을 어떻게 조합할 것인가에 따라 결정되어야 한다.

기능과 시설계획에서 유의할 점은 과도한 시설을 도입하지 않아야 한다는 점, 이용자의 창의적 선택과 조작이 가능한 이유가 있어야 한다는 점, 지속적으로 변화하는 이용자의 수요에 능동적으로 대응할 수 있어야 한다는 점이다. 현행 법규에서 제시되고 있는 공원의 입지, 면적, 시설 등에 관한 기준에 제시된다.

공원은 자연공원이나 묘지공원을 제외하고는 활발하게 이용함을 전제하므로 원래 있는 환경의 형질을 개선할 뿐 아니라 다양한 시설이 필요하다. <표 6-5>에 제시되는 시설들은 도시공원법에서 규정하고 있는 공원시설들로서 공원에 도입할 수 있다는 뜻이지 어느 공운이나 이 시설들을 모두 도입해야 한다는 뜻은 아니다. 그리고 각 공원 유형마다 설치를 권장하는 시설과 설치를 억제 내지 금지하는 시설이 있어 설치목적을 제대로 달성할 수 있도록 한다.

띠 모양의 대상공원뿐만 아니라 강 주변의 일부 생산녹지를 잘 보존하여 공원과 수변을 레크리에이션 지역으로 조성하고, 고수부지의 일부도 레크리에이션 공간으로 활용하고 하천은 낚시, 보트, 조류 및 수변생태의 감상과 연구의 장소로 활용할 수 있다.

고수부지의 공원화는 하천 경관의 자연적 보전 및 회복, 친수활동 공간의 조성, 주변 토지이용과 연계된 시설 배치, 도시공원 녹지체계와 연계된 맥락의 개발계획 수립, 도시 전체에서 양호한 접근성을 위한 동선체계 구축 등을 기본방향으로 한다.

유로변경이나 하천정비에 의한 콘크리트호 안으로 정비하지 않고, 친자연형 하천공법을 채택하여 하천정비와 친수공간의 확보라는 두 가지의 목표를 동시에 추구해야 한다.

✖ 표 6-5 _ 공원시설의 종류

공원시설	종류
조경시설	• 관상용 식수대 · 잔디밭 · 산울타리 · 그늘사랑 · 못 및 폭포 그 밖에 이와 유사한 시설로서 공원경관을 아름답게 꾸미기 위한 시설
휴양시설	• 야유회장 및 야영장 그 밖에 이와 유사한 시설로서 자연공간과 어울려도 시민에게 휴식공간을 제공하기 위한 시설 • 경로당, 노인복지회관
유희시설	• 시소 · 정글짐 · 사다리 · 순화화전차 · 모노레일 · 삭도 · 모험놀이장 · 발물놀이터 · 뱃놀이터 및 낚시터 그 밖에 이와 유사한 시설로서 도시민의 여가선용을 위한 놀이시설
운동시설	• 「체육시설의 설치 · 이용에 관한 법률시행령」 별표 1에서 정하는 운동종목을 위한 운동시설. 다만, 무도학원 · 무도장 및 자동차경주장은 제외하고, 사격자은 실내사격장에 한하며, 골프장은 6홀 이하의 규모에 한한다. • 자연체험장
교양시설	• 도서관, 도서실, 온실, 야외극장, 문화회관, 미술관, 과학관, 청소년수련시설(생활권 수련시설에 한한다.), 보육시설(「영유아보육법」 제10조제1호의 규정에 의한 국 · 공립보육시설에 한한다.), 천체 또는 기상관측시설, 기념비, 고분 · 성터 · 고옥 그 밖의 유적 등을 복원한 것으로서 역사적 · 학술적 가치가 높은 시설, 공연장(「공연법」 제2조 제4호의 규정에 의한 공연장을 말한다.), 전시장, 어린이 교통안전교육장, 재난 · 재해 안전체험장, 생태학습원, 민속놀이마당 그 밖에 이와 유사한 시설로서 도시민의 교양함양을 위한 시설
편익시설	• 우체통 · 공중전화실 · 휴게음식점 · 일반음식점 · 약국 · 수화물예치소 · 전망대 · 시계탑 · 음수장 · 다과점 및 사진관 그 밖에 이와 유사한 시설로서 공원이용객에게 편리함을 제공하는 시설 • 유스호스텔 • 선수 전용 숙소, 운동시설 관련 사무실, 「유통산업발전법 시행령」 별표 1에 따른 대형마트 및 쇼핑센터
공원관리 시설	• 창고 · 차고 · 게시판 · 표지 · 조명시설 · 쓰레기처리장 · 쓰레기통 · 수도 및 우물 그 밖에 이와 유사한 시설로서 공원관리에 필요한 시설
그 밖의 시설	• 납골시설 · 장례식장 · 화장장 및 묘지

3) 도시공원의 기능과 입지

(1) 도시공원의 기능

① 휴식·위락의 기능

도시공원은 운동, 휴양, 산책, 자연감상 등의 다양한 레크리에이션을 위하여 그 종류, 이용권역, 대상연력 등에 따라 다양한 위락공원을 제공해 주고, 궁극적으로는 시민건강의 유지·증진과 시민 개개인이 자아를 재발견하고 재창조하는 효과를 가져다 준다. 공원은 한정된 공간 속에서 생활하고 있는 사람들의 자유를 확대해 준다.

② 사회·심리적 기능

도시공원은 고장의 문화유적을 보급하는 곳, 임시장터, 각종 축제마당으로 활용함으로써 많은 사람들이 수시로 모여들기 때문에 각종 정보를 교환하는 장소가 될 수 있다. 이러한 의미에서 주민들이 친밀감을 가지고 상호 간에 커뮤니티의 형성을 도모하기 위한 장으로서의 역할을 수행하게 된다. 공원은 현대생활의 긴장 속에서 위안과 안전을 공급하는 안전판의 역할을 한다.

인간이 좁은 장소에 폐쇄되었다고 느낄 때 공원은 일시적으로나마 우리의 마음과 생활의 영역을 넓게 해준다. 우리는 공원에서 산책과 휴식을 취하여 생활의 환경을 되찾는다.

③ 환경보존의 기능

도시의 무절제한 개발을 통해 파괴되는 환경과 생태계를 보호하고 기후조절, 소음과 악취의 완화, 일조의 확보, 도시미의 향상, 쾌적성의 향상 등 생활환경을 개선시키는 다양한 효과를 가지고 있다.

④ 방재적 기능

도시공원은 수목과 공한지의 확보에 의하여 도시의 안정성을 향상시키는 시설로서 공공재해를 억제하거나 방지하는 효과와 재해시에 안전한 피난지를 제공하는 효과를 가지고 있다. 수해, 지반붕괴, 산사태의 방지, 대기오염 및 폭발 등의 완화, 피난지, 피난로, 방화대의 확보 등에 직·간접적인 효과를 가지고 있는 것으로 밝혀지고 있다.

⑤ 도시골격 형성의 기능

도시공원은 간선도로, 대하천 등과 같은 도시형태의 골격을 구성하고 도시의 발전에 일정한 방향을 부여하는 효과를 가지고 있다. 특히, 도시의 외곽에 위치하고 있는 공원은 도시의 무질서한 외연적 확산이나 연담을 방지하고, 도시의 거대화에 따른 다양한 도시문제의 발생을 억제함으로써 균형있고 건전한 도시발전이 이루어지도록 도시개발을 조절한다.

⑥ 기타

도시공원과 같은 녹지공간의 규모, 특성, 형태, 입지 등이 현재나 미래의 도시개발에 중요한 요소로 작용하기 때문에 경제적으로 큰 영향을 미칠 수 있다는 측면에서 경제적 기능을 언급하기도 하며, 자연학습장으로서 역할을 비추어 교육적 기능을 언급하기도 한다.

공원의 기능은 앞에서 기술한 바와 같이 환경이 제공하는 '자연의 공급'이며 주 이용자인 사람이 요구하는 '여가활동의 장소 제공' 그리고 공원의 배경이 되는 지역사회의 요구로서 집회공간의 제공, 상징성의 제공 등과 같은 '지역의 중심성'이 있고, 그것에 따른 공원시설들이 다수 있게 마련이다. 또한, 대공원이나 묘지공원인 경우에는 주변환경의 개발을 촉진시키거나 억제시키는 기능도 있다. 각 공원의 기능과 공원시설은 이러한 일반기능을 어떻게 조합하느냐에 따라 결정되어야 한다.

(2) 도시공원의 입지조건

① 접근성

공원의 효용은 오픈 스페이스의 개방성(Openness)에 있으므로 공원의 입지에서 가장 중요한 조건은 접근성이다. 일상생활권에서 노약자가 보행에 의해 접근하는 어린이공원이나 근린공원은 특히 접근성이 매우 중요하다. 지구공원이나 대규모 공원은 대중교통수단에 의해 쉽게 접근할 수 있어야 하며, 승용차 보급이 확대됨에 따라 도로망, 주차시설 등이 확보되어야 한다.

② 안정성

공원으로 접근하는 과정에서 이용자들의 보행, 자전거통행 등이 차량통행으로부터 안전하게 보호되어야 하며, 공원 내의 시설이나 자연환경이 재해나 안전사고, 범죄 등을 유발하지 않도록 해야 한다.

③ 쾌적성

자연적인 환경조건이 양호하여 부담없이 즐겁게 공원을 이용할 수 있어야 한다.

④ 편익성

공원을 하나의 점적 시설로 보기보다는 일상생활과 밀접하게 연결된 오픈 스페이스 체계의 한 구성요소로 규정하고, 학교·슈퍼마켓·동사무소 등과 같은 일상 편익시설의 이용권 또는 이용경로와 긴밀한 관계를 갖도록 배치되어야 한다.

⑤ 시설적지성

공원의 입지가 공원에 도입할 활동과 공원시설을 받아들일 수 있는 조건을 갖추도록 해야 한다.

Chapter
07

Tourism Natural Resource Economics

위락 관광자원

Chapter 07

위락 관광자원

1. 위락과 리조트

1. 위락의 개념

1) 위락의 개념

위락(Recreation)은 인간이 일을 떠나 놀이나 즐거운 행위 또는 휴식을 함으로써 몸과 마음, 정신(魂)을 총체적으로 회복시킨다는 개념이다. 다시 말해서 위락은 여가시간에 일로 부터 인간을 쉬게 하고, 일을 위해 인간이 다시 회복(재창조)될 수 있는 활동을 뜻한다. 위락의 종류는 활동장소에 따라 실내 위락(Indoor Recreation)과 야외 위락(Outdoor Recreation)으로 구분할 수 있다.

2) 위락활동의 종류

위락활동의 종류가 다양하기 때문에 옥내에서는 각종 위락시설이 필요할 뿐만 아니라 옥외의 활동공간과 관광자원 및 시설을 필요로 하는 활동이다.

관광은 본래 여가, 놀이, 스포츠, 위락 등을 포함하는 현상이며 위락을 목적으로 하는 여행이다. 특히, 최근 관광의 유형도 '본다'의 의미를 관광형태에서 '보면서 적극적으로 참여한다'는 능동적·활동적 경향이 늘어나고 있다. 위락 관광자원은 이러한 능동적이고 적극적인 활동을 위하여 마련된 시설뿐만 아니라 위락활동에 적합한 자연조건을 가리키는 것으로서 활동하는 장소 또는 활동을 위한 장소의 상태를 뜻한다. 관광형태의 변화에 따라 위락 관광자원은 그 종류와 규모가 점차 확대되는 추이를 띠고 있으며 수요도 증대하는 추세이다.

2. 리조트의 개념과 개발

1) 리조트의 개념

리조트(Resort)의 사전적인 정의를 살펴보면 '종종 어디로 가다.', '어느 장소에 체류하다.'인데, 이것을 관광에 부합시키면 '반복을 환기하는 체재형 관광지'라는 의미가 된다. 즉, 별장지라든가 리조트 호텔이라는 장소가 이미지화된 것이다. 리조트라는 단어를 분석해 보면 Re는 다시(再), Sort는 품질, 신분, 계급, 단계, 방법이라는 의미를 갖는다. 결국 리조트의 의미를 새삼스레 자신의 인간성, 신분, 가치를 발견해 나가는 체재지라고 정의할 수 있다.

웹스터 사전에서 볼 수 있는 리조트의 의미는 다음과 같다.

- 휴가 중에 보양과 레크리에이션을 위해 사람들이 방문하는 곳(a place to which people go often or generally, esp. one for rest recreation, as on a vacation)

- 도움이나 지지를 받고 싶을 때 의지할 사람과 의지할 것(a person or thing that one goes or turns to for help, support. etc)이라고 되어 있다. 이러한 설명에서 볼 수 있는 리조트의 특성은 '자주 방문한다.', '보양과 레크리에이션을 하러 간다.', '마지막으로 귀착하는 곳이다.' 등으로 이해

✖ 표 7-1 _ 위락활동의 종류

연구자	산업	활동
日本長期信用銀行産業研究會 (1970)	흥행 오락산업	• 연극, 영화, 음악 • 스포츠 프로야구·농구와 같이 보는 스포츠, 경륜·경마와 같와 겨루는 스포츠, 볼링·테니스·골프와 같이 하는 스포츠, 스포츠용구점
	상업적인 오락	• 카지노, 전자오락게임,레저용품 판매업 카메라, 악기, 꽃, 게임용구
	외식산업	• 레스토랑, 커피숍, 바, 제과점
	관광산업	• 숙박시설, 운수시설, 여행알선업
衫岡碩夫 (1970)	하는여가	• 여러가지 여가활동
	여행관련산업	• 호텔, 여관, 관광버스, 렌트카, 모텔 등 • 스포츠관련산업 골프장, 스키장, 스케이트장, 볼링장 등
	기타 옥외관련산업	• 유원지, 레저랜드, 해양마리나, 주제공원 등
	실내여가산업	• 카지노, 전자오락, 헬스센터, 스포츠센터 등
	음식관련산업	• 레스토랑, 음식점, 바, 커피숍, 나이트클럽 등
衫岡碩夫 (1970)	취미관련 여가산업	• 서예·수예·공예·음악·미술 등의 각종 학원 등
	보는여가 또는 듣는여가	• 도박관련 여가산업 경마, 경륜, 경정 등
	스포츠와 구경거리	• 야구장, 농구장, 축구장 등
	취미관련 여가산업	• 영화관, 음악감상실 등
Tokildsen (1983)	가정중심 위락산업	• 애완동물 기르기, 정원손질, DIY, 신문, 잡지 등
	사교·위락산업	• 클럽, 레스토랑, 바 등 • 오락·예술·교육산업 극장, 연극, 콘서트, 나이트클럽, 도서관, 미술관 등
	스포츠 및 신체적 위락산업	• 건강관리, 볼링장, 사우나장, 실내·외 골프장, 테니스장, 온천 등
	관광·휴가 및 비공식적 위락산업	• 호텔, 여관, 공원, 동·식물원 등
	지원산업	• 상업성이 강한 스포츠, 예술, 오락산업 등

연구자	산업	활동
Christopher, Peck & Helen(1995)	참여중심적 시설	• 테니스클럽, 아이스링크, 헬스클럽, 무도장, 볼링장, 골프연습장 등
	음식서비스 시설	• 레스토랑, 카페와 커피숍, 식음료점, 패스트푸드점 등
	유흥시설	• 경마장, 경륜장, 스포츠경기장, 서커스, 나이트클럽, 주제공원 등
	쇼핑시설	• 쇼핑몰, 복합상가, 스포츠 용구, 의류, 장난감 등
	야외시설	• 스키리조트, 마라니, 해수욕장, 캠핑장 등
	환대기업	• 컨벤션센터, 리조트, 호텔, 모텔 등

리조트의 기능은 다음과 같다.

첫째, 자신에게 충실한 여가를 보내는 장소로서의 리조트이다. 이것은 일시적인 즐거움만을 추구하는 것이 아닌 어떠한 구체적인 자기목표를 갖고 자신에게 주어진 시간을 적극적으로 소비한다는 요구에 대응하는 것이다.

둘째, 본래에 접하는 것이 가능한 장으로서의 리조트이다. 그대로의 자연과 문화적 분위기에 취하거나, 직접 체험하는 조건을 갖는 것으로 어떤 의미에서는 가장 사치스런 욕구를 만족시키는 것이다.

셋째, 정신의 위기를 구원하는 것이 가능한 장으로서의 리조트이다. 너무 바쁘고 경제지상주의가 위세를 떨치고 있는 세태에서는 정신적인 지주가 필요한 상황이다. 그러므로 피폐해진 정신문제를 인식하면서부터 본래의 인간적 상태를 회복하기 위한 기회를 찾는 것이다.

넷째, 다른 차원의 세계에 침투할 수 있는 장으로서 리조트이다. '일상생활과 완전히 분리된 상태'와 '진짜 외국'에 자기를 두는 것이 가능한 장소로서 생활의 변화에 따른 문화충격을 즐길 수 있다는 욕구에 그 뿌리를 두고 있다.

다섯째, 철저히 노는 것이 가능한 장으로서 리조트이다. 돈과 체력과 시간을 철저히 소비하고자 하는 사람을 위한 것으로 이러한 관점은 리조트는 비구속적인 시간과 공간 그리고 인간관계 속에서 사람들이 평소와는 다른 안식(Relaxation)과 자극(Stimulation)을 즐기고 날마다 잃어가던 본래적 가치를 재발견하는 장으로 그 개념을 수립할 수 있다.

2) 유럽의 리조트 개발

(1) 유럽 리조트 개발의 역사

유럽에서는 고대부터 현재에 이르기까지 리조트의 원형이 계속해서 이어지고 있다. 예를 들면, 독일의 바덴바덴에서는 3세기 초에 카라카스 황제가 황제용 온욕탕을 건설해 왕후·귀족의 보양지로서 이용하게 하였다. 또한, 17세기에는 오늘날 리조트의 원형이라고 볼 수 있는 Badishe Hof가 건설되었다. 1848년에는 프리드리히 욕탕과 카지노가 건설되어 온천과 카지노를 중심으로 한 리조트로서 긴 역사를 자랑하며 현재까지 이어져 왔다.

영국에서도 잉글랜드의 욕탕(Bath)이 왕후·귀족의 리조트로서 17세기경부터 활발히 이용되어 왔다. 그들은 이곳을 보양뿐만 아니라 사교와 오락의 장으로도 이용했다. 유럽과 미국도 18세기까지만 해도 리조트는 왕후 귀족과 부유한 상인 등 일부 특권층 사람들의 전유물이었지만, 19세기에 들어서면서 서서히 부유한 평민층 등 보다 광범위한 사람들에게 이용되기 시작했다. 이에 호응하여 각지에서 새로운 리조트가 개발되게 된 것이다.

영국에서는 런던과 브라이튼 사이의 철도 개통을 계기로 남부지역의 교통망이 정비됨으로써, 본마우스(Bournemouth) 등의 해변 리조트가 탄생했고, 프랑스에서도 역시 철도 건설이 계기가 되어 니스(Nice), 칸느(Cannes), 셍 트로뻬(Saint-Tropez) 등의 해변 리조트가 점점 발전하였다. 이와 같은 시기에 미국에서도 리조트의 개발이 번성하게 되어 사라토가 스프링스(Saratoga Springs)와 팜 비치(Palm Beach) 등이 차츰 리조트로 형성되었다.

특히 이러한 유럽의 리조트 역사는 고대 로마의 왕후·귀족에 의한 리조트로 시작되어, 18세기에서 19세기 전반에 걸친 산업혁명에 의한 부유평민의 출현과 교통망의 발달 등에 한층 더 일반화되었던 것이다. 이 시기에 발달한 리조트의 대부분은 오늘날 비교적 고급스러운 리조트로 발전하고 있다. 이러한 리조트의 특색 중 하나는 국제성이다. 실제로 꼬뜨 다 쥐르의 개발 대부분이 영국의 자본으로 행해졌고, 내방객도 영국인, 독일인, 네덜란드인 등이 대부분이다. 이것은 유럽에서의 고속교통망 발달과 역내 상호 간 개방성, 다양성이 풍부한 기후환경 등에서 유래하는 것이다.

(2) 유럽 리조트 개발의 특색

20세기 후반에 들어서면서 리조트 지역의 이용은 대중화되었다. 배경에는 소득수준의 향상과 여가의 확대, 장기휴가의 일반화 등이 그 이유가 되었다. 유럽에 있어서 이 시기의 주요 리조트 개발은 특히 지중해 연안과 알프스 지역에 집중되었다.

유럽에서 리조트의 특징은 다음과 같다.

지중해 연안에서는 꼬뜨 다 쥐르 외에 랑그독 루시옹(Languedoc-Roussillon)과 코스타 델 솔(Costa del Sol) 일대가 개발되었고, 알프스 지역에서는 샤모니(Chamonix), 몽뜨리(Montreux), 셍 모리쯔(Saint-Moritz) 등이 리조트로서 정비되었다.

알프스 지역은 겨울 스포츠의 거점과 피서지로서의 성격이 강하고, 지중해 연안은 해양스포츠 기지와 피한지로서의 성격을 지닌다. 이러한 지중해 연안의 리조트 개발 프로젝트에서 주목할만한 사항들이 있다.

랑그독 루시옹에서는 1963년부터 프랑스 정부의 전면적인 뒷받침을 기반으로 리조트 거점개발이 실시되었다. 바캉스객의 국외유출을 막고, 개발이 늦어지고 있는 이 지방의 진흥을 도모하기 위해 계획된 것으로 유명하다. 이 지역 내에는 8개의 리조트 지역이 개발되어 있다. 이중에서도 가장 성공한 것의 하나로 평가되고 있는 것이 가장 동쪽에 위치한 뽀르 까마르그(Port Camarqe)이다.

까마르그는 랑그독 루시옹 중에서도 대규모 개발이 행해졌던 그랑드 모뜨(La Grande Motte)와는 달리 고층 고밀도 타입은 없고 저층 타입으로 개발된 것이다. 대부분의 아파트와 맨션이 수변(Water Front)에 면할 수 있도록 기하학적인 디자인으로 공간이 설계되어 있고, 보트의 수용력에서는 지중해 최대 규모를 자랑한다.

코스타 델 솔은 랑그독 루시옹과는 달리 전체적인 계획성을 없지만 기후·풍토의 양호함, 물가의 저렴함 등을 배경으로 리조트 지역이 형성될 수 있었다. 코스타 델 솔 일대는 1960년대에 특히 해외에서의 이주자를 중심으로 리조트 개발이 진행되었다. 리조트 개발은 민간차원에서 이루어졌지만 주정부가 기반시설의 정비, 홍보활동, 회의유치 등의 측면지원을 하였다. 외국인의 개발투자도 제한을 두지 않고(신고제), 리조트 개발을 위해 은행으로부터 융자를 받을 경우에는 우대조치를 취하고 있다.

(3) 미국의 리조트 개발 및 특색

미국은 20세기 후반에 들어 항공망의 확충, 고속도로의 정비 등이 맞물려 각지에서 리조트의 개발 및 정비가 되었다. 미국에서 최근 개발된 리조트 지역을 분류하면 크게 네 가지 종류로 나눌 수 있다.

- **해변형**(마리나 델 레이, 마이애미 비치 등)
- **산악형**(아스펜과 캐나다의 위스라 등)
- **오락형**(플로리다의 레이크 부에나 비스타 등)
- **테마형**(라 코스타 등)

해변형의 대표로 마리나 델 레이를 들 수 있는데, 이곳은 습지대의 유효이용, 환경위생상 벌레 등의 박멸과 대도시 주민의 해양레저 요구에 부응하여 1937년부터 구상이 진행되어 왔다. 1957년에는 연방정부와 주정부에서의 보조와 융자에 의해 로스앤젤레스시의 사업으로 착공되었다. 시(市)는 1,300만 달러를 차입해 용지매수와 항로의 준설공사부터 착수했다. 마리나 델 레이는 미국에서도 대단히 유인력이 높은 마리나 리조트 기지로서 마리나의 계류시설(6,400척)은 20년 간 항시 100%의 이용률을 보이고 있다. 마리나 델 레이의 각 도크는 로스앤젤레스시가 개인 투자가(Lease Holder)에게 리스(60년 계약)한 것을 다시 마리나의 각 이용자에게 임대하는 방식을 채택하고 있다. 이 개인 투자자가 현재 18명이고 아파트 등 기타 시설의 건설도 은행으로부터 자금을 융자한 것이다. 시는 단지 내에서 아파트 수입의 7.5%, 호텔과 보트 임대수입의 20%, 보트 판매대금의 1%, 레스토랑 수입의 3%를 징수하여 단지의 유지관리와 정부 및 주정부로부터의 차입금을 변제(1981년에 완료)하였다.

정주커뮤니티형의 카멜은 인접한 몬트레이와 일체가 된 정주형 리조트를 형성하고 있다. 카멜은 1912년의 샌프란시스코 지진을 계기로 이주자에 의해 도시로 형성되기 시작되었다. 도시는 전체적으로 공원같이 구상되어 조성됨으로써 "흰 모래 위에 서 있는 무성한 숲의 마을"이라는 인상을 준다. 식목은 잘 보존되고 주택지구의 도로는 9m를 넘지 않게 설계했으며 보도는 만들지 않았다. 또한 카멜에는 예술가가 많이 거주하여 독특한 문화적 분위기를 갖고 있다. 도심지에는 작지만 유명한 상점이 즐비하여 리조트 지역으로서의 매력을 높이고 있다. 특히 Ocean Avenue에는 60개의 특산품점을 모아 놓은 카멜프라자가 설치되어 있어 관광객의 유인력을 배가시킨다. 호텔 수입의 10%, 소매의 판매시 5~6%가 시의 세입이 되어 리조트 유지비용으로 사용된다.

3. 복합 리조트의 개념 및 개발사례

1) 복합 리조트의 개념

최근 사용되고 있는 IR(Integrated Resort) 용어는 싱가포르에서 마리나베이 프런트 지역과 센토사 지역에 카지노를 포함한 리조트를 개발하면서 사용한 용어로 국내에서는 복합 리조트로 불리고 있다. 인터넷 자유백과사전인 위키피디아는 복합 리조트를 목적지 리조트 중의 한 유형인 메가리조트로 정의하고 있으며, 싱가포르의 복합 리조트는 대해서는 카지노 기반의 목적지 리조트를 완곡하게 표현한 것으로 기술하고 있다.

싱가포르에서 복합 리조트의 용어를 사용하기 전부터 복합 리조트는 다양하게 정의되어 왔다. Wall(1996)은 Helber(1995)의 연구를 들어 통합 목적지 리조트(integrated destination resorts)는 최초로 1950년대 후반, 하와이에서 숙박시설과 관련시설들을 통합하여 자족적 관광목적지를 개발한 것에 시초하고 있다고 기술하고 있다. Inskeep(1991)는 복합 리조트를 전적으로 관광객의 배타적 이용을 위해 개발된 리조트로 그 형태는 단독 숙박시설로부터 다수의 호텔로 구성되는 것과 같이 다양한 규모로 다양한 관광시설과 서비스를 갖춘 자족적 리조트라고 설명하고 있다.

호주 외국인 투자 검토위원회(FIRB: Foreign Investment Review Board)에서는 통합관광리조트(ITR: Integrated Tourism Resorts)을 "단일 개발자에 의해 개발된 최소 50헥타르 이상의 단일지역에, 충분한 규모의 호텔시설(총 숙박시설의 20% 이상)과 기타숙박시설, 광범위한 레크리에이션 시설(골프, 테니스, 수영장, 산책로 등등)을 갖추어야 함"을 규정하고 있다.

싱가포르에서 복합 리조트라는 개념을 카지노와 연계하기 전까지 기존의 정의는 관광객의 다양한 활동을 단일 시설 또는 단지에서 소화할 수 있는 대규모 리조트로 정의하고 있어 현재 통용되고 있는 복합 리조트의 개념과는 다른 차이를 보이고 있다. 그러나 아직까지 카지노를 포함한 복합 리조트의 정의와 유형 구분은 아직까지 보편적인 결론에 도달하지 못하고 있는 상황으로 정의가 혼재되어 사용되고 있다.

결과적으로 복합 리조트는 기존 전통적 정의에 카지노 등의 게이밍 시설을 포함하는 개념으로 "일정 규모 이상의 부지에 풀(full)서비스의 숙박시설과 해변, 스키장, 골프장 등의 레저·스포츠 시설과 테마파크, 게이밍 시설 등을 선택적으로 포함하고 있는 목적지 리조트"로 정의할 수 있다. 목적지 리조트는 "리조트 자체로 방문객이 원하는 모든 활동을 수용할 수 있는 리조트로 쇼핑, 테마파크, 카지노 시설, 스포츠 레크리에이션 시설, 경관 또는 역사지역 등 관광객이 원하는 모든 활동과 최고 수준의 서비스를 제공하는 리조트"를 칭하는 것으로 한편, 일본에서는 미하라 금융(美原融)(2011)이 복합 리조트를 "통합 리조트로 칭하며, MICE시설, 숙박시설, 쇼핑몰, 극장, 카지노 등을 포함한 복합적인 관광시설"로 정의하였다. 미즈호 은행(2012)에서는 "카지노호텔과 컨벤션시설, 엔터테인먼트시설 등이 같이 포함된 시설" 등으로 정의한다. 이러한 정의에 기초하여 카지노 합법화 추진을 위한 법률 시안에서는 복합 리조트를 "특정 복합 관광시설"이란 용어로 "회의시설, 숙박시설, 식음시설, 쇼핑시설과 다양한 유흥시설 또는 공익적시설 등을 포함하며, 그 핵심에 카지노 시설을 포함하는 복합적인 기능을 가진 여가·유흥시설"로 정의하는 한편, 기존의 관광자원이 새로운 시설과의 융합할 경우 동등한 효력을 갖는 것으로 정의한다. 미국 라스베가스에서 1980년대부터 엔터테인먼트와 쇼핑기능 강화, 그리고 컨벤션의 유치에 주력하며, 종합적인 엔터테인먼트 리조트로의 변화를 추진하면서 시작되었다. 1,000실 이상의 객실과 카지노, 엔터테인먼트 시설을 포함하는 거대 테마호텔이 등장하면서 복합 리조트의 원형으로 부상하고 있다.

최근 개발되고 있는 복합 리조트는 핵심적 동인시설로 카지노를 보유하고 있으며, 집객력 확보를 위해 테마파크(워터파크 포함) 등의 시설과 대규모 숙박시설, MICE 시설 그리고 다양한 엔터테인먼트 시설 및 문화시설 등을 보유하는 형태를 지닌다.

※ 표 7-2 _ **복합 리조트의 시설**

구분	시설
핵심시설	• 카지노 • 테마파크 • 호텔/리조트(4성급 이상)
지원시설	• 고급쇼핑시설 • 고급식음시설 • 엔터테인먼트 시설(쇼, 콘서트, 나이트클럽 등), 문화시설, 박물관, 전시시설 등 • MICE시설 • 스파, 골프 등 스포츠 시설

자료: Christian Aaen(2011), INTEGRATED RESORTS AND DESTINATIONS : From Theory to Making it Happen, Asian Attractions Industry Perspective, IAAPA Asia-Singapore.

최근 개발되고 있는 복합 리조트는 대규모 시설 개발과 함께 진행됨에 따라 투자규모 또한 40억 달러 이상의 대규모 투자를 수반하는 형태로 추진되고 있다. 라스베가스 및 마카오의 카지노 호텔·리조트의 경우 최대 30억 달러 이상의 투자가 요구되며, 대규모 테마파크의 개발에는 10~20억 달러의 투자가 요구되는 것으로 나타나고 있다.

※ 표 7-3 _ **복합 리조트의 유형**

구분		내용
목표시장	MICE 유치형	• 비지니스 중심 • 국제회의, 상담, 연수 등을 유치 • 30~40대의 비지니스맨 • 세련된 공간
목표시장	어뮤즈먼트 리조트	• 가족중심 • 인센티브, 보양·휴양·요양 • 가족, 청소년, 은퇴자 • 비일상정 공간
입지	교외리조트형	• 주변에 시가지 및 기타 기존의 관광 시설이 적거나 없는 지역에서 다양한 기능을 갖춘 리조트로 개발하는 패턴
	주변시설연계형	• 주변 시가지 및 기타 기존 관광시설이 입지하는 경우 카지노를 포함한 복합 리조트를 중심으로 주변시설과 연계하여 하나의 리조트 공간을 창출(카지노는 복합 리조트 지역에 한정)

2) 복합 리조트의 개발사례

카지노를 포함한 복합 리조트의 개념은 싱가포르에서 발생하였으나, 카지노 기능을 포함한 목적지 리조트의 개념은 라스베가스로부터 출발하였다. 최근 이러한 논의가 발생하기 시작한 배경은 마카오의 카지노 독점권 해제로 외부자본 특히, 라스베가스 자본에 시장을 공개함으로써 대규모 카지노호텔과 복합 리조트의 개발이 촉진되었다. 마카오 샌즈 카지노의 개발과 이후 코타이 매립지역에 라스베가스 스트립과 유사한 코타이 스트립의 개발이 추진되어 대규모 숙박시설과 컨벤션시설, 카지노를 갖춘 도심형 카지노리조트가 운영을 시작하면서 아시아지역에서 개발이 확대되고 있는 추세이다. 최근 일본은 '특정복합관광시설구역(카지노 복합 리조트)' 허용을 추진하고 있으며, 필리핀도 'Entertainment City' 프로젝트를 통해 4개 지역의 복합 리조트 개발을 신규로 추진하고 있다. 특히 복합 리조트(IR: integrated resort)

라는 용어를 탄생시킨 싱가포르가 대규모 투자유치를 통한 복합 리조트 개발을 성공적으로 추진하며 아시아 지역 내 카지노 복합 리조트 개발이 확대되는 경향을 보이고 있다. 카지노를 포함한 복합 리조트의 형태는 해외 각국의 개발사례를 볼 때 다양한 형태로 나타나고 있으나, 카지노 시설의 유무와 함께 입지와 시설 특성에 따라 유형 구분이 가능하다.

싱가포르는 2000년 이후 국가의 성장이 정체되는 현상을 보이자 경제활성화와 내수경기 활성화, 신규 고용창출 등을 위해 카지노 복합 리조트의 개발을 허용하였다. 당시 복합 리조트 개발을 통해 약 35,000명의 고용창출과 15억 싱가포르 달러의 국내생산 증대효과, 관광수입 증대효과 등을 기대하고 있다. 또한, 해외 카지노 이용으로 인해 유출되는 카지노 지출액 20억 싱가포르 달러 중 7억달러를 국내로 흡수하는 것을 의도한다. 싱가포르 무역산업부 홈페이지에서는 복합 리조트의 개발과 관련하여 사업자 선정 등의 절차를 설명하고 있으며, 사업자 선정의 평가기준으로는 '관광기여도', '건축개념 및 디자인', '투자규모', 그리고 '컨소시엄 및 파트너의 적절성' 등을 제시하였다.

마리나베이 복합 리조트의 경우 2005년 11월 5일 제안요청서(RFP)가 제시되고 이후 4개의 제안사가 접수하였고, 이중 라스베가스 샌즈(LVS)가 2006년 5월 26일 사업자로 선정되었다. 센토사 복합 리조트는 2006년 4월 28일 제안요청서가 제시되고, 같은 해 12월 8일 3개의 제안사 중 겐팅인터내셔널이 사업자로 선정되었다.

싱가포르의 복합 리조트는 카지노 외에도 호텔, 회의시설, 쇼핑시설, 공연장 등의 다양한 부대시설로 이루어져 있으며, 복합 리조트(Integrated Resort)라는 용어를 사용하며 아시아지역 카지노리조트 개발의 모델 사례로 부상하였다.

리조트 월드 센토사는 카지노를 리조트에서 경험할 수 있는 다양한 활동의 하나로 간주하고 다양한 경험이 있는 리조트를 지향하며 개발되었다. 전체 부지면적은 16만 평에 이르며 미화 49억 달러의 투자로 개발되었다. 개발계획에 따르면 카지노와 함께 3,500개의 객실을 갖춘 13개의 호텔과 2개의 월드 클래스급 골프장이 포함되어 있으며, 현재 6개 호텔 1,830실의 객실과 국제회의시설, 유니버셜 스튜디오와 2개의 테마파크, 명품점과 아울렛, 스파, 박물관 등 다양한 시설을 보유하고 있다. 센

토사섬 자체가 싱가포르의 대표적인 관광지이며 기존 센토사섬의 관광시설, 복합 리조트와 더불어 요트장, 수영장이 있는 초호화 주택도 함께 조성되었다.

일본은 경마와 경륜, 파친코 등의 사행산업을 허용하되 카지노는 엄격하게 금지하고 있었으나, 2000년대 들어 카지노 합법화 움직임이 공식적으로 대두되기 시작하였다. 2002년 자민당 의원을 중심으로 "카지노와 국제 관광을 생각하는 의원 연맹"을 설립하여 합법화의 논의를 시작하였다. 2006년 1월 25일에는 자민당 내 정무조사회 관광특별소위원회에서 카지노법제화 검토 결정과 함께 그 해 6월 "일본 카지노엔터테인먼트 도입을 위한 기본 방침"이 발표되었다. 2010년 초당적 참여로 "국제관광산업 진흥의원연맹"이 발족하였으며, 이를 중심으로 "국제 경쟁력이 있는 체재형 관광과 지역경제의 진흥을 실현하기 위한 특정복합관광시설구역 정비법(안)"을 마련중에 있으며 특히, 2011년 대지진 피해 복구자금 마련과 장기 경제침체 해소 등의 요구로 상기법안의 합법화를 추진할 것으로 전망되고 있다. 카지노 허가지역에 대해서는 단기적으로 2~3개의 카지노를 허용하고 단계적으로 10개소까지 확장하는 것을 계획하고 있는 것으로 알려지고 있으며, 현재 일본 내 10개 현에서 카지노 복합 리조트 추진을 검토하고 있는 것으로 파악되고 있다.

한국은 복합 리조트 개발 사업계획 공모(RFP) 심사 결과 인스파이어 복합 리조트(Inspire Integrated Resort · Inspire IR)가 복합 리조트 사업자로 선정되었으며 2016년~2019년까지 인스파이어 IR은 인천 영종도 내 인천공항업무지구(IBC-II)지역에 총 1조5천 억원을 투자해 5성급 호텔, 회의시설, 테마파크, 공연장, 쇼핑시설, 외국인 전용 카지노 등 다양한 관광 · 휴양 시설을 포함하는 복합 리조트를 조성할 계획을 가지고 있다.

2. 골프

1. 골프의 발달과 입지조건

1) 골프의 발달

골프는 네덜란드 지방에서 기원전 어린이들이 실내에서 하던 코르프(Kolf)라는 경기에서 비롯되었다는 설도 있고, 스코틀랜드 목동들이 민속놀이였다고도 한다. 골프 경기가 언제부터 시작되었는지는 정확히 알 수 없으나 현존하는 가장 오래된 골프에 관한 기록은 1457년 스코틀랜드에서 있었던 골프 금지령에 관한 것이다. 스코틀랜드에서는 국민들의 무술훈련에 방해가 된다는 이유로 1457년, 1471년, 1491년 세 차례에 걸쳐 골프 금지령을 내렸었다. 1592년에는 일요일에 교회에 나오는 사람이 줄었다는 이유로 에든버러 시의회에서는 일요일의 골프 금지령을 내렸던 적도 있다. 골프코스가 18홀로 확립된 것은 1764년경이고 영국의 '세인트앤드류스'가 시초이다. 그 전까지는 홀(Hole) 수도 5개홀에서 28개홀까지 다양했으며 일정한 거리고 없었다. 골프는 19세기 말에 미국에서부터 대중화되기 시작해서 현재 전 세계 골프장 30,000여개소 중 20,000개가 미국에 분포하고 있다. 그러나 골프는 세계 각국으로 크게 확산되면서 개인의 여가대상으로서 건강과 즐거움을 얻는 대중스포츠로 부상하고 있는 추세이다.

한국에는 1900년에 원산세관에서 영국인들에 의해(6홀 사용) 처음 선을 보였고, 1920년에 조선철도국이 직영하던 조선호텔에서는 판촉의 수단으로 골프장을 설치하였다. 그 후 미국인 댄트의 설계로 서울의 효창공원에 골프장이 설립되었지만, 이 코스는 1923년에 공원지정으로 폐장되었다. 실질적인 한국의 골프장 사업의 시작은 1929년 군자골프장(현재 서울 어린이대공원)이 개장되면서부터이다. 군자골프장은 1943년에 폐장되었다가 주한 미군의 장비지원으로 1950년 5월에 복구되었으나 1개월만에 6·25로 다시 폐장되었고, 휴전회담이 조인된 후 1954년 7월에 또 다시 전장 6,750야드, 파 72의 국제규모를 갖춘 골프코스로 재복구되면서 한국의 골프는 비로소 본 궤도에 들어서게 된다. 우리나라의 골프장은 1950년대에 2개소, '60년대에 4개소', '70년대에 16개소', '80년대에 22개소' 등 시간경과와 더불어 날로 증가하는 추세를 보이고 있다. 2019년 1월 기준으로 약 467개 골프장(군 골프장 25개 포함)이 운영중이며 18홀로 환산하면 547개소, 10홀 미만도 104개소(22%)로 나타나고 있다. 골프장 내방객은 2009년 기준으로 7만 2693명, 2016년 6만 6천명, 2017년은 7만명으로 나타나고 있으나 이후 경제적 상황에 따라서 다시 골프장 내방객은 줄고 있다. 최근 PGA(Professional Golfers' Association), LPGA(Ladies Professional Golf Association) 등 세계적인 골프경기대회에서 선전을 보이는 것도 큰 역할을 하고 있다. 우리나라에서 골프에 대한 인식의 변화와 함께 따라서 관련 산업도 함께 성장하고 있다. 그러나 골프가 아직도 권력층·부유층의 여가형태로 인식되고 있으나 스크린골프가 증가됨에 따라서 새로운 여가활동 장소로 부각되고 있다.

2) 골프장의 입지조건

골프장은 입지유형에 따라 해변형, 평지형, 산지형으로 구분한다. 1900년 최초로 개장되었던 원산, 1913년 구미골프장은 영국의 스코틀랜드와 유사한 입지형이었다. 1929년 군자리골프장, 56년 부산골프장, 64년 한양골프장, 68년 안양골프장 코스 등은 완경사의 평지형이 주류를 이룬다. 1980년 후반부터 우리나라 골프장은 산지에 주로 입지하는 산지형의 경향이 두드러진다.

(1) 접근성

골프장의 위치는 승용차 60~90분 이내로 거리에서 이용객의 확보를 고려하는 편이 좋다. 따라서 수도지역에 다수의 골프장이 많은 이유도 골프장 이용객이 많은 시장을 겨냥하고 있다.

(2) 용지면적

부지면적은 일반적으로 골프장의 규모에 따라 이용할 수 있는 면적이 충분해야
한다.

표 7-4 _ 용지면적(18홀 기준)

구분	평지	구릉지	산지	경사지(30%~50%)
면적	20~22만평	24~26만평	27~30만평	40만평

(3) 지형 조건

골프장의 용지는 정방형보다는 장방형 또는 다소 불규칙한형, 부채꼴형이 좋으
며 용지의 구배가 8% 미만이고 고·저의 차가 50m를 초과하지 않는 용지가 골프
장의 조성지로서 가장 바람직한 것으로 알려져 있으나, 국내의 경우는 거의가 이를
초과하고 있다. 작은 능선 여러 개로 구성되어 고·저의 차이가 적으며 경사가 완
만한 지역이 골프장 조성지로 적당하다. 북사면은 가능한 한 피하는 것이 좋은데,
이같은 이유는 겨울에 바람이 강하고 일조량이 부족하여 눈이 잘 녹지 않는 등 잔
디관리에 곤란을 주기 때문이다.

(4) 용수 조건

일반적으로 18홀 기준으로 했을 때 약 1일/500톤 정도의 관리용수가 필요하다.

(5) 경관 조건

운동에 적합한 조건뿐만 아니라 경치와 경기자의 심리상태 및 조경학적인 고려가
중요한 역할을 한다. 따라서 수목을 이용한 조경은 필수적이다. 용지 내에 자생하고
있는 기존의 수목은 그 지역의 기후조건과 토양에 가장 알맞은 것으로 생태학적 균

Ch 01. 관광개발의 특성
Ch 02. 관광콘텐츠와 스토리텔링
Ch 03. 관광개발
Ch 04. 지역 관광자원
Ch 05. 문화 관광자원
Ch 06. 동양 관광자원
Chapter 07. 위락 관광자원

형을 유지하기에 적합하여 훌륭한 경관을 조성할 수 있는 골프장에 꼭 필요한 요소이다. 이 밖에도 잔디의 생장이나 배수에 유리한 토양조건과 Amenity조건, 해안, 호수, 하천변 등 수변지향이 가능한 장소가 골프장의 입지에 적당한 조건이다.

2. 골프장의 현황과 시설

1) 골프장의 현황

2019년 1월 현재 국내에는 약 467개 골프장(군 골프장 25개 포함)이 운영 중이며 이를 18홀 환산하면 모두 541개에 이른다. 10홀 미만 골프장도 104개소로 전체 비율중 22%를 차지했다. 회원제에서 대중제로 전환한 골프장은 모두 67개(1,482홀, 18홀 환산 82개)에 달한다. 이에 따라 대중제 비율은 58%(5,603홀/18홀 환산 311개)로 회원제 42%(4,140홀/18홀 환산 230개)의 비율을 보이고 있다.

2) 골프장의 시설 규정

골프장에 관련된 행정 업무사항이 교통부에서 문화체육관광부로 이관된 후 1990년 '골프장 관리규정'을 제정·고시하고, 1994년에 '체육시설의 설치, 이용에 관한 법률'을 개정·공포하였다. 골프장은 회원제, 일반(대중), 간이 골프장으로 구분하여 각각에 대한 시설 및 설비기준을 규정하고 있다.

※ 표 7_5 _ 전국의 골프장 현황

구분	개수(비율)	회원제(비율)	대중제(비율)
수도권	148(32%)	1,836(55%)	1,508(45%)
강원	53(11%)	414(37%)	698(63%)
경남(부산.울산)	52(11%)	504(47%)	578(53%)
경북(대구)	52(11%)	351(37%)	602(63%)
충남(대전)	33(7%)	180(32%)	381(68%)

구분	개수(비율)	회원제(비율)	대중제(비율)
충북	35(7%)	189(26%)	532(74%)
전남(광주)	42(9%)	153(19%)	645(81%)
전북	22(5%)	81(18%)	365(82%)
제주	30(6%)	432(60%)	294(40%)
총계	467(100%)	4,140(37.0%)	5603(63%)

출처: 골프산업신문(http://www.golfin.co.kr)

표 7-6 _ 골프장의 시설·설비기준

구분	내 용
운동시설 기준	• 골프코스 회원제 홀 골프장업 및 정규 대중골프장업은 홀 이상 • 일반대중골프장업 9홀~18홀 간이골프장업은 3홀~9홀 • 18홀 6,000m, 9홀 3,000m 골프코스 총길이 홀골프장은 홀골프장은 6 2,000m (25%) 홀 골프장은 총 길이의 범위 내 증감 가능 • 각 골프코스에는 티그라운드, 훼어웨이, 그린, 러프, 장애물, 홀컵 등 경기에 필요한 시설을 갖추어야 함 * 골프용구 운반기구를 갖추고 그 운행이 가능하도록 해야 함
안전시설	• 골프코스 간 안전사고의 위험이 있는 곳은 이상 간격을 유지하고 지형상 20m 간격 유지가 곤란한 경우 안전망을 설치해야 함
관리시설	• 골프코스 주변 러프, 절토지 및 성토지 법면 등에는 조경을 해야 함
클럽하우스	• 9 : 500m² 홀 미만 연면적 이하 • 9 ~18 : 600m² 홀 홀 연면적 이하 • 18 : 3,300 (400) 홀 연면적 이하 회원 대중 공동사용 • 18 : 3,300 + 18 9 600 홀 이상 연면적 홀 초과 홀마다 추가가능 m² (400) 회원 대중 공동사용시 추가 가능 · m² - 2 ( ) 이상의 골프장이 공동으로 사용하는 경우 회원 대중제 공동사용 제외 ⇒ 각각 설치할 수 있는 골프하우스의 연면적을 합한 면적 이하
인력배치	• 체육지도자 - 18 ~36명 : 1 홀 홀 이하 인 이상 - 36 : 2 홀 초과 인 이상 • 코스관리요원 잔디 수복식재 예초 농약사용 등 업무종사자 - 18 : 1 홀 이하 인 이상 - 18 : 2 홀 초과 인 이상

3. 골프의 대중화

골프장 건설은 국토의 개발과 효율적인 이용, 지역경제 발전의 기여, 여가문화를 건전한 방향으로 보전, 지역사회의 공원건설 및 각종 공해와 스트레스로부터 벗어나 심신의 건강을 다지는 건전한 장으로서의 역할 등 유익한 기능이 있다.

<그림7-1>과 같이 골프장 수 및 골프 인구가 증가하면서 골프산업의 시장규모도 증가하고 있다.

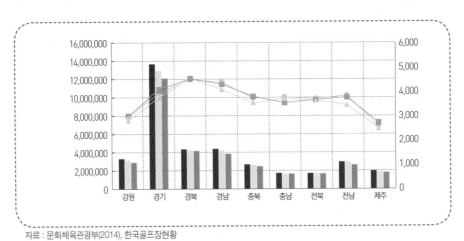

자료 : 문화체육관광부(2014), 한국골프장현황

❈ 그림 7-1 _ 전국 골프장 내장객 현황 및 예측(2014-2016)

4. 골프산업의 제약요인

골프장개발의 영향은 생태계의 파괴, 환경오염, 산림훼손 및 농지잠식, 부적지의 개발로 인한 대규모의 지형변경과 투자비용의 증대, 공사과정에서 제반규칙을 준수하지 아니함으로써 산사태 발생, 농경지 유실, 가옥침수 등 많은 재해를 초래하는 문제점을 지니고 있어 이들의 해결방안이 필요하다.

최근 무분별하게 조성되고 있는 골프장은 부지 선정에 있어서 부적절한 부지 선택과 부지의 형태를 고려하지 않은 골프장 건설로 인해 인위적인 재해 혹은 자연재해 및 2차 재해를 유발하는 경우도 있다. 그러나 골프의 대중화라는 세계적인 추세 속에 국내에서도 날로 수요가 증대하고 있다. 따라서 골프장의 긍정적인 면을 극대화하고 부정적인 측면을 극소화할 수 있는 방안이 연구과제로 등장하고 있는 것이다. 특히 골프장 건설에 따른 환경적 영향이 골프대중화를 제약하는 가장 큰 요인이 되고 있다.

1) 대중화의 제약요인

(1) 산림파괴

골프장이 건설되면 잔디 조성을 위한 산림의 파괴는 필연적이다. 더욱이 우리나라 골프장은 산지입지형이 대부분이기 때문에 산림면적의 감소는 매우 심각하게 나타난다. 결국 산지환경의 변화는 각종 동물들이 서식지 파괴, 자연의 이산화탄소 흡수 속도가 1/5 이하로 감소하고, 보수력도 크게 줄어들게 된다. 그 이유는 산림에 비해 잔디의 보수력이 1/4 정도로 크게 떨어질 뿐만 아니라 골프장은 비가 내리면 빗물이 바로 잔디밑 배수관을 통해 조정지로 빠져버리는 구조로 되어 있기 때문이다. 이와 같이 상류에서의 부수력 저하로 산사태와 홍수의 재해를 초래하게 되고, 평상시 유량도 감소하여 수자원의 고갈상태에 이르게 된다. 또한, 잔디유지를 위한 많은 양의 살수로 물 자원의 소비도 많은 편이다. 무엇보다도 산림벌채에 따른 본래의 경관을 크게 변화시키는 문제도 있다.

(2) 수질 오염

우리나라의 자연조건에서 잔디를 보존하기 위해서는 노약과 대량의 화학비료를 사용할 수밖에 없다. 이런 결과로 하류의 하천·연못·댐·저수지 등에서 부영양화가 진행되어 수질오염이 나타나기 쉽다. 골프장 공사 중에 집중 호우가 내리게 되면 수질오염을 더욱 가속화시킬 수 있다. 이러한 수질변화는 지역주민의 식수원을 오염시키고, 용수가 고갈되는 등의 부정적인 환경영향을 야기시킨다.

이 밖에도 골프장 건설 중에 나타날 수 있는 분진이나 소음문제도 있다. 예컨대, 암반 폭파시의 발파로 인해 주변지역 농가의 가옥이 파괴되고 가축이 사산되는 피해, 거주하고 있던 집들에 금이 가게 하고 축사벽을 무너뜨리는 등의 피해를 발생시켰다는 보고사례가 있다.

골프 대중화의 장애요소로서 빼놓을 수 없는 것은 골프장 조성의 투자 비용과 이용자의 비용문제이다. 소수의 골프회원이나 골퍼들의 행동이 사회적인 여러 문제를 포함해서 골프장 건설에 많은 영향을 미치고 있다. 또한, 지역사회에 경제·사회·문화 등 문제가 있는 긍·부정적인 영향문제에 대한 논란도 많이 발생하고 있다.

2) 골프 대중화

'골프장 관리규정'의 내용을 개략적으로 요약해 보면, 시·도지사는 총 임야면적의 5%를 초과해 골프장 승인을 내줄 수 없도록 하였으며, 시·군별로 72홀을 초과할 경우 문화체육관광부장관과 협의 후 승인토록하여 골프장의 특정지역 집중을 방지했다. 또, 여신관리대상 계열기업군의 골프장 승인을 원칙적으로 금하도록 명문화했으며, 일반 골프장으로 승인된 경우 회원제로 변경 할 수 없게 규정했다. 시·도지사가 골프장의 사업계획승인 신청을 접수할 때나 철회, 반려할 때에는 문화관광부장관에게 즉시 보고하도록 하여 중앙부처차원에서 종합적인 업무관리가 가능토록 했다.

골프장 면적에 대해서는 사업계획면적과 사용면적을 구분해 시·도지사가 관리하게 했으며 18홀 기준 108m² 등 사업계획 면적의 상한기준을 마련했다. '농지의 보전 및 이용에 관한 법률'의 시행령에는 단위 골프장 건설시 농지면적이 총 골프장 면적의 10%를 초과하지 못하도록 규정하고 있으나, 일부 골프장은 지역적 특성을 내세워 이를 상회하는 경우도 있다. 그러나 골프장 농지면적은 전체면적의 4.3%에 불과한 것으로 나타났다. 상수원보호, 농약사용, 개발 후의 복구 등에 관한 사항을 명문화했다. 상수원보호 측면에서 종전의 환경부의 환경성 검토기준에서 규정했던 내용과 비슷한 선에서 골프장 사업 가능지의 기준을 설정했으며, 기준에 적합한 오수 처리시설 설치 및 시설 관리자를 지정토록 규정했다. 농약오염 방지를 위해서 골프장 내에 초기 오수를 14일 이상 저수할 수 있는 조정지를 설치·운영토록 하고, 골프장협회로 하여금 분기별로 1회 이상 농약관리자에 대한 교육을 실시하게 하였다. 또 시·도지사는 분기별로 농약잔류량을 조사하여 문화관광 및 환경부장관에게 보고토록 하고 연 2회씩 농약유출영향을 조사·보고토록 하는 등 농약사용과 관련된 통제장치 등이 있다.

골프장과 같은 위락관광자원 개발시 파생되는 문제를 극소화시키기 위한 신중한 접근방법은 자연도 보호하고 즐거움도 얻을 수 있는 대안관광에 대한 인식을 새롭게 하는 것이다.

골프의 긍정적인 발전을 도모하는 데는 앞에서 언급한 제약요인, 특히 환경에 관한 부정적인 영향을 극복하는 일이 무엇보다 우선한다. 이것을 위해서는 과학 메커니즘을 동원한 환경영향 평가를 포함하여 법적인 규제를 철저히 이행하는 가운데, 우리 국토환경에 부합하는 방식을 채택해야 한다. 본래 우리나라에서는 잔디를 '금잔디'라고 부를 정도로 잔디가 생장하는데 불리한 환경이다. 따라서 우리의 기후, 지형조건에 잘 적응할 수 있는 잔디의 개량·개발도 장기적인 연구과제로 삼아야 한다. 또 다른 방법으로는 규모의 문제인데, 골프장을 대중 골프장과 간이 골프장 위주로 축소하는 것이 있다. 이런 방법은 사회적인 위화감을 해소하는 데도 도움이 된다. 우리보다 여건이 나은 일본에서도 골프장 망국론이 대두되었지만 골프장 규모를 축소하는 등의 합리적인 대중화 대책이 성공하고 있다. 일본의 경우 2천 여개에 달하는 골프장이 있지만 대개 3~6홀의 대중 골프장이 주를 이루고 18홀 이상은 흔치 않아서 골프장이 차지하는 면적이 전국토의 0.04%인데 반하여 우리는 0.2%로 더 높은 것이다. 미국은 6홀 규모의 많은 인구가 즐길 수 있는 퍼블릭이 전체 골프장의 61%를 차지하고 있는 실정이다.

결국 골프의 지속적인 발전과 대중화를 이루기 위해서는 골프장 공급의 원활화와 부대시설의 다양화, 비용의 차별화 등을 통해 골프 인구의 보편화와 계층의 다양화를 지향해야 한다. 골프의 경우도 '다품종 소량생산'이라는 대명제를 세우고 이것을 실현한다면, 골프장도 국민의 여가, 위락공원으로서 위치를 확보할 수 있을 것이다.

국민소득의 지속적이 증대와 여가활동에 대한 관심의 제고, 스포츠 및 레저 부문의 급속한 성장 등 사회·문화적 환경의 변화에 따라 급격히 증가하고 있는 골프 인구와 스포츠로서의 골프에 대한 이해의 지변확대추세는 고급 사치성 오락으로만 여겨지던 골프에 대한 인식을 점차 변화시키고 있다. 또한 국민 생화 부문에서도 자유시간의 증가, 교육기회의 확대, 소득수준의 증가 등으로 인하여 이러한 추세는 앞으로도 지속될 것으로 보이나 골프에 대한 인식이 오락·위락의 대상이 아닌 스포츠 활동으로 정립되었다고는 볼 수 없다.

최근 우리나라에서 골프의 급작스런 성장은 PGA, LPGA에서 우리나라 남녀 선수들이 선전하는것도 이유가 된다. 일상 주변에 있는 스크린골프도 한몫하고 있다. 1990년대 도입된 스크린골프는 2000년대 급속하게 증가되었다. 2001년 3,500개, 2010년 6,900개, 2014년 10,000개로 증가되고 있다. 이같은 변화는 골프가 사치운동에서 여가활동으로 변화를 가져왔다. 2016년 9월부터 시행하고 있는 김영란법(부정청탁 및 금품 등 수수의 금지에 관한 법률)로 인해 골프산업에 대해 전반적으로 위축될 우려도 있다. 그러나 이와 더불어 골프에 대해 인식의 전환도 함께 필요하다.

골프경기는 일반적으로 감독자 없이 이루어지는 일이 많아서 룰을 적용하는 심판은 스스로가 맡고 벌칙도 자진해서 적용해야 한다. 보고 있는 사람이 없다고 해서 타수를 속이거나 룰 적용을 자기에게 유리하게 하면 경기의 가치는 상실된다. 골프가 신사도의 게임이라고 하는 이유가 여기에 있다. 경기규칙 이전에 플레이를 위한 에티켓의 엄수가 철칙으로 되어 있다. 크게 나누면 에티켓과 플레이에 관한 규칙의 2가지로 나눌 수 있으며, 이것은 세계공통이다. 첫째, 당사자가 샷중일 때 동반자는 큰소리를 내거나 웃는 등 방해되는 일체의 언동을 삼가야 한다. 둘째, 경기의 진행을 순조롭게 하기 위하여 모든 플레이어는 협력해야 한다. 선행조(先行組)와의 간격이 벌어지면 서슴지 말고 뒤따르는 조가 먼저 갈 수 있게 한다. 셋째, 티잉그라운드를 포함해 볼을 칠 때는 자신의 최대 비거리 이상으로 앞 조가 나갈 때까지 볼을 쳐서는 안된다. 넷째, 각 플레이어는 코스를 파손하는 일이 없어야 한다. 스타트 홀의 타순은 추첨으로 결정한다. 첫 차례로 치는 영예를 오너(honor)라 하고, 다음 홀부터는 전(前) 홀의 스코어가 적은 순서로 한다. 다만 스트로크 플레이에서는 타순에 잘못이 있어도 무관하다. 티그라운드에서는 볼을 티 구역 내, 즉 앞쪽에 있는 2개의 티 마크를 잇는 선을 한변으로 하고, 클럽 2개의 길이를 한변으로 하는 네모꼴 안에서 쳐야 한다. 그러지 않으면 2벌타가 된다. 티샷을 헛스윙한 경우에는 1타로 간주한다. 스루더그린이란 티잉그라운드와 그린, 해저드(모래밭과 수역)를 제외한 코스 내의 전구역을 말한다. 제1타에 의해서 볼은 인플레이 상태가 되므로, 볼에 손을 대거나 바꾸어서는 안된다. 나무에 걸린 볼을 떨어뜨려서 치면 2벌타가 되므로 자기의 볼임이 확인되면 언플레어블을 선언하고 1타 부가한다. 코스도 있는 그대로의 상태에서 플레이해야 한다. 잘못하여 다른 사람의 볼을 친 경우에는 2벌타가 되며, 본래의 위치로 돌아가 다시 쳐야 한다. 단, 오구의 타수는 스코어에는 들어가지 않는다. 바람에 의해 움직였다 하더라도 플레이어가 움직인 것으로 간주한다. 코스 내의 흰 말뚝 밖으로 볼이 나간 경우에는 1벌타가 되고, 다시 1회 친다. 따라서 다음 샷은 제3타가 된다. 퍼트가 기(旗) 또는 다른 사람의 볼에 닿으면 2벌타가 가해진다. 홀 가에 치우친 볼의 낙하를 기다리는 시간은 10초를 초과하면 안된다. 퍼트를 끝마치면 가급적 신속하게 그린을 떠나되, 스코어 기록 등으로 쓸데없이 지체해서는 안 된다. 다른 사람의 퍼트라인을 밟지 않도록 주의한다. 차례차례로 18홀을 끝내면(홀아웃) 1라운드를 마치게 된다. 규정된 라운드가 끝나면 자기의 스코어 카드에 각 홀의 정확한 스코어를 기입하여 서명을 한 후 어테스터(마커)의 승인 사인을 받아 경기계원에게 제출한다. 이와 같은 절차를 밟지 않는 사람은 실격된다. 또한 어떤 홀의 스코어를 잘못 기록하는 일도 실격의 대상이 된다. 반대로 잘못해서 많이 기입한 경우에는 실격은 되지 않지만 카드를 제출한 후에는 정정할 수 없다.

[네이버 지식백과] (두산백과)

3. 스키

1. 스키의 발달과 입지

1) 스키의 발달

'스키(Ski)'는 고대 유럽에서 사용된 '눈 위에서 신는 신발(설상화)'이란 뜻으로, 노르웨이어와 영어의 Skid, Skip, Skiff, Slide 및 Skate 등에서 그 어원을 찾을 수 있다.

스키의 발생은 B.C. 3000년경으로 추정되며 스칸디나비아(Scandinavia) 지방과 러시아 동북부 알타이와 바이칼 지방이라고 하나 역사적 고증은 어렵고, 단지 오슬로 홀멘클렌 박물관에 B.C 2500년대의 스키 유물이 진열되어 있을 뿐이다. 1915년 스톡홀름의 국제회의에서 스키, 스케이트의 유물이 노르웨이 12개소, 스웨덴 46개소, 핀란드 60개소에서 출토된 것으로 보고되었다.

스키가 국민 스포츠로 보급되고 경기가 최초로 개최된 것은 1250년경이라고 하지만, 1742년 노르웨이의 육군에 스키 부대가 창설된 것을 계기로 스키의 열기가 높아지게 되었고, 따라서 스키가 제작되고 활강과 회전기술이 개발되었다. 1924년에는 프랑스 샤모니에서 열린 제1회 동계올림픽에서 국제스키연맹이 결성되었고, 1936년 4회 동계올림픽에서부터 스키 경기가 채택되었다.

고대 스키는 적설가능지역에서 유래되었다고 할 수 있으며 주로 생활을 영위하기 위한 이동수단으로 사용되었다. 또한 적설지대 산간의 군대 스키가 대중 스포츠로 정착하게 된 것으로 각종 스키 기술의 개발과 스키 장비의 혁신으로 좀 더 빠르고, 좀더 효율적인 스키 스포츠로 즐길 수 있게 되었다. 오늘날의 스키는 생활수단이 아닌 스포츠, 레저로서 광범위한 지역의 국민이 참여할 수 있게 발전하였으며, 적설량이 부족한 지역에서도 인공제설기가 개발됨으로써 스키 활동이 가능하게 되었다.

우리나라 스키의 유래는 '썰매'라는 형태에서 비롯된 것으로 볼 수 있다. 관북지방에서 '심산의 호랑이도 썰매꾼만 보면 운다.'는 속담이 전해지고 있듯이, 북방의 적설량이 많은 곳에서는 교통수단과 수렵용으로 썰매가 이용되었음을 알 수 있다.

한국 최초의 스키 강습회가 1927년 원산 송흥리에서 이루어졌는데, 이때를 근대 스키의 시작으로 인정할 수 있다. 1946년 조선 스키 협회를 창립하여, 1948년 대한 스키 협회로 개칭·변경하였으며, 1947년 2월에 지리산 노고단에서 제1회 전국 스키 대회가 개최되었다. 1960년대 동계올림픽대회에 최초로 참가하였으며 이후 각종 국제대회에 지속적으로 참가하여 스키 기술을 도입하여 보급하였다.

우리나라에서 스키장이 본격적인 위락관광자원으로서 개발된 것은 1975년 용평 스키장이 개발되면서부터이며 1980년대에 들어서 알프스 스키장, 용인 스키장, 천마산 스키장, 베어스타운 스키장, 무주 리조트 등이 개발되어 한국의 6대 스키장을 형성하게 되었다.

우리나라가 서구보다 스키나 썰매의 발달이 늦은 이유는 여러 가지가 있으나 낮은 위도 및 산지지형, 경제적인 여건, 낮은 관심도 등이 서구보다 발달이 늦은 이유로 들수 있다. 고도의 스키 기술이나 장비의 개발이 미흡했던 이유로는 방어나 공격 목적의 군대 스키가 발달하지 못했던 점과 남북분단으로 인한 스키 가능 산악지역이 협소한 것이 큰 영향요소로 작용하고 있다. 그러나 여러 가지 기술, 기계, 문화의 발달로 1980년부터 한국 스키장의 발전적 기틀을 마련한 것이다. 한국관광의 세계화 추세와 국민의 여가기회 확대로 한국에서 스키는 대중스포츠이자 동계관광의 주요활동군으로서 역할을 하고 있으며 다양한 관광상품 개발 차원에서 그 의미가 있다. 더욱이 2018년 평창동계올림픽의 개최는 우리나라의 동계 스포츠 성장과 발전은 물론 관련 관광상품 개발에 많은 영향을 미치는 계기가 되고 있다.

2) 스키장의 입지조건과 구분

(1) 기상 조건

- 적설량 : 보통 1m 이상
- 적설기간 : 90~100일 이상
- 설질 : 분설이 바람직함
- 기온 : -5~10℃ 정도가 적설보존이나 활동에 좋음
- 일조 : 쾌적한 조건으로 좋으나 직사광선은 설원 및 적설유지에 좋지 않음
- 바람 : 15m/sec 이상이면 Lift 중지

(2) 지형 조건

- 경사도 : 활강코스 6~30°
- 슬로프의 길이 : 초급 : 20~50m, 넓은 곳이 좋음, 중급 : 200~400m, 고급 : 300~500m · 30m~60m
- 지모(수림) : 방풍, 방설, 설원보존, 악천후시 코스의 판단, 스키어 활동선의 유도 및 분리, 경관보존을 위한 산림

(3) 사회 조건

- 자원입지형 : 초기단계에서 주로 채택
- 시장입지형 : 최근에 선호, 대도시 주변에 초 · 중급 중심의 겔렌데(Gelande)를 조성하여 인공제설장치(SMS)를 활용함

교통조건에 따른 입지유형은 철도입지형과 도로입지형으로 구분되는데 최근에는 자가용 문화의 보급으로 인해 도로입지형이 선호된다.

(4) 스키장의 구분

- 국제적 스키장(international ski ground)
- 국가적인 스키장(national ski ground)
- 지역적인 스키장(regional ski ground)
- 지방적 스키장(local ski ground)

2. 스키의 특성 및 의의

1) 자연성

스키는 광활한 대자연에서 이루어진다. 스키 활동의 장소는 비교적 인상생활과 먼 산악지대에서 행해진다. 이러한 산악지대에서의 스키 활동은 복잡한 도심에서 벗어나 자연과 함께 호흡하면서 심리적인 여유를 찾을 수 있다. 도시화 현상과 인구집중은 자연으로 돌아가려는 인간 본연의 욕구를 더욱 자극하게 되었다. 이러한 의미에서 스키는 동계 야외 레크리에이션으로서 대중에게 인식되어 왔으며, 대자연과 조화되어 친밀해지게 되고 개인의 심신을 단련시키는 효과를 지닌 야외 레크리에이션 성격을 띤 생활성이 강한 스포츠라고 할 수 있다.

2) 계절성

스키는 눈이 있는 겨울 동안에 펼쳐지는 스포츠이다. 겨울은 심리적으로 위축되고 활동의 폭이 좁아 운동부족현상이 나타나기 쉬운 계절이므로 스키 운동은 이러한 문제점을 개선할 수 있는 유익한 건강증진 스포츠이다. 육체적 욕구충족은 야외 스포츠 성격을 가진 스키 행위로 심신의 건강 향상과 유지를 도모할 수 있다는 것이다. 활주하는 동안에 속도를 조절할 수 있는 육체적 자신감도 체득할 수 있게 되며, 동계에 움츠려드는 성향 속에서도 활발한 야외활동을 통하여 신체적, 장애를 극복함으로써 육체적 · 정신적 만족감을 충족시켜 줄 수 있다.

3) 대중성

스키는 다른 레저스포츠와는 달리 비교적 남녀노소 누구나 즐길 수 있는 대중 스포츠이다. 인간은 대중과 접촉하려는 의욕을 소유하고 있고, 같은 계층 혹은 다른 계층과도 유대관계를 갖고자 한다. 이러한 욕구현상은 자신이 사회의 구성원이라는 사실의 재인식과 자존이 욕구를 만족시켜 주는 계기가 된다. 특히 관광행위가 고수준의 욕구로부터 발생된다는 사실에 비추어 스키 행위는 인간의 사회적 욕구를 충족시켜 준다고 하겠다.

4) 다양성

현대적 스키는 올림픽이나 월드컵에서 행해지는 경기에서부터 레저스키, 프리스타일스키 또는 크로스컨트리 투어쇼에 이르기까지 경기 범위가 매우 폭넓고 다양하다.

5) 활동성

현대의 관광패턴이 정적인 것에서 동적인 것으로, 안전에서 위험의 경험으로 변화되는 현상에서 볼 때 관광객의 동적 관광욕구에 부응할 관광기회와 관광시설의 마련은 필수적이라고 할 수 있다. 이러한 의미에서 활동성이 강한 스키는 인간이 내포한 관광동기 중에서 육체적·사회적·정신적 측면의 욕구를 모두 충족시켜 준다.

3. 스키장의 시설 및 현황

1) 스키장의 시설 및 설비기준

스키장의 건립에 있어 골프장과 마찬가지로로 '관광진흥법'과 '체육시설의 설치 및 이용에 관한 법률'에 관련된 기준이 정해져 있으며 문화체육관광부에서 관련한 행정업무를 처리하고 있다. 스키장은 눈, 잔디, 천연 또는 인공의 재료로 된 슬로프를 갖춘 것으로서 종합 스키장, 일반 스키장, 간이 스키장으로 세분되며, 부지면적은 다음의 산식에 의하여 산출된 면적을 초과할 수 없다(관광진흥법 시행규칙 제9조).

스키장의 시설기준 및 안전위생기준은 체육시설의 설치·이용에 관한 법률 시행규칙에서 규정하고 있다.

표 7-7 _ 스키장 시설·설비기준

구분	기준
운동시설	• 300m, 30m 슬로프의 길이 이상 폭 이상 지형적 여건으로 부득이한 경우 제외 • 평균경사도가 71도 이하인 초보자용 슬로프를 면 이상 설치 • 슬로프이용에 필요한 리프트 설치
안전시설	• 슬로프 내 이용자의 안전사고의 위험이 있는 곳에 안전시설, 안전망, 안전매트 등을 설치 • 구급차와 긴급구조에 사용할 수 있는 설상차를 각 대 이상 갖추어야 함 • 정전 시 이용자의 안전관리에 필요한 전력 공급장치를 갖추어야 함
관리시설	• 절토지 및 성토지의 법면에 조경을 해야 함
인력배치기준	• 슬로프가 10면 이하일때 1명이상 • 슬로프가 10면 이하일때 2명이상

자료 : 체육시설의 설치·이용에 관한 법률 시행규칙

2) 스키장 시설의 종류

(1) 제설기

제설기는 인공적으로 눈을 만드는 기계로서, 겨울철 눈이 많이 내리지 않은 지역에서 스키시즌을 연장하기 위해 주로 이용된다.

(2) 리프트(Lift)

리프트는 스키어가 산(슬로프) 아래에서 정상까지 이동하기 위해 필요한 시설이다. 리프트 종류에는 T-바 리프트, 1인용 체어 리프트, 2~4인용 체어리프트, 곤돌라 등이 있다.

(3) 슬로프(Slope)

슬로프는 난이도와 경사도에 따라 초급, 중급, 상급자용으로 나뉘며 각 슬로프마다. 고유의 슬로프 이름이 있다.

(4) 피스테 머신(Pieste Machine)

피스테 머신은 설면을 고르는 데 이용되는 장비로서, 눈이 한 곳으로만 쌓이거나 얼어붙을 경우 이를 이용하여 눈을 다져줌으로써 원활한 활주가 가능하도록 한다.

(5) 장비대여 시설

스키 인구가 증가함에 따라 스키장에는 값싸고 편리하게 이용할 수 있는 스키장비 대여시설을 갖추고 있다. 대부분의 스키장에는 스키 활동에 필요한 플레이트, 폴, 부츠 등의 방비와 스키복 등을 다양하게 갖추고 있으며, 장비와 보관 및 관리를 위한 기타 서비스 시설도 갖추고 있다.

(6) 안전시설

스키장에는 스키를 타다가 일어날 수 있는 운동·상해에 신속히 대처할 수 있도록 응급처치원과 안전요원(Ski Patrol)이 배치되어 있다. 또한, 부상자를 운반하기 위한 스노 보트(Snow Boat)장비를 갖추고 있으며, 슬로프에는 아전 표지판과 안전을 위한 구조물을 설치하여 사고를 예방하고 있다.

자료 : http://www.3crown.co.kr/xe/index.php?document_srl=20342&mid=coachreview

🏮 그림 7-2 _ 스키장의 주요시설

(7) 부대시설

스키장의 부대시설로는 숙박시설, 카페테리아, 수영장, 골프장, 볼링장, 당구장 등의 시설뿐만 아니라, 여러 가지 취미활동을 즐길 수 있도록 다양한 편의시설들을 갖추고 있다.

3) 스키장 현황과 유형

(1) 스키장의 현황

전국의 스키장은 <표 7-8>에서 볼 수 있듯이 총 15개소가 운영되고 있으며, 슬로프 규모나 전체 부지 면적은 다음과 같다.

✖ 표 7-8 _ 전국 스키장 규모

지역		스키장명	개소	면적 (단위: m²)	슬로프 (면)	리프트 (기)	이용현황(단위: 명)	
							이용자수	성장률
경기도	포천시	베어스타운리조트	4	698,181	7	8	253,765	-14.3%
	남양주시	스타힐리조트		502,361	4	6	52,088	-11.6%
	용인시	양지리조트		368,638	8	6	211,909	-10.2%
	이천시	지산포레스트리조트		347,785	7	5	527,188	6.9%
강원도	홍천군	대명비발디파크	7	1,322,380	12	10	889,747	4.9%
	평창군	알펜시아리조트 스키장		-	-	-	110,026	16.8%
	태백시	오투리조트		4,799,000	19	6	84,998	-9.9%
	평창군	용평리조트		3,463,877	29	15	580,515	6.7%
	정선군	하이원 스키장		-	-	-	662,842	-4.1%
	원주시	한솔오크밸리		797,659	9	3	623,685	7.7%
	평창군	휘닉스리조트		1,637,783	21	9	637,325	4.9%
전라북도	무주군	덕유산리조트	2	4,037,600	34	14	521,288	-
	무주군	무주리조트 스키장		4,037,600	34	14		-
경산남도	양산시	에덴밸리	1	1,052,012	7	3	276,494	8.6%
합계			15	23,585,101	200	103	5,460,989	4.8%

자료 : 한국스키장경영협회 홈페이지(http://www.skiresort.or.kr)

(2) 스키장의 유형

스키장은 운영방침, 용도, 형태, 개발주체 등에 따라 여러 가지로 분류되는데, 각 각의 기준별 분류 내용은 <표 7-9>과 같다.

※ 표 7-9 _ 스키장의 유형

기준	분류	내용				
		형태	입장객수	접근시간	인근인구	규모
운영	당일형	청소년 레포츠	10만 이하	1시간 이내	10만 이상	소규모 스키장
	숙박형	주말 여행형태의 숙박형	10~50만	1~3시간	100만 ~1,000만	중규모 스키장
	리조트형	연휴 등 장기이용객	50만 이상	3시간 이상	1,000만 이상	대규모 스키장
용도	일반 스키장	• 레크리에이션 활동에 효과적 • 게렌데 스키장과 Tour Course Ski로 분류				
	경기 스키장	• 스키 경기규칙에 이해 공인 • 알파인 경기장과 노르직 스키장으로 분류				
형태	선형 스키장	• 대규모 스키장으로 장기장 코스가 설치 • 주로 상급자용 등 종류가 다양하고 경기용 스키장으로 이용가능				
	면형 스키장	• 도시근교의 소규모 스키장				
개발 스키장	민간 스키장	• 지역주민이나 민간기업 등 민간주도로 개발되는 스키장				
	공공 스키장	• 지방자치단체 등 공공단체에 의해 운영개발되는 스키장				
	제3섹터	• 공공단체의 주관하에 민간유치로 협동하여 개발되는 스키장				

자료 : 鈴木健夫(1988), Ski Reseort の 計劃, 日本觀光協會

4. 외국의 스키장

1) 일본

일본에서는 스키장이 일반적으로 이용하는 관광 레크리에이션 시설의 하나로 정립되었다. 특히 온천관광지 주변과 북해도지방에 밀집된 분포를 보이고 있으며 스키장의 숙박형태로서 민박이 중요한 역할을 한다. 스키장의 개발은 초기에는 전철회사가 주체가 되었으나 부지조성 등의 이유로 토지소유주 중심의 민간과 민간기업의 자본력을 도입하여 개발하는 경우가 많다. 최근에는 지역개발의 일환으로 지방자치단체가 독자적으로 개발하는 사례도 있다. 일본 스키장은 겨울철 이외에는 생산목적의 목장이나 전답으로 이용하며 관광 레크리에이션의 이용으로는 하이킹 코스, 골프장, 캠프장, 테니스장, 양궁장 등으로 활용한다.

일본에서 전형적인 스키장의 형태는 비교적 해발고도가 낮은 언덕모양의 산지에 개발된 것으로 산 하나가 거의 스키 활강으로 알맞게 되어 있는 것이 특징이라고 할 수 있다. 따라서 스키장 개발은 분산적으로 행해지고, 겔렌데(Gelände)도 폭을 넓힐 수 있는 조건이 된다. 코스의 방향도 지형이나 수림, 기존의 시설 등에 의해서 제한되며 숙박시설 등도 방사상의 형태로 넓다란 겔렌데의 최하부에 각각 리프트 승강장을 중심으로 개발되어 있고, 대부분의 경우 하나의 산지 내에 여러 개의 스키장을 만들고 있는 것도 특징이다. 일본의 스키장은 산지의 하단에 숙박지를 갖는 형태가 일반적이다.

최근 일본에서는 스키장을 조성할 때 '쾌적성'이 가장 크게 강조되고 있으며, 노령화 사회에 초점을 맞춘 실버 산업형태의 스키리조트 개발도 활발하다.

2) 미국

미국에서 산간의 휴양지는 대부분 스키장으로 개발되어 있다. 미국의 스키장 개발은 단순한 스키 목적과 겨울철 휴양지라는 기능뿐만 아니라 포괄적인 지역계획의 일부로 이루어진다. 즉, 주변 관광지개발과 인근의 관광지와 연계를 고려하여 개발된다.

미국의 대규모 스키장은 주로 로키산맥 주변에 입지하고 있지만 그 중에서도 콜로라도주에는 미국 내에서 가장 많은 스키리조트가 있고 이는 콜로라도 지역경제에 효과적인 순기능을 한다.

콜라도의 Vail 스키장은 1959년 개발의 허가를 국가로부터 취득한 후, 1961년에 개발에 착수했다. 1년이라고 하는 단기간에 산꼭대기의 식당, 3개의 간이숙박시설, Drugstore(약국 겸 잡화점), Liquor(주류 판매점), 별장 등의 리조트 시설을 갖추어 1962년에 개장하였다. 1963년부터 1969년까지의 기간에는 리프트의 증설, 숙박, 음식 등의 분야에 4,000만 달러의 자본을 투자하여 스키장을 설비하였으며, 배후도시를 정비하였다. 1970년대에 들어서자 환경정비를 중심으로 한 종합계획에 기초하여 도로, 자유로운 버스시스템, 교통센터, 문화, 레크리에이션 시설 등이 확충되면서 1979년에 Vail 스키리조트가 완성되었다.

Vail의 개발방향은 당시의 가장 진전된 기술을 받아 들였고, 대규모 개발을 시행한 것이다. 개발 당초부터 곤돌라의 도입과 코스, 겔렌데 개발면적의 넓이에서도 엿볼 수 있다. 특히 리프트의 수송력은 대단히 우수하며 대량, 고속운송체제가 정비된 것이다.

Vail 스키장의 핵심은 1960년대 초기 개발의 기점이 된 Vail Village, 그리고 1969년 이후부터 개발된 라이온즈 지구이다. Village지구는 본래 도시가 가지고 있는 기본적인 주민의 생활기반에 더하여 숙박, 음식, 선물, 예술전시회 등 관광객을 대상으로 한 상업문화기능을 가지고 있다. 한편 라이온즈 지구에는 콘도미니엄, 호텔 등 관광객의 체재를 담당하는 거점시설이 집중되고 있다. 양 지구에는 일반 차량의 진입은 금지되어 있으나, 대체교통수단으로서 Free Bus가 운행(아침 7시 30분~심야 1시 30분)되고 있으며, 지구 간의 이동은 원활한 편이다.

스키장의 코스는 스키어의 수준에 맞추어 등급별로 구성되어 있는데, Vail의 스키어의 경우 중·상급자로 92%로 높은 비율이다. 체재일수를 보면 당일 스키어가 54%이고, 1년에 적어도 1회 이상의 스키 바캉스 기간에는 최저 4박 이상으로 체재 비율도 높은 편이다. 따라서 체재일수의 장기화에 대응한 숙박시설 등의 기능이 요구되고 있다.

스키의 비수기인, 특히 여름철에는 풍부한 스포츠 프로그램이 준비되어 있다. 즉, Vail의 산과 강을 위시한 자연관광자원을 이용한 것이 주가 되고 있다. 이들 프로그램을 실시하고 있는 회사는 31개사, 비록 소규모이지만 관광관련사업으로서 확립되어 있으며, 골프장과 테니스 코드도 있지만, 자연관광자원을 부각시키는 관광대상화에 주력하고 있다.

Vail에서의 체재일수가 길기 때문에 거기에 맞추어 스키 프로그램도 풍부하다. 처음 Vail을 방문하는 스키어를 대상으로 하는 겔렌데를 구성하고 즐기는 방법을 소개하며 가르친다. 광대한 겔렌데, 많은 스키장을 가진 Vail에서는 초보 스키어가 거기에 대응할 수 있는 Soft한 면에서도 서비스가 제공되고 있다.

Vail리조트의 주 이용자층은 기혼자로서 연령적으로는 30대, 40대가 주를 이루고 있다. 또한 스키 여행의 형태도 개인형이다. 이처럼 스키어가 요구하는 쾌적성을 갖추고 있으며, 일상생활에서 체험하기 어려운 '화창함', '조용함', '아름다움' 등을 스키어에게 제공하고 있다.

3) 유럽

유럽의 스키장에는 산악의 빙하지형과 관련하여 U자형 계곡이나 카아르(Kar) 지형이 발달한 것이 특징이다. 카아르 지형을 배경으로 여러 방향의 겔렌데가 개발되어 있으며 숙박 거점의 취락이 소재하고 있다. 상부에는 현재도 빙하가 남아 있을 만큼 고도가 높은 스키장에서는 자일코스로 연결되어 있기 때문에 연중 스키의 활강이 가능하다.

유럽의 스키장은 숙박지를 중심으로 해서 부채꼴모양으로 넓어지는 것이 전형적인 모습이다. 고도 3,000m를 넘는 리프트는 경우에 따라서는 4,000m 가까운 산 꼭대기 바로 아래까지 대형의 자일코스가 연결된 것도 있다. 더욱이 4,000m 가까이까지 오르는 지하철, 지하케이블, 대형 버스마다 설상차가 있어서 스키장의 명물이 되고 있다. 이와 같은 스키어 수송을 위한 산지의 시설은 자연파괴를 가져올 수 있는 위험성을 내포하고 있다. 그러나 유럽에서는 대규모 시설을 개발할 때 그 장소의 "자연의 아름다움을 보다 뛰어나게 해 보인다."라는 목적으로 설계가 행해지고 있기 때문에 유럽의 알프스가 아직 자연이 아름다운 곳이라는 이미지를 잃지 않고 있는 것이다.

유럽에서는 자연을 즐기는 스포츠 활동으로서 스키가 노인들에게까지 많이 보급이 되어 있고, 상당한 비율의 사람들이 스키를 즐기고 있으며, 유럽인들은 자연을 즐기면서 동시에 스포츠를 즐긴다는 것을 대단히 소중히 여기고 있기 때문에 스키장은 유럽인에게 있어서 각광 받는 위락관광자원이 되고 있다.

4. 크루즈 · 마리나

1. 크루즈(Cruise)

1) 크루즈의 역사

크루즈는 숙박을 하는 운송수단임과 동시에 우송을 하는 숙박수단이 될 수 있다. 크루즈 여행은 이동하는 호텔이나 리조트에서 주간에는 각 기항지를 중심으로 관광활동을 하고, 야간에는 선내의 각종 편의시설과 위락시설을 활용하여 즐거움을 얻을 수 있다.

크루즈의 역사는 1800년대 말에 유럽의 부유층을 대상으로 한 지중해부터 시작되었다. 항공시대 이전의 당시에는 해외의 명소나 유적의 관광여행은 선박에 의존하지 않을 수 없었으며, 여행의 기회도 극히 제한된 계층에 한정되었다.

1930년대에 디젤 선박시대가 열리면서 호화롭고 쾌적한 설비를 갖춘 대형 여객선 운항이 시작되었다. 1936년대 취항한 세계 최대 유람선 Queen Marry호(81,123톤)를 위시하여 영국의 카르리아호, 네덜란드의 노테르담호 등이 유람선 시대를 열게 된다. 그러나 1960년대 후반에 카리브해에서 시작된 새로운 형태의 크루즈가 본격적인 크루즈사업의 발단이다. 이때부터 크루주는 운송이라는 관념에서 탈피하고 다양한 기항지가 발달하여 연중 크루즈사업이 행해짐으로써 크루즈의 항만을 중심으로 선박을 운항하는 것과는 대조적으로 항공기를 이용하여 크루즈에 가까운 지역에 승객을 이동시켜 매우 흥미있는 관광지만을 선택하여 유람선 여행을 즐기게 하는 이른바 Fly & Cuicse가 도입되면서 크루즈사업이 도약할 수 있는 발판을 마련해 주었다.

오늘날의 유람선 상품은 다양한 관광객층의 기호에 맞도록 과거보다 일정이 단축된 것과 항공권과 연계된 여행 상품 및 지상의 휴양지를 방불케 하는 각종 선상행사 등에 이르기까지 매우 다양화되고 있다. 최근의 크루즈업계에는 대중화와 고급화(개성화)라는 두 가지의 부류가 있다. 최근 건조된 크루즈선은 크게 대형화와 소형화의 경향을 나타내고 있는데, 대중화는 대중을, 고급화는 부유층을 표적시장으로 하고 있다.

1960년대 말 카리브해에서 운항되던 선형은 1만 8천~2만 톤 규모였으나, 최근에는 크루즈 인구가 급격히 증가함에 따라 선사들은 규모의 경제에 의한 운항효율의 향상을 위해 크루즈의 대형화를 추진하고 있다. 이에 따라 선형이 3~4만 톤에서 최근에는 5~7만 톤으로 대형화되고 있으며, 최근 전토의 크루즈기업인 노르웨이의 Kloster사는 25만 톤의 신조선 계획을 추진하고 있다. 반면에 최근 4~6천 톤 규모의 소형 크루즈선에 대한 선호도가 높아지는 경향도 나타나고 있다. 과거에는 남극이나 아마존강 등의 모험 크루즈에 소형선이 주로 이용되었으나 최근에는 적은 수의 승객에 최상의 서비스를 제공하는 것을 목적으로 소형선이 출현하기 시작하였다.

현대의 크루즈는 주로 구미인들을 중심으로 한 독특한 관광형태의 하나로 자리를 잡고 있으며, 얼마 전까지만 해도 아시아에서는 다소 생소한 여행형태였다. 그러나 최근 들어 심화되고 있는 여행수요의 다양화와 고급화 추세는 국내의 크루즈 관광에 대한 관심을 증대하게 만들었다. 이러한 현상은 관광객의 세대변화에 따른 요구의 변화와 해안 및 해양지향적인 패러다임의 형성과 관련되며, 무엇보다도 금강산 관광의 이동수단으로 크루즈방식이 채택된 것이 가장 크게 작용한 요인이라고 볼 수 있다.

2) 지역별 동향

세계 크루즈시장은 전통적으로 카리브해와 지중해 그리고 북미서안 지역등 크게 3대 시장을 형성하고 있다.

(1) 카르브해 크루즈

카리브해는 1960년대 말부터 새로운 형태의 본격적인 정기 크루즈가 미국의 마이애미항을 중심으로 시작되면서 크루즈의 붐을 불러일으킨 세계 최대의 크루즈 시장이다.

이 지역은 일년 내내 기후가 온난하고 바다도 비교적 평온하다. 특히, 북미 대륙이 추운 동계에는 피한지로서 이용되어 동계가 최대의 성수기이며, 하계에도 비교적 이용객이 많은 크루즈에 가장 뛰어난 수역이다.

카리브해에는 미국 플로리다반도의 Miami, Port Lauderdale 등을 기점으로 하는 크루즈가 주류를 이루고 있으며, 북미 전지역에서 이용객을 항공기로 수송하여 (이용객의 95%가 항공기를 이용) 바다 평온한 해역만 크루즈선에 승선시켜 즐기게 하는 것이 일반적 형태이다.

미국대륙에서의 싼 항공운임이 카리브해 크루즈산업 성장의 큰 요인이 되고 있다. 카리브해의 섬, 푸에트리코의 San Juan 등을 기점으로 한 크루즈도 성행하고 있는데, 이것도 북미 각지에서 이용객을 항공기로 수송하는 형태를 취하고 있다.

이 밖에 뉴욕을 기점으로 하는 카리브해 크루즈도 있으나, 카리브해까지의 항해시간이 길고 해상의 파도가 잔잔하지 않는 수역에서 장시간 항해를 해야 하기 때문에 취항선도 적고 승객들의 선호도도 낮다.

카리브해의 최대 크루즈선사는 미국의 Royal Carrivean Cruises Ltd(RCCL)사로 여객수송능력은 10,164명이고, 미국의 Carnival사(9,184명), 미국의 Holland America Line(7,528명), 영국의 Princess Cruises(7,062명) 등이 있다. 카리브해 크루즈의 기간은 1주일이 주류를 이루고 있으며, 최근에는 3일 또는 4일 등도 높은 비중을 차지하고 있다. 크루즈선은 1970년대까지는 2만 톤 전후, 여객정원 800명 전후의 선박이 1980년대 들어와 대형화하기 시작하여 최근에는 4~7만 톤으로 여객정원도 2,000명 내외의 선박이 대부분이다.

(2) 북미 서해안 지역 크루즈

카리브해 다음으로 정기 크루즈가 발전한 지역이 북미 서해안을 기점으로 하는 알래스카, 멕시코 크루즈이다. 알래스카 크루즈는 관광자원이 풍부하여 섬으로 둘러싸인 내해를 항해할 수 있으며 승객의 뱃멀미의 문제가 없는 등 크루즈수역으로서는 비교적 좋은 환경을 갖추고 있으나 관광에 적당한 계절이 여름에 한정되는 결점이 있다. 이 때문에 크루즈선사로서는 동계에 선박을 어느 지역에 운항시킬 것이냐가 경영상의 큰 걸림돌로 작용하고 있다.

그러나 동계의 크루즈 해역으로 멕시코와 파나마운하를 경유하는 카리브해의 크루즈가 개발되어 북미 서안을 기점으로 연중 크루즈가 가능, 북미에 있어서 제2의 크루즈시장으로 성장하고 있다. 멕시코지역을 대상으로 하는 크루즈의 평판은 좋지 않아 동계에 카리브해 해역이나 다른 해역으로 크루즈선을 운항하는 회사가 증가하고 있다. 북미 서해안지역의 크루즈 운항선사로는 Princess Cruises(P&O그룹)사로서 여객수송능력은 8,384명이며, Holland America Line(5,018명), Royal Caribbean(2,552명), Regency Cruises(1,681명) 등이 있다.

(3) 지중해 크루즈

지중해는 1890년대에 범선의 전용 크루선이 운항되었던 가장 역사가 오래된 지역이다. 지중해 크루즈는 크게 서지중해와 동지중해로 나누며, 특히 동지중해의 에게해 수역은 크루즈의 최적지로서 크루즈산업이 크게 성장하고 있다.

서지중해의 크루즈 기점으로는 이탈리아의 Genoa가 유명하여 이곳을 기점으로 한 1주간 크루즈가 정기적으로 이루어지고 있다. 주요 항로로는 Naples, Malta섬, 북아프리카, Majorcaa섬을 경유하여 스페인, 프랑스 등에 기항하는 루트가 일반적이고 취항선박은 1만천~3만 톤 규모가 대부분이다. 동계에는 기후가 불순하여 크루즈가 활발하게 행해지지는 않고 있으며, 봄과 가을이 성수기이다. 운항선사로는 이탈리아의 Costa Line(4,270명), 미국의 Epirotiki(2,846명), Cunard(1,773명) 등이 있으며 최근에는 독일의 여행사가 러시아의 크루즈선을 연중 운항하고 있다.

(4) 아시아의 크루즈

아시아 크루즈의 거점은 싱가포르라 할 수 있다. 각지의 리조트 부대시설 등도 정비되고, 푸켓과 발리섬 등의 매력적인 관광자원이 풍부한 이점도 있어, 근래 수년간에 크루즈 인구를 비약적으로 신장시키고 있다. 일본에서는 전세대의 유물과 같은 QEⅡ가 자랑거리가 된 것과 마찬가지로, 최근 들어서는 '아쓰카포(Asuka, 飛鳥)', '니혼마루(日本丸)'에 의하여 세계일주 크루즈가 성행하고 있다.

싱가포르에서는 이미 구미형의 대중 크루즈가 성공하였으며 일본에서는 아직 부유층 지향의 고급 크루즈에 인기가 집중하고 있어 대중적인 크루즈는 뿌리내리지 못했다. 이에 대한 원인은 여러 가지가 있을 수가 있는데 일본 연안에 대한 관광자원이 부족한 이유도 있지만 크루즈에 대한 대중들의 정보가 부족한 점도 있으며 크루즈 고객의 수요를 창출하기 위한 아이디어가 부족한 것도 한 몫하고 있다.

(5) 세계일주 크루즈

항공기가 개발되지 않았던 시대에는 세계 각 지역을 관광할 때, 선박이 유일한 방법이었기에 세계일주 크루즈는 동경의 대상이 되었으나, 항공기를 이용하여 짧은 기간에 자유롭게 관광을 즐길 수 있게 됨으로써 세계일주 크루즈의 매력은 반감되었다.

현재 세계일주 크루즈의 주요 고객들은 서양인들을 중심으로 한 연금수혜자들로서 경제적으로 상당한 여유가 있는 노인들이다. 세계일주 크루즈의 이용률은 일반적으로 낮은 편이기 때문에 크루즈선사들은 북유럽이나 알래스카 등에 취항하고 있는 선박들이 동계에 운항할 곳이 마땅치 않아 세계일주 항로에 취항하는 경우가 대부분이다.

(6) 하천 크루즈

특수한 크루즈의 형태로서 하천을 이용한 크루즈가 세계각지에서 행해지고 있다. 유럽의 경우 스위스에서 네덜란드까지 4~5일간 라인강을 내려가는 크루즈가 대단히 인기가 있으며, 운항선박의 규모 1천 톤의 200명 정원의 크루즈선이 다수 운항하고 있다. 라인강의 크루즈는 약 800km 가까운 거리를 역사적인 명소와 유적을 답사하는 코스이다. 러시아의 내륙 하천과 중국의 양자강에도 크루즈선이 취항하고 있으며, 미국의 미시시피강과 북미의 하천에서도 크루스선이 많이 취항하고 있다. 우리나라도 한강하류의 행주대교에서 인천광역시 서구를 연결하는 운하인 '아라뱃길(京仁아라뱃길)'이 있다. 추진역사(歷史)에 비해 관광, 환경, 경제적인 측면에서 많은 논란이 있다. 그러나 주변 자전거도로가 한강과 연결되어 있어 또다른 관광자원 꺼리를 제공하고 있다.

2. 마리나 시설과 분류

1) 마리나 시설

마리나는 요트(Pleasure Baot)를 위한 정박지 또는 중계항으로서 시설 및 관리체계를 갖춘 곳을 의미하며, 요트활동을 매체로 각종 서비스를 제공하는 동적인 레크리에이션 항구이다. 따라서 마리나에서는 요팅 보팅, 수상스키 등 수상활동을 위한 기본시설로서 마리나도크를 위시해서 육상계류장(동력, 무동력), 요트수선소, 요트클럽하우스, 요트렌탈클럽하우스, 해상 안전관리소, 유람선 터미널 등이 있다.

이 밖에도 급유, 급수, 보관시설 등을 설치하고 관광객을 수용할 수 있는 호텔(요텔) 및 숙박시설 등 각종 위락시설과 부대시설을 입지시킨다. 이와 같은 시설의 부지(Site) 확보를 위해서 매립을 하는 경우도 있으며, 파랑을 차단하여 정온을 유지해야

되기 때문에 방파제 시설과 선박의 접안시설 및 해상관광활동 무대로서 수역시설을 한다.

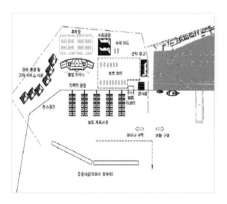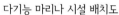

다기능 마리나 시설 배치도   마리나 시설 배치도

2) 마리나 분류

마리나 시설을 분류하면 다음 <표 7-10>과 같다.

✕ 표 7-10 _ 마리나의 분류

구분	내용
입지유형	자연지형이용형, 매립형, 굴착형
개발주체	공공 마리나, 민간 마리나
요트유형	소형 보트 중심(육상보관), 소형 요트 중심(육상보관), 중대형 보트 중심(수상, 육상보관, 크루져 보트는 수상보관의 경향), 중대형 요트 중심(수상, 육상보관)
활동유형	커뮤니티형(모터보트 이용, 일반적인 활동을 대상), 해양스포츠형(세일링 요트 등, 스포츠 중심), 리조트형(호텔, 레저시설을 갖춘 복합형 리조트 기지)
기능유형	단일형(보관, 체류, 수리 등 기본적 기능), 복합형(기본시설 외에 레스토랑, 숙박시설 등 각종 레저시설 복합)

3. 마리나의 입지조건 및 도입활동

1) 입지조건

- 조위 : 조수간만의 차가 1.5m 이상일 때는 부잔교식, 1.5m 이하일 때는 고정식 잔교를 채택
- 파랑 : 계류에 적절한 정온이 0.3m 이내이며, 요트타기에 적당한 파도의 높이는 1.0m 내외
- 조류 : 조류속도는 소형 요트가 1~2노트/h 정도, 동력선은 6~8노트/h 정도가 적당
- 수온 : 수온은 15°C 이상이 안전
- 풍속 : 소형 요트는 5~15m/sec, 대형 요트 10~25m/sec
- 기온 : 요트놀이는 계절과 무관하지만, 보트놀이의 쾌적한 온도는 20~30°C
- 지형 : 풍향과 조류의 영향없이 항내 정온이 유지될 수 있는 지형 수역면적의 확보와 소유수심을 유지해야 한다. 항내에 암초 등 장애물이 없어야 하고, 토사의 퇴적이나 침식이 일어나지 않는 지형 및 토질
- 보우팅 가능일수 : 강수가 없고 최소 오후 4시간 동안의 풍속이 2.0~7.7m/sec 정도, 최소 주간 온도 12°C 이상이 유지
- 수역시설 : 전체 보트수요를 확정하여 수상 보관 대수에 의해서 면적을 산출하고, 대상보트에 대한 소요수심 유지가 필요, 14m인 모터보트를 기준으로 하면 소요 수심은 3.5m 이상
- 방파제 : 항 입구 폭은 최대선박 폭원의 4배 이상 무동력인 경우 20m 이상, 개구부의 방향은 항상적인 풍향과 90°C 각도를 이루는 것이 바람직

4. 마리나 현황과 사례

1) 우리나라 마리나 현황

18세기에 영국에서 해수욕이 보급된 것을 계기로 해안 및 해상은 관광공간으로서의 가치성이 인정되었으며, 현대관광시대 이후에는 해상관광에 대한 수요가 나로 증대되고 있다. 서구에서는 20세기에 해안 리조트개발을 추진하여 해상의 관광의 공간화가 두드러지며 리조트가 일반인들에게 대중화되고 있는 추세이다.

국내에서도 이와 같은 선진국의 관광개발의 추세와 마찬가지로 국민관광 수요가 고급화되고 다양화하는 변화에 부응하여 해안의 리조트개발에 대한 관심을 갖게 된 것이다. 따라서 국토종합개발계획에 있어서도 기존의 경부(京釜)축 뿐 아니라 세 해안의 U자형 개발축을 강조하고 있다. 더욱이 해안 리조트개발은 적극적으로 관광공간을 확대한다는 의의와 미래의 해양시대에 대한 패러다임이 관광의 세계화를 추구한다는 의미에서도 필요하다.

특히, 마리나개발은 부수적으로 도입할 수 있는 관광활동과 관광시설이 다양하여 해양개발의 효과를 크게 높일 수 있는 장점이 있을 뿐만 아니라 해상공원을 위시한 주변 해상관광지는 물론이고 해양관과의 거점으로서 역할을 기대할 수 있다.

2018년 12월 기준으로 국내 운영 중인 마리나항만은 수도권의 전곡 마리나항만, 아라 마리나항만 등 34개소, 계류 선석 규모는 2,355개이며 현재 개발 중인 마리나항만은 11개소(거점 마리나항만 6개 포함)가 있다.

2018년 12월 31일 현재

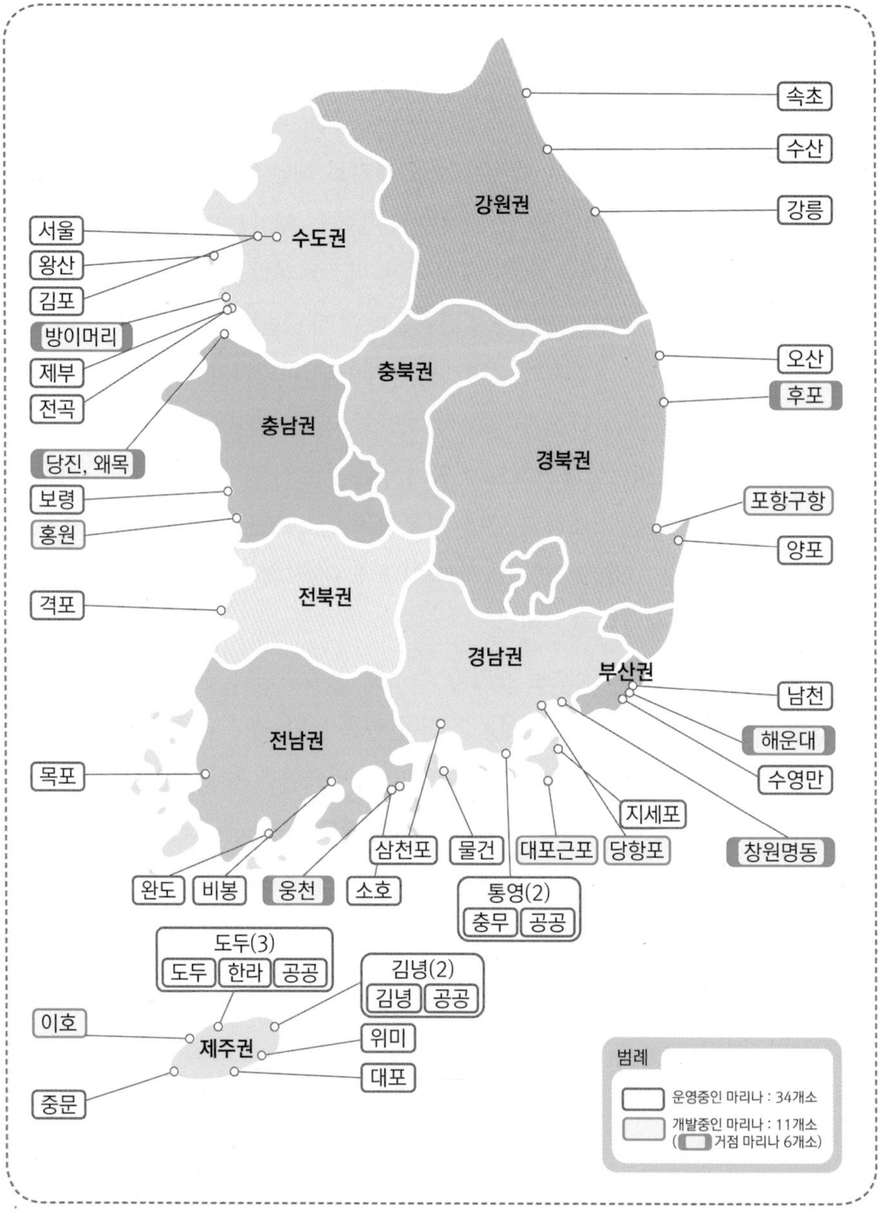

자료 : 해양수산부(https://www.mof.go.kr)

그림 7-3 _ 전국 마리나항만 현황

해안이 미래의 관광대상지로 부상되고 있다는 점에서 마리나를 비롯한 해안 리조트 개발은 선진국의 모범적인 개발방식을 검토하고 개발해야 한다. 따라서 대상지역의 입지조건과 관광환경을 고려하여 합리적인 조성방안을 강구할 수 있도록 적극적으로 노력해야한다.

2) 우리나라 마리나항만 개발

운영주체는 국가(지자체) 직접운영이 9개소, 공기업 2개소, 민간이 20개소로 파악되고 있다. 대규모 마리나항만은 국가(지자체) 및 공공기관이 운영 중이며, 소규모 계류 선석을 가진 마리나항만은 순수 민간이 아닌 실제 이용자인 관련 요트협회 운영이 많다.

수도권 내 마리나항만는 내수면과 바다가 이어지는 해양레저 거점으로 구성되어 있으며 해상과 육상을 포함하여 전국 최대인 총 784개의 계류선석을 가지고 있다. 대형 요트와 보트 체험은 물론 가족이 함께 즐길 수 있는 카약, 카누, 범퍼보트, 수상자전거 등 다양한 해양스포츠를 즐길 수 있는 마리나항만이며 특히, 아라 마리나항만는 다양한 해양레저를 즐길 수 있는 수도권 최대 규모로 해양과 내수면을 해양레저 거점으로 특화 시킨 복합 해양 레포츠 공간이다.

충청권 내 마리나항만 시설은 보령시가 개발하여 직접 운영하는 보령 마리나항만와 부안군이 개발하고 전북요트협회가 운영하는 격포 마리나항만이다. 해상과 육상을 포함하여 총 87개의 계류선석을 가지고 있으며, 보령 마리나항만는 슬립웨이를 갖추었으나 계류수용능력(수상/육상)은 육상에 한하여 50척 수준이다.

전남권 내 마리나항만는 해상과 육상을 포함하여 총 290개의 계류선석을 가지고 있으며, 전남에서 최대 규모인 웅천 마리나항만는 국가와 전남이 개발하고 민간 기업인 세계건설이 운영중 서남해안 지역에 분포된 크고 작은 섬들이 태풍과 해일 등에 대한 방파제 역할을 수행하고 온화하고 따뜻한 해양성 기후 등 자연·지리적인 장점으로 해양레저 활동에 유리한 환경을 가지고 있다. 영암 대불산단에는 산·학·연이 참여하는 해양레저 미니클러스터가 조직되어 해양레저산업 육성을 위한 기반이 조성되어 있다.

※ 표 7-11 _ 전국 마리나항만 현황　　　　　　　　　　2018년 12월 31일 현재

구분	번호	마리나 명칭	위 치 (항명)	마리나항만 항만구역	구분	계류선석 계	계류선석 해상	계류선석 육상	개발 및 운영주체	개발비(억원) 개발근거법	개발 년도
수도권	1	서 울	한 강		하천	90	60	30	• 개발 : (주)서울마리나항만 • 운영 : (주)서울마리나항만	• 270 (민간) • 민투법	'11
	2	전 곡	전 곡		지방 어항	200	145	55	• 개발 : 화성시 • 운영 : 화성도시공사	• 467(국비92,지방비375) • 어촌어항 · 법	'09 '11
	3	아 라	김포 터미널		무역항	194	136	58	• 개발 : 수자원 공사 • 운영 : 워터웨이 플러스		'12
	4	왕 산	왕 산		무역항	300	266	34	• 개발 : 왕산레저개발 • 운영 : 왕산레저개발	• 1,500(국비50, 지방비 117, 민간 1,333) • 경제자유 구역법	'14
	계					784	607	177			
충청권	1	보 령	보 령		기타 연안	50	-	50	• 개발 : 보령시 • 운영 : 보령시	• 30(국비8, 지방비22) • 공유수면 매립법	'01
	2	격 포	격 포		국가 어항	37	37	-	• 개발 : 부안군 • 운영 : 전북 요트협회	• 48(국비24, 지방비24) • 어촌어항법	'11
						87	37	50			
전남권	1	목 포	목 포	◎	무역 항	57	32	25	• 개발 : 목포시 • 운영 : 세한대 산학협력단	• 70(국비35, 지방비35) • 항만법	'09
	2	소 호	여수요 트 경기장		기타 연안	50	-	50	• 개발 : 여수시 • 운영 : 전남 요트협회	• 16(국비7, 지방비9) • 공유수면매립법	'87
	3	웅 천	여 수		기타 연안	150	60	90	• 개발 : 국가(전남도) • 운영 : 세경건설(주)	• 136(국비25.2, 110.8) • 산입법	'16
	4	완 도	완 도		무역 항	9	9	-	• 개발 : 국가(전남도) • 운영 : -	• 16(국비) • 항만법	'13
	5	비 봉	비 봉		기타	24	24	-	• 개발 : 보성군	• 70(국비35, 지방비35) • 어촌어항법	'14.6
	계					290	125	165			
경남권	1	충 무	통 영		무역항	132	92	40	• 개발 : 금호 충무마리나항만 • 운영 : 금호 충무마리나항만	• 652(민간) • 공유수면관리법	'97
	2	공 공			무역항	23	23	-	• 개발 : 국가(경남도) • 운영 : 경상남도	• 15(국비) • 항만법	'13
	3	삼천포	삼천포		어촌정 주어항	42	22	20	• 개발 : (주)삼천포 • 운영 : (주)삼천포	• 5(민간) • 어촌어항법	'06

구분	번호	마리나 명칭	위치 (항명)	마리나항만 항만구역	구분	계류선석			개발 및 운영주체	개발비(억원) 개발근거법	개발 년도
						계	해상	육상			
경남권	4	지세포	지세포		국가 어항	20	20	-	• 개발 : 거제시 • 운영 : 거제 요트협회	• 35(국비2, 지방비32) • 어촌어항법	'09 '13
	5	물건	물건		국가 어항	25	25	-	• 개발 : 남해군 • 운영 : 남해군 요트협회	• 20(지방비) • 어촌어항법	'11
		계				242	182	60			
부울권	1	The bay 101	운촌	거점 마리나 항만	기타 연안	61	61	-	• 개발 : ㈜동백섬마리나항만 • 운영 : ㈜동백섬마리나항만	• 350(민간) • 지역특화발전특구 규제특례법등	'14
	2	수영만	수영만		기타 연안	448	293	155	• 개발 : (주)대우 • 운영 : 부산시설사업소	• 711(대우 → 부산 기부 채납) • 공유수면매립법	'86
	3	남천	남천		기타 연안	36	36	-	• 개발 : ㈜진일월드 마린 • 운영 : ㈜진일월드 마린	• 42(진일 → 부산 기부 채납) • 공유재산 및 물품관리 법등	'14
		계				545	390	155			
경북권	1	후포	후포	거점 마리나항 만	연안항	7	7	0	• 개발 : 국가(해수부) • 운영 : -	• 15(국비) • 항만법	'13
	2	양포	양포		국가 어항	36	36	-	• 개발 : 국가(해수부) • 운영 : 포항시	• 10(국비) • 어촌어항법	'09
	3	포항구 항	포항구항		무역항	50	50	-	• 개발 : 포항시 • 운영 : 포항시	• 1.2(지방비) • 공유수면관리법	'10
	4	오 산	오 산		국가 어항	30	20	10	• 개발 : 울진군 • 운영 : -	• 20(국비10, 지방비10) • 어촌어항법	'13
		계				784	607	177			
강원권	1	강릉	강릉		국가 어항	45	40	5	• 개발 : (주)시 마스터 • 운영 : (주)시 마스터	• 30(민간) • 어촌어항법	'10
	2	수 산	수 산		국가 어항	140	60	80	• 개발 : 양양군 • 운영 : 강원도요트협회	• 50(국비36, 지방비14) • 어촌어항법	'09
	3	공 공	속 초		무역항	30	30	-	• 개발 : 국가(강원도) • 운영 : 강원도	• 15(국비) • 항만법	'13
		계				215	130	85			

구분	번호	마리나 명칭	위 치 (항명)	마리나항만 항만구역	구분	계류선석			개발 및 운영주체	개발비(억원) 개발근거법	개발 년도
						계	해상	육상			
제주권	1	도두	도두		국가 어항	10	10	-	• 개발 : (주)도두마리나 항만 • 운영 : (주)도두마리나 항만	• 13(민간) • 어촌어항법	'09
	2	한라			국가 어항	6	6	-	• 개발 : 한라대학 • 운영 : 한라대학	• 12(민간) • 어촌어항법	'08
	3	공공			국가 어항	14	9	5	• 개발 : 제주도 • 운영 : 제주도	• 46(국비23, 지방비23) • 어촌어항법	'13
	4	김녕	김녕		국가 어항	4	4	-	• 개발 : (주)에니스 • 운영 : (주)김녕 요트투어	• 5(민간) • 어촌어항법	'08
	5	공공			국가 어항	25	15	10	• 개발 : 제주도 • 운영 : 제주도	• 28(국비11, 지방비17) • 어촌어항법	'13
	6	위미	위미		국가 어항	1	1	-	• 개발 : 해비치호텔&리조트(주) • 운영 : 해비치호텔&리조트(주)	• 140(민간) • 어촌어항법	'08
	7	중문	중문	◎	기타 연안	5	5	-	• 개발 : 퍼시픽랜드 • 운영 : 퍼시픽랜드	• 706(민간) • 공유수면관리법	'91 ~'11
	8	대포	대포		지방 어항	4	4	-	• 개발 : 제이엠(주) • 운영 : 제이엠(주)	• 6(민간) • 어촌어항법	'11
		계				69	54	15			

※ 음영은 제1차 마리나항만 항만 기본계획 반영 지역임
출처: 경기평택항만공사(2019). 『경기마리나항만 활성화전략 수립』.

경남권 내 5개의 마리나항만항을 가지고 있으며, 해상과 육상을 포함하여 총 242개의 계류선석을 가지고 있다. 특히 충무 마리나항만 항만은 금호 리조트와 연계되어 요트와 보트 등 다양한 종류의 레저선박을 위한 계류시설과 수역시설을 갖추고 관련 서비스를 제공하는 종합레저시설을 갖추고 있다.

부울권 내 마리나항만는 해상과 육상을 포함하여 총 545개의 계류선석을 가지고 있으며 부산의 수영만 요트경기장은 아시아에서도 상위 규모의 요트 계류장으로 총 448개의 선석과 주변에는 해운대라는 주요 관광지 및 고급 주거시설이 있다.

경북권 내 4개의 마리나항만항을 가지고 있으며, 해상과 육상을 포함하여 총 123개의 계류선석을 가지고 있고 경북은 2029년까지 포항시, 경주시, 영덕군 등 경북 동해안지역 연안 및 내수면에 마

수영만요트경기장

리나항만 6곳을 추가로 개발할 계획이 있다.

강원권 내 3개의 마리나항만항을 가지고 있으며, 해상과 육상을 포함하여 총 215개의 계류선석을 가지고 있으며 특히 140개 선석을 가진 강원권 최대 마리나항만항인 수산 마리나항만는 양양군이 개발하고 강원도 요트 협회가 운영하고 있다.

제주권 내 8개의 마리나항만항은 제주도 주변 어항을 중심으로 개발된 소규모 항만으로 해상과 육상을 포함하여 총 69개의 계류선석을 가지고 있으며 제주도는 주변 어항을 중심으로 수요자 위주의 소규모 개발이 특징이다.

3) 유럽 마리나

20세기 후반에 들어서면서 리조트의 이용자는 보다 대중화되고 있는 것이 유럽 각국의 추세이다. 그 배경에는 평균적인 소득수준의 향상과 여가의 확대, 장기휴가의 일반화 등이 있다. 예컨대 유럽에 있어서 이 시기의 주요 리조트 개발은 역사성과 국제성으로 특징지을 수 있으며, 지중해 연안과 알프스 지역에 지중되었다. 알프스지역에서는 샤모니(Chamonix), 몽뜨리(Montreux), 셍 모리쯔(Saint-Moritz) 등이 리조트지역으로 정비되었고 지중해 연안에서는 꼬뜨다쥐르(Cote d'Azur), 외에 랑그독 루시옹(Languedoc-Roussillon)과 코스타 델 솔(Costa del Sol) 일대가 개발되었다.

지중해는 유럽인이 동경하는 대상이다. 특히 유럽의 도시인들에게 있어서는 지중해 연안의 푸르고 맑은 바다, 상쾌한 바람, 맑은 해안선, 온화한 기후 등을 갖춘 Amenity에 유인된다. 뿐만 아니라 이슬람과 고대로마 및 그리스의 영향을 받아

이국적인 문화경관 그리고 무엇보다도 풍부한 3S(Sun, Sea, Sand)자원 등의 보물을 가진 지중해 연안에서의 생활은 유럽사람이라면 어떠한 대가를 지불하더라도 얻고 싶어하는 대상인 것이다. 따라서 유럽인의 대부분이 바캉스라고 하면 남쪽의 지중해 연안으로 이동하는 것을 의미한다. 과거에는 일부계층만이 바캉스를 즐겼다면 오늘날에는 시즌이 되면 일상생활이 중단되는 현상이 서구에서 정착하고 있다.

이 중에서도 랑그독 루시옹은 1963년 프랑스 정부에 의해 개발계획이 수립되어 장기적이고 체계적으로 개발함으로써 세계적인 리조트 모델로 인정받고 있다. 랑그독 루시옹 리조트 개발은 관광개발이 환경을 보전하면서 토지투기를 유발하지 않고 조화롭게 진행될 수 있다는 가능성을 입증했다. 더욱이 이 개발사업은 자연을 있는 그대로 보존했을 뿐만 아니라 인간의 무관심 속에 황폐해 가던 자연을 오히려 회복시켰다는 평가를 받고 있다. 따라서 이 개발사업은 불모의 해안을 쾌적한 여가공간으로 변모시켰다는 큰 의의와 더불어 프랑스인의 해외경비지출을 억제하고 관광수입을 증대하는 데도 기여한 바 큰 것으로 알려져 있다.

4) 까마르그 마리나

랑그독 루시옹 지역 내의 개발이 완료된 리조트기지 가운데서 가장 성공한 것의 하나로 평가되고 있는 것이 가장 동쪽에 위치한 뽀르 까마르그(Port Camarque)이다. 이곳은 랑그독 루시옹 중에서도 대규모 개발이 행해졌던 그랜드 모뜨와는 달리 고층고밀도 타입은 없고 저층타입의 개발이 이루어진다. 대부분의 아파트와 맨션이 Water Front방식의 기하학적 디자인으로 공간이 설계되어 있고 보트의 수용력에서는 지중해 최대규모이다. 사업주체는 님므 아레스 루 비간 상공회의소이고 "만민을 위한 리조트 개발"이라고 하는 것을 개발의 개념으로 설정하였다.

까마르그는 론느 하천구역 일대의 습지대를 개발한 것으로 정부에 의한 투자개발은 1965년부터 시작해서 1985년까지 350억 프랑이 투자되었다. 랑그독 루시옹지역에서 정부가 주도적으로 개발을 추진하고 있는 8대 리조트 거점개발 프로젝트의 하나로 마리나와 주택을 결합(임해복합개발형)시킨 리조트 개발의 전형이다. 현재는 지중해 최대의 마리나(4,200척, 이중 2,200척은 퍼블릭)를 갖고 있는 종합 마린 리조트기지이다. 개발면적은 120만 m²(수면 70만, 육지 50만)이고 상주인구는 5,000명에 불과하지만 성수기에는 관

까마르그마리다

광객이 증가하여 25,000명이 된다. 까마르그 개발의 특색은 개발 초기에는 정부가 기반시설정비와 토지조성을 중심으로 투자하고 그 후에는 프로모터인 상공회의소가 계속적으로 투자한 것이다. 프로모터에게는 주택매각과 계류료에 의한 수입이 보장되어 개발을 위한 투자자금을 여기서 회수하고 있다. 주택개발에 노력한 결과, 현재까지 6,500호(이 중 2,500호는 개인주택)가 완성되어 있다. 이곳의 내방자는 외국인의 비율이 전체의 1/4 정도로 높은 편이고 외국으로부터 바캉스객을 국가별로 보면 벨기에, 독일, 네덜란드, 영국의 순서이다. 한국의 관광지와 크게 다른 점은 평균체재일수가 12~13박으로 장기간(프랑스에서는 평균적임)이고, 숙박의 형태적 특징은 일반 호텔의 연간 숙박객 10만 명에 비해서 캠핑 210만 명, 리조트 맨션 77만 명, 바캉스촌의 장기체재호텔 35만명, 바캉스 코로니 5만 명 등으로 일반호텔의 이용률이 적고 1박당 비용도 매우 저렴하다는 것이 특징이다. 항만과 기반시설의 관리는 님므의 상공회의소가 맡고 거주에 관련한 부분(식목사업)은 자치체가 정비 유지를 실행하고 있다. 미래의 계획은 양질의 환경유지를 추구하는 데 초점을 두는 것이다.

따라서 이 지역은 프랑스 국내뿐만 아니라 유럽 전역에서 높은 평가와 인기를 얻고 있으며 우수한 경관을 가진 것으로 알려져 있다. 주택의 분양, 마리나 임대수입 등에 의해 투자회수를 하고 있으며 마리나는 공영, 렌탈방식(1일, 주, 월, 연단위)으로 이용성이 좋다. 랑그독 루시옹지방 전체를 개발대상으로 한 프로젝트의 일부로 자치단체의 전폭적인 협력을 얻고 있다. 지가폭등을 막기 위해 분양시기를 조절하였고 맨션의 구매력 저하를 예방하였다. 지역의 상징으로서 저층의 해변 주택군을 배치해 경관의 처리가 잘 된 것으로 평가받고 있다.

5. 축제

1. 축제의 개념 및 기능

1) 축제의 개념

전통적으로 인류학에서 말하는 축제는 축(祝)과 제(祭)가 포괄적으로 표현되는 문화현상으로 정의된다. 축제라는 글자에서도 나타나듯이 고대 사회를 비롯한 전통적 사회에서 벌어지는 축제들은 성스러운 종교적 제의에서 출발한 경우가 대부분이다. 축제를 의미하는 '페스티발'은 성일(聖日)을 뜻하는 'Festivalis'라는 라틴어에서 유래한 말로 이것은 축제의 뿌리는 종교의례에 있다는 것을 말한다.

축제의 종교적 기원과 결부하여 빼놓을 수 없는 것이 축제의 의례성이다. 이것은 축제가 특정한 신화나 역사적 사건을 기념하기 위해 주기적으로 행렬, 음악, 춤 등의 형식을 반복함으로써 만들어진 의례적 행사라고 볼 수 있다. Huisingga(1938)는 「호모 루덴스(Homo Ludens)」에서 오늘날 축제의 개념은 축제가 인간의 이성적 본능에 기초한 제의적, 의례적 활동이라는 기존의 이론과는 달리 인간은 원래 유희적 본성이 이성적 본성을 앞서며 유희적 본성의 특징인 놀이하는 인간의 문화적 표현이 궁극적으로 축제와 동일하다고 하였다. Bollow나 Caillois와 같은 사람은 축제를 자유스러움과 즐거움을 제공하는 최고의 기회이자 장소로 현대를 사는 우리에게 무엇보다도 중요한 문화요소라고 하였다(이정재, 1998).

축제의 개념을 종합해 보면 특정 지역주민들의 전통적으로 전해내려 온 제의적(祭儀的) 성격뿐만 아니라 일상적인 생활문화가 중심이 되어 개성과 전통을 함께 갖춘 놀이마당인 유희적(遊戱的) 성격을 나타내고 있는 문화활동이다. 그러나 축제는 기존의 전통적인 이분법적인 개념으로는 설명할 수 없는 다의적이고 다기능적인 복합적 요소를 가지고 있다. 한편으로 축제가 다양한 영역과 분야로 확대되었다는 것을 의미하면서도 그 본질적 의미는 퇴영되었다는 것을 의미한다. '지역 축제'의 개념은 탈종교화, 탈지역화되고 있는 현대사회의 카오스적인 흐름에 맞서 일정한 지리적 범위내에서 지역의 정체성과 공동체성을 회복하고 역내 지역의 동질성과 자립을 추구하는 문화적 활동을 총괄하는 의미로 전통적인 축제의 개념과는 대별되는 의미를 가진다.

※ 표 7-12 _ 축제와 관련한 유사한 용어

구분	의미
축제	• 축하하여 제사를 지냄 또는 경축하여 벌이는 큰 잔치나 행사를 이르는 말 이나 현재는 아래와 같이 모든 종류의 행사를 총괄하는 의미로 사용됨 • 축제는 주제를 가지고 공공의 성격으로 개최되는 여가와 관련 목적의 문화, 예술 및 스포츠 이벤트를 포함
페스티벌	• 일정한 장소에서 주기적으로 행해지는 한 종류의 예술제
축전	• 정치적 · 사회적인 사건을 축하하는 의식이나 식전
체전	• 예술 · 문화 · 체육 등과 같은 대규모 사회적 행사
대회	• 실력이나 기술 따위를 겨루기 위한 모임 또는 많은 사람들이 성대한 회합을 뜻함
~제, 제향, 대제	• 모두 제사를 일컫는 말로 음식을 차려놓고 神 혹은 조상을 비롯한 망자의 넋에게 제사를 지내는 의식
잔치	• 경사가 있을 때 음식을 차려놓고 여러 사람을 청하여 즐겁거나 그러한 일을 일컬음
놀이	• 놀음놀이 의 준말로 모여서 즐겁게 노는 일 즉 유희를 말함
한마당	• 마당은 어떤 일을 하는 자리, 처소의 의미이며 한마당은 큰마당을 의미
~날	• 특별한 의미나 행사를 위한 지정한 날
박람회	• 산업이나 기술 따위의 발전을 위하여 농업 · 공업 · 상업 등에 과난 물품을 모아 일정기간 동안 여러 사람에게 보이는 모임
전람회	• 여러 가지 물품 또는 작품들을 진열해 놓고 보이는 모임
비엔날레	• 2년 마다 열리는 행사
이벤트	• 문화이벤트(축제, 카니발, 퍼레이드, 종교행사 등), 스포츠이벤트(프로, 아마추어), 정치이벤트(취임식, 임명식, VIP 방문 등), 사업/교역이벤트(박람회, 전시회, 엑스포, 컨퍼런스 등), 사적이벤트(기념일, 성인식 등) 등과 같이 지역축제, 소규모 모임까지 폭넓고 다양함

자료 : 경기개발연구원(2009), 경기도 지역축제 차별화 방안에 관한 연구를 기초로 재인용.

해운대 모래축제

불과 몇 년 전만 하더라도 축제를 향토문화제, 향토(문화)축제라는 용어를 사용했고 지금도 농촌지역에서 개최되는 고유한 축제를 향토축제라 부르기도 한다. 그러나 문화축제라는 용어가 고향이라는 낭만적인 선입견으로 인하여 고장중심의 이해관계에 빠질 우려가 있으며 자기 고장중심의 향토문화는 지역간의 갈등과 지역감정의 부작용을 유발할 가능성도 있어 지역이라는 가치중립적 용어를 써야한다는 주장도 있어 요즘은 지역축제라는 용어를 선호한다고 한다(민병호, 1998).

축제는 전통적 의미로 지역과의 역사적인 상관성 속에 생성·전승된 전통적인 문화유산을 축제화한 것에 그치는 것이 아니다. 보다 현실적인 차원에서 지역축제를 지역사회의 문화적 정체성에 근원을 두고 대중적이며 주제가 있는 행사 또는 볼거리·먹거리·놀거리·배울거리 등을 관광객에게 제공하여 욕구를 충족시키고 관광객들이 실제 다양한 경험을 할 수 있는 제반의 행사로 인식하여야 한다(정강환, 2001). 축제는 일년 중 어느 특정한 날과 기간을 정하여 지역 주민이 직접 참여하고 즐기는 행사이며, 일상적인 삶과 생활 속에서 주민들이 주체적으로 참여하고 창조해 가는 생활 양식화된 지역문화 활동이라고 정의할 수 있다.

2) 축제의 기능

지역축제의 주요 기능은 크게 제의성(祭儀性)을 통한 문화의 보전, 지역민의 일체감 조성, 지역의 이미지나 브랜드의 강화, 경제적 파급효과, 관광산업 활성화 기능이 있다.

1970년대 70여 개에 불과하던 지역축제가 지방자치제가 실시된 이후 기하급수적으로 늘어나고 있으며 특히 최근 들어 사회 전반적으로 문화에 대한 관심이 일어나고 있다. 특히, 지역축제는 각 지방자치단체별로 심혈을 기울이는 문화행사로 선호되어 지역경제 활성화 전략으로 강조되고 있다.

　지방자치제가 되기 전까지 대부분 지역의 산업발전은 제조업의 발전, 관광단지의 개발 등 하드웨어 성격의 산업에 의존하였다. 그 이후 지역경제를 활성화하고자 하는 자치단체와 지역주민들의 의지가 증대되고 주민들의 자치마인드도 성숙됨에 따라 전통산업의 부활, 지역별 차별화전략, 신규산업개발, 지역축제 및 이벤트의 활성화 등을 통하여 새로운 지역진흥 전략을 모색하고 있다(장병권, 2000). 이러한 점에서 지역축제는 지방자치시대에 지역의 경제적 이익추구, 지역 이미지의 형성, 지역 주민의 융합과 조정, 지역의 삶의 질 향상 등 여러 중요한 기능과 역할을 담당하고 있다.

　지역축제는 지역 주민의 삶 속에서 이루어지고 바로 이들의 삶의 질을 높이는 데 중요한 기능을 하고 있다. 특히 과거의 지역축제는 지역 주민의 단합과 제의적(祭儀的) 성격이 강하게 작용하였다.

　현대 산업사회에서는 경제, 사회, 문화, 교육, 지역홍보 등에 이르는 종합적인 지역문화 활동으로 그 중요성이 더 부각되고 있다. 1995년 이후 민선자치단체의 출현과 함께 지역축제는 지역적으로 중요한 기능과 의의를 가지게 되는데 그 중에서

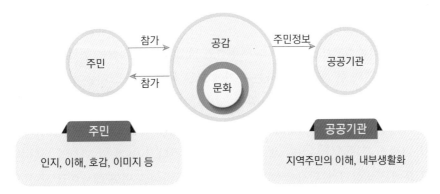

자료 : 민병호(1998). 문화관광축제의 외래객 유치전략 – 문화관광부 지원축제를 중심으로. 『관광연구논총』, 10, 183-209.

🪶 그림 7-4 _ 축제의 이해관계자집단의 관계

도 특히 지역축제는 지방자치단체와 지역주민간 가장 밀접한 커뮤니케이션수단으로 활용된다는 점이다.

지역축제는 제3의 미디어 수단으로서 지방자치단체의 이념, 인지, 이해, 호감들을 정기적이고 지속적으로 지역주민과의 교감한다는 점은 현대 지역축제의 메커니즘을 이해하는데 중요한 요소이기도 하다(민병호 1998).

3) 축제의 역사적 배경

일반적으로 민중축제의 가장 대표적이면서 서구적 축제의 기원으로 카니발 축제가 언급되고 있다(류정아 2003).

카니발의 어원은 일반적으로 세 가지로 전해진다.

첫째, 'Carrus Navalis', 즉 '배 마차'라는 뜻이다.

둘째, '고기를 걷어낸다.'거나 또는 '고기를 삼켜버린다.'의 합성어로 알려진 것이다.

셋째, '고기(Caro)'로 '잔뜩 배를 불린다(Valens).'라는 뜻이 있다. 철저한 금식과 금욕이 시작되는 사순절에 앞서 질펀한 음식을 즐기면서 일상의 일시적인 일탈과 금기에 대한 해방을 만끽하는 시기인 사육제가 곧 서구축제의 역사적 배경이라 할 수 있다.

카니발은 근본적으로 농업사회의 전형적인 축제이고 그 의식은 농업사회의 풍년을 기원하기 위해 한 해를 시작하는 시기에 모든 묵은 것과 그것들이 가져오는 악을 쫓아내는 것과 관련되어 있었다(김춘식·남치호 2002).

카니발 축제는 17세기 이래 점차 약화되고 세속화의 길을 걸으며 이탈리아, 포르투칼, 프랑스 등지에서 변형된 채 명목을 유지해 갔다. 19세기 말 과학적 독단론자들은 축제를 비합리적, 원시적, 비논리적 의례로 취하여 모멸의 대상으로 삼았다고 한다. 20세기에 들어서 약화된 형태와 소수의 축제를 제외하고는 대부분 사람들의 관심밖에 놓이게 되었다고 한다(조홍윤 1995).

우리나라 축제의 시작을 언제부터 볼 것인지에 대해서는 이견이 있지만 일반적으로 고대의 제천의례를 축제의 시작이라고 보는 견해가 보편적이다. 우리나라 축제의 시작이라 할 수 있는 고구려의 동맹(東盟), 부여의 영고(迎鼓), 예(濊)의 무천(舞天) 등은 고대 사회에서 연희되었던 제천의례 또는 제천의식이 축제의 기원이며 이 축제들은 하늘을 숭배하고 제사를 지내는 종교의식으로서 일종의 추수감사제의 역할을 담당했다. 이는 우리나라 고대사회에서 축제의 시작이 농경사회의 정착과 함께 시작되었다고 볼 수 있다. 이는 축제가 사회적 기능과 체제의 형성과 자연신에 대한 절대적 복종을 의미하는 종교내지 제천의식 형성에 결정적인 역할을 했다는 반증이기도 하다. 그 후 이러한 전통은 조선시대까지 잘 계승되어 왔으나 일제감정기 문화말살정책으로 전통적인 문화활동들은 대부분 와해되어 사라졌다.

조선시대에서 연등회나 팔관회가 사리지고 중국의 영향을 받아 산대잡극이 성행했다. 광대줄다리기, 곡예, 재담, 음악 등이 함께 연주가 되었다. 공연자와 관람자가 분명하게 구분이 되었고 직접 연행을 벌이는 사람의 사회적 지위는 그들을 관람하는 사람들보다 낮게 평가가 되었다. 민간에서 마을 굿이나 두레가 축제적 고유의 성격을 유지하였으며 도당굿, 별신굿, 단오굿, 동제 등이 지역민을 묶어주는 역할을 하고 있다. 현대로 넘어 오면서 우리는 이러한 전통의 축제를 계승하지 못하고 있다.

1945년 이후 점차 그 동안 잃어버린 우리의 전통과 문화에 인식이 증대되고 이를 회복하기 위한 활동들이 태동하기 시작하였는데 1961년 문화재보호법의 제정으로 많은 지역축제가 발굴되었다(한을경 외, 1998). 그러나 당시의 정책 명목은 전통문화재의 재발견 및 인물, 역사적 발굴을 통해 향토문화 창달이라거나 전통풍속의 전승 등이었지만 실제로는 새마을사업과 경제개발 5개년 계획의 일환으로 발생한 종합축제로 군민화합을 종용한 정부의 의도가 다분히 들어있다(이정재, 1998).

1990년대에 들어와서는 축제의 성격의 지역의 문화성에서 경제성으로 변환되면서 지역의 다양한 소재를 가지고 축제를 개최하기 시작했다. 농특산물축제가 1980년대에는 전체 개최 시작수의 9.6%에 지나지 않았으나 1990년대와 2000년대에 들어서면서 약 20%로 급증하였듯이 농촌지역에서는 지역의 대표적인 농특산물축제가 활성화되기 시작하였다. 그 외에도 친환경적 요소인 자연과 동식물을 소재로 한 축제도 2000년대에 등장하여 큰 비중을 차지하고 있다. 이때부터 지역축제는 대중화와 규모화가 시작되었다고 볼 수 있으며 그 주된 목적은 지역의 경제활성화가 강화되었다는 것을 알 수 있다.

서양과 우리나라 축제의 역사적 배경을 살펴보면 공통된 점과 차이점이 있는데 먼저 공통된 점은 서양의 카니발과 우리나라의 제천의식은 농경사회가 시작되면서 추수감사에 대한 기복신앙에서 출발했다는 점임을 알 수 있다. 동서양의 축제의 출발이 곧 농경문화와 함께 발전되어 왔고 단지 제천의식에만 뿐만 아니라 진행되었다는 점이다. 그러나 서양과 우리나라의 차이점은 서양의 축제가 일탈과 전복, 카오스와 반전이 일관성 있게 전개되어 온 반면 우리나라의 축제는 서양축제와 같은 반전의 특성은 거의 없고 풍물과 음주가무 속에서 천지인이 함께 어우러져 화합하는 조화와 합일의 마당이었다는 점이다. 이러한 한국축제의 역사적 배경과 특성은 현재 난무하는 지역축제의 혼란 속에서 지역축제의 본질과 정체성을 되찾는 좌표가 될 것으로 판단된다.

축제의 유형 분류기준은 관점에 따라 다양하게 나타날 수 있으며 연구자 등에 따라 다양하게 분류기준을 설정, 분류하고 있다. 축제를 분류하는 방식으로 축제의 성격 및 특성별로 분류하는 방식이 가장 널리 사용되고 있으나 분류단위가 지나치게 많아 축제의 유형을 분명히 구분하기 어려운 단점이 있다.

축제의 유형적 분류는 다음과 같다.

- 축제의 개최 목적
- 축제의 지향점
- 축제의 운영방식
- 축제의 주요 소재
- 축제의 프로그램의 내용
- 축제가 개최되는 공간적 범위
- 기타

2. 축제의 분류

1) 축제의 개최목적에 따른 분류

개최목적에 따른 구분은 연구자 등 관점에 따라서 다양하게 나타나고 있다.
주민공동체 강화형, 마을문화전승형, 마을관광형 축제로 구분된다.

※ 표 7-13 _ **축제의 개최 목적**

구분	내용
주민공동체 강화형	마을 공동체 결속력을 강화하고 주민간의 화합을 이용
마을문화 전승형	마을에 공동으로 전해오는 민속, 전통, 제례를 유지, 보존하고 전승
마을관광형	외부에 마을을 알리고 외부 방문객을 유치하여 마을의 경제적 효과를 노임

주민화합축제, 문화관광형축제, 산업축제, 특수목적축제로 구분하기도 한다.

※ 표 7-14 _ **축제의 개최 목적**

구분	내용
주민화합형	지역에서 전통적으로 개최되어온 주민참여형 축제
산업형	지역산업의 육성 및 판매를 위한 목적으로 하는 축제
특수목적형	지역의 인물추모나 환경보호 등 특별한 목적을 지닌 축제
교육형	카니발, 레스티발, 대학동아리축전 등 참여자들이 직접 배우고 참여하는 축제
문화복지형	지역문화 발전과 지역주민들의 문화적 즐거움을 공유하기 위한 축제
관광유도형	지역을 홍보하는 관광목적형 축제
전통계승형	지역고유의 전통이나 민속적 요소를 강조하는 축제
경연경기형	체육대회, 경연대회, 싸움놀이, 민속놀이, 뽑기대회 등 겨루기를 중심으로 이루지는 축제

Ch 01 관광자원의 특성
Ch 02 관광목적조의 스토리텔링
Ch 03 관광개발
Ch 04 자연 관광자원
Ch 05 문화 관광자원
Ch 06 복합 관광자원
Chapter 07. 위락 관광자원

주민화합축제는 일반적으로 해당지역에서 전통적으로 개최되어온 전통문화축제를 비롯하여 지방자치제 이후 개최한 시민, 구민, 면민의 날을 기념하여 벌이는 축제를 말한다.

문화관광축제는 문화와 관련된 축제 및 행사를 초점을 맞추어서 행하여 지는 것으로서 관련산업의 발전과 관광객 유치를 통한 지역경제성장을 목적으로 하는 축제를 일컫는다.

산업축제는 방문객 수가 비교적 높게 나타나는 관광축제를 제외한 농림축산업, 어업, 상업 등의 발전 목적을 위하여 개최되는 축제를 말한다. 특수목적축제는 환경보호 또는 역사적 인물이나 사건을 추모하거나 재현하는 것을 목적으로 하여 개최하는 것을 포함한다.

2) 축제 지향성에 따른 구분

축제가 추구하고자 하는 지향성에 따라서 내부지향성, 외부지향성, 쌍방형 축제로 구분할 수 있다.

✖ 표 7-15 _ **축제의 지향성에 따른 분류**

구분	내용
내부지향성	지역민들이 자신의 지역에 대한 역사의식과 애향심을 불러일으키고 공동체 의식함양 등 지역사회내부를 목표로 하여 실시되는 축제
외부지향성	지역의 관광 및 산업발전 등 지역의 자연적 조건이나사회 경제적 환경을 중심으로 구성된 지역축제로 관광객 유치확대를 통한 지역경제 활성화를 목적으로 하는 축제
쌍방향	내부지향을 통하여 지역의 발전과 정체성을 확립하고 이를 토대로 지역사회의 외적인 성장을 추구하기 위하여 시행하는 축제

3) 운영방식에 따른 분류

축제운영방식에 따라 분류하면 중앙정부 및 지방정부가 주도하는 관중중심형, 민간이 추진위원회를 조직하여 운영하는 민간중심형, 주민 스스로 운영하는 축제, 전문기관을 통한 대행사 중심형 축제, 마지막으로 주민, 주민단체, 대행사들이 연합을 이룬 네트워크형 축제 등으로 구분할 수 있다.

※ 표 7-16 _ 축제의 운영방식에 따른 분류

구분	내용
관중심형	중앙정부 혹은 지방자치단체가 주하는 축제
민간중심형	추진위원회 등의 민간조직을 형성하여 민간조직이 중심이 된 축제
주민중심형	주민스스로가 만들고 운영하는 순수주민형 축제
대행사중심형	전문대행사가 모든 행사를 기획·운영하는 축제
네트워크형	주민, 자치단체, 대행사 등이 함께 네트워크를 이루어 운영하는 축제

4) 지역문화예술축제에 따른 분류

대부분의 축제는 지역 고유의 특성, 환경, 전통, 특산품 등 다양한 유·무형의 문화요소들을 바탕으로 다른 지역의 축제보다 상대적으로 우위의 자리를 선점해야 하고 축제의 명칭과 각 주제소재들의 차별화는 축제의 성공여부를 보장하는 요소이다.

현재 각 지역별로 개최되는 축제들을 대상으로 축제의 특성에 따른 유형을 구분할 수 있다. 생태자연축제는 양평산수유마을축제, 서운암들꽃축제, 소백산철죽제함평나비, 축제무주반딧불축제, 진도영등제, 한라산눈꽃축제, 보령머드축제 등 자연과 생태를 주제로 분류한 축제 유형이다.

문화예술축제는 연극, 영화, 미술, 음악 등과 같은 문화예술을 중심으로 분류한 축제로써 부산국제영화제, 광주비엔날레, 제주들불축제, 춘천마임축제, 안동탈춤페스티벌, 영동난계국악축제, 부천복사골예술제 등이 대표적인 사례이다.

전통역사민속축제는 지역의 전통과 역사를 주제로 오랜전통으로 계승되어 온 축제로써 그 종류로는 정선아리랑, 제주들불축제, 영암왕인문화제, 진도영등축제, 강진청자문화제, 남원춘향제, 강릉단오제, 정조효행문화제, 당항포대첩축제, 대구아리랑제, 영덕복은문화제, 행주대첩제, 백제문화제 등이 있다.

※ 표 7-17 _ 지역문화예술축제분류

구분	내용
생태자연축제	• 함평나비축제, 보령머드축제, 무주반딧불축제 등
문화예술축제	• 과천한마당축제, 춘천마임축제, 안동탈춤축제
전통역사민족축제	• 정선아리랑축제, 강릉단오제, 강진청자문화재, 남원춘향제, 제주들불축제
지역특산품축제	• 김제지평선축제, 부산기장멸치축제, 양양송이축제, 금산인삼축제, 대구약령시축제 등
경연산업스포츠축제	• 황강레포츠축제, 충주세계무술축제, 한탄강레포츠축제, 제주마라톤축제 등

자료 : 연구자 재작성

지역특산품축제는 개최지역의 주요 생산물이거나 전통적인 또는 독특한 특산품으로써 홍보·판매를 주 목적으로 하는 축제로서 무안연곡축제, 화성포구축제, 보물섬마늘축제, 하동전어축제, 하동야생차문화축제가 평군포도축제, 세계도자기비엔날레, 단월고로쇠축제, 경주버섯축제, 금산인삼축제, 남도음식축제, 어상천수박축제, 여주진상 명품전, 송지호제첩잡이축제, 파주장단콩축제, 서천한산모시축제, 한지문화제통영나전칠기축제, 대구약령시축제, 김제지평선축제 등이 있다.

경영산업축제는 황강레포츠축제, 제주마라톤축제, 컴퓨터게임엑스포, 충주세계무술축제 등으로 지역에서 개최되는 스포츠경영산업화한 축제유형이다.

3. 축제의 효과

1) 축제의 경제적 효과

지자체들이 축제개발과 육성에 매진하는 가장 큰 이유는 경제적 파급 효과가 매우 크기 때문이다. 직접효과로서 소득 및 고용증대가 있으며 간접효과로서 축제 연관산업에 영향을 미친다. 또한, 직·간접적으로 발생한 소득을 바탕으로 지역에서 의식주 해결 등의 유발효과로 이어진다.

장기적으로는 대외홍보 및 이미지 제고에 의하여 관광수입의 증대, 관광수익의 지역환원, 대안관광상품으로서의 역할, 관광비수기 타개, 관광목적지로서 매력성 증대 등 그 지역의 관광산업활성화에도 긍정적 영향을 준다고 할 수 있다.

2) 축제의 사회문화적 효과

지역축제는 그 지역주민들이 축제를 준비하고 참여하는 과정에서 화합을 도모하는 매개체가 되고 지역의 애향심 및 자긍심을 고취하며 지역간의 교류를 촉진한다. 축제준비과정에서는 각종 사회간접시설 등이 요구되므로 지역발전의 계기가 된다. 또한, 개최지역의 홍보를 통해서 지역의 이미지 제고에도 최고의 수단으로 활용된다.

지역축제는 그 지역의 전통문화를 보존하고 계승하는 계기가 되고 지역문화를 창달하고 진흥하는데 기여하며 현대인들의 문화욕구를 충족시켜주고 각지역 간 문화교류의 장으로서 기능을 한다.

3) 축제의 부정적 효과

축제는 긍정적인 효과만을 내는 것이 아니고 정치적·사회문화적 측면에서 부정적인효과가 발생한다. 먼저 정치적인 측면에서는 지역민에게 선심성으로 축제를 개최해서 축제 본래의 진정성이 훼손되는 사례가 발생하고 있다.

Ch 01 관광자원의 특성
Ch 02 관광관리조사 스토리텔링
Ch 03 관광개발
Ch 04 자연 관광자원
Ch 05 문화 관광자원
Ch 06 복합 관광자원
Chapter 07. 위락 관광자원

사회문화적 측면에서는 사람이 밀집한 곳이라서 각종 안전사고와 범죄가 발생할 수 있는 확률이 높고 지나치게 상업성을 띠다 보면 지역고유한 전통문화가 변질 될 우려가 있다. 축제의 효과에 대해서는 <표 7-18>와 같다.

표 7-18 _ 축제의 효과

구분	긍정적 효과	부정적 효과
경제적 효과	• 방문객 지출의 증가 • 부가 수익 및 고용창출 • 삶의 수준향상	• 행사기간 중의 물가상승 • 부정확한 행사비용 추정
관광적 효과	• 관광목적지로서 지역의 인지도 향상 • 지역의 투자나 상업활동 잠재력에 대한 인지도 상승 • 숙박시설과 관광자원의 개발접근성 제고	• 열악한 시설, 부당행위, 고물가 등 부정적 이미지 형성 • 새로운 경쟁으로 인한 타산업 종사자들의 불평
환경적 효과	• 새로운 시설의 건립 • 사회간접자본의 개선 • 문화유산의 보전	• 생태계 훼손 • 자연과정의 변화 • 문화유산의 붕괴 • 과밀 · 혼잡
사회문화적 효과	• 주민들의 지역에 대한 관심과 참여도제고 • 지역가치 및 전통강화	• 과도한 상업화 • 관광객 유도를 위한 축제의 왜곡 • 잠재적 범죄의 증가 • 지역사히 구조의 변화 • 사회적 혼란(Social Dislocation)
심리적 효과	• 지역에 대한 자부심과 공동체 의식제고 • 좁은 지각(Local Perception)에서 탈피	• 문화적 충격(Culture Shock) • 주인의식이 결여된 방어태도 • 주민/관광객 간의 오해로 비롯되는 적대감
행정적 효과	• 지역에 대한 인지 및 가치제고 • 계획수립가들의 역량제고	• 정치적 목적을 위한 지역자원의 오남용

자료 : 연구자 재작성

우리나라에서도 최근에 문화관광의 진흥과 국제관광의 경쟁력을 확보한다는 차원에서 문화관광축제가 날로 증가하면서 활성화되고 있는 것은 매우 고무적인 사실이다.

문화관광축제도 우리 전통문화의 세계화와 문화국가 이미지 조성을 위하여 독특한 전통문화자원의 관광상품화와 기존 문화축제를 세계적 관광축제로 육성하여 외래관광객 유치를 증진시키고 지역경제를 활성화하는데 기본방침을 두고 있다. 오늘날의 보는 관광에서 문화체험관광으로 변화되는 추세에 따라 지방관광의 육성이라는 측면에서 각종 지역축제의 관광자원화를 통한 활성화가 필요하다. 따라서 우리가 가지고 있는 고유한 문화를 잘 이해하는 가운데, 세계 어느 곳에서도 볼 수 없고 체험할 수 없는, 오직 한국에서만 행해지는 축제방식을 복원하고 보급하는 일이 중요하다. 그러므로 축제의 본질과 지역문화의 주체성 유지에 바탕을 두고 관광객의 참여형 축제로의 변신을 꾀하는 지속적인 관심과 노력이 요구된다.

2019년 기준으로 문화관광형 축제는 다음과 같다.

❋ 표 7-19 _ 2019년도 문화관광축제

종류	축제명
대표축제 (3개)	• 김제지평선축제, 문경전통찻사발축제, 얼음나라화천산천어축제
최우수축제 (7개)	• 강진청자축제, 담양대나무축제, 무주반딧불축제, 산청한방약초축제, 이천쌀문화축제, 자라섬국제재즈페스티벌, 진도신비의 바닷길축제,
우수축제 (10개)	• 강경젓갈축제, 봉화은어축제, 부여서동연꽃축제, 안성맞춤남사당바우덕이축제, 원주다이내믹댄싱카니발, 정남진장흥물축제, 제주들불축제, 추억의 7080충장축제, 통영한산대첩축제, 평창효석문화제,
유망축제 (21개)	• 고령대가야체험축제, 고창모양성제, 광안리어방축제, 괴산고추축제, 대구약령시한방문화축제, 대전효뿌리문화축제, 보성다향대축제, 순창장류축제,영암왕인문화제, 완주와일드푸드축제, 울산옹기축제, 인천펜타포트음악축제,춘천마임축제, 포항국제불빛축제, 한성백제문화제, 강릉커피축제, 밀양아리랑대축제, 수원화성문화제, 시흥갯골축제, 정선아리랑제

자료: 문화관광체육부(http://www.mcst.go.kr)

문화산업을 일으킨다는 관점에서도 전통문화를 재현하는 행사와 민속문화행사도 지속적으로 확대해 나가는 것은 국제관광에서도 성공할 수 있는 방안이 될 수 있다. 우리나라 전통민속예술의 활성화를 도모하여 아울러 한국고유의 관광자원이 관광상품화가 될 수 있도록 민속문화행사를 적극적으로 장려하고 육성해야 한다.

관광자원론

Tourism Natural Resource Economics

관광자원론 Tourism Natural Resource Economics

참고문헌

강신겸(1997).『지역활성화를 위한 지역관광개발전략』, 삼성경제연구원.

강신겸(2001). 지역사회 애착도가 관광개발에 미치는 영향. 한양대학교대학원 박사학위논문.

강태원(2010). 관광개발에 대한 지역주민의 집단행동 특성과 역할 : 제주도 예래동지역을 사례로. 경기대학교대학원, 석사학위논문.

경기평택항만공사(2019).『경기마리나항만 활성화전략 수립』.

고동우(1998). 관광 후 평가 개념의 경험적 연구.『관광학연구』,22(2):309-316

고평채(2011). 전주한옥마을 보전정비사업에 따른 주거만족도 평가에 관한 연구.단국대학교 대학원 석사학위 논문.

구철모(2016). 4차 산업혁명과 스마트관광도시.『한국관광정책』, 65: 65-72.

김계섭·안윤지(2004). 문화관광자원의 매력속성,자원해설,관광만족간의 영향관계.『관광연구』,19(1):248-272

김상무(2006).『관광개발 이론과 실제』서울: 백산출판사.

김영봉(2006). 북한 관광자원의 효율적 활용방안에 관한 연구. 국토연구원.

김재진(2001).문화관광지에 대한 이해도가 지각 매력도에 미치는 영향. 경기대학교 대학원 석사학위 논문.

김재호(2008).관광의례화와 구매 후 태도간의 관계 연구:문화유산관광지를 중심으로.경기대학교 대학원 박사학위 논문.

김종은(2009).『(관광자원해설) 관광지리자원론』. 서울: 백산출판사.

김춘식·남치호(2002).『세계축제경영』. 서울: 김영사

김학용·박호표(2006). 문화관광자원의 가치추정방법에 관한 연구.『관광연구저널』, 20(1):105-120

남도일보(2019). 백운산 국립공원 지정 추진 논의. 6월 20일 기사

다니엘핑크(2010).『새로운 미래가 온다』서울: 서울경제신문사

다비트보스하르트(2001).『소비의 미래』서울: 생각의 나무

로렌스빈센트(2003).『스토리로 승부하는 브랜드전략』서울: 다리미디어.

롤프엔센(2002).『드림 소사이어티』. 서울: 한국능률협회.

류광훈(2012). 한국형 복합리조트 제도화 방안. 한국문화관광연구원.

류은영(2009). 내러티브와 스토리텔링 : 문학에서 문화콘텐츠로.『인문콘텐츠』, 14.

류정아(2003).『축제인류학』, 서울:살림

문경일·임창호(2003).도시여가공간으로서 고궁의 이용가치 평가.『국토계획』, 38(2):191-201

문창헌(2008).문화관광해설이 관광객의 만족에 미치는 영향.『지역사회연 구』,16(2):47-66

문화관광부(2005). 지리산권 관광개발계획 수립 연구.

문화관광체육부(2007). 관광공급지표연구

민병호(1998). 문화관광축제의 외래객유치전략: 문화관광부지원 축제를 중심으로.『관광연구논총』: 183-209.

박경렬(2013).『관광개발사업 민간투자 유치 동향 및 투자 활성화 방안』한국문화관광연구원.

박동진·조성한·오승규·김정희(2008).문화관광자원 방문자의 만족과정에서 해설의 역할:상황적 관점.『소비문화연구』,11(3):131-147

박명희(2000). 관광자원의 해설이 관광자 만족에 미치는 영향 : 여행상품의 기초속성 분석대구대학교대학원 박사학위논문.

박석희(1994).『신관광자원론 : 개발·이용·관리』. 서울: 일신사.

박석희(2000).『신관광자원론』. 서울: 일신사.

박석희(2002). 농촌 어메니티 가치의 활용방안.『농촌생활연구소』,심포지엄자료:55-81

박석희(2002).만족도와 이미지·관여도·친숙도간의 관련성 분석-체제기간·친숙도·관여도별-『경기관광연구』,6:25-47

박석희(2012).『신관광자원론(4판)』. 서울: 대왕사.

박석희·박희주(2014).『관광자원해설: 이야기로 풀기』. 서울: 백산출판사.

박석희·주미경(2011).한옥의 관광자원 가치 측정척도 탐색『관광종합연구소』,18:55-69

박세혁(2007).서울시 4대 지천 시민공원 이용자들의 관여도프로파일이 이용만족 및 재이용의도에 미치는 영향.『서울도시연구』,8(4):175-188

박창규·엄서호(1998).기대와 지각된 성과가 관광자 만족에 미치는 영향에 관한 연구.『관광학연구』,22(2):317-323

박현열(2005).컨벤션 속성의 만족이 가치인식과 도시 이미지 형성에 미치는 영향.계명대학교대학원 박사학위 논문.

백선영·안건혁(2009).서울시 한옥밀집지구의 가치평가체계 구축에 관한 연구.『대한건축학회지』,25(5):223-230

부산일보(2019). [금정산 국립공원 추진] 지정 건의 배경과 향후 과제. 7월1일 기사

서인원·송재일(2009).『경북관광 대도약을 위한 과제와 전략』. 대구경북연구원.

세스 고딘(2007).『마케터는 새빨간 거짓말쟁이』. 서울: 재인

소국섭·나윤중·곽강희 역(2014).『해양관광개발계획』. 서울: 한올출판사.

손병모·김동수(2011).관광스토리텔링 선택속성이 관광객 만족 및 충성도에 미치는영향.『한국컨텐츠학회논문지』,11(2):432-445

송인호(1990).도시형 한옥의 유형연구.서울대학교 대학원 박사학위 논문.

송현주(2011).레스토랑의 유·무형성 스펙트럼이 관여도,지각된 위험과 재방문 의도에 미치는영향.세종대학교 대학원 박사학위 논문.

신동주(2002).『지역관광개발론』. 서울: 대왕사

신보미(2010).문화재의 역사문화적 특성이 관광자원으로서 가치에 미치는 영향.세종대학교 대학원. 석사학위 논문.

심성욱·김현숙·김운한(2011).이벤트 체험의 효과 과정에서 관여와 기대,만족의역할에 관한 연구.『한국광고홍보학보』,13(2): 198-227

심진범(2007). 지역관광개발정책에 대한 주민저항 영향요인 : 인천광역시 용유무의 지역을 중심으로. 한양대학교대학원, 박사학위논문.

안선희·안범용(2009).문화관광 해설에 따른 방문객의 교육적 효과,지각된 가치, 만족도의 차이에 관한 연구:김해 클레이아크 미술관을 중심으로.『관광레저연구』, 21(2):279-296

안윤지(2003).문화관광자원의 매력속성과 자원해설이 관광만족에 미치는 영향.동아대학교 대원 석사학위 논문.

양만규(2011).전통문화 공간의 가치측정에 관한 연구: 전주한옥마을 중심으로.『관광경영연구』,15(2):67-83

양성수·박시사·조성진(2009).녹차인식,지각된 가치와 관광만족간의 관계:제주 오설록 녹차박물관 방문객을 대상으로.『관광학연구』,33(1).

양주녕(2003). 관광자원해설의 특성이 관광 만족도에 미치는 영향에 관한 연구: 제주시 문화관광자원을 중심으로. 제주대학교대학원 석사학위논문

엄서호(2001). 전라남도 문화유산해설사 양성교육. 전라남도.

엄서호(2004).『농촌 관광의 이론과 실제』. 서울: 명진씨앤피

엄서호(2007).『한국적 관광개발론 : 한국관광 제 빛 살리기』. 서울: 백산출판사.

엄서호·한숙영(2004).문화관광의 개념적 범위에 관한 고찰: 관광과 문화의 관계를중심으로『한국문화관광학회』,6(1).7-17

연승호(2002).관광상품 가치 지각에 관한 연구: 해외 패키지여행을 대상으로. 경기대학교 대학원 석사학위 논문.

오진숙(2010).서울 서촌의 역사문화경관자원의 가치해석에 관한 연구.서울시립대학교 대학원석사학위 논문.

윤유식·김경태·송래헌(2007).문화관광객의 선택속성에 따른 시장세분화와 선택행동분석: 충남부여지역을 중심으로.『호텔관광연구』,9(1):182-195

이상춘(2014).『관광자원론』. 서울: 백산출판사

이성숙(2010).문화관광지,문화체험의 진정성 인식이 관광만족에 미치는 영향. 경희대학교 대학원 석사학위 논문.

이장춘(1988).『최신관광자원학』. 서울: 대왕사.

이정은(2001). 주제공원의 이미지와 방문동기가 관광체험 및 만족에 미치는 영향. 동아대하교 대학원. 석사학위논문.

이정은(2011). 관광목적지의 커뮤니케이션, 브랜드 자산, 관계의 질과 행동의도간의 관계. 동의대학교 대학원. 박사학위 논문.

이정은(2015). 해양레저관광에서 재미의 감정적 반응과 행동의도간의 관계.『관광연구』.30(4): 339-363.

이정재(1998). 한국 축제의 어제와 오늘.『한국의 민속과 문화』: 97-136.

이정훈·김사라·조아라 편역(2007). 관광목적지 브랜딩: 지역의 공유한 정체성과 매력 이미지』. 서울: 백산출판사.

이후석(2011).『관광자원론』. 서울: 백산출판사.

장병권(2000). 지방자치제와 지역축제정책의 방향.『문화관광연구』2; 31-53.

정강환(2001).『제4회 통영 나전칠기축제 : 문화관광축제 평가 및 방문객 분석』, 통영 나전칠기축제 추진위원회.

정석중·이미혜(2002).『관광개발론』. 서울: 대왕사.

정의선(2011).『관광학원론』. 서울: 백산출판사.

정익준(1998).『최신 관광학원론』. 서울: 형설출판사.

정찬종(2015).『관광학원론』. 서울: 형설출판사.

조록환·이정은(2015). 농촌관광마을 축제의 경험과 몰입이 만족, 사후행동간의 관계.『Tourism research』.4(2): 45-72.

조록환·손호기·채혜성·이정은·강필성(2015).『농촌 마을축제운영: 소비자 요구분석 축제기획 운영기법』. 국립농업과학원.

조흥윤(1995). 세계의 축제문화; 한국적 향토축제의 정립.『민족과 문화』: 57-78.

최성범·박승환(2010).여가동기의 유형이 여가관여도,만족 및 참가지속의도에 미치는 영향.『한국여가레크리에이션학회지』,34(3):127-140

최승묵(2005). 화 및 녹색·관광자원 개발 제도 개선방안 연구. 한국문화관광연구원.

최혜실(2003). 디지털 스토리텔링.『정보과학회지』21(2): 12-15.

크리스티앙 살몽(2010).『스토리텔링』. 서울: 현실문학.

파이낸셜뉴스(2018). 강원도, 도립공원 신규지정 기관간 협의 본격화. 10월 23일 기사

필립코틀러(2010).『마켓3.0』서울: 타임비즈.

한국관광공사(2010)『관광자원개발 매뉴얼』.

한국관광공사(2010).『스토리텔링을 활용한 경주관광 활성화 방안』.

한국관광공사(2012).『외래관광객실태조사 보고서』.

한국관광공사(2013).『국민여행실태조사』.

한국관광공사(2013).『외래관광객실태조사』.

한국관광동사(2009).『관광 스토리텔링 그 빛을 발한다』.

한국관광학회(2009).『관광총론』. 서울: 백산출판사.

한국문화관광연구원(2010).최근 관광트렌드 변화와 향후 정책방향.

한을경·안선영·허윤성(1998). 문화관광축제가 지역주민에게 미치는 파급효과.『여가관광연구』, 2: 519-544.

해양수산부(2019) 해양레저관광과, 2019.3 업무자료

Akama, J. S . & Kieti, D. M. (2003). Measuring tourist satisfaction with Kenya's wildlife safare: a case study of Tsavo West national park, Tourism Management. 24: 73-81.

Ap, J(1992). Residents' perceptions on tourism impacts. Annals of Travel Research, 19(4): 665-690.

Ap, J. & Crompton, J. L.(1998). Developing and Testing a Tourism Impact Scale. Journal of Travel Research, 37(2): 120-130.

Baker, D. A., & Crompton, J. L. (2000). Quality, satisfaction and behavioral intentions. Annals of Tourism Research, 27(3): 785-804.

Bign J. E., Andreu, L., & Gnoth, J.(2005). The theme park experience: An analysis of pleasure, arousal and satisfaction. Tourism Management, 26(6): 833-844.

Bornhorst, T., Ritchie, J. R. B., & Sheehan, L. (2009). Determinants of tourism success for DMOs & destinations: an empirical examination of take holders' perspectives. Tourism Management, 30(1): 1-18.

Brougham J.E., & Butler, R.W. (1981). A segmentation analysis of resident attitudes to the social impact of tourism. Annals of Tourism Research, 7(4): 569-590.

Brown, J. R., Israeli., A. & A., Mehrez, A. (2002). Modelling a decision maker's preferences with different assumption about the preference structure: theory development and initial applications for tourism and hospitality management. Tourism Economics, 8(1): 39-57.

Chen, H. W. J. (2009). Baby boomers and seniors domestic travel motivation: An examination of citizens in Taiwan. Unpublished thesis dissertation, University of Waterloo, Taiwan.

Cronin, J. J., & Taylor, S. A. (1992). Measuring service quality: A reexamination and extension. Journal of Marketing, 56: 55-68.

Fakeye, P. C. (1989). The position of the Rio Grande Valley to competing winter destination from the perspectives of perspectives. 1st Time Repert Visitors.(Thesis of Mos Texas A. M. Univ).

Garcia-Rosell, J., Haanpaa, M. Kylanen, M. & V. Markuksela. (2007). From firms to extended markets: A cultural approach to tourism products development. Tourism Review, 55(4): 445-459.

Graham, P. (1994). Marketing in the Public Sector: Inappropriate or Merely Difficult. Journal of Marketing Management, 10(5): 361-375.

Gunn, C. A.(1994). Tourism Planning: Basics, Concepts, Cases. Routledge

Gunn, C. A.(2002). Tourism Planning: Basics, Concepts, Cases. Routledge

Gwinner, K. P., Gremler, D. D., & Bitner, M. D. (1998). Relational Benefits in Services Industries: The Customer's Perspective. Journal of the Academy of Marketing Science, 26(2): 101-114

Hearne, R. R. & Salinas, Z. (2002). The use of choice experiments in the analysis of tourist preferences for eco tourism development in Costa Rica. Journal of Environmental Management,

65: 153-163.

Hsiaoa, T. Y., & Chuang, B.(2016). Components of cultural tourists' experiences in destinations. Current Issues in Tourism Volume, 19(2): 137-154.

Inskeep, E.(1991). Tourism Planning: An Integrated and Sustainable Development Approach .Van Nostrand Reinhold.

Jang, S. C.,& Wu, C. E. (2006). Senior travel motivation and the influential factors: An examination of Taiwanese seniors. Tourism Management, 27: 305-316.

Juvenville A. (1978). Outdoor recreation management. W. B. Saunders.

Komppula, R. (2001). New producrd evelopment in Tourism companies-Case studies on nature based activity operators. Paper presented at the 10th Nordic conference in Tourism Research: 19-20.

Kozak, M., & Rimmington, M. (2000). Tourist satisfaction with Mallorca, Spain as an off-season holiday destination. Journal of Travel Research, 38: 260-269.

Lankford, S. V., & Howard, R.(1994). Developing a Tourism Impact Scale. Annals. Annals of Tourism Research, 21(1): 121-139.

Lin, Morais, Kerstetter & Hou. (2007). Examining the Role of Cognitive and Affective Image in Predicting Choice Across Natural, Developed, and Theme Park Destinations. Journal of Travel Research, 46(2): 183-194.

Linderg, K. & Johnson, R. L.(1997). Modeling Resident Attitudes Toward Tourism. Annals of Tourism Research, 24(2): 402-427.

Lounsbury, J. W. & Polik, J. R. (1992). Leisure needs and vacation satisfaction. Leisure Sciences, 14: 105-119.

Mayo, E. J., & L .P. Jarvis. (1981). The Psychology of Leisure Travel. Boston: CBI Publishing.

McIntosh, R. W., & Goeldner, C. R. (1992). Tourism: Principles, practices and philosophies(5th ed.). New York: John Wiley, Inc.

McIntosh, R. W., & Goldner, R.(1986). Tourism: Principles, Practices, Philosophies. New York; Wiley and Sons.: Richards, G(1966).op. cit.,22-23.

Meng, F. Tepanon, Y. & Uysal, M. (2008). Measuring tourist satisfaction by attribute and motivation: The case of a nature-based resort. Journal of Vacation Marketing, 14(1): 41-56.

Mercado, L. & Lassoie, J. P. (2002). Assessing tourists' prederences recreational and environmental manahement programs central to the sustainable development of a tourism area in the dominican republic. Environment, Development and Sustainability, 4: 253-278.

Murphy, P., Pritchard, M. P. & Smith, B. (2000). The destination product and its impact on traveller perceptions. Tourism Management, 21(1): 43-52.

Nagle, J. (2010). Between Traumaand Healing-Tourism and Neoliberal Peace-Building in Divided Societies. Journeys, 11(1): 29-49.

Okello, M. & Yerian, S. (2009). Tourist satisfaction in relation to attractions and implications for conservation in the protected areas of the Northern Circuit, Tanzania. Journal of Sustainable Tourism, 17(5): 605-625.

Oppermann, M. (2000). Tourism destination loyalty. Journal of Travel Research, 39(1): 78-79.

Perdue, R., Long, P. T.. & Allen, L. R.(1990). Resident'support for tourism development. Annals of Tourism Research, 17: 586-599.

Pike, S. (2008). Destination Marketing: An integrated marketing communication approach. NY:

Elsevier

Richards, G.(2001). The development tourism in Europe. G. Richards(Ed.), Cultural attractions and European tourism. New York: CABI publishing, 3-29.

Ringer, G. (2007). Healthy Spaces, Healing Places-Sharing Experiences of Wellness Tourism in Oregon. Journal of Selective Tourism, 1(1): 29-39.

Ross, G. F.(1992). Resident perception of the impact of tourism on an Australian city. Journal of Travel Research, 3(3): 13-17.

Sofied, T. H. F. M. S.(1998). Tourism development and cultural policies in china. Annals of Tourism Research, 2(25): 362-392.

Szivas, E., Riley, M., & Airey, D. (2003). Labor mobility into tourism attraction and satisfaction. Annals of Tourism Research, 30(1): 64-76.

Tighe, J. A(1985). Cultural Tourism in the USA. Tourism Management, 6(4): 234

Tilden, F. (1967, 1977). Interpreting Our Heritage, Chapel hill(3rd ed.), (Chapel Hill : The University of North Carolina Press.

UNESCO(1997), Culture, tourism, development: Crucial issuse for the twenty-first century. Paris.

UNWTO(2014). UNWTO Press Releade. 2014.5.14.

Var, T. R., & A. D. Beck. & Loftus, P. (1977). Destination of Touristic Attractiveness of the Toutistic Area in British Columbia. Journal of Travel Research, 15: 23-29.

Weaver, H. E. (1976). Origins of Interpretation, Sharpe, Grant W. ed., Interpreting the Environment, John Wiley & Sons.

Yoon, Y., & Uysal, M. (2005). An examination of the effects of motivation and satisfaction on destination loyalty: A structural model. Tourism Management, 26(1): 45-56.

네이버 지식백과

http://eiec.kdi.re.kr/

http://press.incheon.go.kr/

http://www.golfin.co.kr/

http://www.index.go.kr

http://www.kcti.re.kr

http://www.knps.or.kr

https://kto.visitkorea.or.kr

http://www.mcst.go.kr

http://www.nie.go.kr

http://www.wamis.go.kr

http://www.unwto.org

https://www.uia.org

https://www.yna.co.kr/

저자 소개

|이 정 은|

- 경주대학교 관광개발학과(경영학 학사)
- 동아대학교대학원 관광경영학과(경영학 석사)
- 동의대학교대학원 호텔관광외식경영학과(경영학 박사)
- 전) 경주대학교·동명대학교·광주대학교 외래교수
- 전) 농촌진흥청 국립농업과학원 연구원
- 현) 이코노앤리서치컨설팅 대표
- 현) (주)해맑은네트윅스 여행사업부 이사
- 현) 예원예술대학교 문화예술관광콘텐츠학과 객원교수
- (사)한국관광학회 평생회원
- (사)대한관광경영학회 평생회원
- (사)한국관광산업학회
- 관광종사원 자격증(국내여행안내사·호텔서비스사)
- 커피조리사자격·커피조리사 심사위원자격
- 중소기업기술개발 지원사업 평가위원

- 커피조리사 교육자자격(한국평생능력개발원)

<저서>
- 『농촌마을축제운영』(공저)
- 『환대산업인적자원관리』(대표저자)
- 『관광자원론』(대표저자)
- NCS 적용한 4차산업을 위한 여행경영실무 (공저)
- 『문화관광의 이해』(대표저자)

<연구논문>
- 해양레저관광에서 재미의 감정적 반응과 행동의도간의 관계
- 관광목적지의 마케팅커뮤니케이션이 자아일치성과 팬쉽, 그리고 행동지속성과의 영향관계 등 다수의 연구논문이 있음

|김 효 경|

- Charles Sturt University, Sydney Australia. Business Management(경영학 학사)
- 경희대학교 관광대학원 호텔경영학 전공 (호텔경영학 석사)
- 경희대학교 일반대학원 호텔관광학 전공 (호텔관광학 박사)
- 현) 한국관광대학교 관광경영과 교수
- TESOL 자격증(한국외국어대학교 교육대학원)
- SCAE Coffee Diploma : The Speciality Coffee Association of Europe (I.A.COFFEE International Academy of Coffee)
- 국가공인 S.MAT기반 특성화 과정 서비스 경영자격증(한국생산성본부)

- 커피바리스타 2급 심사위원, 와인소믈리에 2급 심사위원 (한국외식음료협회)

<저서>
- 『관광자원론』
- 『호텔경영론』
- 『하스피탈리티 매니저를 위한 와인·맥주·스피릿 가이드』
- 『사례로 배우는 Restaurant English』외 다수

|김 규 영|

- 부산대학교 문리과대학 (문학사)
- 호주국립대학교대학원 영어교육학과 (교육학 석사)
- 동아대학교대학원 관광경영학과 (관광경영학 박사)
- 전) 경주대학교 관광경영학과 교수
- 현) 부산파이낸스뉴스 국제교육위원
- 현) 부산광역시의회의정자문위원
- 현) GMT Global Eduex 대표
- 현) (사)한국관광학회 평생회원 및 부회장

- 현) 경남정보대학교 호텔관광계열 겸임교수

<저서>
- 『NCS 적용한 4차산업을 위한 여행경영실무』(대표저자)

<연구논문>
"관광목적지의 물리적 환경이 감정적 반응과 행동의도에 미치는 영향" 다수의 연구논문이 있음

| 천 덕 희 |

- 경기대학교 관광전문대학원 여행·항공·크루즈경영전공
  (관광학 석사)
- 경기대학교 관광전문대학원 여행·항공·크루즈경영전공
  (관광학 박사)
- 전) 배재대학교, 장안대학교 겸임교수
- 현) 순천향대학교 겸임교수
- 현) UTC Tour 대표
- 현) (사)한국크루즈연구원 이사
- 현) (사)한국여행서비스교육협회 사무국장
- 현) 직업능력심사평가원 여행분야 심사평가위원

<저서 및 논문>
- 『여행사 경영과 실무』

- 『항공예약실무』
- 『항공발권실무』
- 『세계관광과 문화』
- 『여행상품 상담실무』
- 『국외여행인솔자 공통실무』
- 『NCS기반 여행상품 상담사 자격인증 문제집』

<연구논문>
- Advertising strategy for outbound travel services.
- A study on the leadership style and the organizational performance in Korea and USA. 등 다수의 연구논문이 있음

관광자원론

초판 1쇄 발행 2017년 2월 25일
2판 1쇄 발행 2017년 7월 10일
3판 1쇄 발행 2021년 2월 10일

저　　자 이 정 은 · 김 효 경 · 김 규 영 · 천 덕 희
펴 낸 이 임 순 재
펴 낸 곳 (주)한올출판사
등　　록 제11-403호
주　　소 서울시 마포구 모래내로 83(성산동, 한올빌딩 3층)
전　　화 (02)376-4298(대표)
팩　　스 (02)302-8073
홈 페 이 지 www.hanol.co.kr
e - 메 일 hanol@hanol.co.kr
I S B N 979-11-6647-033-2